Erfolgskonzepte Praxis- & Krankenhaus-Ma

Ihre Erfolgs-Konzepte für Klinik und Praxis

Als Arzt sind Sie auch Führungskraft und Manager: Teamführung, Qualitätsmanagement, Kodier- und Abrechnungsfragen, Erfüllung gesetzlicher Vorgaben, patientengerechtes Leistungsspektrum, effiziente Abläufe, leistungsgerechte Kostensteuerung ...

Zusätzliche Kompetenzen sind entscheidend für Ihren Erfolg.

Agieren statt reagieren

Gestalten Sie zielgerichtet die Zukunft Ihres Unternehmens - als Organisator, Stratege und Vermarkter.

Mehr Informationen zu dieser Reihe auf http://www.springer.com/series/7617

Alexandra Köhler

Mirko Gründer

Online-Marketing für das erfolgreiche Krankenhaus

Website, SEO, Social Media, Werberecht

2., vollständig überarbeitete und aktualisierte Auflage

Mit 20 Abbildungen

 Springer

Alexandra Köhler
Hamburg, Germany

Mirko Gründer
Kiel, Germany

ISBN 978-3-662-48582-8   ISBN 978-3-662-48583-5   (eBook)
DOI 10.1007/978-3-662-48583-5

Die Deutsche Nationalbibliothek verzeichnet diese Publikation in der Deutschen Nationalbibliografie; detaillierte bibliografische Daten sind im Internet über http://dnb.d-nb.de abrufbar.

Umschlaggestaltung: deblik Berlin
Fotonachweis Umschlag: © thinkstockphotos.de

Gedruckt auf säurefreiem und chlorfrei gebleichtem Papier

Springer ist Teil von Springer Nature
Die eingetragene Gesellschaft ist Springer-Verlag GmbH Berlin Heidelberg

Vorwort

82 % aller Deutschen ab 14 Jahren sind online, so ein Umfrageergebnis des Bundesverbands Informationswirtschaft, Telekommunikation und neue Medien e.V. (BITKOM). Und das nicht nur am Computer bei der Arbeit oder von zu Hause. Das mobile Surfen über Smartphones, Tablets, Net- und Notebooks hat sich längst etabliert. Diese Zahl zeigt, wie wichtig es ist, dass Unternehmen und Dienstleister, also auch Krankenhäuser, im Internet präsent sind und Online-Marketing betreiben.

Das bedeutet nicht, dass Kliniken ihre bisherigen klassischen Marketing-Maßnahmen, wie Visitenkarten vom Chefarzt und Informations-Broschüren zu den einzelnen Abteilungen, zum Altpapier bringen sollen. Nach wie vor wünschen sich Patienten – vom einweisenden Arzt oder direkt vom Haus, in dem Sie behandelt werden sollen – Informationen an die Hand zu bekommen, um diese im Vorfeld in Ruhe zu Hause durchlesen zu können. Ebenso sind das klassische Empfehlungsmarketing, die Mund-zu-Mund-Propaganda unter Nachbarn oder der Tipp unter Freunden nach wie vor bedeutungsvoll. Jedoch hat sich das private Schwätzchen am Gartenzaun in die Öffentlichkeit verlagert und ist gewissermaßen gewachsen: durch Links, Bilder und Videos, die über E-Mails, Portale oder soziale Netzwerke verschickt oder gepostet werden. Zudem ist Interaktivität entstanden: Auch fremde Personen wollen ihre Meinung teilen, einen guten Tipp abgeben oder aber neue Patienten auf mögliche böse Überraschungen, etwa, was das Kantinenessen angeht, vorbereiten. Es zählt, aktiv mitzureden, dabei zu sein und sich in der Online-Community integriert zu fühlen. Marketing muss dort stattfinden, wo sich Menschen treffen und kommunizieren – und das ist heute zunehmend online der Fall.

Was heißt das nun konkret für Krankenhäuser und ihre Marketingabteilungen? Weitläufige Internetpräsenz, möglichst viele Freunde und Follower im Sozialen Netz gewinnen, kontinuierlich spannende Nachrichten zwitschern und posten, sich öffnen und jederzeit kommunikations- und kritikbereit sein? Ruhig Blut. Kliniken sollen nicht überall ein bisschen mitmischen, sich aber bewusst werden, dass Online-Kommunikation ein neuer Bestandteil der Kommunikations-Strategie ist – zudem jedoch auch weiterhin die klassische Pressearbeit gehört. Entsprechend den festgelegten Zielen für ausgewählte Geschäftszweige, können Kliniken mit zwei oder drei der in diesem Handbuch vorgestellten Maßnahmen planen, die für ihre Zwecke am besten geeignet sind. Dafür braucht es natürlich Personal und Zeit. Denn Kommunikation kostet Zeit. Ebenfalls dauert es, bis sich messbare Erfolge einstellen – dessen sollten sich auch die Stakeholder bewusst sein. Doch wer den Anforderungen der heutigen Zeit und den Erwartungen der Patienten gerecht werden will, kommt an den neuen Kommunikationsformen nicht vorbei. Trauen auch Sie sich, neue Wege im Online-Marketing zu gehen. Schritt für Schritt. Positionieren Sie sich im Internet, verleiht Ihnen das ein zeitgemäßes Image und bringt Ihnen Austausch, Anregungen, Abwechslung, viele neue Kontakte – mit Patienten, Kollegen und Partnern – und vielleicht auch Spaß und Freude.

Dieses Buch wird Ihnen einen Überblick über die Welt des Online-Marketings verschaffen und Ihnen konkrete Anleitungen und Tipps für die Umsetzung in Ihrem Krankenhaus an die Hand geben. Inspirieren lassen können Sie sich durch die Interviews am Ende eines jeden Kapitels sowie mit Hilfe der Praxisberichte und -beispiele von verschiedenen Kliniken. Inhaltlich erwartet Sie Folgendes: Die Marketing-Grundlagen führen Sie ins Thema ein. Wie Sie die klassischen

Marketing-Maßnahmen, beispielsweise Presse-Arbeit, mit dem Internet verknüpfen können, lesen Sie in Kap. 2. Das Wichtigste zur Praxis-Website, die zentrale Anlaufstelle im Internet und damit ein Muss für das Online-Marketing, lesen Sie im dritten Kapitel. Jedes Krankenhaus will mit ihren Abteilungen weit oben in der Trefferliste von Google gefunden werden – wie das funktioniert, steht in Kap. 4. Hintergründe und Tipps zum Social-Media-Marketing mit Facebook und Co. erfahren Sie in Kap. 5. Wer sich für einen eigenen Blog interessiert, findet in Kap. 6 Aufklärung und Tipps zur Umsetzung. In Kap. 7 schneiden die Autoren das Thema Zuweiser-Marketing an, das ebenfalls bereits mit Online-Instrumenten betrieben werden kann und führen mehrere Praxisbeispiele auf. Abgerundet wird das Werk mit dem Thema Rechtliche Grundlagen – hierbei klären die Autoren über die besonderen Rechtsvorschriften für Kliniken beim Werben auf, gehen auf das Berufsrecht, das Heilmittelwerbegesetz sowie auf das Wettbewerbsrecht und Datenschutzbestimmungen ein.

Nun wünsche ich Ihnen durch die Lektüre dieses Praxis-Handbuchs neue und hilfreiche Erkenntnisse, viel Freude beim Umsetzen ausgewählter Online-Marketing-Maßnahmen und noch mehr Erfolg für Ihre Klinik. Frohes Kommunizieren!

Alexandra Köhler
Hamburg, im Herbst 2016

Die Autoren

© Koehler

Alexandra Köhler (geb. Schramm)   ist Gesundheits-Journalistin, Buchautorin, Fachwirtin im Sozial- und Gesundheitswesen und gelernte Fremdsprachenkorrespondentin.

Zuletzt gehörte sie zum Vorstand der gemeinnützigen Stiftung Gesundheit, Hamburg. Als Journalistin arbeitete sie bei verschiedenen TV- und Hörfunksendern sowie in Printverlagen. Seit 2004 leitete sie das Medienbüro Medizin – Der Ratgeberverlag GmbH und hat dort von 2008 bis 2014 die Geschäftsführung übernommen. Zu ihren journalistischen Schwerpunkten gehören Gesundheitsthemen, Gesundheitswirtschaft sowie neue Marketing- und Internettrends.

Ein vielschichtiges Branchennetzwerk pflegt Alexandra Köhler bundesweit auf Gesundheitswirtschaft- und -kommunikationskongressen. Von 2010 bis 2014 war sie zudem als Vorstand im Medizin-Management-Verband – Vereinigung der Führungskräfte im Gesundheitswesen aktiv. Im Ehrenamt ist sie Vorstandsvorsitzende eines Buchverlags für Nachwuchsautoren.

www.alexandra-schramm.de

Xing-Profil: www.xing.com/profile/Alexandra_Koehler34?sc_o=mxb_p

© Gründer

Mirko Gründer   studierte Philosophie, Geschichte und Englisch in Greifswald und Bamberg und lebt heute in Kiel. Nach einem Volontariat ist er als freier Journalist mit den Schwerpunkten Medizin-Journalismus und Online-PR tätig. Für das Medienbüro Medizin (MbMed) in Hamburg leitet er den Service Medizin-SEO, der Suchmaschinenoptimierung mit Spezialisierung auf den Gesundheitsmarkt anbietet. Er ist auf das Texten für das Internet spezialisiert und berät bei der Konzeption, Erstellung und Optimierung von Internetpräsenzen und Social Media Aktionen. Darüber hinaus ist er als Referent zu den Themen Internet-Kommunikation und SEO unterwegs.

Beratender Klinik-Pressesprecher

© Dittmar

Axel Dittmar   arbeitete nach dem Studium (Geschichte und Germanistik an der Ruhr Universität Bochum) bis 1996 im Marketing und der Presse- und Öffentlichkeitsarbeit eines mittelständischen Farben- und Lackproduzenten. Bis zum Jahr 2000 war er für das Standortmarketing sowie die Presse- und Öffentlichkeitsarbeit der Gesellschaft für Wirtschaftsförderung Duisburg verantwortlich. Anschließend war er persönlicher Referent des Oberbürgermeisters von Bielefeld. Nun ist er seit 2008 Leiter der Unternehmenskommunikation und Sprecher des Klinikums Bielefeld. Neben den klassischen Marketingmaßnahmen nutzt das Krankenhaus mit Twitter, Facebook und YouTube ebenfalls die neuen Möglichkeiten des Online-Marketings.

Die Interviewpartner

- **Kapitel 1: Marketing-Grundlagen**

Interview mit Prof. Heinz Lohmann, Gesundheitsunternehmer und Geschäftsführer der Lohmann Konzept GmbH, Hamburg

- **Kapitel 2: Klassisches Marketing mit dem Internet verknüpfen**

Interview mit Dr. rer. pol. Christian Stoffers, Dipl.-Volkswirt, Leitung Referat Kommunikation und Marketing des St. Marien-Krankenhaus Siegen gem. GmbH

- **Kapitel 3: Die Krankenhaus-Website**

Interview mit Björn Kasper, Leitung Marketing und Kommunikation der Kliniken Essen-Mitte (KEM)

- **Kapitel 4: Suchmaschinenoptimierung (SEO): Bei Google gefunden werden**

Interview mit Jonas Weber, selbstständiger SEO-Berater, München

- **Kapitel 5: Social-Media-Marketing**

Interview mit Axel Dittmar, Kliniksprecher und Leiter Unternehmenskommunikation des Klinikums Bielefeld

- **Kapitel 6: Ein Blog für die Klinik**

Interview mit Kathrin Schmitt, Referentin für Presse- und Öffentlichkeitsarbeit der Klinikgruppe Heiligenfeld Kliniken

- **Kapitel 7: Zuweiser-Marketing**

Interview mit Helmut Nawratil, Vorstand der Bezirkskliniken Mittelfranken

- **Kapitel 8: Rechtsvorschriften für das Kliniken-Marketing**

Interview mit Rechtsanwalt Tobias Spahn, BBS Rechtsanwälte, Hamburg

Inhaltsverzeichnis

Abkürzungsverzeichnis

AES	Advanced Encription Standard
AG	Aktiengesellschaft
Agfis	Aktionsforum Gesundheitsinformationssystem
App	Applikation
Az.	Aktenzeichen
B2B	Business-to-business
B2C	Business-to-consumer
Bcc-Mail	Blind-carbon-copy-mail
BDSG	Bundesdatenschutzgesetz
BGG	Gesetz zur Gleichstellung behinderter Menschen
BGH	Bundesgerichtshof
BITKOM	Bundesverband Informationswirtschaft, Telekommunikation und neue Medien
Blog	Weblog
BVDW	Bundesverband Digitale Wirtschaft
CB	Corporate behaviour
CC	Corporate communication
CC-Lizenzen	Creative Commons-Lizenzen
Cc-Mail	Carbon-copy-mail
CD	Corporate design
CF	Corporate fashion
CI	Corporate identity
CMS	Content-management-system
CpC	Cost-per-click
CpM	Cost-per-thousand-impressions
DMOZ	Open Directory Project
DVD	Digital versatile disc
EU	Europäische Union
e.V.	eingetragener Verein
FAQ	Frequently asked questions
GEMA	Gesellschaft für musikalische Aufführungs- und mechanische Vervielfältigungsrechte
GEZ	Gebühreneinzugszentrale
GGMA	Gesellschaft für Gesundheitsmarktanalyse mbH
GIF	Graphics Interchange Format
GKV	Gesetzliche Krankenversicherung
GmbH	Gesellschaft mit beschränkter Haftung
GPS	Global Positioning System
HD	High definition
HON	Health on the Net Foundation
HTML	Hypertext Markup Language
HTTP	HyperText Transfer Protocol
HTTPS	HyperText Transfer Protocol Secure
HWG	Heilmittelwerbegesetz
IP	Internetprotokoll
IT	Informationstechnik
KB	Kilobyte

KG	Kommanditgesellschaft
KSK	Künstlersozialkasse
KV	Kassenärztliche Vereinigung
MB	Megabyte
MVZ	Medizinische Versorgungszentren
NGO	Non-governmental organization
OCR	Optical character recognition
OTV	Online-Terminvereinbarung
PC	Personal computer
PDF	Portable Document Format
PR	Public relations
QM	Qualitätsmanagement
RKI	Robert Koch-Institut
RLV	Regelleistungsordnung
RSS	Really Simple Syndication
SEM	Search engine marketing (Suchmaschinenmarketing)
SEO	Search engine optimization (Suchmaschinenoptimierung)
SGB	Sozialgesetzbuch
SMS	Short Message Service
SSL	Secure Sockets Layer
TDDSG	Teledienstedatenschutzgesetz
TMG	Telemediengesetz
URL	Uniform Resource Locator
U.S.	United States
USB	Universal Serial Bus
USP	Unique selling point
UWG	Gesetz gegen den unlauteren Wettbewerb
VZ	Verzeichnis
W-LAN	Wireless local area network
WPA	Wi-Fi Protected Access
WWW	World Wide Web
XML	Extensible Markup Language

Marketing-Grundlagen

© Springer-Verlag Berlin Heidelberg 2017
A. Köhler, M. Gründer, *Online-Marketing für das erfolgreiche Krankenhaus*,
Erfolgskonzepte Praxis- & Krankenhaus-Management,
DOI 10.1007/978-3-662-48583-5_1

Gute Markenführung ist ein wichtiges Erfolgskriterium großer, etablierter Unternehmen. Marken, wie Google, Adidas oder Coca Cola, geben Millionen für Werbung aus. Doch Marketing ist nicht nur für internationale Big-Player relevant, sondern ebenso für den Mittelstand. Damit Ihre Klinik sich auch als Marke in den Köpfen der Patienten etablieren kann, kreieren Sie eine Corporate Identity – Ihr persönliches Klinik-Leitbild. Wie Sie das schaffen und was dabei zu beachten ist, zeigt dieses Kapitel.

Um sich von der Konkurrenz abzusetzen, müssen auch Kliniken verstärkt Marketing betreiben. Das Zeitalter der Online-Medien eröffnet hierfür neue Möglichkeiten: Die Kommunikation ist schneller und verbreitet sich über mehrere Kanäle. In diesem Kapitel lesen Sie, welche Chancen im Online-Marketing für Kliniken stecken und wie sie es für sich nutzen können. Doch genauso wie bei klassischen Maßnahmen gilt auch online: Ideen entwickeln, jeden Schritt sorgfältig planen und mit Bedacht umsetzen. Denn hinter jedem erfolgreichen Projekt steht ein gut durchdachtes Konzept.

1.1 Wettbewerbsdruck zwingt zum Marketing

Werbung und Gesundheit – das sind in den Köpfen vieler noch immer zwei Dinge, die nicht zusammengehen. Für die Mitarbeiter von Krankenhäusern, also Ärzte und Pflegepersonal, steht der Umgang mit Patienten an oberster Stelle ihres Berufsbilds und macht den wichtigsten Teil ihrer Arbeit aus. Doch in Zeiten des Wettbewerbsdrucks müssen Krankenhäuser mehr denn je unternehmerisch denken, um wirtschaftlich erfolgreich zu sein. Laut der Erhebung „Trendmonitor – Klinikmarketing 2011 bis 2013" der rotthaus GmbH, an der sich 131 Marketing-Leiter von Akut- und Rehakliniken beteiligt haben, sagen 63,6 %, dass die allgemeine Bedeutung des Klinikmarketings in den nächsten zwei Jahren zunehmen wird, 27,1 % rechnen sogar mit einer starken Zunahme (Abb. 1.1).

Der Gesundheitsmarkt unterliegt dabei in besonderem Maße dem Wandel und bringt immer neue Herausforderungen mit sich, denen sich Kliniken stellen müssen. So mag die bei manchen Kliniken vorhandene Skepsis gegenüber Marketing auch daran liegen, weil sie nicht sicher sind, in welchem Rahmen ihnen Werbung erlaubt ist – schließlich gibt es hier allerhand Gesetze zu beachten. Mehr dazu lesen Sie im ▶ Kap. 8.

1.1.1 Strukturelle Veränderungen

Eine der größten Herausforderungen für das Gesundheitssystem ist der demographische Wandel: Wir werden weniger, älter und bunter. Nach Schätzungen des Statistischen Bundesamtes wird in 20 Jahren ein knappes Drittel der Bevölkerung 65 Jahre und älter sein. Die Geburtenrate in Deutschland sinkt, die Lebenserwartung steigt und mit ihr auch die Prävalenz chronischer Krankheiten. Menschen in der Altersgruppe von 65–85 Jahren haben nach Angaben der Gesundheitsberichterstattung des Bundes im Jahr 2008 rund 97 Mio. Euro Krankheitskosten verursacht. Allein diese Altersgruppe trägt damit einen Anteil von knapp 40 % an den Gesamtkosten. Für das Gesundheitssystem sind diese Entwicklungen verheerend: Immer weniger Beitragszahler müssen immer mehr Menschen bei steigenden Versorgungskosten immer länger finanzieren. Die starken Belastungen der Gesetzlichen Krankenversicherung (GKV) haben zur Folge, dass immer weniger Leistungen – auch im Klinikbereich – von den Kassen bezahlt werden.

Zwar können Kliniken mit Wahlleistungen dazuverdienen, jedoch bedeutet diese Entwicklung auch, dass sie die Patienten zunehmend dafür sensibilisieren und Erklärungsarbeit leisten müssen, für welche Leistungen Patienten selbst aufkommen müssen – nicht nur gesetzlich Versicherte, auch privat Versicherte müssen manche Leistungen selbst tragen, sofern keine Zusatzversicherung besteht, die ja auch bezahlt werden muss. Die Patienten bekommen das Gefühl, dass alles immer teurer wird und sie immer häufiger zur Kasse gebeten werden. Den Unmut darüber lassen sie dann meistens vor Ort los – in der behandelnden Klinik.

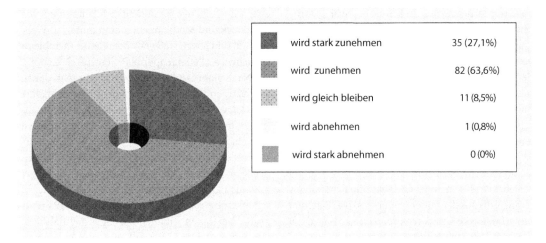

■	wird stark zunehmen	35 (27,1%)
■	wird zunehmen	82 (63,6%)
▨	wird gleich bleiben	11 (8,5%)
	wird abnehmen	1 (0,8%)
▨	wird stark abnehmen	0 (0%)

◘ Abb. 1.1   Marketing-Entwicklung bei Kliniken (Bildrechte: rotthaus)

1.1.2 Ansprüche der Patienten und steigendes Gesundheitsbewusstsein

Nicht nur die strukturellen Bedingungen verändern sich, auch auf Seiten der Patienten vollzieht sich ein Wandel. Die Menschen im 21. Jahrhundert suchen Kliniken nicht mehr nur im Krankheitsfall auf. Die Themen Gesundheit und Medizin spielen das ganze Jahr eine Rolle. Gesundheitsbewusstsein und Prävention haben heute einen so hohen gesellschaftlichen Stellenwert wie nie zuvor. Nach dem Aerobic-Boom in den 80er Jahren des vergangenen Jahrhunderts ist die Zahl der Fitnessstudios deutlich gestiegen. Das Bewusstsein für Bewegung wächst ebenso wie das für Lebensmittel: Viele Menschen wählen ihre Nahrungsmittel gezielter aus, sie legen Wert auf biologisch angebaute Produkte und verzichten weitgehend auf Fleisch und sogar auf Milchprodukte. Um diesem gesunden Lebensstil gerecht zu werden, suchen sie sich Dienstleister nach ihren individuellen Bedürfnissen aus: Heilpraktiker, Ernährungsberater, Wellness-Coaches und Kliniken mit Spezialisierungen, die zu ihren Vorstellungen passen.

Trotz des Gesundheitsbewusstseins achten offensichtlich zu wenige Menschen auf ihren Körper, sodass in Zeiten des Leistungsdrucks ein weiterer Markt für Spezialkliniken entstanden ist: etwa für Burn-out-Betroffene oder Suchtkranke – jedoch mit der Zielgruppenspezialisierung Manager, Führungskräfte und Selbstständige, wie Juristen und auch Ärzte selbst.

1.1.3 Mündige Patienten

Zu den wachsenden Ansprüchen der Patienten kommt, dass sie zunehmend emanzipiert sind. Patienten verlassen sich nicht mehr allein auf ihren Arzt bzw. das Krankenhaus als einzige Informationsquelle. Im digitalen Zeitalter nutzen viele Menschen das Internet, um sich über Krankheiten und Behandlungsmöglichkeiten zu informieren – der ePatient ist entstanden. Laut der ARD/ZDF-Onlinestudie 2014 sind mittlerweile 79,1 % der Deutschen online – im Jahr 2000 waren es nur 28,6 %. Jeder zweite Onliner greift inzwischen auch unterwegs auf Netzinhalte zu. Treiber der mobilen Nutzung sind mobile Endgeräte und die steigende Nachfrage nach Fernsehinhalten im Netz. Mit der rasanten Entwicklung des Internets steigen auch die Informationsangebote: Patienten haben Zugriff auf aktuelle Gesundheitsinformationen, wie Nachrichten, Forschungsergebnisse oder Behandlungsoptionen.

Auch bei der Auswahl der Kliniken und Gesundheitsdienstleister greifen viele Patienten auf das Internet zurück. In Klinik-Suchverzeichnissen (▶ Kap. 2) oder Bewertungsportalen (▶ Kap. 5) können sie sich über die Leistungen und den Service verschiedener Kliniken informieren, sie miteinander vergleichen und selbst Kliniken empfehlen und bewerten. Der offene und oftmals anonyme Austausch zwischen Patienten beeinflusst die Entscheidung für oder gegen eine bestimmte Klinik. Nicht zuletzt dieser Trend führt dazu, dass Patienten als selbstbewusste Kunden auftreten, die hohe Erwartungen an Medizin- und Gesundheitsleistungen stellen. Damit schwindet auch das Bild der Halbgötter in Weiß aus der Patientenperspektive: Patienten hinterfragen die Kompetenz der Kliniken bzw. deren Ärzte und beurteilen sie kritisch.

1.1.4   Der ePatient im Fokus

Diagnose Krebs. Nach dem ersten Schock beginnt für Betroffene der Informationsprozess: Was bedeutet die Diagnose für mich? Welche Therapiemöglichkeiten gibt es? Welche Klinik ist die beste dafür? Erste Fragen beantworten in der Regel Informationsbroschüren von Krankenkassen und Pharmaunternehmen, weitere Aufklärungsgespräche finden beim Arzt statt. Doch bei immer mehr Menschen ist der Wissensdurst damit noch lange nicht gestillt – schließlich geht es hier um ihr Leben oder zumindest um ihre Gesundheit. Hilfe bieten die unendlichen Weiten des Internets: Zum Suchwort „Krebs" listet Google knapp 30 Mio. Ergebnisseiten. Betroffene werden zum ePatient, digitalen Patienten oder auch Healthcare Surfer.

Ein hohes Suchvolumen haben vor allem Websites, die über Krankheiten mit einem hohen Leidensdruck informieren, die dem Patienten „peinlich" sind. Also all diejenigen Indikationen, bei denen es Betroffenen unangenehm ist, einen Arzt oder Apotheker aufzusuchen, wie beispielsweise erektile Dysfunktion, Scheidenpilz, Reizdarmsyndrom oder Mundgeruch. Sie tauschen sich in Foren zu Aspekten der Diagnosestellung, möglichen Therapiemethoden, Medikation und vor allem deren Alternativen aus. Sie empfehlen andere Websites, bewerten Ärzte, Kliniken und Medikamente, vernetzen sich, bilden Gruppen und tragen ihr Wissen zusammen – zum Teil angelegt nach dem Wikipedia-Prinzip. Andere geben ihre eigenen Krankheitsinformationen, wie Blutdruck und Medikamenteneinnahme, auf Websites ein und pflegen teilweise detaillierte Therapietagebücher (▶ „Patientenportal PatientsLikeMe.com").

Nach einer Studie von Nielsen geht man davon aus, dass rund ein Prozent der Forennutzer sehr aktiv schreibt, weitere neun Prozent gelegentlich kommentieren und 90 % reine Leser der Beiträge sind und die Inhalte verwerten. Somit kann eine Einzelperson maßgeblich zur Meinungsbildung unter den Leidensgenossen beitragen. Diese Personen bezeichnet man als Patient Opinion Leader (POL). Generell schenken Betroffene den gleichgesinnten ePatients großes Vertrauen – manchmal sogar mehr als dem eigenen Arzt. Der POL stellt ein neues Phänomen dar: Er ist Experte seiner chronischen Erkrankung, gibt Gleichgesinnten Orientierung und hilft ihnen, eben weil er die gleiche Sprache spricht und sich die Betroffenen auf Augenhöhe begegnen.

Die Online-Studie „PILOT – Patient Involvement-Leading to Optimized Therapy?" wurde durchgeführt, um herauszufinden, ob ePatients anders mit Leistungserbringern kommunizieren und die Informationen Einfluss auf ihre Behandlung nehmen. Dazu wurden 1584 Teilnehmer von 14 Gesundheitsportalen und -foren befragt. Welchen Website-Betreibern von Gesundheitsinformationen vertrauen User am meisten? 26 % der Studienteilnehmer bauen auf allgemeine Gesundheitsportale, Lexika und Websites von Selbsthilfegruppen sowie auf Patienten-Communities (24 %). Websites von Kliniken, Apotheken und Krankenkassen belegen die hinteren Plätze. Das Schlusslicht bilden jedoch Websites von Pharmaunternehmen mit lediglich fünf Prozent Vertrauenswürdigkeit. Des Weiteren nennt die Studie Auswirkungen der umfassenden Gesundheitsinformation: So sagen 75 % der Befragten (81 % der Chroniker), dass sie ihrem Arzt jetzt andere oder mehr Fragen stellen würden, 74 bzw. 80 %, dass sie nun besser eine Entscheidung für oder gegen eine Behandlung treffen und 64 bzw. 72 % deutlich besser mit ihrer Erkrankung umgehen könnten. Auch die Pharmaindustrie bekommt den ePatient zu spüren. Mit ihm gibt es einen neuen Faktor, der das Verschreibungsverhalten von Patienten beeinflusst: So versuchen 36 bzw. 45 % informierte ePatients, ein anderes Medikament oder eine andere Behandlung zu erhalten.

Die PILOT-Studie hat durch sozialdemographische Angaben der Teilnehmer eine Typologie des ePatients erstellt: Es handelt sich vermehrt um weibliche Personen, ein Drittel verfügt über einen Hoch- oder Fachhochschulabschluss, und das Einkommen liegt im Monat zwischen 2000 und 3000 Euro. 17 % sind privatversichert. Das Durchschnittsalter beträgt 48 Jahre, beim Chroniker 51 Jahre. Anders als meistens angenommen benutzt also nicht nur die jüngere Generation das interaktive Internet. Zunehmend etabliert sich auch die ältere Generation bei Webaktivitäten.

Um genauere Ergebnisse über das Userverhalten bei unterschiedlichen Indikationen zu erlangen, hat die Vendus Sales & Communication Group 2500 digital-basierte, deutschsprachige Kommunikationskanäle des Social Webs sowie das Google-Suchvolumen bei 15 Krankheitsbildern analysiert. Die Studie zeigt, dass soziale Netzwerke grundsätzlich eine hohe Relevanz für den Austausch von Patienten zu Gesundheitsthemen besitzen. Die Bedeutung der einzelnen Foren korreliert dabei nicht zwingend mit deren Ranking bei den Google-Ergebnissen. Bei einigen Indikationen sind die am stärksten frequentierten sozialen Medien nicht unter den Top-30-Ergebnissen in der Google-Suche. Eine Erkenntnis ist zudem, dass sowohl die Anzahl der relevanten Netzwerke als auch die Anzahl der Beiträge und Autoren zum Teil sehr stark zwischen den Indikationen variieren. Mit jeweils über 10.000 wurde die größte Anzahl an Beiträgen zu den Indikationen Allergie/allergisches Asthma, Depressionen und ADHS gefunden, die geringste Anzahl zu erektiler Dysfunktion. Spitzenreiter bei der Anzahl der Autoren ist die Indikation Allergie/allergisches Asthma mit über 7000 Autoren. Hierbei sind die Information und der Austausch der User untereinander schon so umfassend, dass sie die Besuche von Ärzten oder Apotheken teilweise ersetzen.

Patientenportal PatientsLikeMe.com

Die englischsprachige Internetplattform mit Sitz in den USA setzt sich für den offenen Umgang mit medizinischen Daten ein. Übersetzt heißt das Portal „Patienten wie ich" und bietet Usern genau diesen Service: andere Patienten mit der gleichen Erkrankung zu finden und sich mit ihnen auszutauschen. Der Fokus liegt auf Patienten mit stark lebensverändernden Krankheiten, wie Amyotropher Lateralsklerose (ALS), multipler Sklerose (MS) und Parkinson. Insgesamt sind dort mehr als 125.000 Patienten mit über 1000 Beschwerden registriert. Ebenfalls fungiert das Portal als Soziales Netzwerk, in dem Patienten ihr Profil anlegen mit detaillierten Angaben zu ihrem Gesundheitszustand, ihrer Behandlung einschließlich Medikation, und wie diese sich auswirken.

Diese Daten sind natürlich auch für Forschungseinrichtungen und Pharmaunternehmen interessant. Das Portal verkauft diese anonymisiert und finanziert sich somit. Laut PatientsLikeMe eine Win-Win-Situation: Partnerunternehmen, wie Versicherungen, Medikamenten-, Heil- und Hilfsmittelhersteller, erhalten wichtige Daten, die wiederum den Fortschritt beschleunigen und so die Situation der Patienten verbessern. Zusätzlich können Unternehmen auf der Plattform gezielt nach Patienten suchen, die anhand ihrer angegebenen Informationen zum Beispiel für eine Medikamentenstudie in Frage kommen. Patienten können auch selbst aktiv werden und nach für sie passenden Studien und Forschungsprojekten suchen.

Auch Medikamenten-Bewertungsportale finden sich im Internet.

Medikamenten-Bewertungsportal sanego.de

User dieses Gesundheitsportals können sich hier unter anderem über bestimmte Krankheiten, Medikamente und deren Nebenwirkungen informieren. Die Angaben basieren auf den Erfahrungen anderer User und können durch eigene Bewertungen ergänzt werden. Die Nutzer geben ihr Alter, ihr Geschlecht, ihre Größe und ihr Gewicht an sowie Details zu ihrem verwendeten Medikament: Welche Krankheit wurde damit behandelt? Wie war die Wirksamkeit? Welche Nebenwirkungen sind aufgetreten? Auch detailliertere Erfahrungsberichte sind möglich. Für die Medikamente können User Punkte von eins bis zehn in verschiedenen Kategorien vergeben, wie Wirksamkeit, Verträglichkeit und Preis-Leistungs-Verhältnis. Aus den einzelnen Bewertungen wird eine Durchschnittsnote errechnet, die dann für andere Besucher sichtbar ist. Bei Anwendungsgebiet und Nebenwirkungen zeigt sanego.de die prozentuale Häufigkeit, mit der Nutzer bestimmte Nebenwirkungen gemeldet haben, und bei welchen Beschwerden ein Medikament zum Einsatz kam.

1.2   Klassisches Marketing Versus Online-Marketing

Angesichts der Marktsituation und der mündigen, gut informierten Patientenschaft müssen Kliniken also Marketing betreiben. Wozu aber auch Online-Marketing? Das erste Argument für Online-Marketing beruht nicht auf einem Unterschied, sondern auf dem, was klassische Marketing-Maßnahmen mit Internet-Marketing gemeinsam haben: ihren Zweck. Im Gegensatz zur allgemeinen Auffassung umschreibt Marketing nicht nur alle Kommunikationsaspekte eines Unternehmens und ist viel mehr als lediglich Werbung. Der Grundgedanke des Marketings ist die konsequente Ausrichtung des gesamten Unternehmens an den Bedürfnissen des Marktes (Gabler Wirtschaftslexikon). Für Krankenhäuser bedeutet dies, dass Marketing alle Aktivitäten umfasst, die sich an den Wünschen und Bedürfnissen der Kunden orientiert. Die Zielrichtung von Online-Marketing-Maßnahmen ist die gleiche wie beim klassischen Marketing: Es geht darum, die Bedürfnisse der Kunden zu befriedigen. Laut der Studie „trendmonitor – Klinikmarketing 2011–2013" sind dies an erster Stelle die Patienten, gefolgt von den Zuweisern und der Öffentlichkeit (◘ Abb. 1.2).

Und damit die Marketing-Maßnahmen die Zielgruppen erreichen, müssen sie sich an deren Bedürfnissen und Gewohnheiten anpassen. Und diese haben sich geändert. So gebrauchen immer mehr Patienten das Internet und nutzen die Vorzüge des World Wide Web, um sich über Medizin- und Gesundheitsthemen zu informieren. Es ist daher wichtig, dass Kliniken auch in diesem Medium vertreten sind: So holen sie einen Teil ihrer Patienten da ab, wo sie nach ihnen suchen.

1.2.1   Vorteile des Marketing-Instruments Internet

Eine gezielte Ansprache ist im Marketing von besonders großer Bedeutung. Je besser die Zielgruppe selektiert ist, desto größer ist der Kommunikationserfolg. Denn Werbung wird am besten akzeptiert, wenn die Empfänger sie als nützlich empfinden. Aus psychologischer Perspektive ist der Nutzen mit der Relevanz des Inhalts verknüpft. Zeitungsanzeigen in bekannten Lokalblättern oder Werbeplakate haben zwar eine relativ große Reichweite, werden also von vielen potentiellen neuen Patienten gesehen, allerdings sind die Streuverluste oft groß: Hier sprechen Sie viele Menschen an, die nicht zu den potentiellen neuen Patienten Ihrer Klinik gehören. Es ist beinahe unmöglich, eine bestimmte Zielgruppe gezielt und individuell anzusprechen.

Zielgruppe fokussieren

Beim Online-Marketing hingegen haben Sie viel mehr die Möglichkeit, durch geschickte Maßnahmen die Zielgruppe zu fokussieren. Wobei es mittlerweile nicht mehr den typischen Internet-Junkie gibt. Dieser war laut einer Erhebung von BITKOM aus Juni 2011 tendenziell jung und männlich und er verbrachte jeden Tag mehr als drei Stunden im Web. Einer von zehn Usern in dieser Altersgruppe ist Vielsurfer und surft sogar zwischen fünf und zehn Stunden online. Die ausgedehnte Internetnutzung ist aber kein reines Jugendphänomen. Bei den 30- bis 49-Jährigen gehören ebenfalls fast 10 % der Gruppe der Vielsurfer an. Und auch die über 50-Jährigen sind fast eineinhalb Stunden im Netz aktiv. Auch die Zahlen der ARD/ZDF-Onlinestudie 2014 bestätigen dies: Denn die höchsten Zuwachsraten gehen von den Über-60-Jährigen aus, von denen

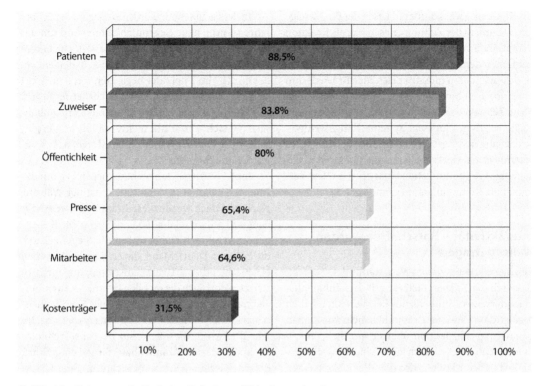

Abb. 1.2 Zielgruppen der Marketing-Maßnahmen (Bildrechte: rotthaus)

inzwischen fast jeder Zweite das Internet nutzt (45 %). Bei den 60- bis 69-Jährigen stieg der Anteil der Onliner von 59 % auf 65 %. Durchschnittlich ist ein Internetnutzer in Deutschland an 5,9 Tagen wöchentlich online und verbringt täglich 166 min im Netz. Zur Einwahl ins Netz stehen jedem Onliner im Schnitt 2,8 Endgeräte zur Verfügung. Beliebtester Zugangsweg ist 2014 erstmals der Laptop (69 %) vor Smartphone und Handy (60 %) und dem stationären PC (59 %).

Kliniken können neue Patienten genau dort ansprechen, wo diese nach Ihnen suchen: etwa auf Bewertungsportalen oder Gesundheitsplattformen. In Foren zu Gesundheitsthemen treten Sie mit den Nutzern in Kontakt und können sich austauschen. Ihre Gesprächspartner zeigen hier bereits Interesse an Gesundheits- oder Medizinthemen oder sind vielleicht sogar konkret auf der Suche nach einem auf Ihre Bedürfnisse spezialisiertes Haus.

Kommunikation in beide Richtungen

Ein weiterer Marketing-Vorteil des Internets ist, dass dieses Medium mit dem klassischen „Sender-Botschaft-Empfänger"-Modell bricht. Eine Klinik, die eine Zeitungsanzeige schaltet, ist der klassische Sender einer Botschaft. Sie benutzt das Medium Zeitung, um diese Botschaft den Empfängern, also den Lesern, zu übermitteln. Dieses „Sender-Botschaft-Empfänger"-Modell ist typisch für die klassischen Massenmedien. Die Kommunikation findet nur in eine Richtung statt. Im Internet ist dies anders: Beinahe jeder, der über einen Internetanschluss verfügt, kann eine Botschaft übermitteln und sich mit anderen austauschen. Das bedeutet, dass hier die Empfänger von Marketing-Botschaften ihrerseits Botschaften senden können und umgekehrt. So informieren beispielsweise Kliniken ihre Patienten über ihre Website, die Patienten diskutieren dies in Foren, sozialen Netzwerken und Online-Communities und tragen ihre Ansichten wiederum weiter an die Kliniken. Zwar könnte ein Leser, der die Anzeige einer Klinik in der Zeitung gelesen hat, als Reaktion darauf einen Leserbrief schreiben – jedoch obliegt es zum einen der Redaktion, diesen zu veröffentlichen, und zum anderen müsste er sich hierfür wiederum eines anderen Mediums (Brief, E-Mail) bedienen. Denn Zeitungen sind, ebenso wie das Fernsehen oder Radio, relativ geschlossene Systeme: Einige wenige – Redakteure und Verleger – bestimmen den Inhalt. Im Internet ist ein viel schnellerer, offenerer und wechselseitiger Kommunikationsfluss gegeben. Das verändert die Kommunikation grundlegend.

Interaktivität – Botschaften werden weitergetragen

Die Interaktivität, die im Netz stattfindet, bewirkt, dass sich die Nutzer verstärkt mit dem Inhalt auseinandersetzen. Studien zum Lernverhalten haben gezeigt, dass Menschen wesentlich mehr von dem in Erinnerung behalten, worüber sie sprechen, als von dem, worüber sie lediglich lesen. Über Bewertungsportale haben Kliniken also die Möglichkeit, einen nachhaltigen positiven Eindruck zu hinterlassen. Ein weiterer Vorteil: Im Internet können die Botschaften von anderen Nutzern weitergetragen werden. Ratsuchende, die einen guten Tipp bekommen haben, leiten diesen weiter. Patienten empfehlen Kliniken, mit denen sie zufrieden sind, und Interessierte posten Links und Hinweise von Websites, die ihnen gefallen haben. So können sich Kliniken bekannt machen, indem Nutzer die Informationen selbstständig an andere Nutzer weitergeben und somit multiplizieren.

Klassisches Marketing lässt sich mit dem Internet verknüpfen

Aber ebenso können Sie auch ganz klassische Marketing-Instrumente, wie zum Beispiel einen Newsletter, in Ihr Online-Marketing integrieren und diesen dann statt per Post per E-Mail versenden, sofern das Einverständnis Ihrer Patienten vorliegt. (Mehr dazu finden Sie in ▶ Kap. 2.)

■ **Praxisbericht zum Thema Online-Marketing**
Christian Stoffers, Dipl.-Volkswirt, Dr. rer. pol., Leiter Referat Kommunikation & Marketing des St. Marien-Krankenhauses Siegen gem. GmbH

In der Fachliteratur wurden zu Beginn der 2000er Jahre ständig neue Begrifflichkeiten rund um das Thema Internet entwickelt. Die meisten entstandenen (und auch vergangenen) Begriffe hatten entweder ein „E" im Titel oder begannen mit dem Wort „Online". Besondere Bedeutung hat dabei der Begriff „Online-Marketing" erlangt. Auch in Krankenhäusern hat sich – zwar mit mehreren Jahren Verspätung – das Online-Marketing in all seinen Ausprägungen durchgesetzt.

Im St. Marien-Krankenhaus Siegen begann das Internet-Zeitalter im Jahr 2002 mit einer Website. Nach und nach wurde diese Präsenz weiter ausgebaut und seit dem Jahr 2008 um Social-Media-Angebote erweitert. Dabei waren die Siegener auch die ersten in Deutschland, die als Krankenhaus den Nachrichtendienst Twitter einsetzten. Im Jahr 2010 starteten dort auch die mobilen Internet-Anwendungen mit der ersten iPhone-APP eines Krankenhauses sowie der komplett mobilen Internetpräsenz. Im Jahr 2015 wurde die sogenannte Beacons-Technologie im St. Marien-Krankenhaus Siegen eingeführt, die einen weiteren Schritt in Richtung „Smart-Hospital" darstellt.

In der Marketing-Konzeption ist es grundsätzlich nicht von Bedeutung, wie die Verbindung zwischen Krankenhaus und seinen Anspruchsgruppen hergestellt wird. Ein Unterschied zwischen Offline-Marketing und Online-Marketing besteht nur auf instrumenteller Ebene. Letzteres ist also nur ein weiteres Instrument innerhalb der gesamten Kommunikationspolitik. Als solches wird über ein ausgereiftes Monitoring nachgehalten, wie effektiv die Maßnahmen des Online-Marketing zur Zielerreichung eingesetzt wurden. Es ist demzufolge eine zentrale Aufgabe für die Marketingleitung, das Internet voll in die Kommunikationspolitik zu integrieren und die besonderen Möglichkeiten zu nutzen, die das Internet bietet.

Das Internet eröffnet dem St. Marien-Krankenhaus die Möglichkeit, auf gänzlich neue Weise mit seinen Austauschpartnern zu kommunizieren. Die klassischen Instrumente der Kommunikationspolitik, wie Werbung in Print-Medien und dem lokalen Radio und TV, der Public Relation oder der Direktwerbung in Form von Flyern und Broschüren bieten keine unmittelbaren oder nur verzögerte Reaktionsmöglichkeiten für den Empfänger der Botschaft.

Auch waren hier dem primär regional aufgestellten Gesundheitsunternehmen enge Grenzen gesetzt. Das Internet – verknüpft mit den Themenbereichen Social Media und Live-Kommunikation – überwindet das klassische Sender-Empfänger-Modell und bietet dem Krankenhaus die Möglichkeit, in direkten Kontakt mit seinen Austauschpartnern und insbesondere mit den einweisenden Ärzten und Patienten zu treten. Die Informationen, die bei einem linearen Kommunikationsmodell einseitig vom Krankenhaus zum einweisenden Arzt oder Patienten übertragen werden, können nun in beiden Richtungen ausgetauscht werden, und es entsteht ein interaktiver Dialog zwischen dem Krankenhaus und seinem Austauschpartner.

Heute, fast 15 Jahre nach Einführung des Online-Marketings in unserem Haus, sprechen die Ergebnisse aus unterschiedlichen Analysen für die Marketing-Konzeption des Unternehmens. Bei der letzten Imageanalyse, durchgeführt in Städten des Kreisgebiets von Siegen-Wittgenstein, konnte eine herausgehobene Stellung des Images gegenüber anderen Krankenhäusern herausgefunden werden. Als Pionier im Einsatz unterschiedlicher Medien konnte sich das Krankenhaus in puncto Online-Marketing zudem eine hohe Reputation auf nationaler Ebene erarbeiten.

1.3 Corporate Identity schaffen

Um sich auf dem Markt zu profilieren, ist es wichtig, einzigartig zu sein. Patienten sollen einen guten Grund haben, in ihre Klinik zu kommen und nicht eine andere auszuwählen. Dies schaffen Sie nicht nur durch Ihr professionelles Angebot und einen guten Service. Um sich gegenüber Ihren Mitbewerbern hervorzuheben, müssen Sie einen Wiedererkennungswert haben: Schaffen Sie eine Marke mit Ihrer ganz individuelle Corporate Identity (CI). Die CI ist die einzigartige Identität eines Unternehmens und der Gesamteindruck, der bei den Kunden bzw. Patienten hinterlassen wird. Sie betont die Werte, Normen und Visionen Ihrer Klinik. Sie sind besonders wichtig, da Kaufentscheidungen von Kunden grundsätzlich auf Wertvorstellungen basieren. Es gilt also, Ihre Klinik mit Werten zu belegen, die mit denen Ihrer Zielgruppe übereinstimmen – und sie entsprechend zu transportieren.

1.3.1 Markenaufbau in Kliniken

Marken, wie Google, Microsoft und Coca Cola, haben es geschafft: Sie stehen an der Spitze des Markenwert-Rankings und sind somit die teuersten Marken der Welt. Von dieser Bekanntheit können die meisten Kliniken nur träumen, wenn es um den eigenen Marktauftritt geht. Zugegeben: Sie haben es nicht gerade einfach, sich ein positives Markenimage aufzubauen. Denn Marken funktionieren auf emotionaler Ebene. Doch die Assoziation mit einem Krankenhaus ist überwiegend mit negativen Begriffen besetzt, wie Krankheit, unangenehmer Geruch, Schmerz und sogar Tod. Die einzigen positiven Verknüpfungen sind hier Hilfe und Heilung.

Doch der Wettbewerbsdruck zwingt Kliniken zum Handeln. 98,9 % der Krankenhäuser sind der Meinung, dass der Wettbewerb in den vergangenen fünf Jahren zugenommen hat, so ein Ergebnis der Studie „Markenbildung in der Gesundheitswirtschaft" der Fachhochschule Flensburg und der Personalberatung Gemini Executive Search. Dafür wurden im Oktober 2008 deutschlandweit 600 Krankenhäuser (mit öffentlichen, freigemeinnützigen oder privaten Trägern) befragt. 75,3 % der teilnehmenden Kliniken meinen, dass ihre Häuser und deren Leistungen zum jetzigen Zeitpunkt durch ein anderes in der Umgebung liegendes Krankenhaus ersetzbar seien. Das könnte sich ändern – mit einer langfristig angelegten Strategie zum Markenaufbau und zur Differenzierung. Markenbildung ist ein Prozess, bei dem ein Unternehmen, ein Produktname oder ein Image zum Synonym für positive Eindrücke wie Vertrauen, hohe Qualität oder eine bestimmte Leistung steht. Eine moderne Marke sollte Innovation, Effizienz und Nachhaltigkeit ausstrahlen.

Doch bis der Markenaufbau so weit ist, braucht es seine Zeit: 17,1 % der Kliniken rechnen mit ein bis drei Jahren, 52,4 % mit drei bis fünf Jahren und 28 % sogar mit 10–15 Jahren. Um als Marke erkannt zu werden, benötigt jedes Unternehmen eine eigene, unverwechselbare Identität, die Corporate Identity. Kliniken sollten in Etappen vorgehen: Als Erstes muss das Markenbild konkretisiert werden. Dabei geht es um Fragen wie „Was können wir besser als die anderen?" oder „Was ist unser Alleinstellungsmerkmal?". Das Ergebnis sollte dann zuerst nach innen transportiert und verfestigt werden, bevor es an die Öffentlichkeit getragen wird. Die Mitarbeiter sind die entscheidende Stellschraube im Markenaufbau. Sie haben täglich Patientenkontakt und einen großen Einfluss auf die Patientenzufriedenheit und damit auf die Bindung und Weiterempfehlungsabsicht. Daher ist es wichtig, dass sie sich mit dem gegebenen Markenversprechen identifizieren und motiviert bei der täglichen Arbeit sind. Das funktioniert nur, wenn das Klinikpersonal selbst zufrieden ist. So bekennen auch 97,6 % der befragten Kliniken: „Ohne unsere Mitarbeiter können wir unsere Leistungsversprechen gegenüber den Kunden nicht halten."

Bereits 70 % der Krankenhäuser sehen sich als Marke – wobei eine spontane Wiedererkennung nicht gleichzusetzen ist mit dem zum Markenstatus gehörende Vertrauenspotential. Die Mayo Clinic in den USA und die Charité Berlin in Deutschland haben es geschafft, sich tatsächlich eine individuelle CI und eine Marke aufzubauen. Machen auch Sie sich ans Werk.

1.3.2 Hinweise zur CI-Entwicklung

Zur Entwicklung Ihrer Corporate Identity halten Sie sich an die **VIVA**-Formel nach Weinberg (2001):
- **V**ision,
- **I**dentität,
- **V**erhalten,
- **A**uftritt.

Vision   Die Vision Ihrer Klinik zielt auf die Fragen ab: Was wollen Sie in die Welt bzw. auf den Markt bringen? Was möchten Sie verändern? Was treibt Sie an? Hier formulieren Sie die unternehmerische Leitidee: Welchen Nutzen hat Ihre Arbeit für die Gesellschaft? Als Klinik ist es natürlich Ihre Leitidee, Menschen zu helfen und zu heilen.

Identität   Die Identität ist bestimmt durch die Werte, die Ihre Klinik leiten. Hier geht es um die innere Haltung, Einstellungen und Leitsätze. Formulieren Sie Leitsätze, nach denen Sie Ihr Klinik-Leitbild ausrichten. Diese Leitsätze sind Statements, die bestimmen, wie Sie zum Beispiel mit Mitarbeitern, Patienten, Dienstleistern und anderen Kooperationspartnern sowie Hierarchien, Innovationen oder Beschwerden umgehen wollen. Als Beispiel können

Sie Ihre Einstellung zu Marketing als Glaubenssatz definieren: „Wir sehen in Marketing eine Chance, die Zukunft der Klinik zu sichern."

Verhalten   Das Verhalten beschreibt die Art und Weise, wie Sie in oder mit der Klinik agieren wollen. Hierzu gehören die konkreten Taten: Wie verhält sich die Klinik bezüglich Mitarbeiterführung, Organisation etc.? Hält die Klinikleitung eher an bürokratischen Strukturen fest oder sollen flachere Hierarchien eingeführt werden.

Auftritt   Wenn Sie Vision, Identität und Verhalten etabliert haben, dann müssen Sie für einen Außenauftritt sorgen, der zu Ihrer Klinik passt. Die Außendarstellung ist ein sehr wichtiger Punkt. Denn hier geht es darum, Interesse zu wecken, Ihren Patienten die Corporate Identity nahe zu bringen und Vertrauen aufzubauen. So passen beispielsweise eine sterile Atmosphäre und eine edle Möblierung nicht zu einem Kinderkrankenhaus.

Anhand der VIVA-Formel können Sie leichter Unternehmensentscheidungen treffen. Sie können überprüfen, ob eine Entscheidung unter diesen vier Gesichtspunkten mit der CI Ihrer Klinik einhergeht. Wichtig ist dabei, dass alles in sich stimmig und einheitlich ist. So darf also kein Außenauftritt mit Unternehmensleitsätzen, dem Verhalten oder der Klinik-Vision im Widerspruch stehen. Wenn zum Beispiel „Kinderfreundlichkeit" zu Ihren Leitsätzen gehört, dann müssen Sie natürlich freundlich zu Kindern sein, die Einrichtung und die Atmosphäre entsprechend gestalten. Um ein rundum stimmiges Bild abzugeben, gehört es in diesem Fall aber auch dazu, beispielsweise familienfreundliche Arbeitszeiten einzurichten oder einen Betriebskindergarten zu organisieren.

Vielleicht ahnen Sie es schon: Corporate Identity ist kein Gemälde, das einmal gemalt wird und dann aufgehängt werden kann. CI ist ein stetiger Prozess, der nie abgeschlossen ist. Die Unternehmensidentität wird immer wieder auf die Probe gestellt und muss sich neu erfinden. Doch wie ein Gemälde aus verschiedenen Farben besteht, setzt sich das Konzept Corporate Identity aus verschiedenen Elementen zusammen, die das Klinik-Leitbild nach außen tragen. Die wichtigsten sind im Folgenden aufgeführt.

1.3.3 Corporate Design

Ein besonders signifikantes CI-Element ist das Corporate Design (CD). Häufig wird CD sogar mit der Corporate Identity gleichgesetzt, weil es das Element ist, das den stärksten Wiedererkennungswert hat. Das Corporate Design vertritt alle visuellen Botschaften, die ein Unternehmen aussendet, und sorgt für einen einheitlichen graphischen Außenauftritt. Ziel des CD ist es, die Unternehmenswerte auf Zeichen, Farben und Schriftzüge zu übertragen.

> **Die wichtigsten graphischen Elemente des Erscheinungsbildes**
> - Die Wort-Bild-Marke: das Klinik-Logo, das sich auf allen Drucksachen und in allen Online-Medien, aber auch auf der Kleidung wiederfindet
> - Die Klinik-Typographie: die Klinik-Schrift
> - Die „Hausfarbe" der Klinik, zum Beispiel auf Briefpapier, Visitenkarten und Website
> - Kommunikationsdesign: die gesamte graphische Gestaltung, die auf ihren Kommunikationsmedien zu sehen ist
> - Architektur und Klinik-Einrichtung

Das Klinik-Logo ist sicher das wichtigste Element des Corporate Designs. Denken Sie an die Logos von bekannten Marken, wie der Haken von Nike oder die Welle im Schriftzug von Coca-Cola. Sie haben einen sehr starken internationalen Wiedererkennungswert. Aber auch im Gesundheitsbereich werden starke Symbole benutzt, beispielsweise der Asklepios-Stab in einem Kreis und Dreieck, wie bei den Asklepios-Kliniken, oder das Sechseck im Logo von Roche. Das Klinik-Logo ist ein bedeutender Schritt zur Markenbildung. Es lohnt sich also, einen Teil des Budgets in die professionelle Gestaltung des Logos zu investieren. Welche Eigenschaften ein gutes Logo haben sollte, sehen Sie in der folgenden Übersicht. Durch optische Symbole, wie das Klinik-Logo, können Sie die Persönlichkeit Ihrer Klinik visuell darstellen und sich damit gleichzeitig deutlich von Ihren Mitbewerbern abgrenzen. Überlegen Sie, mit welchen Eigenschaften Sie sich profilieren möchten: beispielsweise klassisch/seriös, jung/frisch oder modern/innovativ.

> **Hinweise zum Klinik-Logo**
> - Ein gutes Klinik-Logo sollte einprägsam sein und über einen hohen Wiedererkennungswert verfügen. Es muss mit einem Blick zu erfassen sein und in den Köpfen der Patienten hängen bleiben.
> - Auch hier gilt: Weniger ist mehr – verwenden Sie nicht zu viele Farben und Schnörkel.
> - Achten Sie darauf, dass die Symbolik in Ihrem Logo eindeutig ist und nicht mit anderen Dingen assoziiert oder gar verwechselt werden kann.
> - Wort-Bild-Marken sind besonders erfolgreich. Kombinieren Sie in Ihrem Logo ein graphisches Zeichen mit einem Schriftzug, etwa dem Namen der Klinik oder einem Slogan.
> - Das Logo muss sowohl in Farbe als auch in Schwarz-Weiß gut aussehen und auf alle Materialien gut druckbar sein.
> - Ändern Sie nur mit Bedacht ein bereits eingeführtes Logo, um mit der Markenführung und dem Bekanntheitsgrad nicht wieder von vorne anfangen zu müssen. Falls Sie einen Relaunch (Neustart) wünschen, versuchen Sie, das Logo Schritt für Schritt weiterzuentwickeln und damit zu modernisieren.

Ein besonderer Eyecatcher ist auch die Hausfarbe. Als Hausfarbe wird die unternehmenstypische Farbe bezeichnet, die im besonderen Maße dazu geeignet ist, einen Wiedererkennungswert zu schaffen. Bekannte Beispiele sind das Gelb der Deutschen Post oder das Magenta der Telekom. Einen solchen Effekt zu erzielen, erfordert natürlich, dass sich die Marke schon sehr stark etabliert hat. Außerdem läuft man immer Gefahr, dass man mit einem ähnlichen Farbton nicht Assoziationen an die eigene Klinik, sondern an das Fremdunternehmen hervorruft.

Farben sind im besonderen Maße dazu geeignet, Werte zu transportieren. Farbpsychologische Untersuchungen zeigen, dass zum Beispiel transparente Farbtöne Vertrauen, Offenheit und Ehrlichkeit vermitteln. Es gibt noch weitere Assoziationen: Gold steht allgemein für Exklusivität, wohingegen Silber eher technisch und modern wirkt. Grün wirkt erfrischend und regenerierend, Blau kühl und klar. Rot gilt als aktiv und dynamisch, Orange als strahlend und Violett als geheimnisvoll. Besonders im medizinischen Bereich wird die Farbe Weiß mit hygienisch und rein assoziiert und ist daher immer ein wichtiger Grundton.

Die Hausfarbe und das Klinik-Logo sind wichtige graphische Merkmale, die sich auch auf Ihren Kommunikationsmaterialien widerspiegeln sollten: Klinik-Schild, Briefpapier, Visitenkarten, aber natürlich auch auf Ihrer Klinik-Website, Ihrem Blog und in sonstigen Netzwerkprofilen. Setzen Sie ebenfalls bei der Inneneinrichtung mit den Klinik-Farben geschickte Akzente.

1.3.4 Corporate Fashion

Ein einheitlicher Kleidungsstil des Teams ist ein zusätzliches Zeichen des gemeinsamen Auftritts. Die markenkonforme Gestaltung der Arbeitskleidung wird als Corporate Fashion (CF) bezeichnet. In Krankenhäusern ist es meistens üblich, Weiß zu tragen – im OP Grün und in der Intensivmedizin Blau –, jedoch können Sie auch hier mit einigen gezielten Akzenten die Corporate Identity über die Kleidung vermitteln. Beispielsweise, indem Sie das Klinik-Logo auf die Kittel der Ärzte und Shirts des Pflegepersonals aufdrucken oder verschiedene Accessoires wie Halstücher in Ihrer Klinik-Farbe tragen. Namensschilder an der Kleidung der Mitarbeiter – oder sogar farblich in der Klinik-Farbe samt Logo eingestickt – wirken persönlich. Zusätzliche Funktionsbeschreibungen bzw. Zuständigkeitsbereiche dienen Patienten zur Orientierung und sind daher zu empfehlen. Jedoch sollten Ihre Mitarbeiter nicht wie Zinnsoldaten wirken, sondern jeweils eine individuelle Note in ihrem Kleidungsstil präsentieren können. Bieten Sie daher verschiedene Kleidungsstücke zur Auswahl: Hose, Rock, Bluse, Polo-Shirts. So kann jeder nach seinen persönlichen Vorlieben auswählen. Die Mitarbeiter fühlen sich wohl und wirken damit authentisch.

1.3.5 Corporate Behaviour

Beim Corporate Behaviour geht es um das Verhalten von allen Mitarbeitern im Klinik-Alltag. Es beinhaltet das gesamte Auftreten des Krankenhauses – nach innen und nach außen – und manifestiert sich in Verhaltensregeln. Ein einheitliches Auftreten bedeutet, dass Sie schlüssig, widerspruchslos und in Einklang mit dem Klinik-Leitbild handeln. Elemente von Corporate Behaviour sind nach Schmidt (2005) das Handeln des Unternehmens gegenüber

- Mitarbeitern
- Marktpartnern
- Kapitalgebern
- Öffentlichkeit.

Mitarbeiter   Corporate Behaviour bezieht sich im Zusammenhang mit Mitarbeitern beispielsweise auf den Führungsstil, auf die Chancen zu Weiterbildung, Lohnzahlungen, den Umgangston, grundsätzliche Kompromissbereitschaft oder Motivation. Der Umgang mit den Mitarbeitern zählt zu dem internen Bereich des Corporate Behaviours, also zu dem, was innerhalb des Unternehmens geschieht. Für eine erfolgreiche Führung ist es wichtig, dass das interne CB mit dem nach außen getragenen CB übereinstimmt. Ein Bruch zwischen innen und außen liegt vor, wenn eine Lücke entsteht zwischen dem, was nach außen kommuniziert wird, und dem tatsächlichen Verhalten. Ein Beispiel: Einer potentiellen Mitarbeiterin wird beim Bewerbungsgespräch vermittelt, dass die Klinik ein familienfreundliches Unternehmen ist. Tatsächlich wird ihr aber keine Möglichkeit gegeben, in Teilzeit zu arbeiten oder Schichten zu tauschen.

Marktpartner   Zu dem Verhalten gegenüber Marktpartnern zählt zum Beispiel, wie Sie sich gegenüber Patienten, Dienstleistern und Kooperationspartnern verhalten, wie Sie Angebote unterbreiten, Preispolitik betreiben, aber auch das Verhalten im persönlichen Kontakt oder am Telefon. Auch hier gilt: Halten Sie, was Sie versprechen. Wollen Sie als serviceorientiert gelten, dann müssen Sie sich besonders hilfsbereit verhalten und dürfen nicht alle Leistungen an den Versicherungsstatus koppeln.

Kapitalgeber Hier ist der Umgang mit Kapitalgebern, beispielsweise öffentlichen Trägern, Privatpersonen, Banken oder Aktionären, gemeint. Oftmals haben Klinikketten, wie Sana Kliniken oder Marseille-Kliniken, als Unternehmensform eine Aktiengesellschaft.

Öffentlichkeit Hierzu gehört das Verhalten gegenüber Medien. Seien Sie auskunftsfreudig, offen und kooperativ, und halten Sie auch hier, was Sie versprechen. (Tipps zum Umgang mit Journalisten finden Sie in ► Kap. 2.)

1.3.6 Corporate Communication

Corporate Communication (CC) umfasst sämtliche kommunikativen Maßnahmen und Instrumente, die die Klinik und das Klinik-Leitbild nach außen präsentieren. Das bezieht sich sowohl auf den schriftlichen Verkehr als auch auf den persönlichen Kontakt. Ein wesentlicher Faktor bei der CC ist die Corporate Language, die Unternehmenssprache. Sie bietet der Klinik eine Möglichkeit, sich gezielt von anderen abzuheben und die persönliche Note zu unterstreichen. Ihre Corporate Language sollte in erster Linie klar und verständlich sein und möglichst wenige Fachwörter verwenden, damit Sie den Patienten auf Augenhöhe begegnen können. Außerdem braucht die Unternehmenssprache einen einheitlichen, individuellen Ton. Auch hier richten Sie sich nach den Bedürfnissen der Zielgruppe: Was erwarten die Patienten von Ihnen? Überlegen Sie, ob Ihre Sprache eher sachlich, nüchtern oder emotional sein sollte. Bedenken Sie: Nur die wenigsten Menschen gehen gerne in eine Klinik – sie müssen zum Wohle ihrer Gesundheit. Umso wichtiger ist es, dass Sie eine Umgebung schaffen, in der sich die Patienten wohlfühlen. Eine warme, verständnisvolle Sprache ist daher zu empfehlen.

Halten Sie außerdem in einer Liste „gute Wörter" und „schlechte Wörter" fest. Ein Beispiel: Denken Sie jetzt auf keinen Fall an einen rosa Elefanten. Welches Bild hatten Sie gerade im Kopf? Sicher das eines rosa Elefanten. Das menschliche Gehirn neigt dazu, Sprache in Bilder umzuwandeln – auch wenn dieses Bild negiert wird. Wenn Sie also eine Behandlung als schmerzarm deklarieren, dann hören die Patienten trotzdem das unangenehme Wort Schmerz. Eine Behandlung, die sanft ist, bezeichnet inhaltlich das Gleiche, klingt aber eben sanfter.

Je einheitlicher Sie kommunizieren, desto besser können Sie das Unternehmensleitbild transportieren. Legen Sie fest, wie Patienten in Ihrer Klinik angesprochen werden sollen, zum Beispiel, wie sich Mitarbeiter beim ersten Patientenkontakt vorstellen sollen. Halten Sie das in einem Gesprächsleitfaden mit Textbausteinen fest. Der sollte allerdings nicht statisch eingehalten werden, weil die Gespräche sonst künstlich wirken.

Behalten Sie auch in der schriftlichen Korrespondenzen Ihren Kommunikationsstil bei: in Werbematerialien, Broschüren sowie bei der weiteren Öffentlichkeitsarbeit. Das Klinik-Leitbild transportieren Sie nur authentisch, wenn es einheitlich kommuniziert wird. Wenn Sie also eine warme, lockere Klinik-Sprache gewählt haben, dann formulieren Sie auch Patientenbriefe nicht kühl und distanziert. Für Ihr Online-Marketing befolgen Sie die Richtlinien Ihrer Corporate Communication auch im Internet: Sprechen Sie online mit Ihren Patienten genau so, als würden Sie Ihnen persönlich gegenüberstehen. Beachten Sie aber, dass die Sprache in sozialen Netzwerken, wie Facebook, grundsätzlich lockerer ist als in formalen Briefen.

Sowohl bei der CC als auch bei allen anderen Faktoren der Corporate Identity gilt: Das Wichtigste ist die Einheitlichkeit. Nur wenn alle Faktoren stimmig sind und zueinander passen, kann ein überzeugendes, harmonisches Klinik-Bild entstehen, dem die Patienten vertrauen.

1.4 Das Marketing-Konzept

Marketing bedeutet, Produkte oder Dienstleistungen auf dem Markt zu platzieren, sodass sie relevant und attraktiv für die jeweiligen Zielgruppen sind. Dies ist der Ausgangspunkt. Die Werbung ist dabei das Mittel, um dies zu erreichen. Sie ist insofern nur zweitrangig, denn am Anfang muss immer eine perfekt ausgerichtete Leistung stehen. Nur so ist

Marketing erfolgreich. Um Zeit, Geld und Ressourcen nicht in ziellose Werbemaßnahmen zu investieren, ist es wichtig, das Projekt Online-Marketing strukturiert zu verfolgen. Das Marketing-Konzept ist dabei das Grundgerüst.

In diesem Kapitelabschnitt wird erläutert, was Sie beim Erstellen eines Marketing-Konzepts beachten müssen. Folgende Fragen führen Sie durch die einzelnen Abschnitte dieses Kapitels hin zu Ihrem individuellen Marketing-Konzept.

> **Grundfragen für die Erstellung eines Marketing-Konzepts**
> ▬ Wo steht unser Haus jetzt? → Die Ist-Analyse
> ▬ Wo möchten wir hin? → Zielbestimmung
> ▬ Wie kommen wir zu diesem Ziel? → Marketing-Strategie
> ▬ Mit welchen Mitteln erreichen wir dieses Ziel? → Marketing-Maßnahmen
> ▬ Haben wir unser Ziel erreicht? → Marketing-Controlling

1.4.1 Die Ist-Analyse

Der Ausgangspunkt und damit der erste Schritt bei der Erstellung eines Marketing-Konzepts ist eine Bestandsaufnahme der aktuellen Situation. Wenn ein Patient in Ihre Klinik kommt, erfolgen zunächst Anamnese und Untersuchung. Sie finden heraus, wie der Zustand des Patienten ist, in welchem Umfeld er lebt und welche Ursachen die Krankheit haben könnte. Erst dann können Sie geeignete Therapiemaßnahmen ergreifen. Genauso verhält es sich, wenn der Patient die eigene Klinik ist. Die Ist-Analyse der Klinik-Situation verrät der Marketing-Abteilung, wie die Klinik auf dem Markt positioniert ist, welche Probleme vorliegen und wo noch Potential für Verbesserungen besteht. Listen Sie die einzelnen Punkte auf, um einen umfassenden Überblick zu erhalten. Eine systematische Bestandsaufnahme berücksichtigt sowohl externe als auch interne Faktoren.

Externe Faktoren

Die Aufnahme der externen Faktoren wird als Chancen-Risiken-Analyse bezeichnet. Die Bezeichnung impliziert bereits, dass es sich hierbei um Faktoren handelt, die generell von Unternehmern nicht zu steuern sind.

Hierzu gehören zum einen rechtliche Rahmenbedingungen. Gesetze, wie beispielsweise das Heilmittelwerbegesetz (HWG), aber auch andere Regelungen zum Wettbewerbsrecht, geben den Handlungsrahmen für die Tätigkeit im Gesundheitswesen und damit auch Marketing-Bestrebungen vor (▶ Kap. 8). Ebenso beeinflussen politische Entscheidungen und Reformen die Situation, wie zum Beispiel die Gesundheitsreform. Auch gesellschaftliche Normen regulieren den Handlungsspielraum: Etwas, das zwar rechtlich in Ordnung ist, aber dem guten Geschmack widerspricht, wird nicht in die Tat umsetzbar sein. Solche Dinge können kulturell und regional bedingt sehr unterschiedlich sein. Ein Beispiel hierfür ist, dass es in Deutschland als normal empfunden wird, wenn ein Klinikarzt eine Frau untersucht – auch ohne dass ihr Ehemann im Raum ist. In einigen arabischen Ländern wäre das anstößig und daher unvorstellbar.

Neben dem gesetzlichen Rahmen ist auch die Marktsituation ein Faktor, der die aktuelle Lage beeinflusst. Hierzu zählen Dinge wie die gesamtwirtschaftliche Situation, die Konjunktur und Kaufkraft, aber auch die Arbeitslosenquote. Fragen zu diesem Punkt richten sich etwa danach, inwieweit marktwirtschaftliche Faktoren es begünstigen, dass Patienten oder Krankenkassen Geld für Krankenhausleistungen ausgeben können.

Ein Blick auf die Konkurrenz in Ihrem Einzugsgebiet gehört ebenfalls zur Bestandsaufnahme der externen Faktoren. Kliniken sollten herausfinden, wie sich der Markt verteilt. Analysieren Sie, welche Leistungen bereits im Überschuss angeboten werden und wo vielleicht sogar Defizite im Angebot bestimmter Leistungen bestehen. Wie intensiv wird Wettbewerb bestritten, und welche Machtverhältnisse bestehen? Schauen Sie, welche Konkurrenz für Ihre Klinik besteht und was diese den Patienten bietet. Berücksichtigen Sie Schwerpunkte, Vorzüge

- Welche Online-Marketing-Maßnahmen betreibt die Konkurrenz? (▶ Kap. 2 und 5)
- Wie professionell finden Sie den Internetauftritt der konkurrierenden Klinik? (▶ Kap. 3)
- Wie weit sind Sie und die Konkurrenz im Internet vertreten? (In Klinik-Suchverzeichnissen, Bewertungsportalen etc.) (▶ Kap. 5)
- Wie weit oben sind Sie und der Mitbewerber mit verschiedenen Suchbegriffen zu Ihren Leistungen bei Google zu finden? (▶ Kap. 4)

und Schwachstellen des Konkurrenzangebots. Manchmal können auch Gespräche sinnvoll sein, denn eventuell gibt es Anknüpfungspunkte für eine Kooperation.

Da es hier um Online-Marketing geht, sollten Sie auf Folgendes besonders schauen:

Interne Faktoren

Handelt es sich bei den externen Faktoren um Variablen, die Sie in der Regel kaum beeinflussen können, so sind die internen Faktoren grundsätzlich veränderbar. Deswegen nennt man die Aufnahme der internen Faktoren auch die Stärken-Schwächen-Analyse. Dieser Teil ist der wichtigste der Ist-Analyse. Denn hier geht es darum, die eigenen Stärken und Schwächen auszumachen und sie später effektiv zu nutzen bzw. zu eliminieren.

Das besondere Klinik-Angebot

Um sich über Ihr eigenes Leistungsspektrum bewusst zu werden und Ihre USP (Unique Selling Proposition = Verkaufsargument, das Sie einzigartig macht) zu ermitteln, schreiben Sie auf, was Sie Ihren Patienten zurzeit in der Klinik bieten. Über welche besondere technische Ausstattung verfügen Sie? Listen Sie die Behandlungsgeräte auf, die nur Sie und nicht Ihr Mitbewerber zu bieten hat, beispielsweise

der daVinci-Roboter für Prostatektomie aus dem St. Antonius-Hospital in Gronau (▶ Kap. 7). Listen Sie entsprechend dazu auf, welche Therapie- und Behandlungsmethoden Sie anbieten. Bieten Sie darüber hinaus sonstige spezielle Verfahren an? Notieren Sie alles, was Ihnen einfällt, um Ihre USP herauszufinden.

Terminvereinbarungen Ebenso wichtig ist der Service außerhalb der Behandlungsangebote: Führen Sie auf, wie Patienten zu Ihnen Kontakt aufnehmen können. Können Termine nur telefonisch abgemacht werden, oder besteht auch die Möglichkeit der Terminvereinbarung per E-Mail oder gar über ein Online-Terminvereinbarungssystem (OTV)? Wie lange müssen Patienten auf einen Termin bei Ihnen warten? Zu welcher Zeit sind Sie besonders ausgelastet? Und falls es Terminabsagen gibt, kennen Sie den Grund dafür?

Einrichtung und Atmosphäre Denken Sie an alle Zielgruppen. Sind die Eingänge, Flure, Behandlungsräume und Patientenzimmer barrierefrei – für Rollstuhlfahrer, aber auch für Menschen mit Sehbehinderungen? Wie sieht es mit der Klinik-Einrichtung aus? Haben Sie es geschafft, trotz medizinischer Institution eine warme Atmosphäre zu schaffen? Haben Sie etwas Farbe an den Wänden und ansprechende Bilder auf den Stationen hängen? Vor allem in Abteilungen wie der Geburtsstation darf der human touch nicht fehlen. Das gelingt Ihnen ganz einfach mit professionellen Baby- und Familienfotos. Sind die Sitzgelegenheiten im Anmeldebereich bequem, und besteht ausreichend Platz zwischen den Stühlen? Liegt stets eine gute und aktuelle Auswahl an Zeitschriften und Informationsmaterialien bereit sowie ein Getränkeangebot, falls die Aufnahme etwas Zeit in Anspruch nimmt? Beachten Sie auch Dinge, die den Klinik-Aufenthalt unangenehm machen könnten, wie zum Beispiel Lärm oder schlechte Gerüche sowie zu grelles oder dunkles Licht. Ändern Sie dies umgehend. Schauen Sie bei all Ihren Überlegungen auch immer auf die Konkurrenz: Was bieten andere Kliniken, was Sie nicht haben? Wo haben Sie vielleicht anderen etwas voraus?

Zielgruppenanalyse

Mittelpunkt aller Marketing-Maßnahmen sind die Kunden – in Ihrem Fall die Patienten. (Auf die Zuweiser wird in ▶ Kap. 7 separat eingegangen.) Deswegen sollten Sie ihnen auch einen bedeutsamen Platz in der Bestandsaufnahme reservieren. Wer sind eigentlich Ihre Patienten? Hier gilt es zunächst zu unterscheiden zwischen den Patienten, die bereits in Ihre Klinik kommen, und denen, die den Weg zu Ihnen noch nicht gefunden haben.

Beginnen Sie mit den bestehenden Patienten. Listen Sie auf, wie sich Ihre Patientenschaft zusammensetzt, und erstellen Sie eine Statistik. Folgende Punkte sollten Sie aufnehmen:

Wie sieht Ihre Patientenschaft aus?

- Ermitteln Sie, welche Altersgruppen Ihre Klinik besuchen. Achten Sie hierbei auch auf ungewöhnliche Verteilungen: Für welche Zielgruppe sind Sie besonders attraktiv?
- Schauen Sie auch, wie sich Ihre Patientenschaft nach Geschlechtern aufteilt. Grundsätzlich sind Frauen und Männer in beinahe gleichen Teilen in der Gesellschaft vertreten und müssten daher ebenso in Ihrer Patientenklientel verteilt sein. Bedenken Sie jedoch, dass – wenn Sie besonders viele Hochbetagte unter Ihren Patienten haben – ein Frauenüberschuss auch daher kommen könnte, dass Frauen eine höhere Lebenserwartung haben als Männer. Spezielle Abteilungen, die nur auf eine Zielgruppe ausgerichtet sind, wie etwa die Gynäkologie, müssen Sie bei der Erfassung außen vor lassen.
- Wie sieht die soziale, berufliche und familiäre Situation der Patienten aus? Anhand ihrer Lebensumstände lassen sich oftmals auch ihre Bedürfnisse ablesen.
- Finden Sie heraus, wie die Patienten auf Ihre Klinik aufmerksam geworden sind und warum sie gerade zu Ihnen kommen. Was ist Ihr Alleinstellungsmerkmal? Ihre bestehenden Vorzüge können Sie ausbauen und entsprechend nach außen kommunizieren.

Viele dieser Informationen können Sie den Aufnahmebögen entnehmen, die die Patienten bei ihrem ersten Besuch in der Klinik ausfüllen. Umfangreiche Patientendaten über den Aufnahmebogen zu erheben ist jedoch knifflig: Da die Bögen direkt einem Namen zugeordnet werden können, werden die Patienten Fragen etwa zu ihrem Einkommen oder ihrer Zufriedenheit nicht unbefangen und offen beantworten. Besser ist es, solche Dinge im Rahmen einer anonymisierten Patientenbefragung in Erfahrung zu bringen. Einen Musterfragebogen finden Sie in ◘ Abb. 1.3.

Wenn Sie wissen, wer in Ihre Klinik kommt, können Sie auch Rückschlüsse darauf ziehen, wer nicht zu Ihnen kommt. Prüfen Sie kritisch, ob die demographische Verteilung Ihrer Patienten typisch für den Einzugsbereich und Spezialisierung Ihrer Klinik ist. Stellen Sie heraus, welche Gruppen besonders häufig in Ihre Klinik kommen und welche nicht. Woran könnte das liegen? Diese Überlegungen sind der Ausgangspunkt für Ihre Absichten, neue Patienten oder sogar ganze Patientengruppen für die Klinik zu gewinnen.

Online-Patientenbefragung

Um möglichst genaue und umfangreiche Informationen zu Ihren Patienten, deren Wünschen, Bedürfnissen und der Zufriedenheit mit dem Klinik-Angebot zu bekommen, können Sie eine Online-Patientenbefragung durchführen. Bei einer Online-Befragung erhalten Patienten meist per E-Mail einen individualisierten Link zu einem Fragebogen, der auf einem Server bereit steht. Es ist zu empfehlen, dass der Fragebogen dabei ein SSL-Zertifikat trägt, was bedeutet, dass die Seite besonders abgesichert ist. So sind Sicherheit und Anonymität gewährleistet. Jeder E-Mail-Empfänger bekommt einen anderen Link, den er auch nur einmal benutzen kann. So wird verhindert, dass ein Patient den Fragebogen mehrmals ausfüllt.

Inhaltlich können Sie den Fragebogen nach Ihren Wünschen gestalten: Neben demographischen Angaben (Alter, Beruf, Einkommen, Geschlecht) sollte er auch Fragen zur Zufriedenheit der Patienten mit der Klinik abdecken. Mögliche Fragen, um die Patientenzufriedenheit zu messen, sind zum Beispiel: „Wie zufrieden sind Sie mit … ":

- dem Klinikempfang
- dem behandelnden Arzt, Stationsarzt, Chefarzt

Patienten- Fragebogen: Wie zufrieden sind Sie mit uns?

Wie wurden Sie auf unsere Klinik aufmerksam?

☐ bin überwiesen worden von _____ ☐ Von Bekannten empfohlen
☐ über meine Krankenkasse   ☐ Zeitungsbericht
☐ Suchverzeichnis, und zwar _____
☐ Bewertungsportal, und zwar _____
☐ Internet, und zwar _____
☐ andere, und zwar _____

Bitte bewerten Sie nach dem Schulnoten-System (1 = sehr hut, 2 = gut,
3 = befriendgend, 4 =ausreichend, 5 = mangelhaft, 6 = ungnüged):

Wie beurteilen Sie den **Klinikempfang?**
☐ 1   ☐ 2   ☐ 3   ☐ 4   ☐ 5   6

Wie beurteilen Sie die **Wartezeiten** in unserer Klinik?
Wartezeit auf einen Behandlungstermin
☐ 1   ☐ 2   ☐ 3   ☐ 4   ☐ 5   ☐ 6

Warlezeil während des Aufenthalts
☐ 1   ☐ 2   ☐ 3   ☐ 4   ☐ 5   ☐ 6

Wie gefällt Ihnen des **äutßere Erscheinungsbid** unserer Klinik?
☐ 1   ☐ 2   ☐ 3   ☐ 4   ☐ 5   ☐ 6

Wie gefällt Ihnen des **innere Ausstattung** unserer Klinik?
☐ 1   ☐ 2   ☐ 3   ☐ 4   ☐ 5   ☐ 6

Wie empfanden Sie **Freundlichkeif und Engagement...**
... des Arztes / der Ärztin?
☐ 1   ☐ 2   ☐ 3   ☐ 4   ☐ 5   ☐ 6

... des Pflegepersonals?
☐ 1   ☐ 2   ☐ 3   ☐ 4   ☐ 5   ☐ 6

Was war des **Anliegen** Ihres Aufenthalts bei ues ?
_____   (freiwillige Angabe)

Wie beurteilen Sie persönlich Ihren **Behandlungserfolg?**
☐ 1   ☐ 2   ☐ 3   ☐ 4   ☐ 5   ☐ 6

Was gefällt Ihnen an unserer Klinik gut?
_____

Was gefällt Ihnen nicht?
_____

Welche Verbesserungsvorschläge und Anregungen haben Sie für uns?
_____
_____

...und zum Schluss noch ein paar kurze Fragen zu Ihrer person:

Geschlecht
☐ männlich   ☐ weiblich

Alter
☐ bis 30 jahre   ☐ 31 bis 50 jahre   ☐ 51 bis 60 jahre   ☐ > bis 60 jahre

Versicherung
☐ gesetzlich   ☐ privat

Was machen Sie beruflich? _____

Welche printmedien nutzen Sie regelmäßig?
☐ Tageszeitung   ☐ Zeitschritten   ☐ Gratiszeitungen/Anzeignblätter

Welche Online Services nutzen Sie regelmäßig?
☐ E-Mail   ☐ Soziafe Netzwerke, und zwar _____
☐ Webloge   ☐ andere, und zwar _____

Wie wichtig ist Ihnen des Thema Gesundheilsvorsorge?
☐ Sehr wichtig   ☐ wichtig   ☐ weniger wichtig   ☐ un wichtig

Ihr Name _____ (freiwillige Angabe)

☐ Ich möchte anonym bleiben.

Vielen Dank für Ihre Mithilfe!

☐ **Abb. 1.3** Musterfragebogen für eine Patientenbefragung

- der Freundlichkeit der Schwestern und Pflegern
- der Ausstattung der Klinik-Räume
- dem Klinik-Essen
- den Wartezeiten.

Antworten können die Patienten meist dem Schulnotenprinzip entsprechend (1–6, wobei 1 die beste Note und 6 die schlechteste ist), oder sie bewerten die Aussagen auf einer Skala. Es könnte eine Skala mit folgenden Auswahlmöglichkeiten sein: „voll und ganz zufrieden", „sehr zufrieden", „zufrieden", „nicht zufrieden". Bei der Auswahl in Form einer Skala von „gut" bis „schlecht" empfiehlt es sich, immer eine gerade Anzahl an Antwortmöglichkeiten vorzugeben. Denn Menschen neigen dazu, immer den Mittelwert („weder noch") anzuwählen, und damit bekämen Sie keine brauchbare Aussage. Der Vorteil von Online-Patientenbefragungen ist, dass die Patienten offen und ehrlich antworten können, da die Fragebögen – im Gegensatz zu den Aufnahmebögen in der Klinik – anonymisiert sind.

Es gibt verschiedene Dienstleister, die Online-Patientenbefragungen speziell für Kliniken anbieten. Häufig halten sie auch vorgefertigte Fragebögen bereit. Standard-Fragebögen können eine gute Grundlage sein. Sie sollten diese jedoch nicht eins zu eins übernehmen und besser Fragen zu stellen, die für Ihre Klinik relevant sind: Nur so bekommen Sie ein verwertbares Ergebnis.

Klinik-Organisation, Ressourcen und Mitarbeiterqualifikationen

Erheben Sie ebenfalls die Bedingungen, unter denen Ihr Marketing-Projekt startet. Wie sieht die Aufbau- und Ablauforganisation in Ihrer Klinik aus? Laut Angaben der trendmonitor-Erhebung unter 131 Marketing-Leitungen von Akut- und Rehakliniken ist der Bereich Marketing/PR/Presse bei 73,9 % als Stabstelle mit der Unternehmensleitung verbunden, bei 25,2 % als eigene Abteilung für Marketing. 73,2 % nehmen an Geschäftsführungssitzungen teil. Schauen Sie, an welchen Stellen die Abläufe sehr gut funktionieren und wo eventuell Schwachstellen sind.

Entscheidend für Volumen und Schnelligkeit der Ausführung von Marketing, PR und Projekten ist natürlich auch die Manpower, die Ihnen zur Verfügung steht. Und hier liegt oft schon der Knackpunkt:

Laut trendmonitor gibt es bei 76,3 % im Bereich Marketing/PR/Presse/Fundraising einen Mitarbeiter, bei 19,1 % sind 1–5 Personen zuständig, bei 3,1 % sind es 3–5 und mehr als 5 Mitarbeiter haben lediglich 1,5 % der teilnehmenden Krankenhäuser. Und für 84,3 % steht bereits fest, dass Personal im kommenden Jahr nicht aufgestockt wird.

Ein weiterer wichtiger Aspekt ist, wie lange die schon wenigen Mitarbeiter in der Abteilung verweilen. Eine hohe Fluktuation kompliziert bekanntlich die Arbeit. Wenn immer wieder neue Mitarbeiter eingearbeitet werden müssen, schluckt dies in erheblichem Maße Arbeitszeit und kann die Abläufe stören. Außerdem lassen sich umfangreiche und auf einen längeren Zeitraum angelegte Marketing-Projekte besser umsetzen, wenn der Mitarbeiterstamm konstant bleibt (❏ Abb. 1.4).

Schauen Sie nun noch die Qualifikationen an (❏ Abb. 1.5). Über welche besonderen Kenntnisse sollten die Mitarbeiter aus der Marketing- bzw. Presse-Abteilung verfügen? Gibt es hier Nachholbedarf? Eine Lösung können Inhouse-Schulungen für alle sein oder externe Seminare für Einzelne. Welche Fortbildungen oder Seminare haben Sie und Ihr Team bereits absolviert, und wo liegen besondere Interessen und Fähigkeiten? Dies kann Ihnen Aufschluss darüber geben, wo vielleicht ungenutzte Ressourcen liegen, die für Ihr Marketing-Projekt genutzt werden können, oder wo noch Nachholbedarf besteht. Auch die Zusammenarbeit mit externen Dienstleistern, wie zum Beispiel Freien Journalisten und Grafikern, Agenturen, Schulungsleitern oder Computerfachmännern, sollten Sie evaluieren und Arbeiten outsourcen. Welche Geschäftsbeziehungen pflegen Sie darüber hinaus? Überlegen Sie, wie Sie bestehende Kontakte noch für andere Projekte nutzen können.

Kommunikation und Marketing

Nehmen Sie auch Ihre Kommunikationskanäle unter die Lupe: Welche Möglichkeiten haben Patienten, sich über die Leistungen Ihrer Klinik zu informieren? Es ist grundsätzlich besser, wenn sich interessierte Patienten die Informationen nicht erst beschaffen müssen, sondern wenn die Klinik sie unaufgefordert liefert. Prüfen Sie, welche Flyer und Broschüren bei Ihren Zuweisern ausliegen, welche Informationen diese – und die auf Ihrer Website – beinhalten und

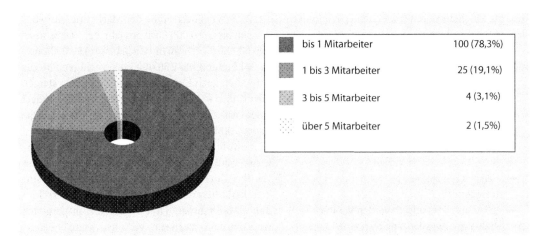

■	bis 1 Mitarbeiter	100 (78,3%)
	1 bis 3 Mitarbeiter	25 (19,1%)
	3 bis 5 Mitarbeiter	4 (3,1%)
	über 5 Mitarbeiter	2 (1,5%)

◻ Abb. 1.4 Anzahl der Mitarbeiter im Marketing (Bildrechte: rotthaus)

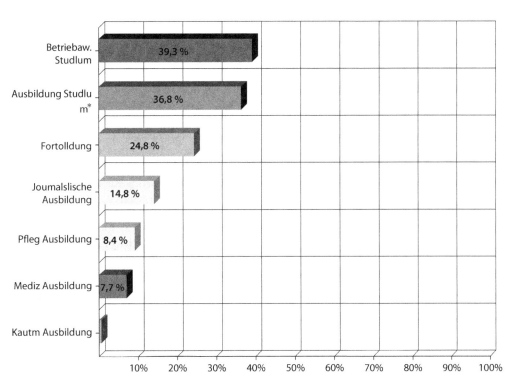

◻ Abb. 1.5 Berufliche Qualifikationen (Bildrechte: rotthaus)

ob Sie die Möglichkeit nutzen, Patienten telefonisch oder per Brief an Termine zu erinnern.

Listen Sie alle Marketing-Maßnahmen auf, die Sie bisher umgesetzt haben, und bewerten Sie diese:

> **Überprüfung der eigenen Marketing-Maßnahmen**
> - Haben Sie ein gut lesbares Klinik-Schild?
> - Betreiben Sie Presse-Arbeit?
> - Verschicken Sie Presse-Informationen oder Newsletter?
> - Informieren Sie über Patienten-Veranstaltungen, wie Vorträge oder einen Tag der offenen Tür?
> - Schalten Sie Anzeigen in lokalen Medien?
> - Haben Sie eine starke Präsenz im Internet?
> - Welche Online-Marketing-Maßnahmen haben Sie bereits realisiert?
> - Erörtern Sie, welche Stärken und Schwachstellen Ihre Internetpräsenz aufweist. Auch hier lohnt sich ein Blick auf die Konkurrenz in Ihrer Nähe.

Durchforsten Sie noch einmal gedanklich alle Wege, auf denen Sie mit Ihren Patienten kommunizieren. Beachten Sie auch, dass persönliche Gespräche ein sehr wichtiger Kommunikationsfaktor sind.

Weitere Tipps und Anregungen finden Sie in den nachfolgenden Kapiteln.

Marketing-Budget

Nachdem Sie Ihre Zielgruppen und Ihr besonderes Klinik-Angebot samt Ihren Stärken und Schwächen und der Chancen und Risiken, die der Markt für Ihr Haus bereithält, analysiert sowie Faktoren der Organisation, Kommunikation und die Qualifikationen Ihrer Mitarbeiter näher beleuchtet haben, müssen Sie nun schauen, welches Marketing-Budget Ihnen zur Verfügung steht, damit Sie entsprechende Maßnahmen planen können. Laut der Studie trendmonitor gibt es bei der Mehrheit der Kliniken (45,3 %) kein festes Marketing-Budget – es wird nur situationsabhängig entschieden (◘ Abb. 1.6).

Größtenteils (71,3 %) können die Marketing-Verantwortlichen über die Aufwendungen ohne Rücksprache mit der Geschäftsleitung entscheiden.

Bei 27,3 % liegt die Höhe der Marketing-Aufwendungen bis zu 50.000 Euro pro Jahr, bei 19,2 % bis zu 100.000 Euro, 2 % mehr haben bis zu 150.000 Euro, 11 % können über 250.000 Euro verfügen. Ob die Ausgaben nach Einschätzung der Kliniken steigen oder sinken werden und in welcher Höhe das Budget einem Anteil am Gesamtumsatz entspricht, sehen Sie in den Abbildungen (◘ Abb. 1.7 und 1.8).

Sowohl die klassischen als auch die Online-Marketing-Maßnahmen müssen von dem Budget bezahlt werden. Um nicht in einer Kostenspirale zu versinken, kalkulieren Sie die Aufwendungen verschiedener Maßnahmen. Holen Sie sich zum Vergleich Angebote von extern ein – vor allem, wenn Outsourcen einzelner Dienstleitungen, wie etwa Textunterstützung oder SEO-Optimierung, eine Option für Sie darstellt. Für Ihre Maßnahmen müssen Sie zudem eine Prioritätenliste aufstellen, denn bekanntlich reicht das Budget nicht für alles.

1.4.2 Zielbestimmung

Wenn Sie das IST ermittelt haben, legen Sie als Nächstes das SOLL fest. Auf Basis der Zustands-Analyse können Sie die Ziele ableiten, auf die Ihre Marketing-Maßnahmen hinauslaufen sollen. Grundsätzlich lassen sich zwei Formen von Marketing-Zielen unterscheiden (Bruhn 2011):
- ökonomische Marketing-Ziele,
- psychologische Marketing-Ziele.

Ökonomische Marketing-Ziele

Ökonomische Marketing-Ziele sind solche, die sich in betriebswirtschaftlichen Kategorien ausdrücken lassen, wie Umsatz, Marktanteil, Gewinn oder Rendite (Gewinn in Relation zum eingesetzten Kapital oder Umsatz). Ein ökonomisches Marketing-Ziel wäre zum Beispiel, den Klinik-Umsatz zu erhöhen. Es könnte ebenso sein, dass Sie den Absatz an Wahlleistungen, wie etwa Behandlung durch den Chefarzt oder sonstige Service- und Zusatzleistungen, steigern wollen. Die ökonomischen Marketing-Ziele sind durch betriebswirtschaftliche Analysen, einen Blick in die Buchführung, Benchmarking, Vorher-Nachher-Vergleiche gut und je nach Untersuchungszeitraum auch schnell messbar.

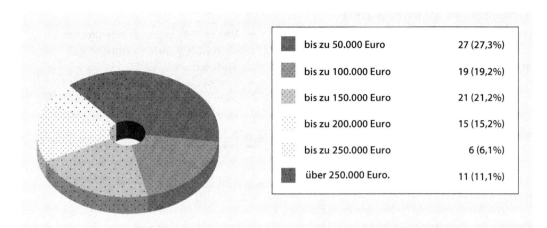

	bis zu 50.000 Euro	27 (27,3%)
	bis zu 100.000 Euro	19 (19,2%)
	bis zu 150.000 Euro	21 (21,2%)
	bis zu 200.000 Euro	15 (15,2%)
	bis zu 250.000 Euro	6 (6,1%)
	über 250.000 Euro.	11 (11,1%)

☐ **Abb. 1.6** Höhe der Marketing-Aufwendungen (Bildrechte: rotthaus)

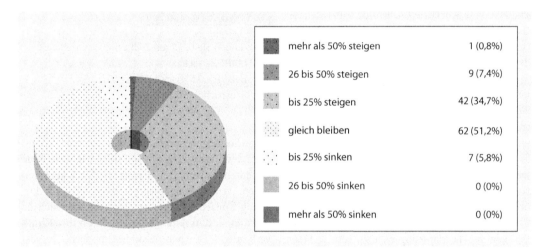

	mehr als 50% steigen	1 (0,8%)
	26 bis 50% steigen	9 (7,4%)
	bis 25% steigen	42 (34,7%)
	gleich bleiben	62 (51,2%)
	bis 25% sinken	7 (5,8%)
	26 bis 50% sinken	0 (0%)
	mehr als 50% sinken	0 (0%)

☐ **Abb. 1.7** Entwicklung der Marketing-Aufwendungen (Bildrechte: rotthaus)

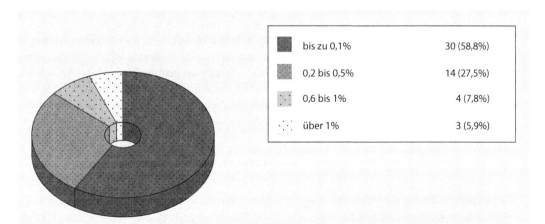

	bis zu 0,1%	30 (58,8%)
	0,2 bis 0,5%	14 (27,5%)
	0,6 bis 1%	4 (7,8%)
	über 1%	3 (5,9%)

☐ **Abb. 1.8** Marketing-Budget – Anteil am Gesamtumsatz (Bildrechte: rotthaus)

Psychologische Marketing-Ziele

Schwieriger zu erfassen sind die psychologischen Marketing-Ziele. Sie orientieren sich an dem Bewusstsein der Patienten und sind nicht direkt zu beobachten. Für den langfristigen Erfolg des Unternehmens sind sie ebenso wichtig wie die ökonomischen Ziele. Ein psychologisches Marketing-Ziel ist es zum Beispiel, den Bekanntheitsgrad der Klinik und der angebotenen Dienstleistungen zu steigern. Sie können auch einen Imagewandel mit Ihren Marketing-Maßnahmen fokussieren: Wenn Sie eine jüngere Zielgruppe ansprechen wollen, dann können Sie zum Beispiel die subjektiven Meinungen der Patienten prägen, dass Sie eine moderne, kompetente Klinik haben und zeigen dies auch mit entsprechenden Marketing-Maßnahmen. Auch die Verbesserung von Kundenfaktoren gehört in diese Kategorie. Die Kundenzufriedenheit zu verbessern bedeutet, die Differenz zwischen erwarteter und tatsächlicher Leistung zu verringern, sodass die Patienten möglichst genau das bekommen, was sie erwarten – und die Leistungen sollten natürlich positiv sein. Auch die Kaufpräferenzen zu steuern kann ein psychologisches Marketing-Ziel darstellen. Hierbei sollen die Patienten bestimmte Dienstleistungen besonders gerne annehmen. Die Bindung der bestehenden Patienten ist ebenfalls ein sehr wichtiges Marketing-Ziel. Dadurch will man erreichen, dass sie – wenn notwendig – wieder die Leistungen Ihrer Klinik in Anspruch nehmen.

Ganz so hart trennen kann man psychologische und ökonomische Marketing-Ziele sicher nicht. Denn auch psychologische Faktoren, wie der Bekanntheitsgrad der Klinik, sollen sich natürlich mittel- oder langfristig auf die betriebswirtschaftlichen Faktoren, wie Gewinn und Umsatz, niederschlagen.

Marketing-Ziele umsetzen

Welche Marketing-Ziele Priorität haben, dass müssen Kliniken auf Basis der Ist-Analyse individuell entscheiden. Um das Erreichen der Marketing-Ziele so gut wie möglich messbar zu machen, sollten Sie sie schriftlich festhalten:

> **Fragen zur Ermittlung der Marketing-Ziele**
> - Was soll erreicht werden? (z. B. höherer Umsatz, neue Patientengruppen)
> - Welche Zielgruppe soll angesprochen werden? (z. B. mehr Privatpatienten, Manager)
> - Wie soll die Zielgruppe reagieren? (z. B. mehr Selbstzahlerleistungen in Anspruch nehmen, einen modernen Eindruck von der Klinik haben)
> - In welchem Zeitraum sollen die Ziele erreicht werden? (z. B. innerhalb eines Jahres oder bis zu den Sommerferien)

Je präziser die Marketing-Ziele formuliert sind, desto besser sind die Ergebnisse später messbar.

> **Tipp**
>
> Wenden Sie bei Ihren Zielformulierungen die SMART-Regel an:
> Spezifisch – Messbar – Akzeptiert – Realistisch – Terminierbar

Legen Sie möglichst konkret fest, um wie viel Prozent etwa der Umsatz steigen soll oder wie viele neue Patienten bis zum Monat xy in die Klinik kommen sollen. Wenn Sie eine Imageveränderung in Ihr Marketing-Konzept einbeziehen, dann legen Sie auch die Attribute fest, mit denen die Patienten Ihre Klinik verbinden sollen: beispielsweise „modern", „professionell" oder „gediegen".

Wichtig ist, dass Sie realistische Ziele setzen. Besonders bei der Zeitplanung sollten Sie großzügig sein, denn Marketing ist Arbeit, die Ihre Zeit beansprucht. Es wird dauern, die Marketing-Strategie umzusetzen, und noch eine Weile – bis zu einem Jahr –, bis sich der gewünschte Effekt schließlich bei den Patienten und in den Zahlen einstellt. Setzen Sie also die Ziele zwar ehrgeizig, aber realisierbar. So schützen Sie sich und Ihr Team vor Frustrationen.

1.4.3   Die Marketing-Strategie

Wenn die Ziele definiert sind, ist es an der Zeit, die Marketing-Strategie festzusetzen. Planen Sie, wie die Ziele erreicht werden sollen. Die

Marketing-Strategie ist ein langfristiger Gesamtplan, nach dem alle konkreten Marketing-Maßnahmen ausgerichtet werden. Sie beinhaltet alle Entscheidungen zur Marktwahl und Marktbearbeitung sowie Entwicklungspläne für strategische Geschäftseinheiten. Damit stellt die Marketing-Strategie gewissermaßen das Bindeglied zwischen den Marketing-Zielen und den Marketing-Maßnahmen dar.

Die Strategie spezifiziert noch einmal die festgelegten Ziele. Sie beschreibt zum Beispiel, inwieweit Wachstum erreicht werden soll: Möchten Sie expandieren oder sich auf Ihr Kerngeschäft konzentrieren? Hieraus ergeben sich auch Prioritäten. Legen Sie fest, wofür die zur Verfügung stehenden Ressourcen genutzt werden sollen. Prüfen Sie, in welche Bereiche investiert werden soll und aus welchen Segmenten vielleicht Mittel abgezogen werden können. Marketing-Strategien können auch auf den Wettbewerb ausgerichtet sein. Legen Sie fest, inwieweit Sie sich von der Konkurrenz abgrenzen wollen und wie Sie das erreichen können.

Auch das Klinik-Leitbild wird im hohen Maße in der Marketing-Strategie definiert. Überlegen Sie, wie die Patienten Sie wahrnehmen und welche Besonderheiten und spezielle Kompetenzen sie mit Ihrer Klinik verbinden sollten. In allen Unternehmungen sollte sich dieses (neue) Selbstverständnis der Klinik widerspiegeln. Dieses Leitbild prägt das Unternehmensimage der Klinik und hilft, sich auf dem Markt zu positionieren und von der Konkurrenz abzugrenzen. (Mehr zum Klinik-Leitbild erfahren Sie in ▶ Abschn. 1.4.)

Damit grenzen Sie im Rahmen der Marketing-Strategie auch Ihre Zielgruppe noch enger ein. Inwieweit bedeutet die Fokussierung einer Zielgruppe eine Veränderung einzelner Fachbereiche? Kein Unternehmen kann jeden Markt bedienen, daher müssen Sie Grenzen ziehen. Bei Krankenhäusern ist dies eine besondere Situation, da sie in der Regel einen sehr gemischten Patientenstamm haben. Es ist eine hohe Kunst, eine Zielgruppe verstärkt anzusprechen, ohne die andere vollkommen zu vernachlässigen. Online-Marketing-Maßnahmen richten sich tendenziell an eine jüngere Zielgruppe, doch auch diese wird irgendwann einmal alt sein.

1.4.4 Marketing-Maßnahmen

Nachdem die Ziele und die Marketing-Strategie festgelegt sind, ist der nächste Schritt, die konkreten Marketing-Maßnahmen anzuvisieren. Die Maßnahmen oder auch Marketing-Instrumente sind die eigentlichen Werkzeuge, mit denen Sie auf den Markt einwirken. Diese Instrumente stammen aus dem Marketing klassischer Konsumgüter und können modifiziert auf dem Medizinmarkt angewendet werden. Die „Vier Ps des operativen Marketings" sind:

- Product (Produkt),
- Price (Preis),
- Placement (Vertrieb/Distribution),
- Promotion (Kommunikation).

Product Der Bereich „Product" (Produkt) umfasst alle Entscheidungen über das Leistungsprogramm. Hier muss der klassische Produktbegriff auch auf den Bereich der Dienstleistungen ausgeweitet werden. Konkrete Marketing-Maßnahmen für einzelne Fachbereiche sind in diesem Sinne Innovationen, Verbesserungen und Veränderungen des Therapieangebots, die auf die Bedürfnisse der Zielgruppe zugeschnitten sind. Bestehende Lücken im Angebot zu füllen und die Klinik damit attraktiver für neue Patienten zu machen gehört ebenso dazu. Das Behandlungsportfolio zu verändern bzw. zu erweitern ist ein Ziel; zu den Marketing-Instrumenten im Bereich „Product" gehören, aber auch die nicht-medizinischen Angebote: Die Terminvergabe, Patienteninformationen, Seelsorge und andere Serviceleistungen tragen entschieden zur Aufwertung Ihres Produkts „Klinik-Leistungen" bei und müssen in dieser Kategorie bedacht werden.

Price Die Kategorie „Price" (Preis) zielt auf die Preispolitik eines Unternehmens ab, also auf die Konditionen, zu denen die Produkte bzw. Dienstleistungen den Kunden angeboten werden. Der ambulante Gesundheitsmarkt ist diesbezüglich gewissermaßen ein Sonderfall, da Kliniken die Preise für Leistungen der Krankenkassen nicht individuell bestimmen können. Die Grundlage dafür bilden die DRGs (Diagnosis Related Groups, Diagnosebezogene Fallgruppen) – ausgenommen sind davon grundsätzlich Abteilungen und Kliniken für

Psychiatrie, Psychosomatik und psychotherapeutische Medizin. Bei Privatversicherten und Wahlleistungen wird nach der GOÄ (Gebührenordnung für Ärzte) abgerechnet.

Placement   Dieser Bereich fokussiert auf die Vertriebs- und Distributionskanäle eines Unternehmens. Es geht also um alle Maßnahmen, die nötig sind, um die Auslieferung der Leistung an die Patienten zu gewährleisten. In Kliniken ist das in der Regel kein besonders kompliziertes Schema: Die Patienten kommen in die Klinik, und dort wird die Leistung erbracht. Differenziert werden kann hier, von wem genau die Leistung erfolgt: vom Chefarzt, Oberarzt, Belegarzt bis zur Pflegekraft – je nach Anforderung und Versichertenstatus.

Promotion   Die Kategorie „Promotion" beinhaltet die gesamte Kommunikation zwischen der Klinik und bestehenden sowie potentiellen Patienten. Es ist die Aufgabe der Kommunikation, Patienten über die Klinik-Leistungen zu informieren und sie dazu zu bewegen, sie in Anspruch zu nehmen. „Promotion" umfasst eine Reihe von Maßnahmen und Kommunikationsmittel, die Sie sorgfältig danach auswählen sollten, wie Sie welche Zielgruppe ansprechen möchten.

Eine Möglichkeit ist die klassische Schaltung von Anzeigen in Medien. Der Vorteil bei dieser Kommunikationsform ist, dass Sie viele Menschen auf einmal erreichen. Bei lokalen Medien vermeiden Sie Streuverluste, da nur diejenigen das Medium konsumieren, die in Ihrem Einzugsgebiet leben und daher auch potentielle Patienten sind. Der Nachteil hierbei ist, dass Sie sich an eine große, anonyme Masse richten, wobei sich die Patienten nicht persönlich angesprochen fühlen. Anders ist das zum Beispiel beim Direktmarketing. Hierbei können Sie in Form von Briefen oder E-Mails Ihre Patienten personalisiert ansprechen – erreichen aber nur bestehende Patienten, die bereits in Ihre Klinik kommen bzw. von denen Sie eine E-Mail-Adresse haben (► Kap. 2). Eine Steigerung hiervon ist die direkte Kommunikation im persönlichen Gespräch, etwa bei einem Tag der offenen Tür zur Neupatientengewinnung oder zur Bindung, wenn der Patient bereits in Ihrer Klinik ist. Durch die vertrauliche Atmosphäre wirken Image-Botschaften noch authentischer und verfestigen sich durch die Interaktionsmöglichkeit im Bewusstsein der Patienten.

Um breite Aufmerksamkeit zu erhalten, ist Öffentlichkeitsarbeit (PR) ein wirksames Mittel. Suchen Sie den Weg über Multiplikatoren, zum Beispiel Journalisten, die Ihre Werbebotschaft verbreiten. Mit Presse-Mitteilungen zu interessanten Themen oder Einladungen zu eigenen Veranstaltungen (► Kap. 2). Auch Sponsoring, beispielsweise von lokalen Sportveranstaltung oder Gesundheitstagen, ist eine Möglichkeit, um sich bekannt zu machen.

 Auch der Umgang und die Kommunikation mit Mitarbeitern, Lieferanten, externen Dienstleistern etc. zählen zu Marketing-Instrumenten. Sie bzw. ihre Angehörigen sind potentielle Patienten. Nutzen Sie also auch hier die Möglichkeit, das Klinik-Image und Ihre Besonderheiten zu transportieren (Empfehlungsmarketing im ► Kap. 5).

Die Auswahl der Marketing-Instrumente richtet sich vor allem nach den Ergebnissen der Ist-Analyse sowie der Marketing-Strategie: Was müssen Sie verbessern, um für die Zielgruppe attraktiv zu sein? Welche Werte möchten Sie bevorzugt kommunizieren? Besonders im Bereich der Kommunikation entscheidet die präferierte Zielgruppe über die Auswahl der Werbemittel. Wenn Sie Werbung in Online-Medien betreiben, erreichen Sie derzeit noch vermehrt eine jüngere Patientengruppe – wobei es durchaus auch spezielle Portale für Senioren gibt. Planen Sie, wie das Budget auf die unterschiedlichen Instrumente aufgeteilt werden soll. Auch hier arbeiten Sie wieder mit Prioritäten: Sondieren Sie, welche Maßnahmen für Ihre Ziele am erfolgversprechendsten sind, und wägen Sie dann Kosten und Nutzen ab.

1.4.5   Marketing-Controlling

Ein wichtiger Schritt bei allen Marketing-Projekten ist das Marketing-Controlling. Hier geht es darum, die festgesetzten Maßnahmen zu steuern und letztlich zu prüfen, ob sie den gewünschten Erfolg gebracht haben. Schauen Sie am Ende des eingeplanten Zeitraums, ob sich Ihre Ziele verwirklicht haben: Ist der Umsatz gestiegen? Sofern es möglich ist, versuchen Sie zu erfahren, wie sich die Situation in Bezug auf Ihre Mittbewerber verändert hat.

Überprüfen Sie zudem Imagefaktoren: Hat sich das neue Klinik-Leitbild in den Köpfen der Mitarbeiter und Patienten festgesetzt? Einstellungen und Eindrücke der Mitarbeiter und Patienten können Sie durch eine Umfrage am Ende Ihres Kontrollzeitraums erheben. Wenn Sie vor der Umsetzung der Marketing-Maßnahmen eine Befragung durchgeführt haben, können Sie die gleichen Fragen am Ende noch einmal stellen: Hat sich das Image Ihrer Klinik im Bewusstsein Ihrer Mitarbeiter und Patienten verändert? Sind sie zufriedener? Auf diese Weise finden Sie nicht nur heraus, inwieweit sich Ihre Marketing-Ziele erfüllt haben, sondern gewinnen unter Umständen gleich ein paar Ansatzpunkte für zukünftige Projekte.

❯❯ **Ein Freitextfeld im Fragebogen lohnt sich. Hier erfahren Sie Dinge, die Sie bei der Erstellung des Konzepts vielleicht gar nicht bedacht hatten. Auch können Sie Lob, positive Bestätigung sowie berechtigte Kritik einfangen und an alle Beteiligten weitergeben.**

Das Controlling ist jedoch mehr als eine Vorher-Nachher-Analyse der betriebswirtschaftlichen Zahlen: Es ist ein kontinuierlicher Prozess, der alle Marketing-Maßnahmen des Unternehmens begleitet. Wenn Sie also beispielsweise eine Zeitplanung von einem Jahr für Ihr Marketing-Projekt angelegt haben, dann beginnen Sie frühzeitig mit dem Controlling und schauen Sie einmal im Quartal auf den Zwischenstand. Überwachen Sie, ob alle Maßnahmen termingerecht umgesetzt werden, und haben Sie auch ein Auge darauf, ob sie den gewünschten Effekt erzielen. Falls Projekte nicht so laufen wie geplant, können Sie durch frühzeitiges Umdenken und -lenken Zeit und Kosten sparen. Denn auch die sollten Sie stets im Blick behalten. Nicht selten kommt es vor, dass Projekte mehr kosten als anfangs geplant und auf einmal das Budget sprengen.

Grundsätzlich haben Sie als Verantwortlicher das Marketing-Konzept mit Bedacht angefertigt und sollten es nach Möglichkeit auch so einhalten. Dennoch gilt es, das Konzept zwischenzeitlich immer mal wieder zu überprüfen. Es könnten nicht nur unvorhergesehene Kosten auftreten, die es zu überdenken gibt, sondern auch andere Dinge, die vorher nicht abzuschätzen waren. Vielleicht lassen sich einige Maßnahmen nicht realisieren, oder es stellt sich heraus, dass der Zeitrahmen nicht realistisch eingeschätzt wurde. Außerdem können sich die politischen und rechtlichen Rahmenbedingungen ändern, die starken Einfluss auf die Marktsituation und Ihren Handlungsspielraum ausüben. Auch innerbetriebliche Veränderungen können Einfluss auf Ihren Marketing-Plan nehmen: Wenn Personalressourcen wegbrechen, können gleichzeitig benötigte Zeit und Know-how verloren gehen. Sollten solche Dinge eintreten, modifizieren Sie Ihr Konzept und passen Sie es den veränderten Gegebenheiten an. Halten Sie jedoch schriftlich fest, dass und vor allem aus welchen Gründen Sie das Konzept verändert haben, damit Sie aus Fehleinschätzungen lernen können.

Verfolgen Sie das abgestimmte Ziel, aber bleiben Sie flexibel. Zielvorstellungen und Konzept festzusetzen ist wichtig, das Marketing-Konzept sollte nicht als starres Korsett begriffen werden. Wenn Maßnahmen nicht funktionieren, sie nicht den gewünschten Effekt erzielen oder Ihnen neue, gute Möglichkeiten begegnen, dann planen Sie um. Es wäre schade um nicht genutzte Ressourcen oder fehlinvestiertes Geld. Behalten Sie aber auch im Hinterkopf, dass sich Änderungen nicht von heute auf morgen einstellen und es einige Zeit dauern kann, bis Ihr Konzept Früchte trägt.

Obwohl Controlling so ein wichtiger Bestandteil des Marketings ist, sieht die Realität jedoch offenbar anders aus: Fast 80 % haben kein Marketing-Controlling in ihrer Klinik, so die Studie trendmonitor. 20 % setzen Controlling in einigen der aufgeführten Formen ein:

- Auswertung mit der Geschäftsführung, kennzahlengestützt
- Budgetplanung, Budgetkontrolle, Statistik und Jahresbericht mit Kennzahlen
- Kostenkontrolle, zum Beispiel durch Kosten- und Leistungsrechnung
- Controlling nach Kampagnenverlauf, Veranstaltungen, Anzeigenschaltungen und Ansprache von Zuweisern
- enge Zusammenarbeit zwischen Marketing und Controlling
- Kontrolle der Zielvorgaben des Marketingkonzepts
- Presseauswertung

- Befragungen der unterschiedlichen Bereiche, zum Beispiel über Feedbackbögen
- Webcontrolling mit Google Analytics

Klinik-Mitarbeiter in die Umsetzung einbeziehen

Beziehen Sie das gesamte Team in Ihr Klinik-Marketing ein. Denn sie stehen tagtäglich mit den Patienten in Kontakt und transportieren das Klinik-Leitbild und damit die Marketing-Botschaft. Es genügt daher nicht, sie nur über das Intranet oder über Mitarbeiterzeitschriften zu informieren, welche Aktionen die Klinik gerade betreibt. Sie müssen das Klinik-Leitbild verinnerlichen und richtig weitervermitteln. Mit einer eigenen positiven Einstellung zum Marketing prägen Sie das gesamte Betriebsklima. Dies ist wichtig, denn je freundlicher und positiver der Umgang unter den Mitarbeitern ist, desto größer wird auch der persönliche Einsatz der Klinik-Angestellten sein, wenn es um die Umsetzung der Marketing-Maßnahmen geht. Und: Wenn die Atmosphäre zwischen den Mitarbeitern stimmt, dann färbt sich das auch auf die Patienten ab.

Interview mit Prof. Heinz Lohmann, Gesundheitsunternehmer und Geschäftsführer der Lohmann Konzept GmbH

Wie hat sich die Markt- und damit Wettbewerbssituation für Kliniken verändert?

„In der Vergangenheit gab es das Selbstkostendeckungsprinzip. Die Krankenhäuser hatten einen Versorgungsauftrag aus dem Krankenhausplan. Sie hatten daraus abgeleitete Finanzierungsansprüche für die Investitionskosten an das jeweilige Land und für die Betriebskosten an die Krankenkassen. Heute hängt die Höhe der Erlöse von den erbrachten Leistungen ab. Deshalb gibt es inzwischen auch im Gesundheitssektor Märkte. Früher war ‚das Fell verteilt'. Jeder hatte seinen mehr oder weniger festen Anteil am Gesamtkuchen. Die Zeiten im ‚Naturschutzgebiet' sind vorbei. Der Wettbewerb ist schon entbrannt. So richtig los geht es aber erst jetzt. Patienten werden mobiler. Sie sind bereit, bei hervorragenden elektiven Leistungen auch weitere Wege zu akzeptieren. Deshalb konkurrieren mehr Krankenhäuser als in der Vergangenheit miteinander. Die Ambulantisierung der Medizin wird diese Entwicklung weiter verschärfen. Auch Spezialambulanzen werden verstärkt Wettbewerber."

Müssen Kliniken verstärkt Marketing betreiben?

„Bisher war Marketing objektiv nur sehr begrenzt notwendig. Das ändert sich zurzeit grundlegend. Marketing ist künftig überlebenswichtig. Das Angebot muss nämlich die Erwartungen der Kunden erfüllen. Natürlich müssen die Patienten deshalb auch wissen, was die Klinik zu bieten hat, weil die Medizin selbst mehr und mehr zum Gegenstand des Wettbewerbs wird. Krankenhäuser müssen deshalb strukturierte Medizin anbieten. Marketing muss noch vor den Kliniken die Behandlungsangebote in den Fokus nehmen."

Patienten oder Einweiser – wer ist die wichtigste Zielgruppe und welche Erwartung haben diese?

„Früher war das Gesundheitssystem ein von Experten dominierter Anbietermarkt. Deshalb waren die einweisenden Ärzte für Krankenhäuser die zentrale Zielgruppe. Inzwischen nimmt die Patientensouveränität durch mehr Transparenz zu. Patienten werden deshalb auch zu Konsumenten. Ihre Interessen müssen künftig ins Zentrum der Marketing-Aktivitäten rücken."

Wie wichtig ist der Aufbau einer Marke?

„Patienten können die komplexen Zusammenhänge medizinischer Informationen nur begrenzt bewerten. Sie sind auf Hilfsmittel angewiesen, wie sie auch in anderen Branchen gebräuchlich sind. Marken mit ihrem spezifischen Qualitätsversprechen sind da ganz vorneweg zu nennen. Deshalb ist aktuell die Herausbildung einer Institutionsmarke für Krankenhäuser bzw. Klinik-Ketten sehr ratsam. Zukünftig wird es zudem um prozessbasierte Medizinmarken gehen."

Welche Möglichkeiten bietet das Internet als Marketing-Instrument für Kliniken?

„Das Internet ist für Patienten längst zur wichtigsten Informationsquelle geworden. Sie gehen immer häufiger hinein, bevor sie überhaupt einen Arzt konsultieren. Die Qualität der Web-Angebote ist äußerst schwankend. Für Patienten ist die Seriosität extrem schwer einzuschätzen. Krankenhäuser haben mit ihrem Renommee beste Chancen, mit guten Internetpräsentationen ernst genommen zu werden. Durchaus können Krankenhäuser auch junge Marketingformen, wie Social Media-Portale, nutzen. Der Vorteil liegt darin, dass hier die Kommunikation keine Einbahnstraße ist. Allerdings bedarf es bei Social Media-Aktivitäten einer klaren Kommunikationsstrategie und zudem einer Ausstattung mit Personalressourcen, die kurzfristige Reaktionen ermöglichen. Die Erwartung der Community ist eindeutig auf einen Dialog gerichtet, der sichergestellt sein muss. Ansonsten geht das Engagement ‚nach hinten los'."

Klassisches Marketing mit dem Internet verknüpfen

© Springer-Verlag Berlin Heidelberg 2017
A. Köhler, M. Gründer, *Online-Marketing für das erfolgreiche Krankenhaus*,
Erfolgskonzepte Praxis- & Krankenhaus-Management,
DOI 10.1007/978-3-662-48583-5_2

Es gibt verschiedene Kommunikationsmittel, um auf seine Klinik und die entsprechenden Schwerpunkte und Leistungen aufmerksam zu machen. Das gängigste ist bisweilen die Klinik-Website. Was eine gute Klinik-Website an Inhalt, Gestaltung und Usability mitbringen muss und wie man Suchmaschinenoptimierung erfolgreich nutzt, um von neuen potentiellen Patienten weit oben in der Trefferliste von Suchmaschinen gefunden zu werden, erfahren Sie in den nachfolgenden Kapiteln (▶ Kap. 3 und 4).

2.1 Patientennavigation über Klinik-Suchverzeichnisse

Nun geht es erst einmal um klassische Marketing-Instrumente: um die Basics, und wie diese sich ebenfalls ins Internet integrieren und mit den neuen Social-Media-Marketing-Maßnahmen kombinieren lassen – vom Online-Eintrag in Klinik-Suchverzeichnisse inklusive der Qualitätsberichte, über Presse-Informationen, die per E-Mail, Twitter und Facebook verbreitet werden, bis hin zu Aufklärungsfilmen zu Behandlungsmöglichkeiten, die Patienten bei YouTube finden. Abgerundet wird das Kapitel mit den Möglichkeiten, die Apps und mobile Endgeräte Patienten wie auch Ärzten und Kliniken bieten. Die Social Media Plattformen stellen wir Ihnen in ▶ Kap. 5 vor.

Wer krank ist und wem eine Operation oder Therapie bevorsteht, möchte sich in guten Händen wissen und wünscht sich verlässliche Informationen über das Angebot und Erfahrungen von Krankenhäusern. Doch wie findet man am besten die passende Einrichtung? Branchenbücher verstauben immer mehr in den privaten Bücherregalen. Bereits im Jahr 2008 stellte das Marktforschungsunternehmen GfK das schleichende Versinken des klassischen Telefonbuchs in die Bedeutungslosigkeit fest. Denn zwei Drittel der Befragten bevorzugen das Internet für die Kliniksuche. Laut Anbieter „Weiße Liste" verzeichnet die Krankenhaussuche rund 17.000 Besuche pro Tag. Demnach ist es durchaus sinnvoll, sich in den führenden Online-Verzeichnissen einzutragen beziehungsweise regelmäßig zu überprüfen, ob die gelisteten Angaben korrekt und aktuell sind. Das kostet wenig Aufwand und für Basisangaben in der Regel kein Geld. Selbst für detaillierte, klinikspezifische Angaben zu Fachabteilungen, Leistungsspektrum

mit Fallzahlen und Anzahl der durchgeführten OPs, Bettenzahl, personelle Ausstattung von Ärzten und Pflegekräften bis hin zu mehreren Fotos des Krankenhauses und der Fachabteilungen sowie ein Einstellen des Logos ist je nach Anbieter sogar kostenlos. Als Informationsbasis dienen den Diensten zum Teil die Qualitätsberichte der Krankenhäuser. Als zusätzlicher Service stehen diese manchmal auch komplett als PDF zum Download zur Verfügung.

Die Fülle an Angeboten erschwert zunächst einmal die Entscheidung, in welches Suchverzeichnis man sich überhaupt eintragen soll. Nicht jeder Anbieter hält, was er verspricht – entweder stimmt die Qualität und Aktualität der Einträge nicht, oftmals auch nicht die Angabe der Anzahl der aufgelisteten Einrichtungen. In Deutschland gibt es etwa rund 2000 Krankenhäuser. Ein Gütekriterium für das Verzeichnis ist der Grad der Verbreitung: Finden Sie das Verzeichnis beispielsweise mehrfach im Internet, etwa eingebunden in Gesundheitsportalen (▶ Kap. 5), oder nutzen es Krankenkassen auf ihrer Website oder sogar ebenfalls deren Call-Center-Agents für die Patientennavigation ist das ein positiver Indikator. Auch Verlage haben auf den Websites ihrer Medien, zum Beispiel auf Spiegel online, Kliniksuchen integriert. Entscheiden Sie sich für zwei, drei Verzeichnisse, in die Sie sich mit den gewünschten Kriterien eintragen lassen können und die Ihren Vorstellungen von Güte und Usability entsprechen. Lesen Sie die Angebote ganz genau durch, denn oftmals wird erst im Kleingedruckten über die Kosten aufgeklärt. Wer steckt hinter dem Angebot? Was ist gratis, und welche Leistung kostet wie viel? Wird Ihnen bei einem Verzeichniseintrag über den Grundeintrag hinaus ein deutlicher Mehrwert geboten, ist eine Gebühr vertretbar. Ansonsten nehmen Sie lieber Abstand vom Angebot (▶ „Checkliste: Wie seriös ist das Angebot?").

Übersicht Klinik-Suchverzeichnisse
- www.kliniken-im-netz.de
- www.krankenhaus-experte.de
- www.hamburger-krankenhausspiegel.de
- www.kliniken-rhein-ruhr.de
- www.helios-kliniken.de
- www.bkk-klinikfinder.de

- www.medmonitor.de
- www.weisse-liste.de
- www.tk.de (Klinikführer)
- www.deutsches-krankenhaus-verzeichnis.de
- www.arzt-atlas.de
- www.arzt-auskunft.de
- www.arztdatei.de
- www.deutsche-medizinerauskunft.de
- www.docinsider.de
- www.esando.de
- www.jameda.de
- www.medführer.de
- www.med-kolleg.de
- www.sanego.de

Für Patienten ist es neben den vielfältigen Informationen zum Krankenhaus wichtig, dass sie sich schnell und einfach auf der Portalseite zurechtfinden. Dabei sollte die graphische Gestaltung ansprechend und übersichtlich sein, die inhaltliche Substanz klar strukturiert und laiengerecht sowie bundesweit verfügbar. Positiv ist es auch, wenn das Portal unabhängig von Interessen einzelner Firmen oder Verbänden ist.

Checkliste: Wie seriös ist das Angebot?
- Ist das Verzeichnis tatsächlich verfügbar?
- Wenn der Firmensitz im Ausland liegt, beispielsweise auf den Seychellen oder in Rumänien, sollten Sie hellhörig werden!
- Ist ein korrektes Impressum vorhanden? (▶ Kap. 3)
- Hat es ausreichend viele Inhalte bzw. stimmt die Anzahl mit der Angabe der Betreiber grob überein?
- Wie weit ist das Verzeichnis verbreitet?
- Hat das Angebot seriöse Partner?
- Spricht das Verzeichnis die gewünschte Patientenschaft an?
- Sind Artikel und Werbung im Umfeld des Verzeichnisses seriös oder boulevardesk?
- Führt das Angebot im Internet womöglich in wenigen Klicks zu zweifelhaften Angeboten?
- Sind Patienten dienliche Informationen enthalten (Schwerpunkte, Fallzahlen, Telefon, Anfahrt)?
- Datenschutz: Sind die Adressdaten im Netz gegen automatisiertes Abgreifen von Spammern usw. geschützt?

- Wirbt der Verzeichnisbetreiber womöglich sogar eine Seite weiter mit dem Verkauf Ihrer Adresse (Adress-Broking)?
- Sind kostenlose und kostenpflichtige Bestandteile klar gekennzeichnet?
- Bei kostenpflichtigem Angebot: Ist das Preis-Leistungs-Verhältnis plausibel?
- Wie lang ist die Vertragsbindung bzw. Kündigungsfrist?

2.1.1 Dubiose Eintragsofferten

Falls auf Ihrem Tisch ungerechtfertigte Rechnungen für nicht-zuordenbare Verzeichniseinträge landen, sollten Sie auf keinen Fall bezahlen. Machen Sie darauf auch alle sonstigen zuständigen Mitarbeiter aufmerksam. Über Rechnungen hinaus werden hin und wieder – manchmal auch als richtige Welle – dubiose Angebote per Brief, Fax oder E-Mail an Ärzte und Krankenhäuser verschickt, sich in Adress-Verzeichnisse einzutragen – bei E-Mails etwa mit einem dubiosen Angebot und der falschen Behauptung, der Empfänger hätte bereits per Opt-In zugestimmt, das heißt, er hätte zuvor den E-Mail-Versand gestattet.

Manchmal lehnen sich offenbar unseriöse Anbieter in der Aufmachung an etablierte Marken an, etwa durch die Kombination bestehender Internet-Adressen mit der Endung „.net" oder Zusätze wie „-online", „-Deutsche-" usw. Vorliegende Angebote enthalten manchmal auch keine sinnhafte Leistung, und die oft hohen Entgelte stecken im Kleingedruckten.

Bei einer neueren Masche machen Unternehmen mit Sitz im Ausland Medizinern unseriöse Offerten mit Einträgen in vermeintlichen Suchportalen. Die Anschreiben erwecken den Eindruck, es bestünde bereits eine Geschäftsbeziehung. In den Vereinbarungen ist festgeschrieben, dass ausländisches Recht gelte. Damit werden die Betrugsopfer in Unsicherheit versetzt, ob ein eventueller Zahlungsanspruch nach diesem fremden Recht in Deutschland durchzusetzen ist. Vorsicht ist besser als Nachsicht: Prüfen Sie Angebote genau und unterschreiben Sie nicht leichtfertig. Sollte das dennoch passiert sein, empfiehlt der Verein „Medizinrechtsanwälte e.V." auch bei „Auslandsbeteiligung" nicht zu bezahlen und gegebenenfalls Anzeige zu erstatten. Gerade im EU-Ausland gelten ähnliche Rechtsgrundsätze wie in

Deutschland. Hier gebe es klare Kriterien, wann ein Angebot als betrügerisch gilt. Steht der Preis erst im Kleingedruckten und vermittelt das Angebot den falschen Eindruck, es bestünde bereits eine Geschäftsbeziehung, kommt kein Vertrag zustande. Das Geld zurückzuerhalten ist eher beschwerlich.

Die gemeinnützige Stiftung Gesundheit aus Hamburg hat mit dem Verein der Medizinrechtsanwälte, Lübeck, in der Vergangenheit die Versender unseriöser Eintrags-Offerten erfolgreich verklagt und zugunsten von rund 500 Ärzten die Erstattung von unrechtmäßig erhobenen Gebühren gerichtlich durchgesetzt.

2.2 Visuelle Marketing-Maßnahmen

Der Mensch ist ein visuelles Wesen. Sobald wir Bilder sehen, bilden wir uns eine Meinung und verbinden meistens Gefühle mit dem Gesehenen. Schauen wir uns beispielsweise ein Foto vom Meer an, verknüpfen das Viele mit Erholung, Strand und Urlaub – außer wenn man wasserscheu ist. Auch etliche Entscheidungen werden über das Auge getroffen: beim Einkaufen von Kleidung, bei der Auswahl von Essen oder bei der Suche nach einem Urlaubshotel. Sprechen die Bilder uns an, entscheiden wir uns dafür, im umgekehrten Fall dagegen.

2.2.1 Ansprechende Klinik-Bilder produzieren

Ähnlich funktioniert das bei Patienten, die auf der Suche nach einer passenden Klinik sind. Wenn Patienten die Möglichkeit haben, sich vorher ein Bild von Ihrer Klinik über die Website oder einen Flyer anzusehen, tun sie es mit Sicherheit. Das gleiche gilt für die Arztsuche. Laut einer Umfrage unter 2300 Besuchern einiger ärztlicher Gesundheitsseiten informieren sich 63 % vor einem Arztbesuch über die Praxis und finden eine Website dementsprechend

bedeutsam. Für Patienten sind Angaben zu Schwerpunkten und Leistungsspektrum (jeweils 72 %) sowie ein Porträt des Arztes wichtig (53 %). Informationen zum Team wünschen sich 39 % und zu den Räumlichkeiten 24 %. Nutzen Sie also die Chance, mit guten Fotos Ihre Klinik und das gesamte Team ins rechte Licht zu rücken und damit einen positiven Eindruck zu vermitteln und Vertrauen zu schaffen. Investieren Sie daher in professionelle Fotos (▶ „Checkliste: Wie sehen gute Fotos aus?").

Checkliste: Wie sehen gute Fotos aus?
- Verwenden Sie keine privaten Urlaubsbilder der Mitarbeiter.
- Mitarbeiterfotos sollten einheitlich erstellt werden.
- Das Bild braucht eine gute Qualität. Investieren Sie lieber in einen Fotografen, bevor Sie selbst die Bilder knipsen. Zudem sind eine professionelle Kamera sowie eine gute Belichtung notwendig.
- Das Bild sollte möglichst klare Konturen und wenig Motivelemente aufweisen – weniger ist oftmals mehr.
- Lassen Sie in jedem Fall Einzelbilder der Management-Ebene sowie der Leitungen der einzelnen Fachbereiche/Stationen machen (das Klinikum Bielefeld bietet beispielsweise monatlich Fototermine an). Benennen Sie die abgebildeten Personen mit vollem Namen und Funktion. Auf Grund der Vielzahl der Mitarbeiter und der Fluktuation in Krankenhäusern, ist es kaum möglich, alle Mitarbeiter aktuell abzubilden. Eine Alternative wäre ein Gruppenfoto.
- Lassen Sie die Klinik von außen und als Luftaufnahme fotografieren, den Empfangs- und Wartebereich, verschieden große Patientenzimmer. Für etwas Farbe im Bild sorgt beispielsweise eine Vase mit frischen Blumen.
- Unbedingt müssen die Bildrechte geklärt sein, damit es im Nachhinein nicht zu teuren Geldforderungen kommt: Hat der Fotograf der Veröffentlichung zugestimmt? Und sind die Personen auf den Fotos, also alle abgebildeten Klinik-Mitarbeiter oder Patienten, die sich als Statisten haben fotografieren lassen, mit der Publikation einverstanden?

Hinweis: Da es sich hier um Imagewerbung für die Klinik handelt, ist dies mit dem Heilmittelwerbegesetz (HWG) vereinbar, und Ärzte dürfen sich in ihrer Berufskleidung (sprich: im weißen Kittel) fotografieren lassen. Für Produktwerbung ist das nicht gestattet. Dennoch kann es bei Bildern in Berufskleidung zu Abmahnungen kommen. Sie können dies umgehen, indem Sie auf den Fotos beispielsweise ein weißes Oberhemd bzw. eine weiße Bluse statt eines weißen Kittels tragen. Der Eindruck ist gleich, aber Sie vermeiden unnötige Auseinandersetzungen.

2.2.2 Klinik mit einem Imagefilm vorstellen

Noch mehr als ein Foto wirkt das bewegte Bild auf den Betrachter. Vor allem, wenn dabei Menschen im Blickpunkt stehen und lebendig und authentisch eine Botschaft vermitteln: „Bei uns sind Sie in besten Händen! Wir kümmern uns um Sie!" Hinzu kommt beim Film noch der Ton: das gesprochene Wort, beim Imagefilm ein Kommentator sowie Statements der Geschäftsführung oder Kurzinterviews mit Chefärzten und Pflegepersonal oder auch nur passend unterlegte Musik.

Präsentieren Sie mittels eines Imagefilms das gesamte Leistungsspektrum Ihres Krankenhauses. In einzelnen Filmen informieren Sie transparent und ansprechend über die einzelnen Kliniken. Richten Sie für Ihre Filme einen YouTube-Kanal ein und spielen Sie die Filme auch über Ihren Klinik-Kanal – wenn vorhanden – ab. Stellen Sie die Videos ebenfalls auf Ihre Website – das ist auch für das Ranking in Suchmaschinen dienlich –, aber auch bei entsprechenden Portalen ein, wie YouTube, myvideo, dailymotion oder sevenload. Die Plattformen funktionieren dabei wie eine Suchmaschine: Gibt ein User Stichworte bei Google oder direkt auf den Plattformen ein, wird er automatisch zu entsprechende Videos weitergeleitet. Das Gute: Hier fallen keine weiteren Kosten für die uneingeschränkte Verbreitung an, anders als zum Beispiel für Fernsehwerbung. Der Verbreitungsgrad ist beachtlich und der Nutzwert für User hoch, dadurch steigen der Bekanntheitsgrad der Klinik sowie der Kompetenzeindruck bei den Patienten.

Das Bewegtbild wird für das digitale Marketing in den nächsten zwei Jahren nahezu unverzichtbar sein, so das Ergebnis einer Befragung unter 100 deutschen Agenturen des Bundesverbands Digitale Wirtschaft (BVDW). Ein Grund für den Einsatz von Bewegtbildwerbung ist die positive Steigerung der Markenbekanntheit. 70 % der befragten Agenturen gehen davon aus, dass Bewegtbildformate für das digitale Marketing eine hohe bis sehr hohe Bedeutung besitzen.

Und die User-Perspektive? Laut dem Digitalverband Bitkom schauen sich Verbraucher Videos im Internet an – 40 Mil. Deutsche tun das per Stream. Dagegen speichert nur gut jeder vierte Internetnutzer (27 %) Videos zunächst per Download, um sie anschließend anzuschauen. Vor allem Videoportale sind bei Internetnutzern beliebt. Gut jeder Zweite (53 %) schaut Videos über Portale, wie Youtube, Clipfish oder Vimeo. Fast die Hälfte der Nutzer (46 %) ruft bereits gesendete Beiträge und Sendungen in Online-Mediatheken von Fernsehsendern ab. Gut jeder Dritte (37 %) sieht zumindest hin und wieder das aktuelle Fernsehprogramm als Livestream über eine Internetverbindung. Jeder Fünfte (19 %) nutzt On-Demand-Portale für Serien und Spielfilme, wie Watchever, Maxdome oder Amazon Prime Instant Video. Viele Streaming-Nutzer schauen regelmäßig Videos im Netz. Zwei von fünf (40 %) machen dies mindestens mehrmals pro Woche, jeder Siebte (14 %) sogar täglich. Dabei bevorzugen Streaming-Nutzer kostenlose Videodienste (78 %). Dennoch zahlt bereits fast jeder Sechste (17 %) für kostenpflichtige Angebote.

Die Nachfrage ist also vorhanden. Wie schon bei den Fotos sollten Sie sich auch hier professionelle Hilfe hinzuziehen, damit Sie ein überzeugendes Ergebnis bekommen. Investieren Sie daher auch lieber einmalig etwas mehr Geld, anstatt ein zweitklassiges Resultat in Kauf zu nehmen. Die Kosten für die Skripterstellung, den Drehtag sowie anschließend eine ordentliche technische Aufbereitung in HD mit guter Schnitttechnik und Tonqualität liegen bei etwa 3500 Euro – oftmals sind die Preise verhandelbar. Bevor jedoch ein Auftrag erteilt wird, sollte ein Brainstorming mit dem Management stattfinden und anschließend ein ausführliches Beratungsgespräch mit der Produktionsfirma.

Folgende Punkte sollten Sie für eine Produktion beachten:

- Bevor das Dreh-Skript geschrieben wird, müssen das Ziel und die Botschaft des Films feststehen. Das Resultat muss ein stimmiges Bild ergeben.

- Imagefilme haben unterschiedliche Längen – von einer bis über zehn Minuten. Drehen Sie ansonsten lieber mehrere kurze Filme, etwa für die unterschiedlichen Fachabteilungen. Eine Studie hat ergeben, dass gut 10 % der Betrachter von Online-Filmen nach 10 s bereits das Video wegklicken, wenn es sie nicht interessiert. Rund 34 % steigen innerhalb von 30 s aus. Doch knapp 50 % sind immer noch nach einer Minute dabei.
- Halten Sie das HWG ein! Sie dürfen etwa nicht von Krankengeschichten berichten, bei denen die Behandlung erfolgreich war.
- Planen Sie mindestens einen bis zwei Drehtage ein. Instruieren Sie dafür das Pflegepersonal, damit es nicht zu Unterbrechungen kommt.
- Holen Sie bereits vorher schriftliche Genehmigungen für die Bildrechte von Patienten und Mitarbeitern ein, sofern diese gefilmt werden.
- Sichern Sie sich von der Filmagentur die Rechte und den Quellcode zur Weiterverwendung. Weisen Sie die Filmagentur darauf hin, dass sie GEMA-freie Musik für die musikalische Unterlegung verwenden soll. Ansonsten müssen Sie an die Gesellschaft für musikalische Aufführungs- und mechanische Vervielfältigungsrechte Gebühren zahlen.
- Die Videos sollten in HD-Qualität produziert werden. Sie müssen zudem auch auf kleinen Monitoren wirken, etwa von Smartphones.

(Weitere Tipps zum Verhalten vor der Kamera finden Sie im ▶ Abschn. 2.3.)

Erklärungsfilme für Patienten

Neben einem Imagefilm eignen sich Videos besonders gut für Erklärungen, zum Beispiel dazu, wie genau eine Untersuchungs- oder Behandlungsmethode funktioniert. Mit betroffenen Protagonisten, die im O-Ton berichten, wirken diese Videos noch persönlicher. Ein gut gemachter Imagefilm sowie Aufklärungsfilme zu Indikationen und Therapien gehören also zu den Online-Marketing-Maßnahmen dazu.

> **Tipp**
>
> Besonders vertrauenserweckend ist es für Patienten, wenn Sie Ihre Aufklärungsfilme von unabhängiger Stelle prüfen, zertifizieren und dies mit entsprechendem Siegel auszeichnen lassen. Diese externe Prüfung ist auch eine gute Kontrolle für Sie selbst – so sind Sie auf der sicheren Seite, dass Sie keine Werbefilme produziert und das HWG beachtet haben.

Laut Bitkom hat sich bereits mehr als ein Drittel der Internetnutzer (37 %) ab 14 Jahren Video-Anleitungen im Internet, auch „Tutorials" genannt, angesehen. Das entspricht etwa 20 Mio. Nutzern. Tutorials sind bei allen Altersgruppen ähnlich beliebt. Dabei geht's um ganz alltägliche Hinweise, wie einen Rotweinfleck entfernen oder die Waschmaschine anschließen, aber auch bei speziellen Fragen – ebenfalls aus dem medizinischen Bereich.

2.2.3 Praxisbeispiel Film: Dokumentation über ein Diabetes-Camp für Kinder und Jugendliche

Jelina Schulz, Presse- und Öffentlichkeitsarbeit MediClin

2015 gewann der bundesweit tätige Klinikbetreiber MediClin mit einem etwa 3,5-minütigen Film über ein Diabetes-Camp für Kinder und Jugendliche den KlinikAward in der Kategorie „Bester Klinikfilm". Der Film „Diabetes-Camp – MediClin Müritz-Klinikum Waren" dokumentiert mit einer gleichzeitig emotionalen, informativen und anschaulichen Bildsprache, wie junge Betroffene im Diabetes-Camp Unterstützung finden.

Das MediClin Müritz-Klinikum führt jeden Sommer ein fünftägiges Diabetes-Schulungscamp für Kinder und Jugendliche mit Diabetes mellitus Typ 1 an der Mecklenburgischen Seeplatte durch. Das Besondere daran: Die jungen Teilnehmer sollen bei einem abwechslungsreichen Freizeitprogramm einen routinierten Umgang mit Diabetes entwickeln.

Dadurch sollen die Lebensqualität gesteigert und die Folgen der Krankheit minimiert werden. 2014 wurde das Projekt mit einem kurzen Film dokumentiert, der Eindrücke vom Camp vermittelt und über das Projekt informiert.

Gezeigt wird mit dem Film, dass die Kinder und Jugendlichen eine spannende, abwechslungsreiche, aber auch lehrreiche Zeit erleben: Spaß und Schulung wechseln sich ab. Dazu wurde ein Mix aus Dokumentation und starken dynamischen Bildern gewählt. Experteninterviews sorgen für fachliche Tiefe. Der Einsatz einer speziellen Action-Kamera mit Unterwasser-Aufnahmen, Musik und einem modernen Schnittstil spricht junge Menschen an – genauso deren Eltern und andere Interessierte.

Ziele und Verbreitung des Films

Der Film soll junge Menschen für kommende Veranstaltungen ansprechen, Betroffene und Eltern informieren und als PR-Instrument ein wichtiges Alleinstellungsmerkmal der Klinik transportieren, um die Klinik mit der Kompetenz in diesem Bereich zu positionieren. Denn das Diabetes-Camp ist ein besonderes Gesundheits-Angebot in der Region. So transportiert der Film den besonderen Charakter des Projekts und zeigt alle wichtigen Aspekte des Camps. Gleichzeitig wird die zuständige Chefärztin für Kinder- und Jugendmedizin mit dem Projekt „Diabetes-Camp" und der begleitenden Dokumentation als Expertin positioniert. Ziele und Nutzen des Films werden durch die Aufnahmen und Aussagen von Teilnehmern und Betreuern klar.

Der Film ist auf der Internetseite der Klinik (www.mediclin.de/diabetescamp-film), dem eigenen Youtube-Kanal und über QR-Code auch in Broschüren abrufbar und damit ein prägnantes Element der Außendarstellung des Diabetes-Schwerpunktes des MediClin Müritz-Klinikums. Nicht zuletzt durch den Film besteht auch überregional ein großes Interesse an dem Projekt.

2.2.4 Banner- und Video-Werbung

Viele Portale finanzieren sich u. a. über Werbeeinnahmen, wenn nicht ein anderer Geldgeber, etwa ein Pharmaunternehmen, hinter dem Angebot steckt, und bieten Online-Werbeformen in verschiedenen Formaten und Größen, statisch oder animiert an, um mehr Aufmerksamkeit zu erregen (z. B. Full Banner, Skyscraper oder Flash Layer). Als GIF- oder Flash-Datei werden diese dann in die jeweilige Website eingebunden. Klickt der Besucher auf das Banner, führt ihn das automatisch auf die Website des Werbenden. Nach Häufigkeit des Anklickens (Cost-per-Click/CpC-Modell) oder aber des Einblendens (Cost-per-Thousand-Impressions/CPM-Modell) entstehen für den Werbenden Kosten. Krankenhäuser können Banner- oder Videowerbung zum Beispiel bei Gesundheitsportalen buchen, wo Indikationen und Behandlungsmethoden vorgestellt werden. Es gibt auch eine Kombination aus beidem: das In-Banner-Video. Hier werden im Banner Videoelemente integriert, die vom Nutzer auf Klick abgespielt werden können.

Jedoch hat sich eine Vielzahl der User bereits an klassische Bannerwerbung gewöhnt und ignoriert diese. Selbst aufmerksamkeitserregende, aufploppende Banner werden schnell und eher genervt weggeklickt statt genauer angeschaut. Während also die Bannerwerbung rückläufig ist, boomt die Videowerbung aufgrund der stark im Web 2.0 und in Social Media verankerten Entwicklung von Online-Videos. Dank Smartphones, schneller Verbindungstechnik und Internetflatrates zu stetig sinkenden Tarifen ist das Internet jederzeit verfügbar und in den Alltag integriert (▶ Abschn. 2.7). Mit Videowerbung in Gesundheitsportalen (▶ Kap. 5) kann eine direkte Zielgruppenansprache im Netz (Online Targeting) erreicht werden, und damit gibt es weniger Streuverluste als beispielsweise bei Fernsehwerbung. Zudem ist die Akzeptanz seitens der User entsprechend hoch: 66 % der befragten Nutzer einer Studie zum Thema Online Video Viewing der Online Publishers Association gaben an, schon einmal Online-Video-Werbung im Internet gesehen zu haben. Jedoch ist auch die Länge eines Spots entscheidend: 46 % akzeptieren eine Videolänge bis 20 s, optimal ist eine Länge von 10 s. Immerhin: 17 % finden jeweils auch 46–60 und auch mehr als 60 s in Ordnung. Falls Sie in diesem Segment Werbepotential für Ihre Klinik sehen, lassen Sie sich von einer Mediaagentur beraten und holen Sie sich auch zur Umsetzung professionelle Hilfe.

2.2.5 Wartezimmer-TV und Patientenfernsehen

Warten gehört zu den meisten Arztbesuchen dazu – auch im Ambulanzbereich einer Klinik, sofern es sich nicht um einen Notfall handelt. Nicht wissend, wie lange es noch dauern wird, scheint für Patienten oftmals die Zeit im Wartebereich still zu stehen. Mit Service, wie einer bunten Auswahl an Zeitschriften und Getränken, aber auch mit Broschüren zu verschiedenen Krankheitsbildern, Therapiemaßnahmen, Prävention und Vorstellungsfolder Ihrer Klinik, verkürzen Sie die gefühlte Wartezeit. Nutzen Sie dafür auch das Medium TV – nicht für Talkshows und Soaps, sondern für speziell auf Kliniken ausgerichtete Programme: Behandlungsformen werden erklärt, Untersuchungsmethoden vorgestellt und gesundheitspolitische Themen erläutert. Zudem können Sie Ihren Klinik-Imagefilm in die Programmschleife einbinden. Wenn Sie bislang noch keinen Film erstellt haben, lässt sich das mit so einem Angebot häufig kombinieren. Jedoch setzen die Anbieter hier meist auf stumme Videos, um die Patienten im Wartezimmer nicht unnötig zu beschallen. Als neutrale Elemente werden aktuelle Kurznachrichten und Wetteraussichten eingespielt. Die gesamte Laufzeit beträgt meist 45–90 min – Patienten sollten bei einem Besuch keine Inhalte doppelt sehen.

Die „repräsentative Studie zum Einfluss von Medien auf Patientenbedürfnisse" (EMPAT-Studie) des Deutschen Zentrums für Medizinmarketing hat die Wahrnehmung von Wartezimmerfernsehen untersucht: Empfinden Patienten ihre Wartezeit mit TV angenehmer, oder ist es eher störend? Über einen Zeitraum von zwölf Monaten wurden deutschlandweit 1476 Patienten vor und nach der Installation von TV-Wartezimmer befragt: Rund zwei Drittel aller Befragten hatten schon eine Vorstellung von Wartezimmerfernsehen und hielten es für informativ. Nach der Installation von TV-Wartezimmer beurteilten fast 80 % der Patienten Wartezimmerfernsehen als informativ. Fast identische Zahlen brachte die Frage, ob Wartezimmerfernsehen hilft, die Wartezeit angenehmer zu gestalten: In TV-Wartezimmer-freien Praxen waren bereits 66,6 % überzeugt, die Wartezeit wäre angenehmer mit Wartezimmerfernsehen. Nach der Installation von TV-Wartezimmer stieg diese Zustimmung auf 81,5 % an. 78 % waren – ohne TV-Wartezimmer in der Praxis – der Meinung, Ärzte könnten mehr tun, um über Behandlungen zu informieren, und sogar 74 % meinten, Ärzte sollten stärker für sich werben. Fast neun von zehn befragten Patienten, die bereits TV-Wartezimmer in der Praxis sahen, stimmten der Aussage „Werbung für medizinische Dienstleistungen und Produkte ist informativ" zu.

Kosten

Je nach Anbieter (zwei frei gewählte Beispiele folgen im nächsten Abschnitt) und entsprechendem Angebot variieren die Kosten – günstiger wird es beispielsweise, wenn Kliniken Werbung in Kauf nehmen. In Einzelfällen verlangen die Unternehmen zusätzlich Anschaffungs- oder Installationskosten. Neue Inhalte oder Filme werden entweder per DVD zugesandt oder via Internet eingespielt. Die notwendige Software ist oftmals im Paket dabei. Flachbildschirme oder Monitore für die Wartebereiche müssen die Praxen meistens leasen oder mieten. Hier sollten Sie im Vorfeld genau kalkulieren, welche Kosten bei welchem Finanzierungsmodell insgesamt anfallen (▶ „Checkliste zur Auswahl eines Anbieters"). Die Bildschirme sind meist ohne Tuner ausgerüstet, sodass der Fernseher kein normales Programm über Kabel oder Antenne empfangen kann – so werden auch keine GEZ-Gebühren fällig. Obacht: Für die akustische Untermalung müssen Kliniken an die Gesellschaft für musikalische Aufführungs- und mechanische Vervielfältigungsrechte (GEMA) Beiträge abführen, etwa 10–20 Euro monatlich. Lassen Sie sich zu diesen Punkten von Ihrem Anbieter beraten, damit auch wirklich alle Posten bei der Kostenkalkulation berücksichtigt werden.

Anbieter für Wartezimmer-TV

TV-Wartezimmer Mit mehr als 6000 Installationen in Arztpraxen ist TV-Wartezimmer nach eigenen Angaben der größte Anbieter in Europa. Ebenfalls kann ein Programm auch individuell für Kliniken zusammengestellt werden. Aus medizinisch und juristisch geprüften, patientengerechten Filmen zu Angeboten und Leistungen der Klinik, aktuellen Informationen und einem kurzweiligen Programmrahmen aus Tier- und Reise-Dokumentationen, stündlich aktuellen Nachrichten, regionalen Wettermeldungen, Gesundheitstipps oder auch Comics für die kleinen Patienten wird ein individuelles Klinik-TV. Partner sind unter anderem die Clinic Clowns und die DRF Luftrettung ebenso wie mehrere medizinische Berufsverbände und Fachgesellschaften. Die Programmschleife beträgt im Durchschnitt etwa 45 min.

netscreens DS meinwartezimmerTV meinwartezimmerTV ist in Arztpraxen, MVZs und Kliniken als Wartezimmer- und Klinik-TV System einsetzbar. Der Nutzer stellt sich sein individuelles Programm über einen Webbrowser selbst mit einfachen Mausklicks zusammen. Alternativ steht auch ein telefonischer Redaktionsservice für die Programmerstellung bereit. Dieses enthält neben den fachrichtungsspezifischen Clips zahlreiche Infotainmentinhaltsmodule vom aktuellen Regiowetter bis hin zu Prominews. Auch eigene Texte, Bilder, Videos oder Tabellendaten können in grafisch animierte Vorlagen eingefügt werden. Damit können Kliniken beispielsweise vorhandene Belegungs- oder Speisepläne visualisieren. meinwartezimmerTV läuft auf Flachbildschirmen mit integriertem PC – vor Ort wird nur eine Steckdose und ein beliebiger Internetzugang benötigt. Optional können Kunden ein integriertes Patientenrufsystem buchen, darüber werden dann wartende Patienten in den jeweiligen Behandlungsraum gebeten.

Falls Ihnen die externe Einbindung für Wartezimmer-TV zu teuer ist, können Sie auch PCs, Macs oder iPads im Wartebereich für Patienten aufstellen, auf denen Sie dann Klinik-Präsentationen abspielen und so über Ihr Leistungsspektrum informieren. Einen kleinen digitalen Bilderrahmen oder das iPad können Sie auch auf dem Empfangstresen positionieren und hierüber kurze organisatorische Hinweise abspielen, beispielsweise die Termine und Themen der nächsten Patientenvorträge.

Checkliste zur Auswahl eines Anbieters
- Wie hoch ist der Gesamtpreis inklusive der Monatsraten, der Wartung, der Installations- und Nebenkosten?
- Sind die Geräte gekauft, geleast oder gemietet?
- Welche Auswirkungen auf den Vertrag hat es, wenn der Anbieter des Wartezimmer-TV pleitegeht?

- Wie viele verschiedene Informationsfilme gibt es, die für die eigene Klinik in Betracht kommen?
- Passen die Beiträge von der Aufmachung und Tonalität zur eigenen Klinik?
- Sind die Programminhalte aktuell?
- Wird Werbung eingespielt? Wenn ja, für welche Unternehmen/Produkte?
- Übernimmt der Anbieter die Garantie dafür, dass die Beiträge juristisch und medizinisch einwandfrei sind?
- Welche Service-Leistungen sind inklusive, und fallen dafür weitere Kosten an?
- Wie lang ist die Vertragslaufzeit?
- Welchen Gesamteindruck vermittelt die Firma?
- Welche Erfahrungen haben andere Kliniken mit diesem Anbieter gemacht? Schauen Sie einfach mal in die Referenzliste und fragen Sie nach.

Patientenfernsehen mit einem klinikeigenen Hauskanal

Neben Wartezimmer-TV gibt es auch Patientenfernsehen auf den Stationszimmern. Ein Anbieter ist beispielsweise KiK, der Klinik Info Kanal. Der Spezialsender ist nach eigenen Angaben in fünf Ländern und rund 600 Kliniken zu sehen. Das Modell: KIK-TV bietet das Programm und sorgt für Werbepartner, die die ganze Sache finanzieren. In den letzten fünf Jahren produzierten über 100 Filmteams etwa 10.000 Beiträge. Das Fernsehprogramm besteht aus Dokumentationen und Reportagen über Gesundheit, Menschen und Natur, Spielfilmen und News aus aller Welt sowie Beiträgen zu Prävention und Ernährungs- und Bewegungstipps. Täglich wiederkehrende feste Sendezeiten, beispielsweise um 6, 9, 13, 17 und 19 Uhr, sind für die Kliniknews, die vom Klinikum selbst eingespeist werden können, und den Informationsfilm rund ums Klinikum reserviert – das soll das Klinikpersonal entlasten.

2.3   Presse-Arbeit in der Klinik

Ihre Klinik bietet eine neue Therapiemethode an oder hat ein neues technisches Behandlungsgerät? Sie veranstalten einen Tag der offenen Tür (► Abschn. 2.4) oder möchten Ihre Patientenvorträge publik machen? All diese Neuigkeiten können Sie über eine Presse-Mitteilung per E-Mail und Fax an die lokale Tagespresse, je nach Thema an Publikums- oder Fachmedien wie auch als Information an Kooperationspartner, Labore, Lieferanten und einweisende Ärzte (▶ Kap. 8) schicken. Richten Sie Ihr Augenmerk vor allem auf die örtliche Presse – auch wenn es nur ein Anzeigen- oder Wochenblatt ist. Denn damit erreichen Sie Patienten aus der Umgebung.

2.3.1 Erfolgreiche Presse-Mitteilungen schreiben

Damit Medien über den Inhalt Ihrer Meldung berichten, müssen Sie sie an einen Redakteur im zuständigen Ressort – also Gesundheit oder Lokales – schicken. Dieser schaut sich das Thema an und entscheidet, ob die Information in dem Medium erscheint. Journalisten erhalten täglich bis zu 100 Presse-Mitteilungen. Daher widmen sie ihnen nur wenig Aufmerksamkeit bzw. sortieren sie knallhart aus. Das bedeutet für Sie: Ihre Presse-Meldung muss auf den ersten Blick überzeugen.

Spannende Headline Die Überschrift ist die erste Information, die den Redakteuren ins Auge sticht. Formulieren Sie sie daher knackig und interessant. Wichtig ist, dass Sie in der Überschrift direkt die Neuigkeit aufnehmen („Neubau der kardiologischen Abteilung – Baubeginn im Oktober 2016"). Müssen Journalisten erst im Text nachsehen, um welches Thema es sich handelt, wandert Ihre Meldung schnell in den Papierkorb.

Das Wichtigste zuerst Eine klassische Presse-Information beginnt mit den wichtigsten Informationen. Die fünf W-Fragen gehören in den ersten Absatz: Wer macht was, wann, wo, und warum? Beispielsweise: „Die Klinik xy (wer?) veranstaltet einen Informationstag (was?). Am 24. September 2016 um 16 Uhr (wann?) lädt Klinik xy Mustermann Interessierte zu Informationsgesprächen über Hüftgelenkprothesen (warum?) in die Klinikabteilung in der xy-Straße (wo?) ein. Hintergrundinformationen, beispielsweise Daten und Fakten über Gelenkersatz, die den Anlass Ihrer Veranstaltung begründen, können Sie im zweiten und dritten Absatz einbauen. Am Ende sollte ein kurzes

Klinik-Profil mit Kontaktdaten und eventuellen Links für weitere Informationen stehen (▶ „Checkliste: Gute Presse-Mitteilung").

Kurze, verständliche Sätze Leser verstehen keine medizinischen Fachausdrücke. Verzichten Sie weitestgehend auf komplizierte Formulierungen, Fachtermini und unnötige Füllwörter. Falls Sie doch einen medizinischen Begriff verwenden, erklären Sie ihn so gut wie möglich.

Sachlich und objektiv Die Leser einer Tageszeitung möchten keine Werbetexte lesen, die voll von anpreisenden Lobeshymnen auf Ihre Klinik und Ihre Leistungen sind. Vermeiden Sie Superlative wie „einzige Klinik", „beste/sicherste Methode" oder „garantierter Erfolg" – zumal Sie dann auch mit dem Heilmittelwerbegesetz in Konflikt kommen. Die Leser erwarten von der Presse eine sachliche Auskunft. Verfassen Sie daher Ihre Presse-Mitteilung möglichst objektiv und neutral.

E-Mail-Anhänge Seien Sie sehr behutsam mit Anhängen. Generell sollten Sie die Presse-Mitteilung direkt in die Mail schreiben und nicht als Anhang versenden – schon gar nicht als PDF. So erschweren Sie Journalisten die Arbeit. Mehrere Argumente sprechen gegen Anhänge: Viele Systemverwalter löschen aufgrund der Spamgefahr automatisch E-Mails mit Anhängen. Große Dateianhänge, vor allem Graphiken, können den Posteingang blockieren. Hinzu kommt der Zeiteffekt, weil ein Anhang mindestens einen Klick mehr bedeutet und die Datei erst heruntergeladen werden muss. Fügen Sie lieber entsprechende Links ein, wenn Sie auf eine Studie hinweisen oder Bilder mitschicken möchten. Geben Sie dazu noch Größe, Umfang und Dateiformat an.

Kliniken haben auf Grund ihrer Bedeutung als lokaler großer Arbeitgeber oftmals eh ein gutes Verhältnis zur lokalen Presse aufgebaut. Diese Kontakte sollten natürlich gut gepflegt werden: Rufen Sie den Redakteure bei Neuigkeiten an, bieten Sie ihm eine Information vorab und exklusiv an und laden Sie ihn persönlich zu Ihren Presse-Veranstaltung ein. Falls es verhindert ist, weiß der Redakteur natürlich, dass Sie ihm Materialien für eine gute Berichterstattung zusenden werden.

Tipp

Belästigen Sie Journalisten nicht! Fordern Sie keine Lesebestätigung an. Rufen Sie auch nicht an, um zu fragen, ob er die Presse-Mitteilung erhalten hat. Bei 100 Mails pro Tag ist eine genervte Antwort garantiert.

Checkliste: Gute Presse-Mitteilung
- Enthält Ihre Überschrift die Kernaussage der Meldung? Ist sie interessant formuliert?
- Steht die Hauptinformation im ersten Satz, spätestens jedoch im ersten Absatz?
- Enthält der erste Absatz alle W-Fragen: wer, was, wann, wo und warum?
- Ist der Text objektiv und nicht werblich?
- Verwenden Sie Fachausdrücke? Wenn ja, haben Sie diese erläutert?
- Konzentrieren Sie sich auf ein Thema?
- Ist Ihr Text interessant? Lassen Sie ihn von einer unbeteiligten Person gegenlesen.
- Haben Sie ein Klinik-Profil erstellt und einen Ansprechpartner mit allen Kontaktmöglichkeiten genannt?

2.3.2   Praxisbeispiel Presse-Information

- **Vortragsreihe: Klinikum Bielefeld: Veranstaltungsreihe zum Thema Brustkrebs**

Brustkrebs (Mamma-Carcinom) ist in Deutschland trotz des medizinischen Fortschritts die häufigste bösartige Erkrankung von Frauen. Das Zentrum für Frauenheilkunde am Klinikum Bielefeld bietet auch in diesem Jahr eine Vortragsreihe zu diesem komplexen Thema an. Forum Brust möchte Aufklärung, Information und Unterstützung bieten, dadurch Ängste abbauen und Hilfestellungen im Umgang mit der Erkrankung geben. Referentin der Veranstaltungsreihe ist Frau Dr. Angelika Cervelli, die leitende Oberärztin der Frauenklinik.

Neben den modernsten medizinischen Diagnostik- und Therapieverfahren können Frauen einen wichtigen Beitrag zur Prävention und Früherkennung leisten. Zunehmend wichtiger für eine optimale medizinische Versorgung ist zudem die verständliche und vollständige Information der Frauen. Im Mittelpunkt der Veranstaltung stehen daher sämtliche Informationen zu den Themen Vorbeugung, Früherkennung und Diagnostik bei Brusterkrankungen.

Die medizinischen Vorträge werden ergänzt durch Beiträge zu psychosozialen und komplementär medizinischen Aspekten sowie Ernährungstipps. Nach den Vorträgen haben die Teilnehmerinnen die Gelegenheit ausführlich mit der Referentin zu diskutieren.

Am Mittwoch, den 2. Mai, um 18.00 Uhr findet ein Vortrag zum Thema „Sozialdienstliche Angebote bei Brustkrebs" statt, Referentin: Gliekeria Chasioti (Sozialdienst Klinikum Bielefeld). Ort: Klinikum Bielefeld Mitte, Konferenzraum 6. Etage.

Medizinischer Experte für Journalisten

Klinikärzte können die Möglichkeit nutzen, auch ohne Presse-Informationen oder bezahlte Anzeigen in die Medien zu kommen: nämlich als Experte in Artikeln oder Hörfunk- und TV-Sendungen. Mehr Chancen von Redaktionen als Interviewpartner ausgewählt zu werden, haben in der Regel Chefärzte, Ärzte, die sich in Ihrem Fachgebiet spezialisiert haben, führendes Mitglied in einer ärztlichen Fachgesellschaft oder im Verband sind oder bei internationalen Kongressen referieren. Wie Sie Ihre eigene Reputation stärken, erfahren Sie im ▶ Kap. 5.

2.3.3   Social-Media-Kanäle nutzen – mit Crossposting Zeit sparen

Mit dem klassischen Versand der Presse-Information ist es in Zeiten von Online-Marketing jedoch nicht getan. Zuerst stellen Sie die Presse-Information auf Ihre Website. Legen Sie ein Archiv an, aus dem sich Journalisten bedienen können. Für eine größere Verbreitung nutzen Sie kostenlose Presse-Portale, wie beispielsweise openPR, PRCenter oder medcom24, in denen Sie Ihre Meldung oftmals auch mit Logo oder Bildern einstellen können.

Darüber hinaus setzen Sie ebenfalls die neuen Social-Media-Marketing-Instrumente (▶ Kap. 5) ein: Verbreiten Sie die Meldung auch noch per Twitter und Facebook. Um Arbeit zu sparen, funktioniert das auch schon gekoppelt. Statt Ihre News zu twittern und zusätzlich noch bei Facebook zu posten, können Sie dies automatisch erledigen lassen.

Tipp

Aktivieren Sie dafür einfach die Twitter-Anwendung unter https://apps.facebook.com/twitter/ für Ihre Facebook-Seite. Von nun an wird Twitter Ihre News nicht nur an Ihre Twitter-Follower senden, sondern auch automatisch auf Ihre Facebook-Seite stellen.

Ebenso können Sie Ihre Facebook-Aktivitäten an anderen Orten darstellen, zum Beispiel auf Ihrer Website. Das geht recht einfach mit dem Facebook-„Seitenbanner". Mehr Informationen dazu finden Sie unter https://www.facebook.com/badges.

Ein weiterer Dienst fürs Crossposting, auf dem Sie Meldungen für drei Kanäle, also zum Beispiel Facebook, Twitter, Google+ oder LinkedIn, gleichzeitig und kostenlos eistellen können, ist beispielsweise HootSuite. Um lediglich Links zu verbreiten eignet sich buffer. Beim Dienst ifttt (if this then that) lassen sich Meldungen mit 80 verschiedenen Kanälen verbinden.

2.3.4 Medienecho anlegen

Damit Sie eine Übersicht über die Verbreitung und den Abdruckerfolg Ihrer Presse-Informationen haben, ist es sinnvoll, einen professionellen Ausschnittdienst zu beauftragen, der die Print- und Online-Medien (Web-Monitoring) nach Ihren Meldungen durchforstet. Nach Stichwörtern online suchen kann das Presseteam selbst übernehmen oder Sie aktivieren einen kostenlosen Alert. Bei der Print-Auswertung ist das nicht möglich, weil Sie sonst alle Medien vorliegen haben müssten. Entsprechende Artikel („Clippings"), Hörfunk- oder TV-Mitschnitte als Podcast stellen Sie dann unter „Medienecho" in Ihren Presse-Bereich auf Ihre Website.

❗ Für eine Veröffentlichung empfiehlt es sich, dass Sie dafür schriftlich die Erlaubnis der Verlage haben, damit Sie keine Urheberrechte verletzen oder Lizenzentgeltforderungen für die weitere Verbreitung der Print-Publikationen erhalten. Anbieter,

wie z. B. PMG Presse-Monitor, haben dafür Rahmenverträge mit Verlagen vereinbart, wofür Sie je nach Nutzung eine Gebühr zahlen.

In Ihrem Medienecho sollte zudem auch professionell erstelltes druckfähiges Bild- und Videomaterial in gängigen Formaten zur Verfügung stehen (▶ Abschn. 2.2). Machen Sie zudem Ihre Bereitschaft und die der Chefärzte, Interviews zu geben, deutlich. Ermöglichen Sie Journalisten zudem, sich in Ihren Presse-Verteiler eintragen und auch streichen zu können – diesen Wunsch müssen Sie respektieren. Erstellen Sie dafür ein Formular mit Pflichtangaben wie Medium, Vorname, Nachname und E-Mail-Adresse. Entsprechend müssen Sie auch einen Verweis in der Datenschutzerklärung auf Ihrer Website vermerken (Musterbeispiel: ▶ Kap. 3). Im Formular sollte noch ein Kästchen zum Anklicken sein, wie der jeweilige Journalist die Presse-Mitteilung erhalten will – als HTML- oder Nur-Text-Dokument oder als Alternative per RSS-Newsfeed (▶ Kap. 3).

2.3.5 Umgang mit Journalisten

Bei der Zusammenarbeit mit der Presse sollten Sie einige Dinge beachten, um erfolgreich zu sein. Journalisten leben in einer anderen Denk- und Sprachwelt als Chefärzte – oder auch als die Mitglieder der Managementebene. Schließlich müssen sie komplexe Sachverhalte einem meist nicht-medizinisch bewanderten Publikum vermitteln, und das noch in einer spannenden Geschichte.

Wenn Sie als Pressesprecher – oder einer der Chefärzte – ein Interview geben, stellen Sie sich vor, Sie würden den Inhalt Ihrem Nachbarn erzählen: Sprechen Sie langsam, deutlich und mit Atempausen. Versuchen Sie, komplizierte Sachverhalte kurz und mit einfachen Wörtern zu erklären. Im Rundfunk oder Fernsehen steht selbst für einen Hauptbeitrag im Schnitt etwa 20 s pro O-Ton Zeit zur Verfügung, um das Wichtigste zu vermitteln.

Bieten Sie dem Journalisten an, Texte auf sachliche Richtigkeit zu überprüfen. Fordern Sie dies aber nicht ein oder schreiben gar den Text um. Journalisten müssen Sachverhalte vereinfachen und aus Platzgründen verkürzen. Selbstverständlich können Sie darauf bestehen, Ihre Zitate vor der Veröffentlichung zu autorisieren.

Journalisten haben einen Redaktionsschluss im Nacken, zu dem Texte fertig sein müssen. Melden Sie sich also schnellstmöglich zurück, wenn ein Journalist versucht, Sie zu erreichen: Egal, ob gerade Mittagspause oder schon Feierabend ist.

Jede Geschichte braucht ein Gesicht. In Magazinen werden oftmals die Hauptdarsteller abgebildet, aber gerne werden auch die Experten mit Fotos gezeigt. Dafür sollten Sie ein geeignetes Foto in Druckauflösung (300 dpi) bereithalten bzw. gleich in den Pressebereich zum Download online integrieren. Am besten sogar im Hoch- und Querformat – das erleichtert auch dem Layouter die Arbeit. Hinweise, wie ein gutes Foto aussehen sollte, finden Sie im ▶ Abschn. 2.2.

2.3.6 Das Fernsehinterview

Wenn dann ein TV-Sender aufgrund einer Presse-Mitteilungen oder der Expertenauskunft-Bereitschaft um einen Interviewtermin bittet, versuchen Sie das auch zu ermöglichen. Sonst war das eventuell schon das letzte Mal, dass diese Redaktion Sie angefragt hat. Instruieren Sie auch entsprechend Ihr Presse-Team.

Wenn der Termin dann vor der Tür steht, wird es aufregend: Da rückt ein Team aus TV-Redakteur, Kameramann und Tonassistent an, um kompetente Antworten einzuholen. Doch bevor es heißt „Kamera läuft", beherzigen Sie folgende Tipps:

 Ihr Aussehen ist eher nebensächlich. Bleiben Sie natürlich und verstellen Sie sich nicht, schließlich sollen Sie sich wohlfühlen. Sie müssen also nicht schnell zum Friseur, aber sauber und knitterfrei sollte der Kittel des Arztes oder das Hemd vom Pressesprecher schon sein.

▬ Ihre Wirkung begründet sich durch Ihre Kompetenz. Machen Sie sich vertraut mit dem von der Redaktion angekündigten Thema. Je mehr Fakten Sie parat haben, desto sicherer gehen Sie ins Interview.

▬ Schauen Sie sich, wenn möglich, vorab eine Ausgabe der Sendung, für die Sie interviewt werden, an, um Aufmachung, Stil und Sprache besser einschätzen zu können.

▬ Sorgen Sie dafür, dass Sie während des Interviews ungestört sind – also dass kein Telefon klingelt oder Patienten durch das Bild laufen.

▬ Versuchen Sie, so kurz wie möglich auf die Fragen zu antworten. Aber sprechen Sie unbedingt in ganzen Sätzen.

▬ Verwenden Sie auch bei einem medizinischen Thema möglichst kein Fachvokabular. Erklären Sie komplizierte Sachverhalte an anschaulichen Beispielen.

▬ Auch wenn es zu Beginn schwerfällt: Ignorieren Sie die Kamera! Sprechen Sie nicht direkt in die Kamera, sondern unterhalten Sie sich mit Ihrem Bezugspunkt, dem Redakteur. Das wirkt auch für die Zuschauer entspannt und professionell.

Nehmen Sie für solche Situationen an einem Medientraining oder speziellen Seminar zum TV-Interview teil. Dann fühlen Sie sich gewappnet, wenn ein Fernsehteam anrückt.

2.3.7 Praxisbeispiel zur Presse-Arbeit

Christian Stoffers, Dipl.-Volkswirt, Leitung Referat Kommunikation & Marketing des St. Marien-Krankenhauses Siegen gem. GmbH

Public-Relations-Aktivitäten sind überall anzutreffen. Sie finden sich in Zeitschriften, in Zeitungen, im Fernsehen, im Radio und im Internet. Der einzelne Konsument wird täglich mit tausenden mehr oder weniger gut versteckten Werbebotschaften konfrontiert. Dabei ist er nicht imstande, die Fülle an Informationen aufzunehmen, geschweige denn zu verarbeiten. Dies gilt insbesondere für Informationen von Krankenhäusern, bei denen das Laienpublikum nur sehr schwer zwischen Nachricht und Werbung zu differenzieren imstande ist. Nicht wenige fühlen sich daher von den Verlautbarungen eines Krankenhauses sogar bedrängt. Die Folge hiervon ist, dass Public-Relations-Maßnahmen ins Leere verlaufen.

Das St. Marien-Krankenhaus Siegen hat hierauf reagiert, indem es sich selbst beschränkt und an die unabhängigen Medien im unmittelbaren Umfeld nur relevante Nachrichten wie die Vorstellung medizinischer Innovation versendet. Dies erfolgt dann in

Verbindung mit einer Pressekonferenz oder einer Presseführung. Alle Medienvertreter erhalten dabei eine Pressemappe mit Medien-Stick. Für Vertreter vom Fernsehen bietet die Presseabteilung zudem sog. Footage-Material oder ein Extra-Drehtermin an. Bereits erstelltes Filmmaterial wird auch in den hauseigenen Fernsehkanal eingespeist, während externe Plattformen wie YouTube nur rudimentär für Imagefilme etc. genutzt werden. Bei Ersatzanschaffungen, wie dem Kauf des neuen x-Tesla-MRT in der Radiologie, erfolgt nur eine nachrichtliche Mitteilung an die unabhängigen Medien. Für Veranstaltungen des Unternehmens schaltet die Marketing-Abteilung zusätzlich Anzeigen.

Bei allen Themen wird auf die eigenen Medien verwiesen, und hier ist primär die eigene Klinik-Website zu nennen. Diese dienen dann als Informationspool, aus dem sich die Journalisten bedienen können. Angelegt sind hier eine Nachrichtenseite mit Pressemitteilungen und Bildmaterial sowie die Seite „Das medizinische Fachgespräch" mit vorformulierten Interviews. Für Presseanfragen ist für sieben Wochentage eine 24-Stunden-Bereitschaft vorgesehen, die ein schnelles Reagieren auf Anfragen der unabhängigen Medien ermöglicht. Es gibt eine Live-Chat-Funktion, die unmittelbare Kommunikation sicherstellt.

Alle Infos können auch mittels Tablet- oder Smartphone-APP abonniert werden. Ebenfalls werden alle Presseinformationen über Social Media-Plattformen zugänglich gemacht. Kurznachrichtendienste setzt das Krankenhaus auch bei der Krisen-PR ein. Einmal im Quartal gibt die Marketing-Abteilung zudem die Unternehmenszeitschrift „MARIEN konkret" heraus – sowohl in einer Print- als auch in einer ePaper und Tablet-Version. In einem Kooperationsprojekt mit einer regionalen Zeitung erscheint zudem in einer Auflage von 100.000 Exemplaren die Zeitschrift „Gesundheit plus", und ein dazugehöriges Online-Portal wird seit dem Jahr 2014 betrieben. Bei diesen Projekten ist der Marketingleiter des Krankenhauses der Redaktionsleiter.

Im Ergebnis wurde das Referat Kommunikation & Marketing des St. Marien-Krankenhauses Siegen mehrmals ausgezeichnet. Die Universität Siegen hat zuletzt im Jahr 2014 über eine Imageanalyse den Einsatz der PR-Instrumente geprüft und aufgrund des eindeutigen Vorsprungs in nahezu allen Imagewerten als effektiv befunden. Zum gleichen Ergebnis kamen die Visitatoren bei der parallel vorgenommen Rezertifizierung des Unternehmens.

2.4 Tag der offenen Tür – ein Blick hinter die Kulissen

Ein Tag der offenen Tür ist die ideale Plattform, die Klinik, Chefärzte und weitere Mitarbeiter in der Öffentlichkeit zu präsentieren. Die Veranstaltung soll den Bekanntheitsgrad steigern, ein Image aufbauen und es pflegen. Sie ist eine ideale PR-Maßnahme, um neue Patienten zu gewinnen und den bestehenden Stamm zu festigen. Anders als wenn bereits eine akute Behandlung ansteht, herrscht hierbei eine entspannte Atmosphäre, und es ist Zeit für Kommunikation: Patienten und Mitarbeiter können sich kennenlernen, mögliche Barrieren ab- und Vertrauen aufbauen. Mit solch einem Event machen Sie nicht nur Ihre Dienstleistungen und Ihren Service in der Öffentlichkeit bekannt, sondern es verschafft Ihnen ebenfalls ein positives Image. Denn Sie vermitteln, dass Sie an der Kommunikation interessiert sind, und zeigen sich offen und zugänglich.

> **Anlässe für einen Tag der offenen Tür**
> - Vorstellung neuer Räumlichkeiten nach Eröffnung oder Umbau
> - Vorstellung des neuen Chefarzt einer Fachabteilung
> - Jubiläum
> - Übernahme/Wechsel der Trägerschaft/ Fusion
> - Präsentation neuer Behandlungsgeräte
> - Welt-Gesundheitstage, z. B. Tag der Herzgesundheit

Benennen Sie den Anlass wie ein Motto – das weckt mehr Interesse:
- Frisch gestrichen! Neue Räumlichkeiten der Klinik xy
- Roboter zu besichtigen – neue Lasertechnik
- Jubiläumsfeier: Seit 25 Jahren sind wir Ihr Partner für Ihre Gesundheit

2.4.1 Frühzeitig planen und organisieren

Unterschätzen Sie nicht den Aufwand, den solch eine Veranstaltung mit sich bringt. Dabei kommt es natürlich darauf an, welchen Rahmen Ihr Anlass fordert. Eine Geräte-Vorstellung bedarf nicht so viel Aufwandes wie eine Feierlichkeit zum 50-jährigen Jubiläum. Als Erstes bestimmen Sie im Team einen Mitarbeiter, der für die Organisation der Veranstaltung zuständig ist, und einen Vertreter – für den Fall der Fälle. Je nach Anlass legen Sie ein genaues Budget fest. Es ist wichtig, dass der Zuständige die Kosten im Laufe der Vorbereitungen stets im Auge behält und Sie als Verantwortlichen unterrichtet.

Das Minimum an Service stellen Getränke und Snacks dar: Wasser, Kaffee, Tee, Säfte und Kekse, vielleicht auch verschiedene Kuchen, sollten Sie bereithalten. Alles Weitere kommt nur bei ganz besonderen Anlässen vor. Häppchen oder sogar ein Büfett werden bei einem Tag der offenen Tür in der Regel nicht erwartet. Das würde zudem einen erheblichen Mehraufwand und Kosten bedeuten. Denn dafür muss ein Catering-Service samt Essen ausgesucht werden: Sie müssen Preise vergleichen, brauchen ausreichend Geschirr und Besteck, Servietten, Stehtische, Tischdecken, Dekoration und eventuell auch externe Servicekräfte, falls nicht nur Selbstbedienung geplant ist.

Checkliste für die Planung
Fertigen Sie eine Bestands- und entsprechende Einkaufsliste an:

- Haben Sie genug Gläser? Becher? Besteck? Tabletts? Servietten?
- Gibt es Kekse, Kuchen, belegte Brötchen, eine deftige Suppe mit Baguette oder gar Häppchen?
- Verteilen Sie die Essensvorbereitung im Team oder organisieren Sie einen Caterer?
- Getränke einkaufen: Wasser, Säfte, verschiedenen Teesorten, Kaffee, Milch, Zucker und Softgetränke
- Bei einem feierlichen Anlass, wie einem Jubiläum, können Sie Sekt zum Anstoßen kaufen, ansonsten passt Alkohol nicht zum Gesundheitsimage.
- Band oder Fußstopper besorgen, um die Eingangstür stets offen zu halten, wenn Sie keine elektrische Schiebetür haben.
- Technikcheck: Was wird gebraucht? PC/Laptop, Beamer mit Netzkabel, Rednerpult, Mikrofon, Verlängerungskabel, Mehrfachsteckdose, Fernbedienung mit Laserpointer?
- Besitz jemand eine gute Kamera? Im besten Fall mit Blitzgerät? Brauchen Sie dafür Batterien, oder gibt es einen Akku? Oder wäre für professionelle Bilder sogar die Investition für einen Fotografen sinnvoll?

Weitere Vorbereitungen, die getroffen werden müssen:

- Einladungen gestalten, versenden und auf die Homepage stellen,
- Namensschilder erstellen mit entsprechender Funktion zum besseren Kennenlernen,
- Beschilderung für innen und außen (Toilette, kein Zutritt, Parkplätze),
- Programm planen,
- Eröffnungsrede schreiben,
- Listen zum Auslegen vorbereiten, in die sich Interessenten eintragen können, die Infomaterial oder E-Mail wünschen,
- Reinigungspersonal beauftragen, das am Tag vor der Veranstaltung und danach besonders gründlich alle Räume putzt.

2.4.2 Termin mit Bedacht auswählen und rechtzeitig bekannt geben

Um einen möglichen Zeitraum festzustecken, suchen Sie einen Termin zwischen Frühjahr und Herbst. In der dunklen Jahreszeit bleiben die Menschen lieber zu Hause, wenn Sie nicht unbedingt raus müssen. Damit möglichst viele Personen an Ihrer Veranstaltung teilnehmen, eignet sich am besten ein Samstag von etwa 10–18 Uhr. Achten Sie darauf, dass Ihr Termin nicht in der Ferienzeit liegt oder mit anderen lokalen Ereignissen kollidiert, beispielsweise mit einem Straßenfest oder dem großen Flohmarkt. Auch eine interessante Fernsehausstrahlung, wie ein wichtiges Fußballspiel, kann Ihre Besucherzahlen negativ beeinflussen. Schauen Sie dafür am besten in einen örtlichen Veranstaltungskalender, im Internet oder in einem Stadtmagazin nach.

Sobald der Termin steht, versenden Sie zeitnah die Einladungen. Mit viel Vorlaufzeit können sich potentielle Besucher diesen Tag vormerken und freihalten. Laden Sie neben dem bestehenden Patientenkreis ebenfalls Partner wie Arztpraxen, also Ihre Zuweiser, und Lieferanten ein, um auch diese Zusammenarbeit zu intensivieren. Schreiben Sie nicht nur Ihre Adresse auf die Einladung, sondern fügen Sie eine Wegbeschreibung als Graphikelement hinzu. Bitten Sie um Zu- oder Absage, damit Sie die ungefähre Anzahl der Besucher abschätzen können.

Sie können auf verschiedenen Wegen einladen:

Druck und Versand Für ganz besondere Gäste und wichtige Partner lassen Sie qualitativ ansprechende Einladungskarten drucken. Verschicken diese auf dem klassischen Postweg. Das wirkt deutlich mehr als eine E-Mail.

Falls keiner im Team die Gestaltungsaufgabe übernehmen kann, kalkulieren Sie bei der Budgetplanung externe Grafikleistungen, Druck- und Portokosten mit ein.

Verteilen und auslegen Machen Sie in Ihrer Klinik Aushänge im Plakatformat und legen Sie Handzettel (Flyer) aus. Verteilen Sie diese in der Umgebung an Haushalte und Passanten. Nach Absprache können Sie sie auch in nahe gelegenen Arztpraxen, Reha-Einrichtungen, Fitnessstudios, Einkaufszentren oder Reformhäusern auslegen.

Kostengünstige Rundmail Mit dem Einverständnis Ihrer bestehenden Patienten können Sie eine Einladungs-E-Mail verschicken – das ist kaum mit Kosten verbunden.

Hinweis auf Website und in Signatur Machen Sie auch auf der Startseite Ihrer Website auf Ihre Veranstaltung aufmerksam. Für weitere Informationen gibt es einen Link. Der führt zu einer PDF-Datei, in der genaue Zeiten und das Programm aufgelistet sind. Ebenfalls können Sie diesen Hinweis in Ihre E-Mail-Signatur aufnehmen. Vergessen Sie aber nicht, diese nach dem Termin wieder zu entfernen!

Mundpropaganda Alle Mitarbeiter helfen mit, indem sie im Verwandten- und Bekanntenkreis die Werbetrommel rühren. Vor allem Eltern haben oftmals großes Interesse, sich den Arbeitsplatz ihrer Kinder anzuschauen.

Presse informieren Benachrichtigen Sie in jedem Fall die lokale Presse, wie Anzeigen- und Wochenblätter, über Ihren Tag der offenen Tür. Gegebenenfalls können Sie sogar eine Anzeige schalten und dazu eine redaktionelle Berichterstattung über Ihre Veranstaltung im Nachhinein oder über Ihre Klinik aushandeln. Falls die örtliche Presse keine Zeit für einen Besuch vor Ort hat, bieten Sie von sich aus einen Text für die Nachberichterstattung sowie Fotomaterial zur Auswahl an.

Nachdem Anlass, Motto, Rahmen und Termin stehen, geht es an die Programmplanung. Der Tag muss nicht straff durchorganisiert sein, aber eine grobe Struktur als roten Faden sollten Sie erstellen. Empfehlenswert ist eine kurze Ansprache, in der Sie darlegen, warum dieses Event stattfindet, und Ihre Klinik mit ausgewählten Angeboten vorstellen. Brauchen Sie dafür ein Präsentationssystem oder gar Mikrofon, das entsprechend organisiert werden muss? Legen Sie ergänzend ausreichend Informationsmaterial Ihrer Klinik aus. Geben Sie auch Ihren Gästen die Möglichkeit, zu Wort zu kommen, um beispielsweise Fragen zu stellen, und lassen Sie sie auch anderweitig in Aktion treten. Wichtig ist, dass nicht langweilig präsentiert wird, sondern dass Besucher die Aktionen hautnah und aktiv erleben – durch Sehen, Anfassen, Schmecken und Mitmachen. Denken Sie auch familienfreundlich und richten Sie eine Ecke mit Spielzeug oder Möglichkeiten zum Malen für Kinder ein – Mitarbeiter können die kleinen Gäste beispielsweise auch schminken. Damit es nicht zu Missverständnissen kommt, markieren Sie deutlich, welche Räume zu besichtigen sind und welche nicht. Schließen Sie dann die entsprechenden Türen und Schränke ab.

Legen Sie genau fest, wer wofür am Veranstaltungstag zuständig ist:

- Gäste begrüßen, ggf. Garderobe abnehmen
- Gäste betreuen und herumführen
- Info-Material sortieren, auffüllen
- Getränke-Service: leere Flaschen wegräumen, neue hinstellen, nachschenken, Kaffee kochen
- Kuchenbuffet: Geschirr wegräumen und für Nachschub sorgen
- Kinderbetreuung: Basteln oder Schminken
- Manöverkritik am nächsten Tag: Was war gut, was ist schiefgelaufen? Welche Anregungen,

welches Feedback gab es von Gästen? Halten Sie das Besprochene in Checklisten fest oder ergänzen Sie bestehende für den nächsten Tag der offenen Tür.

Und hier die Verknüpfung zum Internet: Ihren Tag der offenen Tür können Sie wunderbar auf allen Online-Marketing-Instrumenten, wie Ihrer Website und den Social-Media Plattformen, dokumentieren.

2.5   E-Mail-Kommunikation

Das amerikanische Marktforschungsunternehmen Radicati Group geht 2015 von 2,6 Mrd. E-Mail-Nutzern, 1,7 Mrd. aktiven E-Mail-Accounts und 205 Mrd. verschickten E-Mails pro Tag aus – bis Ende 2019 sollen es schon 246 Mrd. Mails sein. Wenn auch nicht in diesem Ausmaß, so spielt auch in Kliniken die E-Mail-Kommunikation eine zentrale Rolle: zwischen den Mitarbeitern (wobei oftmals der Zugang zu den E-Mail-Terminals nicht auf allen Stationen gleichmäßig verteilt ist) und in der Patienten-Kommunikation. Zum einen können hausinterne Mitteilung darüber verbreitet werden – wobei viele Häuser dafür mit einem Intranet arbeiten –, zum anderen können Termine mit Patienten darüber vereinbart oder als Erinnerungsinstrument zum bestehenden Termin genutzt werden. Ebenfalls können Untersuchungsergebnisse, die kein persönliches Gespräch bedürfen, verschickt werden.

Die Vorteile liegen auf der Hand: E-Mails erreichen schnell den Empfänger, sind kostengünstig und zeitlich unabhängig von der Bearbeitung. Jedoch sind auch Nachteile zu benennen: Die vielen E-Mails im Posteingang, mit zum Teil irrelevanten Mails sowie lästigem und potentiell gefährlichem Spam, müssen tagtäglich aufs Neue gesichtet, aussortiert und beantwortet werden. Je nach anfallender Menge kann das viel Zeit kosten.

Damit zumindest die von Ihnen verfassten Mails für die Empfänger, Kollegen, Partner wie Labore oder Lieferanten, Journalisten oder aber Patienten, direkt als relevant eingestuft werden, halten Sie sich beim Verfassen an folgende Regeln.

Betreffzeile   Schreiben Sie mit wenigen Stichwörtern oder einem Schlüsselwort, worum es in der E-Mail

geht. Zudem sollte die Relevanz für den Empfänger sofort deutlich werden: Ist diese Mail wichtig oder kann die Bearbeitung warten? Schreiben Sie darüber hinaus mit hinein, ob mit dieser Mail eine Arbeitsanweisung verbunden ist oder der Inhalt lediglich zur Kenntnis (zK) genommen werden soll. Wenn diese Mail zeitnah bearbeitet werden muss, gehört der Hinweis „dringend" oder „wichtig" bereits in die Betreffzeile mit hinein. Bei den meisten E-Mail-Diensten ist zudem die Einstufung mit hoher Priorität möglich – der Mailversand erfolgt dann mit einem roten Ausrufezeichen.

Beispiel für eine Betreffzeile: „Terminabstimmung: Meeting zum Tag der offenen Tür – Rückmeldung bis morgen 16 Uhr"

Textinhalt   Schreiben Sie Mails so kurz wie möglich. Die wichtigsten Informationen sollten für den Empfänger auf den ersten Blick erfassbar sein: Worum geht's? Besteht Handlungsbedarf? Wie dringend ist die Mail? Beim internen Mailverkehr dürfen es auch Stichwörter sein, solange es verständlich bleibt. Mit Patienten und Partnern achten Sie auf einen höflichen Stil wie bei einem klassischen Geschäftsbrief – zu knappe Formulierungen können bereits als unhöflich oder gar als Desinteresse empfunden werden. Schreiben Sie dennoch keine langen Schachtelsätze und vermeiden Sie unnötige Füllwörter, Schnörkel, Doppeldeutigkeiten oder missverständliche Ironie. Ans Ende einer jeden E-Mail gehört Ihre Signatur mit vollständigen Kontaktdaten des jeweiligen Ansprechpartners. Falls Sie Anhänge mitsenden, weisen Sie im Text darauf hin und geben Sie Handlungsanweisungen dafür an.

Gestaltung   Für eine bessere Übersicht fügen Sie Leerzeilen zwischen den Abschnitten ein. Es gilt: ein Gedanke, ein Absatz. Mit der HTML-Variante gibt es auch Gestaltungsmöglichkeiten, die für mehr Aufmerksamkeit sorgen, wie beispielsweise auffällige Schriftarten, Farbe, Formatierungen oder Graphiken – vergeuden Sie damit aber nicht zu viel Zeit. Die Verwendung ist nur sinnvoll, wenn man weiß, dass die Empfänger diese auch lesen können – oftmals blockieren Spamfilter HTML-Mails. Sonst werden Formatierungen gar nicht oder gestört angezeigt. Das sieht unschön aus und kann verwirren. Im

Nur-Text-Format sind keine Gestaltungen, jedoch Links möglich, die Zustellung ist aber gesichert.

Ein Thema, eine E-Mail Es empfiehlt sich, pro Thema eine E-Mail zu verfassen. Denn manche nutzen Mails als Aufgabenliste und arbeiten sie nach und nach ab. Zudem können Inhalte durcheinandergeraten, wenn Sie beispielsweise an eine Mitarbeiterin verschiedene Arbeitsaufträge schicken. Hier bedarf es ansonsten einer klaren optischen Trennung sowie einer genauen Absprache oder eben Erfahrungswerte, die dafür oder dagegen sprechen.

Eine E-Mail, ein Empfänger? Sobald eine E-Mail an mehrere Empfänger versendet wird, besteht die Gefahr, dass sich keiner mehr verantwortlich fühlt – anders als bei einem einzigen Mailempfänger mit direkter Ansprache. Ausnahme: ein Sachverhalt, verschiedene Zuständigkeiten. Planen Sie beispielsweise einen Tag der offenen Tür und Sie haben verschiedenen Aufgaben an drei Ihrer Mitarbeiter zu delegieren, kann es wegen möglichen Überschneidungen oder Vertretungsgründen sinnvoll sein, die eine Mail gleichzeitig an alle drei zu schicken. Die jeweilige Zuständigkeit können Sie mit @Name markieren.

Cc-Mail (Carbon-Copy) – Kopie Steht ein Empfängername im Cc-Feld wird symbolisiert, dass diese E-Mail sich nicht direkt an diesen Benutzer wendet, sondern lediglich zur Beachtung bzw. zur Kenntnisnahme an ihn versendet wurde. Daher sind Cc-Mails nur dann richtig eingesetzt, wenn Sie jemanden über eine Vereinbarung oder einen Sachverhalt in Kenntnis setzen möchten, für den Empfänger aber kein weiterer Handlungsbedarf besteht. Zudem muss derjenige auch tatsächlich in dem Vorgang involviert sein, sonst ist selbst das Lesen unnötiger Arbeitsaufwand. Einigen Mitarbeitern fällt diese Entscheidung schwer, weil Sie Kollegen mit einem Informationsausschluss nicht ausgrenzen möchten. Cc-Mails werden aus verschiedenen Gründen verschickt:

- Political Correctness (lieber zu viele statt zu wenige),
- Übertragung der Verantwortung auf andere,
- Fehlervermeidung, indem andere Kollegen reagieren könnten (Absicherung),
- erhöhtes Mitteilungsbedürfnis gegenüber Kollegen oder dem Vorgesetzten,
- Druckausübung, sofern die Cc-Mails an den Vorgesetzen mitgeschickt werden,
- Gedankenlosigkeit bezüglich des Empfängerkreises.

Die Einträge im Cc-Feld werden im Gegensatz zum Bcc-Feld bei allen Empfängern angezeigt. Vereinbaren Sie in Ihrer Klinik verbindlich, wie bei Ihnen mit Mailkopien umgegangen werden soll.

Bcc-Mail (Blind-Carbon-Copy) – Blindkopie Mails zusätzlich an Bcc-Empfänger zu verschicken ist ein heikler Punkt. Überlegen Sie vor dem Absenden ganz bewusst, ob nicht doch eine offizielle Cc-Kopie denkbar wäre, wenn überhaupt. Denn wie es ein blöder Zufall will, versendet die inoffizielle Person die E-Mail weiter oder verplappert sich mit entsprechenden Inhalten daraus und verrät sich damit. Für den offiziellen Empfänger ein „slap in the face" und für den Absender ein Vertrauensbruch. Denn wenn der Gedanke an Bcc-Mails kommt, handelt es sich ja meist um schwierige oder persönliche Angelegenheiten. Setzen Sie das Klima damit nicht unüberlegt aufs Spiel.

Eine Ausnahme bildet ein großer Empfängerkreis mit externen Mail-Adressen: Bcc kann man benutzen, um die E-Mail-Adressen der verschiedenen Empfänger zu verstecken bzw. zu schützen, etwa bei einer Rund-Mail für einen Veranstaltungshinweis.

Wer hat alles Zugang zum E-Mail-Account? Grade in der Patienten-Kommunikation handelt es sich oftmals um vertrauliche, sensible Informationen, etwa um Untersuchungsergebnisse zu Krankheiten. Generell sollten diese im persönlichen Gespräch, zweitrangig über Telefon oder dem Postweg übermittelt werden. Falls Sie doch eine E-Mail versenden, stellen Sie sicher, dass diese Ihren Patienten direkt erreicht und beispielsweise nicht an eine Firmen-E-Mail-Adresse geschickt wird, zu denen auch Kollegen Zugang haben. Das gleiche gilt für vertrauliche Informationen intern. Stellen Sie vorher sicher, wer alles Zugang zu dem jeweiligen Account hat.

E-Mails weiterleiten Hier gilt besondere Vorsicht. E-Mails sollten generell nicht über mehrere Personen und Stellen weitergeleitet werden. Das kann für den ursprünglichen Autor, aber auch für das

Unternehmen peinlich und gar schädlich werden, vor allem, wenn intern ein lockerer Umgangston herrscht oder Details über Projekte und Personen nicht für Außenstehende gedacht waren. Leiten Sie Mails also nur nach sorgsamer Prüfung des Inhalts weiter.

Reaktionszeit   Antworten Sie idealerweise innerhalb von 24 Stunden auf eine geschäftliche E-Mail – eilige Presseanfragen sollten Sie möglichst umgehend beantworten. Falls Ihnen das nicht möglich ist, bestätigen Sie zumindest kurz den Erhalt und geben Sie einen Zeitrahmen an, wann Sie voraussichtlich antworten werden. Diese erste Empfangsbestätigung kann auch automatisch erfolgen.

Lesebestätigungen und Prioritäten   Seien Sie sparsam mit dem Versenden von Lesebestätigungen. Bei den meisten stößt das eher negativ auf. Ebenso sollten Sie in der Regel keine Prioritäten für die Mails festlegen, die je nach Kategorie – niedrig, normal oder hoch – mit einem Symbol markiert werden. Bei ganz dringenden Fällen können Sie eine hohe Priorität festsetzen. Allerdings sollten Sie dann überlegen, ob Sie vielleicht doch lieber zum Telefonhörer greifen sollten.

Schutz vor Spam   Spammer gelangen über verschiedene Methoden an E-Mail-Adressen: Über die öffentliche Angabe der Adresse auf Ihrer Website oder in Adress-Verzeichnissen, die häufig mittels Software automatisch durchsucht werden. Oder wenn Sie Ihre Daten bei Online-Dienstleistern angeben und diese Ihren Kontakt an Dritte weiterverkaufen. Ein weiterer Weg ist das simple Erraten Ihrer Adresse, etwa angeglichen an Ihre Domain oder wenn man die Systematik des Aufbaus kennt: Nachname@Firma.de. Und schließlich durch Adresshandel, sobald Spammer Ihre Adresse ergattert haben. Schützen Sie Ihre Mail auf Ihrer Website durch entsprechende Schreibweisen (at statt dem @-Zeichen) oder durch nicht-kopierbare Graphikformatierungen. Machen Sie in Netzwerkprofilen Ihre Adresse nicht standardmäßig sichtbar, also nur für bestätigte Kontakte. Zu Newsletter-Bestellungen oder für die Kommunikation in Foren richten Sie sich separate Mail-Adressen ein und verwenden Sie nicht Ihre Haupt-E-Mail-Adresse.

2.6   Direktmarketing

Eine Form der Patientenansprache zu Werbezwecken, etwa Hinweise auf Veranstaltungstermine wie Patientenvorträge oder besondere Leistungsangebote, ist das Direktmarketing. Dies geschieht über einen Brief, auch Mailing genannt. Per E-Mail, Fax, Telefon oder gar per SMS über das Mobiltelefon (Mobile Marketing) ist das nur mit vorheriger ausdrücklicher Zustimmung der Patienten gestattet. Der Gesetzgeber hat das Gesetz gegen den unlauteren Wettbewerb (UWG) im Jahr 2009 verschärft. Die normale Kommunikation mit den Patienten ist von den Regelungen des UWG nicht betroffen. So können beispielsweise Laborergebnisse weiterhin über jeden Kanal mitgeteilt werden, zu dem Patienten ihre Kontaktdaten angegeben haben. Das Fax eignet sich jedoch nicht für vertrauliche Informationen, da nicht gesichert ist, dass nur die betreffende Person darauf Zugriff hat. Direktmarketing kann ebenfalls für das Zuweiser-Marketing (▶ Kap. 8) eingesetzt werden – wobei dem Anschreiben häufig Fachinformationen in Form eines Newsletters beiliegen (▶ Abschn. 2.6).

> **Tipp**
>
> Fragen Sie Ihre Patienten bei der Aufnahme, ob Sie sie über besondere Aktionen informieren dürfen. Um dies im Streitfall beweisen zu können, lassen Sie sich eine schriftliche Bestätigung geben.

Für Brief-Mailings brauchen Sie den Namen für die persönliche Ansprache und eine aktuelle Anschrift Ihrer Patienten sowie idealerweise weitere Informationen wie das Alter oder das Geschlecht. Je detaillierter die Daten sind, desto effektiver wird die Werbemaßnahme. Denn das beste Anschreiben kann keinen Erfolg haben, wenn die Adressen veraltet sind und es Ihre Patienten nie erreicht. Zudem sollte die beworbene Leistung der Zielgruppe entsprechen: Eine Einladung zu einem Patientenvortrag zum Thema Prostatakrebs ist bei einer Frau fehl am Platz – das wirkt dann eher unprofessionell.

Um Patienten nicht zu häufig zu beschicken und um zusätzlich Portogeld zu sparen, schauen Sie, welche Briefe oder auch Rechnungen Sie ohnehin an Patienten senden. Zu diesen Anlässen bietet sich eine zusätzliche Information an. Mit einem Standardbrief der Post können Sie drei Bögen Papier verschicken. Das gilt nur für normales Papier – je dicker die Seiten, desto schwerer. Wiegen Sie lieber vorher ab, als dass die Post höheres Porto nachfordert. Der Zeitpunkt der Mailings sollte sich jedoch nicht nur ausschließlich nach Ihren Rechnungsterminen richten. Greifen Sie auch aktuelle Anlässe in Ihren Werbebriefen auf. Beispielsweise findet jährlich bundesweit am 29. September der Welt-Herz-Tag statt, ein weltweit initiierter Jahrestag, um auf die Ausbreitung von Herz- und Kreislauferkrankungen aufmerksam zu machen. Darüber hinaus gibt es viele weitere Gesundheitstage, die Sie als Aufhänger nutzen können. Neben freundlichen Weihnachts- oder Neujahrsgrüßen bietet sich zudem einmal im Jahr eine besondere Gelegenheit: der Geburtstag der Patienten. Schicken Sie einen Brief oder gar eine hübsche Karte und gratulieren Sie. Damit präsentieren Sie sich und Ihre Klinik als aufmerksam und patientenfreundlich.

2.6.1 Werbebriefe ansprechend formulieren

Im Gegensatz zu x-beliebigen Werbebrief-Versendern haben Kliniken in der Regel eine höhere Aufmerksamkeit bei Empfängern – vor allem, wenn es sich um ehemalige Patienten handelt. Trotzdem sollte sich Ihr Schreiben an die Empfehlungen eines Werbebriefs halten, damit die Patienten weiterlesen, sobald sie merken, dass es sich um keinen persönlichen Brief handelt. Überlegen Sie zuerst: Was interessiert die Patienten? Was sind ihre Bedürfnisse? Was wollen sie lesen? Dazu braucht der Werbebrief einen aktuellen Aufhänger. Die Betreff-Zeile übernimmt dabei die Funktion einer Überschrift. Beim ersten Überfliegen des Textes nehmen die Leser vor allem diese Zeile wahr. Hier muss der Grund für Ihren Brief auftauchen – kurz und knackig formuliert. Gliedern Sie den Text außerdem in Absätze mit Zwischentiteln. Auch sie werden beim ersten Überfliegen wahrgenommen. Das gilt ebenfalls für fettgedruckte Schlüsselwörter. Sie fallen den Lesern in

die Augen, allerdings nur, solange nicht der halbe Brief fettgedruckt ist. Heben Sie nicht mehr als ein oder zwei Wörter pro Absatz hervor, sonst geht der gewünschte Effekt verloren. Nach dem Querlesen der Überschrift, der Zwischentitel und der Schlüsselwörter bleiben die Augen der Leser zum Schluss des Textes stehen: beim „PS". Untersuchungen haben ergeben, dass dies im Allgemeinen der erste Satz ist, der vollständig gelesen wird, obwohl er am Ende steht. Hier sollte der Patientennutzen oder eine klare Aufforderung formuliert sein. Ein herkömmliches PS mit Nebensächlichkeiten ist für diesen Platz verschenkt.

Nun zur Umsetzung. Das Wichtigste: Sprechen Sie die Patienten mit ihrem Namen an. So können Sie verhindern, dass die Leser den Brief gleich wieder aus der Hand legen. Deshalb muss der Einstieg spannend sein und schnell zur Sache kommen. Lassen Sie alle einleitenden Formulierungen weg, benennen Sie direkt nach der Anrede das Thema und wecken Sie das Bedürfnis der Patienten, etwa sich einen Patientenvortrag anhören zu wollen. Behalten Sie beim Formulieren die AIDA-Formel von Elmo Lewis im Hinterkopf:

> **Die AIDA-Formel**
> - **Attention:** Die Aufmerksamkeit des Kunden anregen.
> - **Interest:** Das Interesse für das Produkt wecken.
> - **Desire:** Der Wunsch, das Produkt zu besitzen, ist vorhanden.
> - **Action:** Der Kunde kauft wahrscheinlich das Produkt.

Auch für die Sprachwahl gibt es eine bereits bewährte Formel: KISS – keep it short and simple, also kurz und für jeden verständlich. Je einfacher der Text ist, desto angenehmer lässt er sich lesen. Nur simple Formulierungen dringen dann wirklich bis zu den Patienten vor. Im gesamten Text sind also lange Schachtelsätze verboten, ebenso wie Fremdwörter und Fachsprache. Achten Sie darauf, „Wir"-Formulierungen aus Ihren Werbebriefen zu verbannen. Es geht nicht um

Sie („Wir machen", „Wir haben" oder „Wir bieten"), sondern um Ihre Patienten. Also machen Sie sie neugierig und benennen entsprechend deren Vorteile. Sobald Ihr Entwurf steht, lassen Sie mindestens eine nicht-involvierte Person das Schreiben auf Verständlichkeit und Werbewirksamkeit prüfen.

2.7 E-Mail-Newsletter und Patientenzeitschriften

Wohl fast jeder bekommt heutzutage regelmäßig einen Newsletter in sein E-Mail-Postfach (beispielsweise von einem Verlag) oder ein Kundenmagazin von seiner Krankenkasse oder Bank in seinen Briefkasten nach Hause geschickt. Nach Angaben von Unternehmen dienen die Newsletter und Magazine zu 90 % der Imagepflege, zu 88 % der Kundenbindung und zu 65 % der Verkaufsförderung. Auch Kliniken können sich diese Kundenbindungsinstrumente zu Nutze machen. Interessant ist hier zu einem die Ausrichtung „Business to Consumer" (B2C). Das heißt, Unternehmen richten sich an ihre Endverbraucher, also Kliniken an ihre Patienten. Zum anderen haben auch viele Kliniken Mitarbeiter- und sogar Zuweiser-Newsletter oder Magazine, also „Business to Business" (B2B).

2.7.1 E-Mail-Newsletter

Die einfachste und am wenigsten aufwändige Kommunikationsvariante ist ein E-Mail-Newsletter im HTML- oder Nur-Text-Format. Das Unternehmen Absolit hat sich Art und Größe von insgesamt 40.421 deutschsprachigen E-Mail-Serienbriefen angesehen: Die meisten Newsletter (64 %) werden im HTML-Format mit Bildern verschickt, 5 % versenden einfach formatierte HTML-Mails ohne Bilder, 27 % nutzen das einfache Textformat, und 4 % der Unternehmen entscheiden sich für das PDF-Format im Anhang. Das Volumen beträgt zwischen 100 Kilobyte (KB) bis hin zu 1,3 Megabyte (MB). In der Regel sollten Newsletter 1–2 MB nicht überschreiten, damit sie das Postfach der Empfänger nicht blockieren.

2.7.2 Aufbau und Inhalt

Sofern Ihre gesendete E-Mail nicht vom Spam-Filter des Empfängers blockiert wurde und dank aktueller E-Mail-Adresse in den Posteingängen der Patienten gelandet ist, gilt es nun, die Aufmerksamkeit der Leser zu erhalten: durch eine eindeutige Absenderadresse und durch eine spannende Betreffzeile. Im Adressfeld ist Ihre Absenderadresse zu sehen. Diese sollte als Spezifizierung Ihren Kliniknamen enthalten, keine technische Information – wie eine Nummer – und kein leeres Feld (Spam-Verdacht). Mit der Betreffzeile „Newsletter vom 13. September" verschenken Sie nicht nur wertvollen Platz, sondern vor allem Ihre Chance, Interesse zu wecken, die Mail zu öffnen, geschweige denn zu lesen. Übrigens wird das Datum ohnehin standardmäßig in der Mailbox angezeigt. Entscheiden Sie sich für das stärkste Thema aus dem Newsletter. Formulieren Sie einen kurzen Satz, bei dem die wichtigsten Wörter am Satzanfang stehen. Denn das Ende von zu langen Betreffzeilen wird in der Mailbox nicht mehr angezeigt.

Laut der Newsletter-Studie von Jakob Nielsen liegt die durchschnittliche Verweildauer nach dem Öffnen eines Newsletters bei 51 s. Sie müssen also zuerst für schnelle Orientierung sorgen. Beginnen Sie mit der persönlichen Anrede und einem Inhaltsverzeichnis, denn 67 % lesen die Einleitungstexte nicht – kommen Sie also gleich zur Sache. Begrenzen Sie die Anzahl Ihrer Themen auf drei bis maximal sechs. Auch wenn Ihnen viele Themen zur Verfügung stehen, entscheiden Sie sich lieber für drei starke statt für sechs schwache Themen. Nur 19 % lesen den Newsletter komplett. Formulieren Sie daher knackige Überschriften, als Eyecatcher beispielsweise in Großbuchstaben, sowie Kurztexte mit Kernaussagen. Für weiterführende Informationen setzen Sie Links. Einzelne Themen können Sie durch Linien, Leerzeilen oder eine Reihe von Sonderzeichen optisch deutlich trennen.

Vor jedem neuen Versand darf die Kontrolle nicht fehlen: Stimmt die Absenderadresse? Erzeugt die Betreffzeile genug Relevanz, um den Newsletter anzuklicken? Ist die Themenauswahl und -anordnung gelungen? Sind die Überschriften ansprechend formuliert? Gibt es Fehler in der Darstellung oder gar

Rechtschreibfehler? Funktionieren alle Links? Wenn alles in Ordnung ist, klicken Sie auf „Senden".

2.7.3 An- und Abmeldung

Geben Sie Patienten die Möglichkeit, sich möglichst niederschwellig an- und abzumelden – auch wenn Sie natürlich jeden Leser behalten möchten. Für beides kann eine Seite auf der Klinik-Website dienen. Bei der Neuanmeldung tragen sich Patienten mit ihrer E-Mail-Adresse ein und klicken auf „Senden". Zu ihrer eigenen Sicherheit müssen sie den künftigen Empfang Ihres Newsletters nochmals über einen Link bestätigen. Bieten Sie hier und im Newsletter direkt zudem eine Weiterempfehlung an. Abmelden können sich Patienten ebenfalls auf diese Weise oder indem Sie nach Erhalt der Newsletter-Mail an eine Unsubscribe-Adresse die Stornierung richten.

2.7.4 Erfolgsmessung des Versands

Wie bereits erläutert, bieten HTML-Varianten Gestaltungsmöglichkeiten mit Hintergrundfarben, Formatierungen, Graphiken und Bildern. Die Erstellung ist somit viel aufwändiger, jedoch haben Sie mit dieser Form die Möglichkeit, zu erfassen, wie viele Empfänger Ihren Newsletter tatsächlich geöffnet haben (Öffnungsrate) und wie viele dieser Empfänger welche Links Ihres Newsletters angeklickt haben (Klickrate). Laut einer Studie der Newsmarketing GmbH liegt die durchschnittliche Öffnungsrate von Newslettern bei 33,8 %, die Klickrate bei 7,5 %. Um die Öffnungsrate zu messen, binden Sie in Ihren Newsletter eine offene oder versteckte Graphik ein, etwa Ihr Klinik-Logo. Diese wird beim Öffnen des Newsletters vom versendenden Server nachgeladen. Die Anzahl der Zugriffe auf diese Datei zeigt dann die Anzahl der registrierten Öffnungen. Auch bei der Klickrate zählt der Server, wie oft der Link angefordert wurde. Durch die Messungen erhalten Sie interessante Einblicke in das Verhalten Ihrer Empfänger, beispielsweise welche Rubrik besonders häufig geklickt wurde oder an welchem Versandtag Sie eine besonders hohe Öffnungsrate hatten. So können Sie entsprechende Optimierungen vornehmen.

2.7.5 Patientenzeitschriften und Mitarbeitermagazine

Patientenzeitschriften stellen eine Lektüre für zu Hause dar, werden persönlich überreicht oder per Post zu den Patienten nach Hause geschickt. Darüber hinaus sollten sie aber auch im Wartebereich und auf den Stationen auslegen. Die Themenbandbreite reicht von Neuigkeiten aus der Gesundheitspolitik, der Medizintechnik oder der Forschung über Symptome, Ursachen und Behandlungsmöglichkeiten verschiedener Erkrankungen – auch eigentliche Tabuthemen – bis hin zu spezifischen Informationen aus Ihrer Klinik, wie Neuigkeiten, Personenvorstellungen, Terminankündigungen, Services etc. Vorsicht: Wenn Ihr Newsletter quartalsweise erscheint, muss diese Meldung mindestens drei Monate lang interessant sein und darf kein alter Hut sein. Ziel ist es, sich als kompetenter und vertrauensvoller Gesundheitspartner zu präsentieren und Patienten an Ihr Haus zu binden.

Grundsätze bei der eigenen Produktion eines Newsletters
Grundsätze des Schreibens
- Themenauswahl nach Relevanz
- Schreiben Sie kurze und verständliche Sätze
- Benutzen Sie viele Verben – sie beleben den Text
- Vermeiden Sie Hilfsverben (können, sollen etc.) und Passiv-Sätze
- Suchen Sie nach knackigen Überschriften – diese werden von etwa doppelt so vielen Menschen gelesen wie der Text
- Verwenden Sie Zwischentitel, um den Leseanreiz zu erhöhen

Grundsätze des Gestaltens
- Übersicht und Orientierung mit einer klaren Struktur, einem Inhaltsverzeichnis und Mut zur weißen Fläche – weniger ist oftmals mehr
- Themen hierarchisch anordnen – das Wichtigste steht oben bzw. auf der ersten Seite

- Wiederkehrende Themenrubriken einführen wie „Gesundheitstipp des Monats" oder „Mitarbeiterportrait"
- Bilder und Graphiken lockern Texte auf
- Zu jedem Graphikelement gehört eine Bildunterschrift
- Schreiben Sie kurze Texte

Im Gegensatz zum E-Mail-Newsletter sind jedoch die graphischen und redaktionellen Arbeiten zeitaufwändig und die Gesamtleistungen, der Farbdruck und der Postversand als Kostenpunkt nicht zu unterschätzen. Von Vorteil ist es natürlich, wenn einer Ihrer Mitarbeiter Kenntnisse und ein Händchen für die graphische Gestaltung des Layouts hat – dafür brauchten Sie dann aber auch entsprechende Graphikprogramme (wie InDesign oder QuarkExpress) sowie redaktionelle Erfahrungen. Aufgrund des Umfangs und Aufwands übernimmt die Layoutarbeiten jedoch in der Regel eine Agentur oder ein freier Graphiker, redaktionell können Sie freie Journalisten unterstützen. Kosten fallen zudem noch für den Druck an. Dabei ist ein Farbdruck deutlich teurer als ein Schwarz-Weiß-Druck, aber er wirkt auch professioneller und anschaulicher.

Abgabepflicht an die Künstlersozialkasse
Für die Erstellung von Broschüren, Newsletter, Kundenmagazinen oder Onlinetexten greifen PR-Abteilungen zur Unterstützung auch auf selbstständige Designer und Texter zurück. Dabei ist es wichtig, zu wissen, dass für Honorare an selbstständige Künstler und Publizisten 5,2 % (in 2015; jährliche Änderung) Sozialabgaben an die Künstlersozialkasse (KSK) fällig werden, wenn diese Aufträge „regelmäßig" vergeben werden. Die Beiträge der KSK erhalten selbstständige Künstler als Sozialversicherungszulagen, so wie sie bei Angestellten die Arbeitgeber tragen. Als Künstler gelten Graphiker, Texter, Publizisten und Musiker, die eine dieser Tätigkeiten erwerbsmäßig ausüben oder lehren. Um richtig kalkulieren zu können, berücksichtigen Sie den jeweils aktuellen Prozentsatz bei den Angeboten selbstständiger Künstler. Auf die Mehrwertsteuer werden keine Beiträge fällig, lediglich auf die Honorare. Regelmäßigkeit liegt bereits vor, wenn einmal jährlich eine Leistung in Anspruch genommen wird. Das muss jedoch mehrere Jahre in Folge geschehen. Das einmalige Erstellen einer Website fällt nicht darunter, die regelmäßige Webpflege hingegen schon. Die höchstmögliche Strafe für Verstöße gegen die Abgabepflicht liegt bei 50.000 Euro. Sie wird jedoch nicht ohne Weiteres erteilt. Im Normalfall wird zu einer Nachzahlung aufgefordert. Nur wenn keine Einigung erzielt wird, kommt es zu Bußgeldern – meist in deutlich geringerem Umfang.

Patientenzeitschriften können einen beliebigen Umfang haben, beispielsweise zwischen 20 und 40 Seiten und erscheinen meist vierteljährlich. Das ist laut der dapamedien Verlags KG mit 49 % die häufigste Erscheinungsweise von branchenübergreifenden Kundenmagazinen. 31 % veröffentlichen monatlich, 14 % zweimonatlich und 6 % wöchentlich oder alle 14 Tage. Verschicken Sie die Zeitschrift an Ihre Patienten, Kooperationspartner und die Presse, legen Sie sie in Ihrer Klinik aus. Um dieses klassische Print-Marketinginstrument mit dem Internet zu verknüpfen, versenden Sie diese zudem (sofern Ihnen dafür die Erlaubnis vorliegt) an Ihre Patienten per E-Mail als PDF oder mit einem Link, der zur entsprechenden Rubrik auf Ihrer Website führt. Alternativ zur gedruckten Patientenzeitschrift können Sie natürlich auch nur eine Webversion machen, also ein ePaper. Oder Sie nutzen die redaktionellen Kapazitäten für die Erstellung eines Blogs. Ausführliche Informationen und Tipps zur Umsetzung dazu finden Sie im ▶ Kap. 5.

2.7.6 Praxisbeispiel Patientenzeitschrift mit Online-Verknüpfung

Björn Kasper, Leiter Marketing & Kommunikation der Kliniken Essen Mitte (KEM)

Krankenhäuser erbringen Vertrauensgüter, deren Qualität für Laien schwer zu bewerten und nachzuprüfen ist. Hinzu kommt, dass es vielen Häusern schwerfällt, sich ein unverwechselbares Profil zu geben, da Nachbarkliniken oft eine ähnliche Versorgung bieten. Und mit nüchternen medizinischen Fakten erreichen Sie vielleicht die Köpfe der Menschen, aber nicht deren Herzen. Daher setzen wir nicht auf „dröge" Informationen, sondern erzählen Geschichten! Diese machen es nicht nur leichter, Zusammenhänge zu verstehen und neue Fakten zu erfassen, sie bleiben außerdem länger im Gedächtnis und prägen Einstellungen. So versuchen wir in unserer Kommunikation mit dem Printmagazin „Pulsschlag" (▶ Vorstellung der Patientenzeitschrift „Pulsschlag"), der Internetplattform „pulsschlag.tv", Facebook, Twitter, YouTube und der Klinikwebpage Print und Online crossmedial zu verknüpfen, um auf unser Klinikangebot gezielt bei den verschiedenen Zielgruppen aufmerksam zu machen.

Kliniken müssen jetzt anfangen, sich mit diesen neuen Kanälen und die Verknüpfung auseinanderzusetzen, um am Markt nicht den Anschluss zu verlieren. Es bieten sich dabei neue Chancen, das Leistungsspektrum der Klinik zielgruppengerecht zu verteilen, mit seinen bestehenden Instrumenten zu vernetzen und mit neuen Instrumenten zu ergänzen, die sich an die neuen Zielgruppe richten (◘ Abb. 2.1).

Ein neues Instrument und damit einen neuen Online-Kanal haben für sich die Kliniken Essen-Mitte gefunden. pulsschlag.tv kombiniert auf innovative Weise klassische Offline-Inhalte des bestehenden Klinikmagazins „pulsschlag" mit einem interaktiven und multimedialen Online-Format. Durch die parallele Verknüpfung mit der Klinik-Website (über RSS-Feeds werden thematisch passende Inhalte auf die Unterseiten der jeweiligen Fachabteilungen geschaltet und vice versa) bietet das Medium Patienten und Interessierten neben redaktioneller Vielfalt auch schnelle Wege zur Information über und Kontaktaufnahme mit der Klinik selbst.

Das übergeordnete Ziel von „pulsschlag.tv" war und ist es, im Bereich Marketing und PR eine langfristige Strategie zu entwickeln, die konsequent Online- und Printmedien im Sinne einer integrierten Kommunikationslinie verknüpft und die einzelnen Formate nicht isoliert voneinander betreibt. Bestehende Inhalte des Printmagazins sollen durch die Online-Aufarbeitung zudem langfristig verfügbar gemacht werden und mit unterstützender SEO-Arbeit die Auffindbarkeit von Klinik-Inhalten in Suchmaschinen verbessern. Die Erweiterung des Corporate Publishing-Konzepts auf den Online-Kanal soll ferner fundierte Erkenntnisse über die Relevanz und Nutzung von Online-Medien liefern, um interne und externe Kritiker von der Notwendigkeit und dem positiven Nutzen neuer digitaler Kommunikationskanäle auch im Gesundheitsmarkt zu überzeugen. Durch das hohe Analysepotenzial der Online-Plattform lassen sich hierüber belastbare Nutzungsstatistiken gewinnen (Interesse an Themen, Abo-Zahlen, Kontaktaufnahmen, Sprung auf die Klinik-Website und dortiges Verhalten etc.).

In deutschen Krankenhäusern liegt der Schwerpunkt der Kommunikation immer noch im Print und Veranstaltungen – dies wird auch noch einige Jahre bleiben, doch Kanäle wie Pressemitteilungen oder Patientenbroschüren werden immer mehr von Social Media Kanälen ergänzt werden. In den USA liegt ein Kommunikationsbudget wie z. B. das der Majo Clinc bei 90 % Social Media und 10 % Print. In Deutschland ist es genau anders rum. Die Frage ist, wann deutsche Kliniken da sein werden, wo die USA heute schon lange sind. Auch die emotionale Ansprache und die zielgerechte Kommunikation ist in Deutschland noch nicht da, wo sie in den USA schon lange ihren Platz hat. Wir werden uns aber immer mehr dorthin bewegen.

Vorstellung der Patientenzeitschrift „Pulsschlag"

„Pulsschlag – das Gesundheitsmagazin für die Metropole Ruhr" dreht sich um das Leben in der Metropole Ruhr und „reist" und „erlebt" Dinge mit seinen Lesern. Es kennt die Menschen der Region sowie Veranstaltungen

◻ **Abb. 2.1**   Vernetzung von Print und online – Patientenzeitschrift „Pulsschlag" bei Facebook (Bildrechte: Kliniken Essen-Mitte)

und Neuigkeiten rund um Essen und die Kliniken Essen-Mitte (KEM). „Pulsschlag" erscheint 3- bis 4-mal im Jahr in einer Auflage von 25.000 Stück. Der Umfang beträgt 44 Seiten und wird inhaltlich von Redakteuren aus der Klinik und freien Journalisten gestemmt.

Die Graphikarbeiten übernimmt eine Agentur. „Pulsschlag" liegt in zahlreichen Essener Apotheken, Arztpraxen, Kultureinrichtungen und weiteren ausgewählten Auslagestellen kostenfrei zur Mitnahme bereit. Zudem besteht die Möglichkeit, das Magazin zu abonnieren.

2.8 Gesundheits-Apps – Nutzen für Patienten und Ärzte

Die mobile Internetnutzung liegt im Trend: Die Verbreitung von Touchscreen-Smartphones ist immens. Weit mehr als die Hälfte der mobilen Surfer nutzt Software-Anwendungen, sogenannte Apps. Das Wort „App" kommt von „Applikationen" – nicht etwa vom Namen des Herstellers und derzeitigen Marktführers „Apple", wie man vermuten könnte. Im Apple App Store waren im Januar 2015 mehr als 1,4 Mio. Apps verfügbar – und die Zahl steigt permanent weiter. Die Apps sind in verschiedene Kategorien sortiert: Laut statista zählten im Juni 2015 Spiele, Business, Bildung, Lifestyle und Unterhaltung zu den Top 5. Apps zu Gesundheit und Fitness erreichen den 10. Platz. Im Schnitt haben Smartphone-Besitzer rund 21 Apps auf ihrem Mobiltelefon.

Die Gesundheits-Apps für Smartphones sprechen hauptsächlich medizinische Laien an. So ist beispielsweise die App „Erste Hilfe (auffrischen)" eine Anleitung, um im Ernstfall Erste Hilfe leisten zu können. Hier wird nicht vorausgesetzt, dass die Nutzer eine korrekte Diagnose, zum Beispiel „Schlaganfall", stellen. Sie können anhand von sechs Leitsymptomen auswählen, mit welcher Situation sie es zu tun haben. Mit Hilfe von Bildern und Graphiken werden die Nutzer dann Schritt für Schritt zu den richtigen Maßnahmen geführt: stabile Seitenlage, Herz-Lungen-Wiederbelebung, Atemkontrolle, lebensrettender Handgriff oder Maßnahmen bei Verletzungen.

Zudem gibt es viele Smartphone-Apps, die das Handy zum Gesundheitstagebuch avancieren lassen: Die Nutzer können ihre Vitalfunktionen, ihren Pulsschlag, den Blutdruck oder auch ihren Schwangerschaftsverlauf dokumentieren und die Entwicklungen überwachen. Das gleiche eignet sich auch für viele Erkrankungen, die User mittels Tagebuch z. B. zu Blutzuckerwerten, Medikamentenanwendung, Notizen zum Wohlbefinden selbst im Blick behalten. Dazu gibt es mittlerweile auch Apps mit zusätzlicher Hardware, wie Blutdruckmanschette, Fieberthermometer, Pulsarmband oder Schrittzähler. All diese dokumentierten Informationen können User in das Arzt-Patienten-Gespräch einbeziehen und dem Arzt die Werte zeigen. Ebenfalls können diese Daten via Bluetooth oder WLAN übertragen werden.

Ebenfalls können Gesundheits-Apps als Therapiebegleiter zum Einsatz kommen, etwa in Form eines Gesundheitstagebuchs. Die Patienten dokumentieren damit ihre Vitalfunktionen, wie ihren Pulsschlag und den Blutdruck, und überwachen die Entwicklungen. Verbreitet sind auch Applikationen, bei denen Nutzer den eigenen Kalorienbedarf und -verbrauch in einer Übersicht oder als Tagesplanung dokumentieren. Die Funktion errechnet den individuellen Kalorien-Tagesbedarf des Anwenders und zeigt ihm Statistiken, an denen er sehen kann, wie sich seine Essgewohnheiten und das Gewicht verändert haben. Besonders für Diabetiker, Übergewichtige und Herz-Kreislauf-Erkrankte ist das eine gute Kontrollmethode. Die Werte können die Patienten dann in das Beratungsgespräch mit dem Arzt einbeziehen und ihnen den Verlauf zeigen. Andere Apps können das Klinikpersonal bei der Aufklärung unterstützen, beispielsweise in Bezug auf Medikamente: Die eine App prüft Arzneimittel auf Wechselwirkungen, die nächste verrät, welche Präparate die Verkehrstüchtigkeit und Reaktionsfähigkeit im Straßenverkehr beeinträchtigen.

Darüber hinaus gibt es Apps, die speziell auf den Standort der User zugeschnitten sind. Der „Allergiehelfer" informiert die Nutzer über die aktuelle Luftbelastung durch Pollen, UV-Strahlen und Feinstaub. Dabei gibt es sowohl die Möglichkeit, die aktuelle Belastungslage abzurufen, als auch eine Zwei-Tages-Voraussage. Nutzer können ihre Städte individuell festlegen oder die Angaben für ihren durch GPS ermittelten Standort abrufen. Besonders für Menschen mit Heuschnupfen oder allergischem Asthma können die Informationen hilfreich sein. Ein anderes Beispiel für die lokalisierende Funktion, wo auch Sie als Klinik ins Spiel kommen, ist eine mobile Kliniksuche. Anbieter sind hier Klinik-Suchverzeichnisse, Bewertungsportale, Krankenkassen, Verlage oder andere Privatunternehmer. Daher ist es, wie in ▶ Abschn. 2.1 beschrieben, so wichtig, mit korrekten Kontaktdaten, Leistungsspektrum, stationären Fällen, Bettenanzahl und Services in den Online-Verzeichnissen gelistet zu sein. Suchende geben dann ihren Ort, die Diagnose oder operative Eingriffe ein. Mittels Standortermittlung wird angezeigt, wo sich die nächste Klinik befindet. Bei der Suche über Diagnose oder OP werden zusätzlich Detailinformationen zu entsprechenden Fachabteilungen angezeigt, etwa OP-Anzahl, Personal und Ausstattung. Immer mehr Kliniken haben auch ihre eigene App, um sich auch über diesen Weg vorzustellen, beispielsweise Vivantes: Klinikfinder, Gesundheitstipps für alle Lebenslagen, Vorträge und Veranstaltungen, Neuigkeiten und Kontaktmöglichkeiten.

Die Beispiele zeigen, dass Gesundheits-Apps eine Vielzahl von Nutzern finden – sowohl Patienten als auch Mediziner. Laut der DocCheck-Befragung zum Thema „Mobile Endgeräte und Apps" mit 638 Personen aus medizinischen Fachkreisen nutzen Ärzte vor allem „Arznei aktuell" und „Medikamente (Rote Liste)" sowie facharztspezifische Apps (Kittel-Coach – Fachwissen für Klinik und Praxis, erweiterbar durch Checklisten für verschiedene Fachgebiete, wie Neurologie [gratis], Innere Medizin [49,99 Euro] oder Anamnese und klinische Untersuchung [32,99 Euro]). Darüber hinaus stehen den Professionals weitere Applikationen zur Verfügung, wie medizinische Kalkulationsprogramme/Formelrechner, verschiedene medizinische und diagnostische Apps, Abrechnungstools, Datenbanken und Literatur wie der Pschyrembel sowie ein Kongresskalender. Und weitere Apps-Entwicklungen sind bereits in Arbeit. Laut einer internationalen Studie des Instituts research2guidance erwarten zwei Drittel der 231 befragten Unternehmen im Gesundheitssektor, dass im Jahr 2015 die Mehrheit der Ärzte, Krankenschwestern, Pfleger und Therapeuten Gesundheits-Apps verwenden wird. 82 % glauben, dass die Gesundheits-Apps auf Smartphones laufen werden und zu 69 % auf Tablet-PCs.

2.8.1 Praxisbeispiel zu Apps – Neue Technologie erleichtert Orientierung

Christian Stoffers, Dipl.-Volkswirt, Leitung Referat Kommunikation & Marketing des St. Marien-Krankenhauses Siegen gem. GmbH

Ein Patient in den besten Jahren betritt das Klinikum. Das Krankenhaus ist für ihn nicht unbekannt, denn er war schon bei diversen Voruntersuchungen dort. Er geht an der Rezeption vorbei und findet sich in einem der vielen weißen Gänge wieder. Er schaut nach links und dann nach rechts.

Kein Mitarbeiter der Klinik in der Nähe; was eben noch vertraut war, verunsichert ihn: Wo sollte er zuerst hingehen? Station G7? Zusätzliche Sorgen an einem ereignisreichen Tag. Aber: Das Klinikum ist mit der sogenannten Beacon-Technologie ausgestattet.

Nun mag der eine oder andere bei flüchtiger Lektüre an Speck denken, doch meint das Wort „Beacon" schlicht Leuchtfeuer. Und tatsächlich stellt die Technologie mit den kleinen Funksender so etwas wie Navigationspunkte nach. An definierten Punkten innerhalb des Gebäudes angebracht, senden die Beacons ein einfaches, eindeutiges Signal. Drei von ihnen erlauben damit die exakte Standortbestimmung. Die Voraussetzungen für die Auswertung der Signale befinden sich dabei schon in den meisten Hosentaschen, denn die den Empfang ermöglichenden Chips sind nicht nur in sämtlichen Geräten aus dem Hause Apple eingebaut, sondern finden sich auch in zahlreichen Android-Geräten. Nötig ist dann lediglich eine entsprechend programmierte APP auf dem Gerät. Sobald sich beispielsweise der angeführte Patient mit seinem so präparierten Smartphone einem solchen Sender nähert, erhält er Informationen zu seinem Standort. Dies kann auch ein Lageplan innerhalb eines virtuellen Laufzettels sein.

Neuland über Branchengrenzen hinweg

Die Idee, drei Signale zur Navigation zu nutzen, ist fast so alt wie die Seefahrt. Im Straßenverkehr ist es das GPS, das den Fahrer durch den Stadt-Dschungel lotst. Neu ist die Navigation in geschlossenen Räumen, in die keine Signale von außen dringen oder diese eine unzureichende Genauigkeit bieten. Die Technologie hierzu wurde vor einem Jahr fast unbemerkt von Apple vorgestellt und schleicht langsam ins öffentliche Leben; insbesondere im Bereich Marketing werden standortspezifische Dienste angeboten.

Die Signalübertragung erfolgt dabei über Bluetooth Low Energy, eine extrem energiesparende Weiterentwicklung der „klassischen" Variante. Das Smartphone empfängt die Signale, sobald es in Reichweite gelangt und über eine APP werden diese mit den jeweiligen Informationen verknüpft. Anders als bei der so genannten Near Field Communication, bei der die Reichweite auf wenige Zentimeter beschränkt ist, kann der Wirkkreis des einzelnen Beacons bis zu 70 m betragen, was neue und kostengünstige Formen der Navigation innerhalb komplexer Gebäude erlaubt.

Mitte 2014 kam die Technik in Deutschland an und zahlreiche Geschäfte in bester Einkaufslage wurden mit den „Leuchtfeuern" ausgerüstet. Händler versprechen sich davon, standortgenaue Werbebotschaften an die Smartphones potenzieller Kunden schicken können. „Komm doch zum Kaffee ‚rüber'", kann es beispielsweise in der Münchener City heißen, wenn der Passant zu nah an einen Kaffeeröster vorbeizieht. Kurz vor Jahresende startete dann auch Lufthansa einen Beacons-Testlauf. Am Flughafen Frankfurt tragen kleine Sender dafür Sorge, dass Passagiere mit der Kranich-APP auf ihrem Smartphone zusätzlich standortrelevante Informationen erhalten. Auf dem Smartphone erscheinen etwa Hinweise zur nächsten Lufthansa-Lounge, dem Kundencenter oder über die geschätzte Wartezeit bei den Sicherheitskontrollen.

Und schließlich absolvierte im Januar 2015 die Beacons-Technologie im St. Marien-Krankenhaus Siegen mit MarienPath ihren ersten Einsatz. Das Krankenhaus, das bereits 2009 die erste APP eines Krankenhauses in Deutschland realisierte, ist damit ein weiteres Mal Pionier. Bei der entwickelten Lösung wertet eine APP den aktuellen Standort aus und verknüpft Standortinformationen mit denen zum Aufenthalt und zu Service-Informationen. Im Frühjahr erfolgt dann der Rollout bei den standardmäßig vorgehaltenen Klinik-APPs. Angedacht ist auch eine spielerische APP für die circa 16.000 Läufer der Siegerländer Firmen- und Schülerläufe.

Beacons im Krankenhaus

Der Einsatz im Krankenhaus ist nicht kompliziert: Ein Beacon-Sender kann leicht an einem bestimmten Ort platziert werden; im St. Marien-Krankenhaus Siegen wurden für den Testbetrieb von MarienPath die Sender beginnend mit dem Foyer, dann in Funktionsbereich und schließlich auf den Stationen angebracht. Danach wird eine APP entwickelt, die das empfangene Signal einer spezifischen Information zuordnet – einzelne Beacons-Anbieter ermöglichen es sogar, einen „Programm-Schnipsel" in bestehende APPs zu integrieren, was einen geringen Entwicklungsaufwand bedeutet. Der Nutzer muss schließlich an seinem Smartphone nur noch Bluetooth einschalten und sich die dazugehörige APP des Krankenhauses herunterladen.

Nähert der Patient sich nun dem Beacon bis auf die bestimmte Distanz, erhält er auch schon die spezifische Nachricht. Auch eine automatische Navigation, wie bereits angedeutet, durch die Klinik ist denkbar. Schließlich muss auch an die Datenschützer gedacht werden: Ein Beacon erfasst nichts, es sammelt auch keine Daten, sondern ist nichts anderes als ein schlichter Sender, der den umgebenden Geräten sagt „Ich bin hier". Es ließen sich sogar Anwendungen auf mobilen Geräten sperren, wenn diese den Bereich der Signalquelle verlassen, was eine weitere Anwendungsmöglichkeit eröffnet.

Beachtet werden muss bei den zu entwickelnden Services, dass der Patient nicht ein Zuviel an Informationen erhält. So könnten natürlich auch die Möglichkeiten des Location Based Marketings überreizt und der Patient mit Push-Nachrichten überschüttet werden. Ihm sollten deshalb nur Nachrichten angezeigt werden, die für seine spezifische Situation nützlich sind. Das heißt, dass die APP spezifisch entwickelt werden muss, um das Signal für ihn zielführend auszuwerten; eine Applikation für die Orthopädie sollte eben nicht Informationen für einen Patienten abgeben, die für einen Patientin in der Gynäkologie sinnvoll wären. Auch muss das Informationsverhalten vorher komplett abgeklopft werden: Ein APP-basiertes Angebot adressiert ein eher technikaffines Publikum. So kann eine Lösung, die bei jungen Eltern als freundliche Geste des Krankenhauses verstanden wird, bei älteren Semestern – sofern diese überhaupt wahrgenommen wird – als unangenehm oder gar bedrohlich empfunden werden. Für den Erfolg der Technologie ist es also elementar notwendig, eine Lösung zu entwickeln, die dem Nutzer einen Mehrwert bietet und ihn nicht stört. Um überhaupt heruntergeladen zu werden und später nicht direkt auf den „APP-Friedhof" zu gelangen sind demnach auch weitere nutzenstiftende Komponenten einzubauen.

Schlussbemerkung

Sicher ist, dass Protagonisten wie Apple die Spielregeln in der Vergangenheit oft unvermittelt geändert haben; die Smarte-Brille ist ebenso schnell in der Versenkung verschwunden wie viele weitere attraktiv erscheinende Anwendungen. Genauso sicher ist aber auch, dass das es sich bei den smarten Anwendungen um den wohl größten Technik-Wachstumsmarkt der Zukunft handelt. Krankenhäuser dürfen sich dem nicht verschließen und sollten probierfreudig sein. Ein erfolgreiches Unternehmen ist innovativ. Schließlich werden auf dem Weg zum Smart-Hospital bald Anwendungen etabliert sein, die mit Social Media-Angeboten und weiteren Elementen verknüpft sind. In dem Eingangsfall heißt es dann: „Sie befinden sich im Funktionsbereich. Sie werden auf Station G7 zur Aufnahme erwartet. Nutzen Sie dafür bitte den Aufzug rechts und fahren auf Ebene 7.“

2.8.2 Wearables – Miniaturcomputer am Körper

Das Smartphone war nur der Anfang. Mit den sogenannten Wearables – Miniaturcomputer, die am Körper getragen werden – hat bereits die nächste Stufe der technologischen Evolution begonnen, so die BITKOM-Studie „Zukunft der Consumer Electronics – 2015“. Bekannt sind vor allem die Smartwatches. Im nächsten Schritt wandert die Technologie auch in die Kleidung, wo Sensoren integriert sind, dass T-Shirts beim Sport die Atem- und Herzfrequenz messen. Für die Produktkategorien Smartwatches, Smart Glasses (intelligente Brillen, in denen in das Sichtfeld des Anwenders z. B. Zusatzinformationen zu beliebigen Themen eingebunden sind), vernetzte Kleidung sowie Fitness-Tracker (z. B. Schrittzähler) geht IHS Technology 2015 bereits von einem weltweiten Umsatz von 7,7 Mrd. Euro aus. Das größte Wachstum ist bei den Smartwatches zu erwarten, mit denen bis 2017 mehr als 11 Mrd. Euro umgesetzt werden sollen. Smart Glasses steht der große Sprung noch bevor. Bis 2017 wird ein Umsatz von knapp drei Milliarden Euro erwartet. Fitness-Tracker sind bereits auf einem hohen Niveau von rund einer Milliarde Umsatz und wachsen stabil um sechs Prozent. Smarte Textilien stehen noch am Anfang und stellen im Vergleich zu den anderen drei Produktkategorien das kleinste Marktsegment dar. Bis

2017 wird ein weltweiter Umsatz von 155 Mio. Euro erwartet. Es bleibt also spannend, welche neuen Entwicklungen uns in den nächsten Jahren erreichen und wie diese dann im Medizinmarkt angewendet werden.

2.8.3 Tablet-PCs im Klinik- und Pflege-Alltag

Neben Smartphones steckt ebenfalls Potential in Tablets zur Anwendung im Gesundheitsmarkt. Tablet Computern gelang der Durchbruch 2010. Nach Absatz- und Umsatzrekorden in den ersten Jahren hat sich der Markt stabilisiert und wächst nur noch langsam, so Ergebnisse der Studie „Zukunft der Consumer Electronics – 2015“ von BITKOM. 2015 werden voraussichtlich 7,7 Mio. Geräte in Deutschland verkauft. Das abgeschwächte Wachstum bei Tablet Computern hat mehrere Gründe: Die Hersteller sorgen mit Software-Updates auch bei älteren Geräten dafür, dass sich die Lebenszyklen für Tablets verlängern. Hinzu kommt, dass immer mehr Kunden zu einem größeren Smartphone, einem sogenannten Phablet, statt einem Tablet greifen und sich Familienmitglieder häufig einen Tablet Computer teilen.

Kliniken können Tablet-PCs nutzen und – wie in ▶ Abschn. 2.2 erwähnt – sie im Wartebereich für Patienten aufstellen, auf denen Sie dann Klinik-Präsentationen abspielen sowie über ihr Leistungsspektrum informieren. Zudem können sie Patienten bitten, darüber direkt Bewertungen auf einem ausgewählten Portal (▶ Kap. 5) abzugeben. Ebenfalls können sie ein Tablet-PC auf dem Empfangstresen positionieren und hierüber kurze organisatorische Hinweise abspielen, wie Termine und Themen von Patientenvorträgen in der Klinik.

In einer Studie der amerikanischen Medizin-Software-Firma Epocrates unter 350 Kliniken haben 60 % der Ärzte angegeben, dass sie in Betracht ziehen, mit dem iPad zu arbeiten. Viele Eigenschaften des iPads können sich im Klinik-Alltag als nützlich erweisen. Beispiel Visite: In Zeiten zunehmender IT-Durchdringung ist das klassische Klemmbrett mit Block und Stift am Krankenbett überholt. Daten über Medikation oder Patientenakten werden teilweise schon elektronisch verwaltet, Stichpunkte und Aufzeichnungen, die bei der Visite manuell gemacht werden, müssten in einem zweiten Arbeitsschritt erst an einer „Computer-Station" eingepflegt werden. Das iPad ist konzipiert, in der Hand benutzt zu werden, insbesondere bei wenig Schreibaufkommen. Nach Angaben von Apple hat es eine Akku-Laufzeit von zehn Stunden. Noch liegt die Herausforderung in der Organisation der Dokumentationsprozesse, weil für die iPad-Benutzung die Papierakte gänzlich verschwinden muss, und entsprechend muss dafür eine geeignete IT-Infrastruktur gegeben sein.

In Deutschland basteln Software-Hersteller ebenso bereits an Applikationen, die den Klinik-Alltag unterstützen sollen. So hat ein Unternehmen beispielsweise eine App entwickelt, mit der Arztbriefe, Befunde, Laborberichte und andere Patienten-Informationen abgerufen werden können. Der Einsatz des iPads bei der Visite ermöglicht es außerdem, Röntgenbilder direkt am Krankenbett anzusehen. Die Möglichkeit, mobil auf die Patientendaten zugreifen zu können, verkürzt die Informationswege, spart Zeit und durch die Digitalisierung zudem Papieraufkommen. Auch sind Daten mit weniger Aufwand ergänzbar.

Die Berliner Charité und die Telekom Heathcare Solutions haben die digitale Visite in einer wissenschaftlichen Pilotstudie untersucht. Drei Stationsteams der Neurologischen Station am Campus Mitte machten den Test: Welche Vor und Nachteile hat der Tablet-PC gegenüber dem guten, alten Visitenwagen voller Akten? Die Neurologie wurde ausgewählt, weil sie als interdisziplinäre Abteilung auf komplexe Diagnoseverfahren und zeitaufwendige Datenbearbeitung angewiesen ist. Das Ergebnis: Der Einsatz eines Tablets führt zu einer messbaren qualitativen und quantitativen Verbesserung der Arbeitsabläufe im klinischen Alltag: Ergebnisse medizinischer Untersuchungen lassen sich schneller prüfen. Durchschnittlich 40 s spart ein Arzt beim Nachschauen von medizinischen Befunden in der elektronischen Patientenakte gegenüber dem Befragen der Akte aus Papier. Die Folge: Die Visite nam zwar nicht weniger Zeit in Anspruch,

die Ärzte nutzten die gesparte Zeit aber für einen intensiveren Kontakt mit den Patienten und auch für mehr Austausch mit Kollegen. Laut Telekom haben sich mittlerweile 35 Kliniken für die mobile Datenerfassung per iPad mini entschieden und die Nachfrage sei so groß, dass man kaum hinterher komme.

Ebenfalls stehen für den Pflegesektor erste Produkte zur Verfügung: Von der Firma imatics gibt es ein iPad-App zur Pflegeanamnese nach dem Pflegekonzept AEDL (Aktivitäten und existentielle Erfahrungen des Lebens.) Mit dieser Applikation kann die Pflegeanamnese entsprechend dem AEDL-Strukturmodell in Form von visuell-interaktiven Formularen durchgeführt werden. Ein Arzt kann zum Beispiel die Dekubitusstellen eines Patienten dokumentieren, indem er in der Applikation auf die entsprechende Stelle der Graphik tippt, die einen menschlichen Körper abbildet. Wenn ein Patient zum Beispiel einen Dekubitus an der rechten Ferse hat, tippt der Arzt auf die rechte Ferse in der Abbildung auf dem Display. Auf diese Weise können Veränderungen im Krankenbild mit wenigen Fingertipps dokumentiert werden.

Die Entwicklungen von iPad-Apps im Gesundheitsmarkt gehen rasch voran. Erste Test-Projekte zeigen, was möglich sein kann. Studien und Praxisentwicklungen zeigen, dass immer mehr Desktop-PCs durch Mobilgeräte ersetzt werden. Derzeit werden allerdings noch Themen wie die Vereinbarkeit mit dem Medizinproduktegesetz, hygienische Aspekte, also die Möglichkeit der Desinfektion der iPads, diskutiert. Laptops wurden jedoch in früheren Studien wegen Tastatur und Lüfter als Keimschleuder entlarvt. Dagegen sind Tablets wesentlich geeigneter für den Einsatz im Krankenhaus. Denn sie sind leicht, unkompliziert zu reinigen – wie etwa Stethoskope – und stellen somit keine Übertragungsquelle für nosokomiale Erreger dar. Auch Datenschutzaspekte sind noch zu klären: Denn gerade bei den sensiblen Daten im Gesundheitswesen spielen Sicherheitsaspekte wie Datenverschlüsselungen, Rechte- und Passwortverwaltung oder automatische Sperrung, wenn ein mobiles Gerät verlegt wird oder ganz verloren geht, eine immens wichtige Rolle.

Interview mit Dr. rer. pol. Christian Stoffers, Dipl.-Volkswirt, Leitung Referat Kommunikation & Marketing des St. Marien-Krankenhaus Siegen gem. GmbH

Wie wichtig ist Presse-Arbeit für Kliniken, und was ist das Besondere an Online-Kommunikationsstrategien gegenüber klassischen Maßnahmen?

„Die Pressearbeit ist ein wichtiger Bestandteil der externen Kommunikation von Kliniken. Sie ermöglicht es, ein breites Publikum anzusprechen, weist jedoch erhebliche Streuverluste auf. Grundsätzlich ist die Online-Kommunikation ein Bestandteil der Kommunikations-Strategie und sollte nicht isoliert betrachtet werden. Im Vergleich zur klassischen Kommunikation weist die Online-Kommunikation eine größere Reichweite auf. So bieten unterschiedliche Internet-Plattformen die Möglichkeit, mit einem mehr oder weniger großen finanziellen Aufwand die Nachrichten sehr weit und zugleich zielgerichtet zu streuen. Zudem schafft Online-Marketing die Grundlage für eine unmittelbare Kommunikation. Entscheidend ist die Geschwindigkeit der Kommunikation, die von den Krankenhäusern eine unmittelbare Reaktion erfordert."

Für welche Krankenhäuser eignen sich Online-Marketing-Maßnahmen, und was ist beim Aufbau der Kommunikationsstrategie wichtig?

„Die Art und die Größe des Krankenhauses sind nachrangig. Das Online-Marketing dient primär dazu, den Traffic auf den eigenen Online-Medien zu erhöhen und dadurch einen Beitrag zur Erfüllung der Marketing-Ziele zu leisten. Es macht jedoch nur Sinn, wenn die eigenen Medien inhaltlich so aufgestellt sind, dass der Besucher auch die Informationen erhält, die ihm mittels Online-Marketing-Maßnahmen in Aussicht gestellt werden. Grundsätzlich sollte kein Online-Marketing nach dem Gießkannenprinzip erfolgen. Vielmehr gilt es, das Online-Marketing auf die einzelnen Geschäftsfelder hin auszurichten. Die Grundlage für ein effektives Online-Marketing liegt in der Planung der Maßnahmen, wobei diese eng mit dem Komplex ‚Suchmaschinen-Optimierung' verknüpft sein müssen. Zudem ist ein Monitoring der Maßnahmen unverzichtbar."

Worauf sollten Kliniken achten, wenn sie Online-Marketing betreiben?

„Der Lackmustest ist die eigene Findbarkeit im Internet. Die größten Anstrengungen in puncto Online-Marketing laufen fehl, wenn der suchende Patient sein Informationsbedürfnis nicht stillen kann oder unerfüllbare Erwartungen geweckt werden. Es gilt daher vorher zu ermitteln, was der potentielle Patient überhaupt sucht und wie er es sucht. Der Schwerpunkt der Online-Kommunikation im St. Marien-Krankenhaus Siegen liegt in der Ansprache von sogenannten elektiven Patienten. Es wird davon ausgegangen, dass sie ein hohes Informationsbedürfnis haben und auch über hinreichend Zeit verfügen, sich über das jeweilige Krankheitsbild und über den infrage kommenden Anbieter zu informieren. Der Content in den eigenen Online-Medien ist hierauf abzustimmen und stetig weiterzuentwickeln. Dabei ist insbesondere darauf zu achten, dass die Content-Aufbereitung mit einer Suchmaschinen-Optimierung verbunden ist."

Passen Medien wie Facebook, Twitter oder ein Blog überhaupt zur Klinik-Patienten-Kommunikation?

„Seit über fünf Jahren sind Plattformen wie Facebook und Twitter ein wichtiges Element in der Kommunikation des St. Marien-Krankenhauses. Sie haben einen weiteren Kanal in der Online-Kommunikation geöffnet. Nach der Ephorie der ersten Jahre ist jedoch der Alltag auch für diese Plattformen eingekehrt. Sie sind weiterhin sehr wichtig, stellen jedoch nur einen Bestandteil einer Gesamtkonzeption dar. Weiter ist zu bemerken, dass es eigentlich keine scharfe Trennlinie zwischen klassischer Website und Social Media mehr gibt. Eine Live-Chat-Funktion auf der Website ist als Bindeglied hinzugekommen."

Können Kliniken in Zukunft auch ohne Online-Marketing in der Kommunikation erfolgreich sein?

„Die Online-Medien sind für Kliniken zentral. Ohne ein effektives Online-Marketing, das eine sinnvolle Suchmaschinen-Optimierung beinhaltet und unterschiedliche Channels einbezieht, wird es für Kliniken schwer, sich in der Kommunikation zu behaupten und von seinen potentiellen Patienten als kompetenter Anbieter von Gesundheitsleistungen wahrgenommen zu werden. Es gilt dann der ‚Gottschalk-Effekt': Wer nicht mit der Zeit geht, muss mit der Zeit gehen."

Die Krankenhaus-Website

© Springer-Verlag Berlin Heidelberg 2017
A. Köhler, M. Gründer, *Online-Marketing für das erfolgreiche Krankenhaus*,
Erfolgskonzepte Praxis- & Krankenhaus-Management,
DOI 10.1007/978-3-662-48583-5_3

Viele Patienten, oftmals jüngere, möchten ein Krankenhaus vor einer Behandlung oder Operation erst einmal online unter die Lupe nehmen. Sie holen Informationen zu beispielsweise Anfahrtswegen und Öffnungszeiten oder zu besonderen Fachkenntnissen und Spezialisierungen der Krankenhäuser und ihrer Ärzte ein. Mit der Website des Krankenhauses oder für seine Untergliederungen stillen Sie das erste Informationsbedürfnis und entlasten zugleich das Personal am Telefon.

Sicher hat Ihr Krankenhaus bereits eine Website? Dann können Sie sich im Folgenden weitere Tipps und Anregungen holen, wie Sie Ihre Internetpräsenz laufend verbessern können. Wollen Sie eine Klinik-Website neu erstellen oder planen Sie einen kompletten Relaunch? Dann bleiben Sie Ihrer Linie treu: Achten Sie auf Ihr bereits bestehendes Marketing-Konzept, und verwenden Sie auch bei Ihrer Internetpräsenz Ihr Corporate Design (▶ Kap. 1): Logo, Farben und der Gesamteindruck der Website müssen zu Ihrer Corporate Identity passen.

Aber was macht eine „gute" Website aus? Und was unterscheidet sie von einer „schlechten"? Krankenhaus-Websites sollten immer das Ziel verfolgen, Informationen für ihre definierte Zielgruppe verständlich zur Verfügung zu stellen. Der Arzt-Patienten-Kontakt wird durch eine Website natürlich nicht ersetzt. Internetpräsenzen dienen besonders dazu, neue Patienten auf sich aufmerksam zu machen und Patienten, Mitarbeiter und die Öffentlichkeit über das Krankenhaus auf dem Laufenden zu halten.

Gerade junge Patienten, die mit dem Internet aufgewachsen sind, suchen sich Informationen zu Behandlungsmethoden, Leistungen, Schwerpunkten, aber auch Zusatzangeboten, wie beispielsweise WLAN auf den Patientenzimmern, im Internet. Alles, was potentielle Patienten und Angehörige interessieren könnte, sollten Sie auf Ihrer Website veröffentlichen. Denken Sie auch daran, dass viele Kinder für ihre in die Jahre gekommenen Eltern nach Informationen suchen. Ebenso wichtig sind Zuweiser, also niedergelassene Ärzte, die ihre Patienten zur weiteren Behandlung an Ihr Krankenhaus verweisen.

Stellen Sie dann auf der Internetpräsenz weiterführende Themen in den Vordergrund, damit Patienten sich über Ihr Behandlungs- und Serviceangebot informieren können. Bieten Sie beispielsweise moderne Kommunikationslösungen, wie eine Online-Terminvergabe (▶ Abschn. 3.4), an? Dies ist auch für Zuweiser ein besonderer Service. So können sie für Ihre Patienten direkt Termine bei Ihnen im Krankenhaus festlegen, beispielsweise für diagnostische Maßnahmen oder eine Weiterbehandlung (▶ Kap. 8). Damit sparen sich die Patienten erneute Telefonate und Terminabsprachen. Denken Sie bei der Neugewinnung von Patienten insbesondere an Privatpatienten. Daher sollten Sie die Leistungsspektren der einzelnen Kliniken und Fachabteilungen inklusive Selbstzahlerleistungen in den Vordergrund der Website stellen. Beachten Sie insgesamt drei Grundsätze: Ihre Internetpräsenz sollte informativ, benutzerfreundlich und ansprechend gestaltet sein. Im Folgenden erhalten Sie Anregungen und nützliche Hinweise, Ihre Krankenhaus-Website rechtssicher, publizistisch wertvoll und nutzerfreundlich zu erstellen.

3.1 Nutzen einer Krankenhaus-Website

Die Vorteile einer festen Internetpräsenz mögen heutzutage auf der Hand liegen – dennoch nutzen viele Betreiber nur einen kleinen Teil der Chancen, die das Medium bietet. Eine Website ermöglicht:

Aktualität   Informationen im Internet können schnell und einfach verändert und aktualisiert werden – vor allem, wenn die Seite mit einem Content-Management-System erstellt wurde (▶ Abschn. 3.2). So können Sie Ihre Patienten stets auf dem Laufenden halten, zum Beispiel über das Ärzte-Team, besondere Leistungen Ihres Krankenhauses sowie Konditionen von Selbstzahlerleistungen.

Verfügbarkeit   71 % der Deutschen suchen im Internet nach medizinischen Leistungserbringern – von zu Hause, über Laptops oder unterwegs über internetfähige Mobiltelefone oder Tablet-PCs. Mit einer Website schaffen Sie für Ihr Krankenhaus eine eigene Anlaufstelle im Internet.

Multimedialität   Auf Ihrer Website können Sie nicht nur Texte und Fotos veröffentlichen, sondern auch multimediale Inhalte wie Videos, zum Beispiel Imagefilme Ihrer Kliniken sowie Aufklärungsfilme zu Behandlungsmethoden (▶ Kap. 2), oder Podcasts der leitenden Ärzte. Des Weiteren können Sie eine virtuelle Führung durch Ihre Stationen, Patientenzimmer und Behandlungsräume anbieten.

Reichweite   Das Internet stellt seine Informationen weltweit zur Verfügung. Bei besonderen Leistungen und Kompetenzen nehmen Patienten auch eine weite Anreise in Kauf.

Kommunikation   Über Ihre Krankenhaus-Website können potentielle Patienten jederzeit Kontakt zu Ihnen aufnehmen. Mit wenigen Klicks ist ein Kontaktformular ausgefüllt oder eine E-Mail verfasst. Über eine Kommentarfunktion können Besucher sich mit Ihnen und anderen Patienten austauschen – wobei Sie hier die Einschränkungen durch das HWG beachten müssen (▶ Kap. 7).

3.2   Wahl der Internet- und E-Mail-Adresse

Über die Internet-Domain, das heißt die Internetadresse der Website, identifiziert sich das Krankenhaus. Sie ist sehr wichtig für die Suche nach der Klinik im Internet. Leider ist es schwierig geworden, sich eine kurze, aussagekräftige www-Adresse zu sichern. Viele begehrte Adressen sind schon vergeben. Je mehr Wörter eine Internetadresse enthält, desto wahrscheinlicher ist es, dass diese noch verfügbar ist. Die Regel lautet jedoch: Die Domain muss eindeutig sein. Vermeiden Sie es also, willkürlich Keywords aneinanderzureihen.

Beantragt wird eine Domain beim DENIC. Dies ist die Registrierungsbehörde für alle deutschen Domains, also jene mit der Endung „de". Hier gilt das „First-come-first-serve"-Prinzip. Das heißt, wer zuerst kommt, bekommt die gewünschte Adresse. Um sicherzugehen, dass Sie keine Geschäftsbezeichnungen und Namensrechte verletzen, wählen Sie am besten den Krankenhaus- oder Klinik-Namen und gegebenenfalls den Namen des Ortes, beispielsweise www.muster-klinik-koeln.de oder www.krankenhaus-muster.de. Weiterhin müssen Sie darauf achten, keine Alleinstellungsbehauptungen aufzustellen. Die Domain oder die E-Mail-Adresse darf nicht den Anschein erwecken, dass Ihr Krankenhaus

des einzige in einer Region oder Ihre Augenklinik die einzige mit einer bestimmten Spezialisierung sind. Vermeiden Sie demnach beispielsweise www.die-augenklinik-magdeburg.de oder www.das-krankenhaus-uckermark.de. Ebenso verstoßen Sie gegen das Berufsrecht, wenn Sie innerhalb Ihrer Domain Werbung integrieren: www.das-beste-krankenhaus-koeln.de oder www.neurochirurgie-von-weltruf.de sind nicht zulässig.

Wenn Sie einen freien Domain-Namen ausgewählt haben, sollte Ihre Agentur Ihnen diesen in allen Varianten und Top-Level-Domains sichern. Das heißt, nicht nur die Endung de, sondern auch com, net, org sollten Sie buchen, ebenso alle Varianten mit und ohne Bindestriche, wie beispielsweise www.muster-klinik-koeln.de und www.musterklinikkoeln.de. Sie schützen sich damit vor dem Risiko, dass Konkurrenten diese Domains buchen und damit Ihre Webpräsenz stören. Eine Domain kostet im Jahr nur wenige Euro. Entscheiden Sie sich für eine Adresse als Haupt-Domain und leiten Sie alle sekundären Adressen auf diese um. Eine Website doppelt zu betreiben sollten Sie schon aus Gründen der Suchmaschinenoptimierung (▶ Kap. 4) vermeiden.

> **Tipp**
>
> Über das Such-Tool unter www.denic.de können Sie prüfen, ob die von Ihnen gewünschte Internetadresse noch frei ist. Wenn Ihre Web-Agentur die Registrierungsvorgänge abwickelt, sollten Sie unbedingt darauf achten, dass Ihr Krankenhaus als Eigentümer der Domain eingetragen wird (und nicht die Agentur).

3.3   Die Website-Gestaltung

Die Website ist Ihr Aushängeschild im Internet. Machen Sie sich im Vorfeld einer Neuerstellung oder eines Relaunchs Gedanken, welche Inhalte und welche Struktur die Website aufweisen soll. Das damit befasste Team sollte genau wissen, worum es geht, und an einem Strang ziehen. Wen und was wollen Sie genau mit Ihrer Internetpräsenz erreichen, und welche Informationen sollen diese Zielgruppen erreichen? Suchen Sie Bilder und Graphiken aus, die Sie in die Website einbinden wollen. Aufgrund dieser gesammelten Inhalte legen Sie dann eine Seitenstruktur fest. Wie viele Unterseiten muss die Website haben, um alle Inhalte darstellen zu können? Suchen Sie eine logische Struktur mit nachvollziehbaren Verzweigungen. Die Zielgruppen müssen sich auf der Seite intuitiv zurechtfinden.

> **Tipp**
>
> Holen Sie sich auch Anregungen zum Layout und Aufbau im Internet bei der Konkurrenz. Sie werden schnell die erfolgreichen Websites identifizieren können.

Überlegen Sie sich zudem, ob Sie die personellen Ressourcen haben, die Website vollständig im Haus zu erarbeiten und später zu betreuen, oder ob Sie dies zumindest teilweise einer Agentur überlassen.

3.3.1 Webdesigner oder Agentur?

Die grundlegende technische und funktionale Einrichtung ebenso wie das Design wird in der Regel von einem selbstständig arbeitenden Webdesigner oder einer Agentur gemacht – es sei denn, Sie halten diese Kompetenzen im Hause vor oder möchten sie aufbauen. Der Vorteil, wenn Sie einen Webdesigner beauftragen: Er ist in aller Regel günstiger als eine Agentur. Der Nachteil: Es besteht häufig keine Vertretungsfähigkeit, wenn dieser alleine arbeitet und dann krank wird oder in Urlaub ist.

Achten Sie bei der Auswahl darauf, dass Ihnen der jeweilige Anbieter tatsächlich zuhört und auf Ihre Bedürfnisse eingeht. Sie sollten sich gut beraten fühlen. Wichtig ist zudem, dass der Dienstleister Ihr Team professionell in die Pflege der Website einweist und Sie damit zu unabhängigem Handeln befähigt. Zudem sollte sich der Anbieter mit gesundheitsbezogenen Websites auskennen, deren rechtliche Besonderheiten berücksichtigen und auch Ihre spezielle Zielgruppe beachten. Suchen Sie daher nach Webdesignern und Agenturen, die sich grundsätzlich auf gesundheitsbezogene Websites spezialisiert haben. Weiterhin kooperieren einige Agenturen

mit externen Experten, beispielsweise der Stiftung Gesundheit, die Gesundheits-Websites zertifiziert (▶ Abschn. 3.7). Diese stellt den Webdesignern einen Kriterienkatalog zur Verfügung, mit dem diese eine rechtssichere und publizistisch wertvolle Website erstellen, die zudem auch nutzerfreundlich ist.

In den wenigsten Fällen ist ein einzelner Webdesigner oder auch eine Agentur Experte in jedem Gebiet – auch wenn eine Komplettlösung natürlich die bequemste ist. Suchmaschinenoptimierung ist beispielsweise ein wichtiger Bestandteil einer erfolgreichen Internetpräsenz. Über das dazugehörige Spezialwissen verfügt aber nicht jede Agentur - selbst wenn sie es behauptet. Es gibt SEO-Spezialisten, die Ihre Texte und Bilder optimieren, sodass Google Ihre Website unter den ersten Treffern listet (▶ Kap. 4).

3.3.2 CMS oder HTML?

Lassen Sie die Internetpräsenz zeitgemäß mit einem Content-Management-System (CMS) bauen statt statisch in HTML (Hypertext Markup Language, Programmiersprache). Ein CMS trennt strikt Layout und Inhalte. Das Layout ist dabei der äußere Rahmen der Website. Die Inhalte sind die Texte, Bilder und Grafiken. Diese werden in der Regel oft verändert, ausgetauscht oder ergänzt – was mittels CMS problemlos die Mitarbeiter der Kommunikationsabteilung oder ein anderer Zuständiger übernehmen können.

> **Tipp**
>
> Die Mitarbeiter der Kommunikationsabteilung sollten gründlich in das CMS eingewiesen werden. Damit können Sie die redaktionelle Pflege der Website vollständig im Haus organisieren. So vermeiden Sie zeitaufwändige Abstimmungen und Reibungsverluste mit einer externen Agentur oder einem Webdesigner und sparen gleichzeitig Geld.

Eine einfache CMS-Website von einem freien Webdesigner anfertigen zu lassen kostet ab 500 Euro. Eine Krankenhaus-Website wird in aller Regel diesen Rahmen deutlich sprengen, denn die

Anforderungen in Umfang und Funktionalitäten sind deutlich höher. Der Preisgestaltung sind nach oben hin keine Grenzen gesetzt – das gilt auch, wenn die Seite in HTML neu erstellt wird. Keinesfalls muss der teuerste Anbieter der beste für Ihr Krankenhaus sein. Zuverlässigkeit und Vertrauenswürdigkeit sind die wichtigsten Kriterien. Vereinbaren Sie ein Beratungsgespräch, prüfen Sie anschließend die konkret angebotenen Leistungen und vergleichen Sie diese mit mindestens ein oder zwei anderen Angeboten.

Achten Sie zudem darauf, dass der gewählte Dienstleister bei Ihrer Website ein gängiges CMS-Programm verwendet, wie beispielsweise Typo3 oder Joomla. Einige Agenturen benutzen eigene CMS-Programme. Das zeugt zwar davon, dass sie auf diesem Gebiet sehr versiert sind, der Nachteil für Sie als Kunde ist aber, dass Sie an dieses Programm gebunden sind. Möchten Sie eines Tages die Agentur wechseln, muss schlimmstenfalls Ihre Website wieder mit hohem Aufwand auf ein neues CMS-Programm umgestellt werden.

Bei der Auswahl des CMS-Programms kommt es darauf an, was sie von Ihrer Website später erwarten. Auf welche Standards legen Sie wert? Wie nutzerfreundlich soll Ihre Seite werden? Können Ihre Mitarbeiter die Seite später mit einfachen Handgriffen pflegen und aktualisieren, ohne die Agentur jedes Mal hinzuzuziehen? Möchten Sie technisch aufwändigere Formulare oder beispielsweise RSS-Feeds einbinden oder benötigen Sie eine Online-Terminvereinbarung mit Schnittstelle zum Krankenhausinformationssystem? Lassen Sie sich von Ihrer Agentur beraten, welche Lösung für die Ansprüche an Ihre Website die beste ist.

Möchten Sie doch einmal das Layout ändern, weil Sie beispielsweise Ihrem Corporate Design einer Auffrischung unterziehen, erweist sich der (neben der bequemen Pflege) zweite große Vorteil eines CMS: Die Agentur muss nun nur den äußeren Rahmen, also das Layout, ändern. Die Inhalte bleiben an der gleichen Stelle und müssen nicht zwingend bearbeitet werden. Bei einer nach altem Stil erstellten statischen HTML-Seite müsste in einem solchen Fall jede einzelne Seite eigens geändert werden. Dies verursacht enormen Aufwand und damit verbundene hohe Kosten.

3.3.3 Strukturierung der Website

Layout Sehen Sie sich verschiedene Websites an. Es gibt viele Möglichkeiten für das Grundlayout, etwa zentrierte und responsive Layouts. Bei zentrierten Layouts wird der Rahmen der Website auf eine bestimmte Größe festgelegt, beispielsweise 700 Pixel. Das bedeutet, dass die Breite der Website immer gleich bleibt, unabhängig von der Größe des Bildschirms. Auf einem großen Monitor kann beispielsweise die gesamte Website angezeigt werden. Auf einem kleinen Laptop oder gar einem Smartphone hingegen ist die Website seitlich abgeschnitten. So müssen die Nutzer die Internetseite hin und her bewegen, um die Inhalte komplett zu lesen. Das ist für die Besucher kompliziert und nervenaufreibend.

Moderne Websites passen sich selbstständig dem Bildschirm an, auf dem sie aufgerufen werden – die sogenannten responsiven Designs. Diese sind flexibel gestaltet und gleichen sich größentechnisch an das jeweilige Endgerät an. So können die Nutzer die Inhalte sowohl auf großen Monitoren als auch auf einem Smartphone oder Tablet-Computer problemlos lesen – in Zeiten immer weiter steigender mobiler Internetnutzung ein wesentlicher Vorteil. Je kleiner der Bildschirm des Endgerätes ist, umso länger wird der Textfluss. Die Nutzer müssen jedoch nur nach unten und nicht noch zur Seite scrollen, um den gesamten Inhalt zu erfassen. Der Nachteil: Das responsive Design ist sehr modern und basiert auf aktuellsten technischen Standards. Ältere Browser haben oft Schwierigkeiten, es korrekt darzustellen. Dieser Nachteil wird jedoch im Laufe der Jahre immer weiter abnehmen.

Navigation Die Navigationsleiste befindet sich bei den meisten Websites oben oder auf der linken Seite. Der Mensch ist ein Gewohnheitstier. Die Besucher Ihrer Internetpräsenz werden also zuerst oben oder links nach einer Orientierung suchen. Sie können dies auch kombinieren, indem Sie die Hauptnavigation oben platzieren und die Unterpunkte auf der linken Seite. Eine weitere Möglichkeit sind Navigationsleisten, bei denen die Unterpunkte sichtbar werden, wenn die Nutzer mit der Mouse über den Menüpunkt fahren (Mouse-over) oder diesen anklicken. Bei dieser Variante sollte der angeklickte Reiter an der Seite zusätzlich sichtbar werden, damit sich die Besucher besser orientieren können.

Zu einer optimalen Orientierung kann unter langen Texten immer ein Link „nach oben" eingebunden werden. Dies erleichtert den Nutzern die Bedienung der Seite – genauso wie ein Link zur Startseite, der auf jeder Unterseite vorhanden sein sollte. So finden die Besucher mit einem Klick zurück zum Anfang.

Kopf- und Fußzeile Weiterhin verfügen die meisten Websites über sogenannte Kopf- oder Fußzeilen. Im Fuß stehen in der Regel die gängigen und wichtigsten Links wie Impressum, Kontakt, Suche, Hilfe, während die Kopfzeile meist als Gesicht der Klinik dient. Das Logo des Krankenhauses sollte dort platziert sein. Dies schafft bei den Nutzern einen Wiedererkennungswert, und die wichtigsten Daten sind mit einem Blick zu erkennen. Das ist besonders wichtig, wenn die Besucher über Google direkt auf eine Unterseite gelangen, also die Startseite gar nicht zu Gesicht bekommen.

Umfang Die Anzahl der Unterseiten, also der gesamte Umfang einer Website, variiert und ist abhängig von den Inhalten, die Sie auf die Seite einbinden wollen und wie ausführlich Sie diese beschreiben. Welche Inhalte beispielsweise in Frage kommen, lesen Sie im nachfolgenden Abschnitt.

3.4   Inhalte einer Krankenhaus-Website

Aussagekräftige und laienverständliche Inhalte sind das A und O einer guten Website. Die Besucher Ihrer Internetpräsenz möchten sich umfangreich über Ihr Krankenhaus und die angebotenen Leistungen informieren. Durch informative Texte und anschauliche Bilder sowie spezielle Service-Leistungen können Sie sich von der Konkurrenz absetzen. Aber gerade Internetpräsenzen von Krankenhäusern unterliegen besonderen rechtlichen Anforderungen. Daher achten Sie darauf, die gesetzlichen Regelungen umzusetzen, die in ▶ Kap. 7 näher erläutert werden. In diesem Abschnitt sind Inhalte gelistet, die auf einer guten Krankenhaus-Website nicht fehlen sollten.

3.4.1   Was gehört auf eine gute Krankenhaus-Website?

Das wichtigste an einer guten Internetpräsenz sind die Inhalte und die Usability. User müssen sich intuitiv zurechtfinden – gute, aber versteckte Inhalte verfehlen ihren Nutzen. Daher erstellen Sie vorher ein Inhaltskonzept, eine Sitemap und einen Projektplan:

Website-Inhalte und Umsetzung
- Welche Informationen suchen die Zielgruppen auf Ihrer Website?
- Gliedern Sie die Inhalte. Welche Texte, Bilder und Grafiken geben die Schwerpunkte und Leistungen der Klinik präzise wieder?
- Sind die Inhalte bereits aufbereitet, oder müssen Sie die Texte noch zielgruppen- und internetgerecht verfassen? Brauchen Sie eventuell externe Hilfe? (Zeit- und Kostenaspekt)
- Welche Ressourcen müssen Sie für die Erstellung der Inhalte einplanen? Welche Kosten fallen später für die laufende Pflege und Aktualisierungen an?
- Wer übernimmt die Aktualisierungen, beispielsweise Terminankündigungen, und achtet darauf, dass veraltete Inhalte entfernt werden?

Patienten besuchen Ihre Website vor allem, um sich schnell über ihr Leistungsspektrum und Spezialisierungen, die Mitarbeiter und die Kontaktdaten zu informieren. Sie möchten durch Ihre Darstellung mehr über Ihre Kompetenz und medizinische Qualität erfahren: Was können Sie besonders gut, wofür sind Sie bekannt, und was bieten Sie Ihren Patienten? Das ist natürlich eine besondere Herausforderung, aber eben diesen positiven Eindruck sollten Sie versuchen zu vermitteln. Natürlich wollen sie außerdem einen ersten Blick auf die Kliniken, die Zimmer und die Mitarbeiter werfen – dafür sind ansprechende Fotos notwendig (▶ Kap. 2).

Startseite Führen Sie auf der Startseite, auch Homepage oder Frontpage genannt, in das Themengebiet ein. Die essenziellen Informationen sollten hier bereits auf den ersten Blick verfügbar sein: Wer sind Sie? Was machen Sie? Welche Schwerpunkte und welches Alleinstellungsmerkmal (USP – Unique Selling Preposition) zeichnen Ihr Krankenhaus aus, und welche Leistungen bieten Sie an?

Stellen Sie sich beim Strukturieren der Seite und beim Verfassen der Texte die potentiellen neuen Patienten vor, die Ihre Website das erste Mal aufsuchen. Diese sollen mit wenigen Blicken schon grob abschätzen können, ob sie bei Ihnen die Hilfe finden, die sie benötigen. Ist die Startseite interessant und informativ aufgebaut, werden die Besucher sich auch weiterführend auf Ihrer Website informieren. Schreiben Sie hier relevante und gut optimierte Texte (▶ Kap. 4) über das Krankenhaus und die Spezialisierungen. Zudem ist es für die Nutzer praktisch, wenn Sie Ihre Adresse und Kontaktdaten sowie wichtige Informationen für Notfälle direkt auf der Startseite finden. Auch einen Link zur Online- Terminvergabe können Sie auf der Startseite einbinden. So müssen Patienten sich nicht lange durch die Seiten klicken, wenn Sie nur Ihre Telefonnummer suchen.

Über uns Hier können Sie Ihr Krankenhaus präsentieren. Stellen Sie den Aufsichtsrat und die Krankenhausleitung mit Fotos und Zuständigkeiten vor. Schreiben Sie etwas zu der Geschichte und historischen Entwicklung der Institution, zu Alleinstellungsmerkmalen/Besonderheiten, zum Qualitätsmanagement, Kooperationen und Partnern, Zertifizierungen und Karrierechancen.

Service für Patienten Potentielle Patienten gehören neben Zuweisern (▶ Kap. 8) zu den wichtigsten Besuchern Ihrer Website. Sie möchten erfahren, was Ihre Fachbereiche zu bieten haben, und suchen Informationen für ihren Aufenthalt. Stellen Sie daher Hinweise zur Aufnahme auf die Station bereit, beispielsweise vor einer Operation. Binden Sie zum Beispiel eine Checkliste ein, mit allen wichtigen Informationen zum Krankenhausaufenthalt: Welche Formulare müssen die Patienten mitbringen? Und welche Bekleidung und Hygieneartikel sollten sie einpacken? Weiterhin können Sie Auskünfte zu Behandlungsabläufen, Entlassungen, Anfahrtswegen, Parkmöglichkeiten, Services wie etwa Friseur und Shops im Krankenhaus bereitstellen. Und was

bieten Sie zum Essen an? Hier sollten Sie zudem die Besonderheiten Ihrer Klinik ausführlich beschreiben: Geben Sie an, dass Ihre Zimmer über TV-Monitore direkt am Bett verfügen, dass Sie Internetanschlüsse in jedem Zimmer haben und die Patienten zwischen verschiedenen Gerichten der Speisekarte wählen können. Dies sind besondere Services, die Sie auch publik machen sollten. Wenn Sie wissen möchten, ob sich die Patienten bei Ihnen wohlgefühlt haben, richten Sie einen Navigationspunkt „Lob und Kritik" ein. Dort können Patienten Ihnen online einen anonymisierten Fragebogen ausfüllen. Am besten binden Sie diesen Feedback-Button direkt auf der Startseite ein. Arbeiten Sie mit Seelsorgern und Selbsthilfegruppen zusammen, teilen Sie auch dies potentiellen Patienten auf Ihrer Website mit.

Service für Besucher Besucher möchten zumeist erfahren, wie Sie zu Ihren Angehörigen auf den verschiedenen Stationen gelangen. Daher sollten Sie Anfahrtsskizzen, Lagebeschreibungen und Parkmöglichkeiten der einzelnen Kliniken auf der Website bereitstellen und auch eventuelle Beschränkungen der Besuchszeit deutlich machen. Und noch mehr Service ist möglich: Gerade wenn Kinder oder ältere Ehepartner in Ihrem Krankenhaus behandelt werden, möchten die Angehörigen oft in deren Nähe sein. Informieren Sie die Besucher über Unterkünfte und die Umgebung, Langzeit-Parkplätze, Speisekarten in den Krankenhaus-Kantinen. Auf Geburtsstationen möchten häufig auch die werdenden oder frischgebackenen Väter in der Klinik verbringen. Bieten Sie hierfür Ihre Selbstzahlerleistungen an. Und wenn Ihr Krankenhaus einen besonderen Service anbietet, wie beispielsweise einen Blumen-Lieferservice auf die Zimmer, dann informieren Sie auch darüber auf Ihrer Website.

Fachabteilungen/Kliniken und Spezialisierungen Dieser Navigationspunkt ist wahrscheinlich der wichtigste auf Ihrer gesamten Website. Hier präsentieren sich die einzelnen Kliniken, Fachabteilungen oder -bereiche, Zentren und Institute. Dies können Unterseiten der Krankenhaus-Website oder auch eigene Websites sein.

Auf den einzelnen Klinikseiten können prinzipiell ähnliche Inhalte bereitgestellt werden wie auf der Hauptseite des Krankenhauses. Hier können Sie

◘ Abb. 3.1   Screenshot: Medizinische Angebote – Auflistung des Versorgungsspektrums

sich von Konkurrenten abheben und Ihre Schwerpunkte detailliert darstellen, die leitenden Ärzte – mit Einzelporträt und kurzem Lebenslauf – und die Pflege-Teams mit Gruppenfoto vorstellen. Geben Sie direkte Kontaktdaten an – das ist auch für Ihre Zuweiser sehr sinnvoll. Beschreiben Sie Behandlungs- und Untersuchungsmethoden so ausführlich und leserfreundlich wie möglich. Erläutern Sie diese objektiv und nennen Sie auch Risiken. Bieten Sie den Patienten an, in einem persönlichen Gespräch die individuellen Möglichkeiten zu besprechen. Die Texte sollten Sie wieder mit Keyword-optimierten und laienverständlichen Inhalten füllen, damit

Google auch die einzelnen Unterseiten besser findet (◘ Abb. 3.1).

Mitarbeiter   Stellen Sie die einzelnen Teams – Chefärzte, Oberärzte und Assistenzärzte – mit Namen und einigen Worten zur Funktion vor, so individuell wie möglich. Kurze Lebensläufe der Ärzte schaffen bei Patienten Vertrauen. Geben Sie Ihren Werdegang, Spezialisierungen und auch persönliche Hobbys an – das sorgt für den „human touch". Wichtige Informationen sind auch die Kontaktdaten der Ärzte: Telefonnummer, beim Chefarzt die des Sekretariats, und die E-Mail-Adresse. Zudem bieten Fotos von Ärzten,

Abb. 3.2   Screenshot: Kontaktformular auf einer Klinik-Website

Pflegekräften und anderen Mitarbeitern eine gute Möglichkeit, dass Patienten die Teams sympathisch finden. Visuelle Darstellungen lockern die Website auf, und gerade neue Patienten haben großes Interesse daran, die Teams und natürlich die Ärzte selbst schon vorher einmal auf einem Foto zu sehen (▶ Kap. 2).

Kontakt   Kontaktformulare sind ein unkomplizierter Weg für Patienten, an das Krankenhaus heranzutreten. Dies ist in der Regel der einzige Ort Ihrer Website, an dem Patienten selbst ihre Daten versenden (◘ Abb. 3.2). Um Anfragen zu beantworten, ist es notwendig, dass die Besucher in dem Formular ihre E-Mail-Adresse angeben. Fragen Sie jedoch keine unnötigen Informationen ab, wie Adresse und Wohnort. Diese Daten benötigen Sie zur Beantwortung der Anfragen nicht. Um die Patienten namentlich anzusprechen, wenn Sie eine Antwort formulieren, können Sie auch ein Namensfeld in das Kontaktformular einbinden. Kennzeichnen Sie dann aber Pflichtfelder, beispielsweise mit einem Stern. So wissen die Besucher, welche Felder Sie in jedem Fall ausfüllen müssen, damit die Nachricht verschickt wird. Vergessen die Patienten, eine E-Mail-Adresse anzugeben, sollten Sie in einer Fehlermeldung darauf hingewiesen werden (Beispiel: „Ihre Nachricht konnte nicht versendet werden. Bitte geben Sie eine gültige E-Mail-Adresse ein.").

Legen Sie unter dem Kontaktformular ein Kästchen zum Datenschutz an. Setzen die Nutzer ein Häkchen in das Feld, bestätigen sie, die Datenschutzbestimmungen gelesen zu haben. So sichern Sie sich ab, dass die Besucher damit einverstanden sind, dass Sie ihre Daten erhalten. Erst wenn sie den Datenschutzbestimmungen zustimmen, können sie die Nachricht versenden.

Überlegen Sie zudem, ob Sie sogenannte Captchas einsetzen wollen. Das ist eine Sicherheitsabfrage, bei der die Besucher einen Zahlen- oder Buchstabencode in ein Feld eingeben müssen, damit die Nachricht versendet werden kann. Dadurch verhindern Sie, dass Sie Spam-Mails über das Kontaktformular erhalten. Gleichzeitig verringern diese Captchas allerdings die Barrierefreiheit der Website, da beispielsweise sehbehinderte Nutzer sie nicht überwinden und somit über das Formular keinen Kontakt mit Ihnen aufnehmen können. (Mehr Tipps zu barrierefreien Websites finden Sie im ▶ Abschn. 3.7.)

Nicht alle Nutzer nehmen Kontakt über das Formular auf. Vielleicht haben ältere Patienten keine E-Mail-Adresse oder möchten gerne telefonisch einen Termin absprechen. Daher sollten Sie unter dem Navigationspunkt „Kontakt" immer auch Ihre Adresse und Telefonnummer angeben.

Anfahrt/Lageplan   Nicht nur bei großen Anlagen mit mehreren Gebäuden sollten Sie einen Lageplan und eine Anfahrtsskizze einbinden. Achten Sie dabei jedoch auf die Urheber- oder Verwertungsrechte. Auf vielen Websites finden Sie Kartenausschnitte von Google-Maps. Diese können Sie völlig legal folgendermaßen in Ihre Website einbinden:

Google-Maps in die eigene Website einbinden

1. Geben Sie unter www.google.de/maps Ihre Adresse ein und verschieben Sie den Kartenausschnitt so, wie er auf Ihrer Website erscheinen soll.
2. In der linken oberen Ecke, links neben dem Suchfeld können Sie das Hauptmenü öffnen – der Button sieht aus wie drei waagerechte Striche. Wählen Sie im Menü den Punkt „Karte teilen oder einbetten".
3. Es öffnet sich ein Fenster. Im Tab „Karte einbetten" können Sie die einzubettende Karte anpassen, z. B. die Größe einstellen.
4. Wenn alles eingestellt ist, kopieren Sie den oben im Fenster angezeigten HTML-Code, um ihn in Ihre Website einzubinden.
5. Fügen Sie den Code in die relevante Seite, beispielsweise die Unterseite „Anfahrt", in Ihrem Web-Editor an die Stelle ein, an der die Anfahrtsskizze auf der Website stehen soll.

Die Nutzung von Google-Karten ist grundsätzlich gebührenfrei. Zwar nimmt Google seit 2012 Geld für die Einbindung von Karten, doch gilt dies erst ab einer Schwelle von 25.000 Seitenabrufen am Tag. Wenn Ihre Website diese Zugriffszahlen erreicht, müssen also extra Kosten eingeplant werden. Zudem knüpft Google bestimmte Bedingungen daran, dass Sie die Kartenausschnitte nutzen können. Sie dürfen zwar Google-Karten auf Ihrer Website veröffentlichen, diese jedoch beispielsweise nicht auf einen Flyer drucken. Immer wenn Besucher auf die Google-Karte klicken, gelangen Sie auf die Google-Maps-Website. Von dort aus können Sie dann beispielsweise den Routenplaner nutzen.

Auf der noch sichereren Seite – was Kosten und Rechte betrifft – sind Sie, wenn Sie Kartenausschnitte von OpenStreetMap einbinden. Die Karten sind kostenlos für den privaten und auch den gewerblichen Gebrauch. Sie können daher auch Screenshots von den Karten machen, diese auf Flyer drucken und auf Ihrer Website integrieren. Sie müssen nur die Quelle der Karte angeben, also beispielsweise: Daten von OpenStreetMap – veröffentlicht unter CC-BY-SA 2.0. Eine genaue Anleitung dazu finden Sie unter: http://wiki.openstreetmap.org/wiki/DE:Karte_in_Webseite_einbinden.

Such-Tool   Dieser Navigationspunkt gehört auf jede Seite Ihrer Website. Es gibt Internetnutzer, die mit Hilfe der Navigation oder Links durch die Seiten surfen. Andere suchen lieber direkt auf der Website nach bestimmten Krankheitsbildern oder Behandlungen. Stellen Sie daher ein Such-Tool für Ihre Website zur Verfügung. So können Besucher ihren

Such-Begriff eingeben und haben damit alle notwendigen Informationen zu dem gesuchten Thema auf einen Blick, die Ihre Internetpräsenz zu dem Such-Begriff beinhaltet. Das Such-Tool sollte sich auf der ersten Ebene der Navigation oder als fester Bestandteil auf jeder Unterseite befinden. So können die Besucher jederzeit auf die Suche zurückgreifen, wenn sie bestimmte Begriffe nicht finden.

Sitemap Eine weitere wichtige Orientierungshilfe bietet eine Sitemap. Sie ist die Gliederung der Website und führt alle Unterpunkte genau auf. Die Besucher können über die Sitemap mit einem Klick zu jedem beliebigen Navigationspunkt, also zu jeder Unterseite gelangen. Dazu müssen die einzelnen Punkte so verlinkt sein, dass sie zu der jeweiligen Seite führen. Die Sitemap gehört in die Haupt-Navigationsleiste oder die Fußzeile, damit sich die Nutzer einen direkten Überblick über die gesamte Website verschaffen können.

Häufig gestellte Fragen (FAQ) Einen guten Service für die Besucher stellen die FAQs (Frequently Asked Questions – Häufig gestellte Fragen). In den FAQs können Sie gängige Fragen bereits präzise beantworten. Überlegen Sie, welche Fragen Patienten Ihnen häufig im Zusammenhang mit bestimmten Abläufen oder Krankheiten stellen, und notieren Sie sich diese. Binden Sie dabei Ihre Mitarbeiter vom Empfang und Telefondienst ein, diese haben meist den engsten Draht zu den orientierungssuchenden Patienten. Achten Sie darauf, dass Sie schwierige Prozesse laienverständlich erklären. Medizinische Fachtermini verstehen nur wenige Patienten.

Hilfe-Funktion Die Hilfe-Funktion dient dazu, den Besuchern zu erklären, wie sie beispielsweise das Kontaktformular auf der Website nutzen können. In der Hilfe können Sie somit Funktionen der Website erläutern. Besonders ältere Patienten sind häufig nicht ausreichend interneterfahren und kommen mit Formularen nicht zurecht.

Aktuelles Weiterhin können Sie in einer Rubrik „Aktuelles" auf Spendenaktionen und Veranstaltungen hinweisen, etwa auf einen Tag der offenen Tür, aber dort auch ein Archiv Ihrer Presse-Mitteilungen veröffentlichen (▶ Kap. 2). Alternativ können

Sie dies auch mit einem Blog koppeln (▶ Kap. 6). Die neuesten Informationen zum Krankenhaus gehören zudem natürlich als Kurzinfo auf die Startseite. So haben Ihre Patienten Neuigkeiten sofort im Blick, und das ist gutes Suchmaschinenfutter.

3.4.2 Vorschriften und Pflichtangaben

Inhalte auf der Website unterliegen diversen Rechtsvorschriften.

Impressum

Krankenhaus-Websites sind gewerbliche Seiten. Daher unterliegen sie anderen Vorschriften als private Internetpräsenzen. Der Paragraph 5 des Telemedizingesetzes (TMG) regelt, welche Angaben im Impressum auf einer Krankenhaus-Website veröffentlicht werden müssen. Es muss primär den Zweck erfüllen, den Besucher über den Betreiber der Website zu informieren und eine rechtsfähige Kontaktaufnahme zu ermöglichen. Erstellen Sie eine eigene Seite für das Impressum. Zudem sollte es über einen Link, meistens in der Fußzeile, von jeder Einzelseite Ihrer Website aus erreichbar sein.

> **Pflichtangaben im Impressum**
> - Vollständiger Name des Betreibers; die Rechtsform und der Vertretungsberechtigte
> - Verantwortliche Person für den Inhalt der Seite
> - Postanschrift (ein Postfach reicht nicht aus)
> - Telefonnummer
> - E-Mail-Adresse oder Kontaktformular
> - die Umsatzsteueridentifikationsnummer
> - Bei Partnerschaften: das Partnerschaftsregister samt Registernummer

Datenschutzerklärung

Sobald bei einer Internetpräsenz, also auch einer Krankenhaus-Website, Daten einer Person erhoben werden, muss die Website eine Datenschutzerklärung vorweisen können. Daten werden schon übertragen, wenn Nutzer eine Website besuchen. Denn dabei wird die IP-Adresse, also die Kennung des anfragenden Computers, übermittelt. Die Datenschutzerklärung sollte über Art, Umfang und Zweck der Erhebung und Verwendung dieser Daten informieren. Persönliche Daten sind aber auch die E-Mail-Adresse, der Name oder eine Telefonnummer, die Patienten angeben können, wenn sie Ihnen eine E-Mail schreiben.

Um sicherzugehen, dass die Nutzer die Datenschutzhinweise immer direkt einsehen können, ist zu empfehlen, für die Datenschutzbestimmungen eine eigene Seite zu erstellen, wie beim Impressum. Auch diese Unterseite sollten die Nutzer von jeder einzelnen Seite der Website mit einem Klick erreichen. Weiterführende Informationen zum Thema Datenschutzerklärung erhalten Sie unter www.bfdi. bund.de.

Tipp

Wenn Sie eine Webanalyse-Software nutzen, um Besucherzahlen oder Herkunft zu überwachen, benötigen Sie unter Umständen eine ausführlichere Datenschutzbestimmung. Für den Einsatz von Google Analytics stellt Google einen Mustertext zur Verfügung: www. google.com/intl/de_ALL/analytics/tos.html.

Werbung

Generell ist es Krankenhäusern erlaubt, Werbung in eigener Sache sowie Werbung Dritter auf ihrer Website zu veröffentlichen – jedoch mit einigen Einschränkungen. Darunter fallen Formulierungen und Angaben in anpreisender, irreführender, vergleichender und unwahrer Form. Sachliche und berufsbezogene Informationen sind dagegen erlaubt. Das Heilmittelwerbegesetz (HWG), das Berufsrecht für Ärzte sowie das Gesetz gegen den unlauteren Wettbewerb (UWG) regeln, in welcher Form Krankenhäuser auf ihrer Website werben dürfen. (Mehr dazu lesen Sie in ▶ Kap. 7.)

Urheberrecht

Die Texte der Website sind in Arbeit. Bilder und Grafiken sollen die Inhalte abrunden. Mit Hilfe von Suchmaschinen ist schnell das passende Bildmaterial gefunden und wird auf der Website eingebunden. Aber Vorsicht: Wer hat die Urheberrechte für die Fotos, Karten, Grafiken oder auch Texte? Gerade wenn Sie Anfahrtsskizzen verwenden, sollten Sie nachsehen, wem die Urheberrechte gehören (▶ Abschn. 3.4.1). Ein einfaches Kopieren und Einfügen ist oft nicht zulässig. Auch wenn Bilder vom Ärzte-Team oder den einzelnen Mitarbeitern erstellt werden, ist Vorsicht geboten, denn die Urheberrechte liegen zunächst immer beim Fotografen, nicht bei den abgebildeten Personen. Gleiches gilt, wenn Sie Bilder aus einem Informations-Flyer auf der Website einbinden wollen. Im deutschen Urheberrecht gilt das Schöpferprinzip: Urheber ist der Schöpfer des Werkes (§ 7 UrhG). Nur weil ein Krankenhaus das Recht hat, ein Foto in einem Flyer zu veröffentlichen, heißt das nicht, dass Gleiches auch für die Website gilt – hierfür muss der Fotograf separat zustimmen. Und wenn Sie ein Bild mit den entsprechenden Rechten bei einer Bilddatenbank wie etwa fotolia.de kaufen und es auf Ihrer Website veröffentlichen, müssen Sie (je nach Lizenzbestimmungen) den Fotografennamen und die Quelle angeben.

Es gibt daneben auch „gemeinfreies" Material, dessen Urheberrechte bereits erloschen sind, beispielsweise aus Altersgründen. Lizenzfreie Bilder und Grafiken können Sie problemlos einbinden, ohne die Quellen ausdrücklich im Impressum zu nennen. Weiterhin gibt es „freie Lizenzen", wie beispielsweise die Creative-Commons-Lizenzen (CC). Diese sind in der Regel zwar kostenfrei, trotzdem müssen Sie z. B. die Quelle angeben, wenn Sie Kartenausschnitte oder Fotos mit CC-Lizenzen verwenden.

Natürlich dürfen auch Texte oder Textauszüge nicht einfach von anderen Internetseiten oder Büchern kopiert werden. Wenn Sie eine Textstelle zitieren, geben Sie immer die Quelle an. Im Impressum können Sie einen Absatz zum Urheberrecht verfassen, um so zu verdeutlichen, wie Sie mit der Quellenangabe verfahren.

Beispieltext „Copyright (©) Krankenhaus Mustername. Alle Rechte vorbehalten. Alle Texte, Bilder, Graphiken, Ton-, Video- und Animationsdateien sowie ihre Arrangements unterliegen dem Urheberrecht und anderen Gesetzen zum Schutz geistigen Eigentums. Sie dürfen ohne unsere Genehmigung weder für Handelszwecke oder zur Weitergabe kopiert noch verändert und/oder auf anderen Websites verwendet werden. Einige Seiten enthalten auch Texte, Grafiken und Bilder, die dem Urheberrecht derjenigen unterliegen, die diese zur Verfügung gestellt haben."

Haftungsausschluss

Um Patienten auf weiterführende Informationen von anderen Anbietern zu verweisen, können Krankenhäuser externe Links auf ihrer Website einbinden. Aber: Was passiert, wenn die verlinkte Domain verkauft wird und der neue Betreiber rechtswidrige Inhalte publiziert, ohne dass man es merkt? Damit Sie daraufhin nicht für Veröffentlichungen oder Hinweise Dritter haftbar gemacht werden, sollten Sie einen Haftungsausschluss in Ihr Impressum einbinden.

Beispieltext „Trotz sorgfältiger inhaltlicher Kontrolle übernehmen wir keine Haftung für die Inhalte externer Links. Für den Inhalt der verlinkten Seiten sind ausschließlich deren Betreiber verantwortlich."

3.4.3 Bilder und Grafiken

Bilder und Grafiken werten eine Website auf. Sie sollten diese allerdings nur gezielt einsetzen, und sie sollten stets zum Kontext passen. Fotos von der letzten Weihnachtsfeier bringen Ihren Patienten keinen Mehrwert bezüglich Ihrer Leistungen. Außerdem wirken Fotos von Feiern meist eher unseriös. Eine gute Möglichkeit, den Besuchern Ihr Krankenhaus auch visuell vorzustellen, sind hingegen Bilder der Behandlungsräume, der Zimmer, der aktuellen Mitarbeiter oder Fotos und Videos(▶ Kap. 2), die einen Einblick in den Krankenhausalltag vermitteln. Stellen Sie auch ansprechende Grafiken zur

Verfügung, anhand derer Sie Erkrankungen, Anatomien oder Behandlungen veranschaulichen.

> **Tipp**
>
> Günstige Fotos für Ihre Website finden Sie bei www.photocase.com und www.de.fotolia.com. Kostenlose Bildlizenzen gibt es bei www.pixelio.de. Viele der auf diesen populären Portalen verfügbaren Bilder werden allerdings inzwischen häufig verwendet. Schauen Sie vor dem Kauf bei Ihrer Konkurrenz, damit sich die genutzten Bilder nicht zu sehr gleichen.

Sie können auch auf Pressefotos von medizintechnischen Unternehmen oder Laboren zurückgreifen, die sich meist in den Presse-Centern auf Firmen-Websites befinden. Hier sollten Sie sich allerdings überlegen, ob Sie mit dem jeweiligen Unternehmen in Verbindung gebracht werden wollen, denn Sie müssen die Quelle des Bildes mit angeben – das hat schnell einen werblichen Charakter.

Wenn Sie Bilder auf Ihrer Website platzieren, können Sie diese in unterschiedlichen Formaten anbieten. Auf der Website sind Fotos und Grafiken aus Platzgründen oft sehr klein. Daher können Sie den Nutzer die Möglichkeit bieten, die Bilder zu vergrößern. Das funktioniert technisch folgendermaßen: Das kleine Foto auf der Website fungiert dabei als Link. Klicken die Besucher das Bild an, öffnet sich in einem neuen Fenster das gleiche Foto in einem Großformat. Ähnliches erreichen Sie mit einem Lightbox-Effekt, bei dem sich das größere Bild in einem Overlay auf der Seite selbst öffnet. So können Patienten Einzelheiten besser erkennen. Zudem haben so alle Bilder und Grafiken auf Ihrer Website zunächst die gleiche Größe und passen sich einheitlich ins Layout ein.

3.4.4 Online-Terminvereinbarung

Die Verwaltungsaufgaben eines Krankenhauses sind umfassend, und immer wieder klingelt das Telefon. Bei vielen Anrufen handelt es sich um

Terminanfragen. Hier können Mitarbeiter durch ein Online-Terminvergabesystem auf der Website entlastet werden. Patienten können sich im Internet per E-Mail, Kontaktformular oder eventuell mit oder ohne Log-in in den Kalender für einen Termin anmelden. Die Mitarbeiter übertragen die Daten dann in den entsprechend relevanten Terminkalender, sofern dies nicht schon automatisch geschieht. Die automatisierte Einbindung ist ein tiefer Eingriff in das jeweilige Krankenhausinformationssystem (KIS). Sie entlastet aber auf der anderen Seite das Personal in beachtlichem Maße, da sie selbst die Anfragen nicht mehr telefonisch beantworten und eintragen müssen.

Um vorab herauszufinden, ob Patienten Termine überhaupt online vereinbaren wollen, können Sie eine kleine Variante einrichten, die wenig Aufwand bedeutet: die Terminvereinbarung via E-Mail. Bei dieser Lösung bieten Sie Ihren Patienten eine E-Mail-Adresse, über die sie Termine anfragen können. Vorteil für die zuständigen Mitarbeiter: Sie können die E-Mails bearbeiten, wenn sie gerade Zeit dafür haben. Bei Anrufen ist das nicht möglich. Benutzen Sie dafür nicht Ihre öffentliche info@krankenhaus-mustername.de-Adresse, denn hier läuft in der Regel alles auf: Spam, Werbung, Informationen. Da kann es schnell mal passieren, dass eine eilige Terminanfrage untergeht. Richten Sie daher für die Terminvergabe für jede Abteilung eine eigene Adresse ein. Eine Variante ist beispielsweise termin@augenklinik-mustername.de. Auf dieser Adresse laufen dann ausschließlich Terminanfragen auf. Der Posteingang dieser Adresse muss natürlich fortlaufend geprüft werden.

Tipp

Testen Sie, wie groß der Bedarf Ihrer Patienten an der Online-Terminvereinbarung ist. Erhalten Sie viele E-Mails, können Sie überlegen, eine größere Lösung zu wählen. Haben Sie aber Patienten, die lieber zum Telefon greifen, können Sie sich den Aufwand und die Kosten dafür sparen.

Bei entsprechender Nachfrage und nachdem Sie sich Informationen und Angebote eingeholt haben, können Sie einen Online-Kalender in das Krankenhausinformationssystem integrieren. Patienten und Zuweiser können sich dann online direkt in den Kalender eintragen. Viele Anbieter von Krankenhausinformationssystemen geben mittlerweile die Möglichkeit, Termine online zu vereinbaren. Falls Sie eine externe Lösung wählen, achten Sie darauf, dass die Implementierung der Schnittstelle im Angebot enthalten ist und der Anbieter sich verpflichtet, Ihnen ein funktionstüchtiges System bereitzustellen. Falls Sie eine externe Lösung kaufen, die Schnittstelle aber nicht funktioniert und Ihre Mitarbeiter doch wieder alle Termine per Hand eintragen oder korrigieren müssen, ist das ärgerlich. Die meisten externen Anbieter wissen aber um diese Problematik und kennen die Schnittstellen, zumindest zu den großen Krankenhausinformationssystemen.

Zusätzlich können Sie einen Termin-Erinnerungsservice per SMS in Ihrem Krankenhaus anbieten. Hierfür benötigen Sie jedoch die Erlaubnis Ihrer Patienten. So ist die Regelung für Werbe-SMS nach Paragraph 7, Absatz 2, Ziffer 3 des Gesetzes gegen den unlauteren Wettbewerb (▶ Abschn. 2.3).

Der geeignete Zeitpunkt für die Erinnerung ist bei normalen Untersuchungen zwei Tage vor dem geplanten Termin. Wenn Ihr Team innerhalb von 24 Stunden keine Rückmeldung erhalten hat, sollte ein Mitarbeiter anrufen. Falls er dann eine Absage erhält, bleibt immer noch Zeit, einen Ersatz zu finden. Wenn hingegen eine aufwändigere Behandlung geplant ist, etwa eine Operation oder ein teures Diagnose-Verfahren, sollte ein Mitarbeiter ruhig eine Woche vorher an den Termin erinnern.

Wenn Sie fest entschlossen sind, SMS-Erinnerer in der Klinik einzusetzen, sprechen Sie den Anbieter Ihrer Verwaltungssoftware an, denn viele haben die Funktion bereits eingebunden.

3.4.5 RSS-Feeds

Sie können Interessenten auch regelmäßig mit Neuigkeiten rund um Ihr Krankenhaus versorgen, ohne dass diese dafür extra Ihre Website aufsuchen müssen – mittels RSS-Feed. Dies ist ein spezieller Service, mit dem Abonnenten immer über neue Inhalte informiert werden, sobald Sie diese veröffentlichen. RSS (Really Simple Syndication) bedeutet so viel wie „wirklich einfache Verbreitung". Die Nutzer Ihres Feeds lesen die Meldungen dann über einen Feed-Reader, den Internetbrowser oder andere Einbindungen – die Anwendungsmöglichkeiten sind breit, auch eine Einbindung bei Facebook ist möglich (und inzwischen wahrscheinlich die sinnvollste Nutzung dieser Technik). Ein RSS-Feed ist im Grunde eine spezielle Datei, in der Ihre aktuellen Berichte so umgewandelt werden, dass ein Client diese übersichtlich darstellen kann. Haben Sie erst einmal einen RSS-Feed eingerichtet, aktualisiert sich dieser automatisch. Er liefert Abonnenten also regelmäßig eine neue Übersicht über Nachrichten, die Sie auf Ihrer Website erneuert haben. Sie stellen beispielsweise eine neue Pressemitteilung auf Ihrer Website ein, und schon können interessierte Journalisten die Presse-Information abrufen, ohne Ihre Website besuchen zu müssen.

Für Website-Betreiber ist die Einbindung recht einfach und erfordert lediglich einmaligen Erstellungsaufwand. Legen Sie zunächst genau fest, von welchen Unterseiten Ihrer Website Nachrichten in den RSS-Feed einfließen sollen. Die Nutzer Ihrer Website müssen dann nur noch einen speziell platzierten Button anklicken oder in ihre Lesezeichenleiste ziehen, und schon erhalten sie regelmäßig die neuesten Informationen zur Klinik. Der Unterschied zum Newsletter liegt darin, dass Ihre Patienten sich nicht bei Ihnen mit E-Mail-Adresse und persönlichen Daten anmelden müssen, um an Informationen zu gelangen. Die Nutzer entscheiden selbst, ob und wann Sie Nachrichten von Ihnen erhalten wollen. Sie können die abonnierten RSS-Channels dann per Browser oder speziellem RSS-Reader (z. B. feedly) empfangen und lesen.

Sie sollten jedoch darauf achten, dass Sie nur dann einen RSS-Feed anbieten, wenn Sie auch regelmäßig Neuigkeiten auf Ihrer Website veröffentlichen. Beschränken Sie den Feed auf Ihre Nachrichtenseite, wie Aktuelles, so dass nicht jede Kleinigkeit, die Sie auf Ihrer Website ändern, sofort an die RSS-Nutzer gelangt.

Weiterhin sollten Sie Ihren Feed auch bei den verschiedenen RSS-Verzeichnissen anmelden. Zum einen wird Ihre Website dadurch besser gefunden, und zum anderen können weitere Partnerseiten Ihren RSS-Feed einbinden. Das verschafft Ihnen ebenfalls einen Bonus bei Suchmaschinen (▶ Kap. 4).

3.4.6 Gästebuch

Einige Krankenhäuser binden auf ihren Websites ein Gästebuch ein. Dies ist auf den ersten Blick eine gute Möglichkeit, mit den Patienten direkt zu kommunizieren. Patienten können sich auf Ihrer Website mit anderen Patienten austauschen und vom heimischen Wohnzimmer aus direkt Kontakt zur Klinik herstellen.

Aber Vorsicht: Manche hinterlassen in diesen Kommunikations-Elementen aus ehrlicher Dankbarkeit Lobeshymnen. Aber genau damit gerät Ihr Krankenhaus als medizinischer Website-Betreiber in eine rechtliche Grauzone. Denn laut § 11 Absatz 1 Satz 11 des Heilmittelwerbegesetzes (HWG) dürfen Sie als Einrichtung, die der Gesundheit von Menschen dient, „außerhalb der Fachkreise" keine Werbung für „Arzneimittel, Verfahren, Behandlungen, Gegenstände oder andere Mittel" mit der Meinung Dritter machen. Dies gilt auch und besonders für Dank-, Anerkennungs- oder Empfehlungsschreiben. Überwiegend positive Bewertungen in Ihrem Gästebuch preisen beispielsweise die Leistung Ihrer Ärzte an und gelten somit als unzulässige Werbung. Mehr dazu lesen Sie in ▶ Kap. 7.

Wenn Sie sich dazu entschließen, ein Gästebuch auf Ihrer Website einzubinden, kontrollieren Sie regelmäßig die veröffentlichten Beiträge. Entfernen Sie gegebenenfalls übertriebene Komplimente, so dass Sie sich rechtlich nicht angreifbar machen. Auf der anderen Seite kann es auch Neider oder unzufriedene Patienten geben, die Kritik oder gar Beschimpfungen in Ihr Gästebuch schreiben, was ebenfalls schädlich für Sie wäre. Weiterhin sollten Sie darauf achten, dass Dritte keine sonstigen rechtswidrigen Inhalte in Ihrem Forum oder Gästebuch posten. Es ist immer noch rechtlich strittig, wer für die Einträge haftet.

Es ist unerlässlich, dass kommunikative Plattformen regelmäßig betreut werden. Patienten, die einen Beitrag hinterlassen, warten vielleicht auf eine Antwort oder freuen sich, wenn Sie ihren Eintrag zeitnah kommentieren. Sie sehen: Ein Gästebuch bedarf eines erhöhten Pflegeaufwandes.

Bevor Sie Beiträge in Ihrem Gästebuch veröffentlichen, prüfen Sie die Kommentare. Es sollte den Benutzern also nicht möglich sein, ihren Beitrag direkt zu posten. Sie müssen immer als eine Kontroll-Instanz gegenlesen. Ist der Kommentar rechtlich in Ordnung, können Sie ihn freischalten.

Sie müssen aber nicht nur die Patienten im Blick haben. Konkurrenten oder Institutionen können Sie bei Verstoß wegen wettbewerbswidrigem Verhalten abmahnen, denn Rechtslage und Rechtsprechung sind keineswegs eindeutig. Andere Krankenhäuser können sich dabei auf das Gesetz gegen den unlauteren Wettbewerb (UWG) oder das HWG beziehen. Bekommen Sie ein Abmahnungsschreiben von einem Anwalt, kann Ihr Haus eine Einwilligungserklärung unterschreiben und das Gästebuch von der Website entfernen. Zusätzlich müssen Sie dann die Anwaltskosten tragen. Sie können auch vor Gericht ziehen, was weitaus teurer werden könnte.

🔴 **Sollten Sie also kommunikative Elemente auf Ihrer Website einbinden wollen, informieren Sie sich im Vorfeld genau über die Vorschriften und kontrollieren Sie die Einträge regelmäßig. Das zuständige Personal sollte rechtlich entsprechend geschult sein.**

Eine gute Alternative zu einem Gästebuch ist eine Kommentar-Funktion unter jedem Text Ihrer Website. Dazu richten Sie auf jeder Unterseite ein Feld ein, in dem Patienten direkt zu dem jeweiligen Thema Kontakt zu Ihnen aufnehmen, Fragen stellen oder einfach News oder Behandlungsmethoden kommentieren können. Die Besucher können Ihren Namen und Ihre E-Mail-Adresse angeben, müssen dies jedoch nicht. Beispielsweise können Sie die Felder vordefinieren: Name: Anonym; E-Mail: anonym@anonym.de. Verfasst ein Patient einen Kommentar, wird Ihnen dieser per E-Mail zugestellt. Sie prüfen dann die Inhalte und können direkt auf Fragen oder Anmerkungen antworten. Gerade im Hinblick auf das HWG ist es wichtig, dass Sie

vorher alle Kommentare kontrollieren, denn auch hier dürfen keine Lobeshymnen auf Ihre Leistungen erfolgen. Ihre Antwort darf natürlich auch nichts enthalten, was gegen das Fernbehandlungsverbot verstößt oder auf unlautere Werbung oder ein Heilsversprechen hinausläuft.

Der Vorteil dieser Kommentar-Funktion ist, dass Besucher oft viele offene Fragen haben, wenn sie gerade beispielsweise einen Text zum Thema zum Thema Blinddarmentfernung oder Strabismus-OP lesen. Über die Funktion können sie während oder direkt nach der Lektüre Kontakt zu Ihnen aufnehmen und ihre Fragen stellen. Dadurch bieten Sie Besuchern einen besonderen Service und heben sich von Ihrer Konkurrenz ab. Das kann gerade für die Neupatienten-Gewinnung von Vorteil sein. Natürlich ist auch hier entscheidend, dass die Kommentare regelmäßig bearbeitet und vor allem beantwortet werden – am besten noch am gleichen Tag.

3.5   Usability der Website

Die Usability, also die Nutzerfreundlichkeit Ihrer Website, ist ein bedeutsames Kriterium. Nicht alle Patienten sind mit dem Internet groß geworden und surfen täglich im Netz. Daher ist es wichtig, dass sich eine Website einfach bedienen lässt und übersichtlich gestaltet ist. Eine unübersichtliche Navigation und kompliziert formulierte Texte führen schnell dazu, dass Besucher die Internetpräsenz nach wenigen Klicks wieder verlassen. Daher sollten einige Kriterien erfüllt sein:

3.5.1   Einfach strukturierte Navigation

Achten Sie darauf, eine klar strukturierte Navigation anzulegen. Dabei gilt die Faustregel, dass die Besucher Ihrer Website mit idealerweise drei Klicks an ihrem Such-Ziel ankommen sollten. Das bedeutet, dass Ihre Internetpräsenz sich in drei Unterebenen gliedert. Die Navigation muss zudem so genau sein, dass die Nutzer zu jedem Zeitpunkt wissen, wo auf Ihrer Website sie sich gerade befinden. Binden Sie dazu am besten eine Pfadanzeige als Orientierungshilfe ein. Das kann beispielsweise eine „Breadcrumb"-Navigation („Brotkrumen"-Navigation) sein. Diese Orientierungshilfe wird üblicherweise ober- oder unterhalb der Hauptnavigation angezeigt, sofern diese horizontal verläuft. Die „Breadcrumb"-Navigation zeigt immer ganz genau an, wo auf der Website sich die Nutzer gerade befinden. Dies hat mehrere Vorteile. Hat Ihre Internetpräsenz sehr viele Unterseiten, verlieren die Besucher sonst schnell den Überblick. Geben Sie aber eine Orientierungshilfe an, finden die Nutzer sich einfacher zurecht. Zudem sollten die einzelnen Punkte der „Breadcrumb"-Navigation verlinkt sein, sodass die Patienten mit einem Klick zurück zu den zuvor besuchten Unterseiten gelangen. So müssen Sie sich nicht umständlich durch die Hauptnavigation klicken.

Eine „Breadcrumb"-Navigation kann folgendermaßen aussehen:

Startseite > Schwerpunkte > Schlafmedizin > Schlaflabor

In diesem Fall wäre ein Besucher beispielsweise über die Startseite auf den Hauptmenüpunkt Schwerpunkte gelangt. Dort hat er sich für den Themenkomplex Schlafmedizin interessiert und liest nun den Abschnitt über die Schlaflabore. Dieser Besucher befindet sich also auf der dritten Unterseite Ihrer Website. Möchte er jetzt etwas zu einem anderen Unterpunkt der Kategorie Schlafmedizin erfahren, klickt er direkt in der „Breadcrumb"-Navigation auf „Schlafmedizin", ohne umständlich über die Hauptnavigation zu gehen.

Hilfreich für Nutzer ist auch eine „Zurück"-Funktion, mit der der User jeweils Seite für Seite zurückgehen kann.

3.5.2 Individuelle Titel und URLs der Unterseiten

Die Startseite ist durch Ihre Domain, www.krankenhaus-mustername.de, gekennzeichnet. Entsprechend am Inhalt orientiert sollten auch die Dateinamen der Einzelseiten sein, die das letzte Element der URL (Uniform Resource Locator) bilden. Die URL ist die komplette Webadresse einer Einzelseite, zum Beispiel www.krankenhaus-mustername.de/leistungen/schlaflabor. Sie dient technisch zur Identifizierung der einzelnen Seite, aber auch der Orientierung und ist auch aus Gesichtspunkten der Suchmaschinenoptimierung wichtig.

Auch sollten Unterseiten individuelle Titel erhalten. Diese Titel erscheinen im Reiter der Website und beschreiben kurz den Inhalt der Unterseite:

Schaflabor | Krankenhaus Mustername

Wenn die Nutzer sich durch Ihre Website klicken, wird ihnen im Reiter angezeigt, auf welcher Unterseite sie sich befinden. (Mehr Informationen zu URLs und Titels erhalten Sie in ▶ Kap. 4.)

3.5.3 Interne und externe Links

Auf nahezu jeder Website gibt es auch Links. Interne Links führen auf andere Unterseiten der eigenen Internetpräsenz. Externe Links dienen als Hilfestellung oder führen zu weiterführenden Informationen von anderen Website-Betreibern. Sie lotsen also zu anderen Websites. Externe Links sollten sich immer in einem neuen Fenster öffnen, damit die Besucher jederzeit auf Ihre Website zurückfinden. Meistens sind sie aus dem normalen Text-Layout in Farbe oder Unterstreichung hervorgehoben. Egal welche Lösung Sie bevorzugen: Kennzeichnen Sie Links immer einheitlich.

Klickt ein Nutzer einen Link an, sollte sich dieser verändern: Dies geschieht meistens durch einen Farbwechsel. Besuchte Links sind dann zumeist lila und heben sich so von noch nicht besuchten Links ab. Damit die Besucher die Information erhalten, wohin der Link führt, können Sie sogenannte Mouse-over verwenden. Fahren die Nutzer mit dem Pfeil der Mouse über den Link, ohne ihn anzuklicken, zeigt ein kleines Textfeld an, wohin der Link führt. Dies kann die Internet-Adresse des Links sein oder idealerweise ein erklärender Hinweis.

3.5.4 Textvolumen und -strukturierung

In den jeweiligen Unterkategorien erwarten die Besucher informative Texte. Beschreiben Sie Behandlungsmethoden oder Ihre angebotenen Leistungen ruhig ausführlich und detailliert. Das ist auch unter Gesichtspunkten der Suchmaschinenoptimierung wichtig (▶ Kap. 4). Überfordern Sie die Leser aber nicht mit langen, unstrukturierten Texten ohne Absätze und Zwischenüberschriften. Immer wenn

Sie einen Gedanken abgeschlossen haben, setzen Sie einen Absatz und eventuell eine neue Überschrift. Dadurch wird der Textfluss unterbrochen und die Leser können die Inhalte besser aufnehmen. Gliedern Sie die Texte also in lesbare Portionen. Achten Sie zudem darauf, laienverständlich zu schreiben. Vermeiden Sie komplizierte Fachbegriffe bzw. erklären Sie diese. Die Texte sollten ausreichend informieren und die einzelnen Themengebiete detailliert darstellen.

Denken Sie dabei immer aus Sicht Ihrer Zielgruppe. Was möchten zum Beispiel Patienten oder Zuweiser wissen, wenn sie Ihre Website aufsuchen? Bieten Sie Ihren Usern die Möglichkeit an, sich lange Texte ausdrucken zu können – als Druckversion oder als PDF. Auf Papier-Ausdrucken können Patienten direkt Stellen markieren und Rückfragen notieren, falls sie etwas nicht verstanden haben, und mit zum Arztgespräch nehmen oder ein paar Tage später in Ruhe durchlesen.

> **Tipp**
>
> Betreuen Sie verschiedene ausländische Patienten, bieten Sie den gesamten Inhalt Ihrer Seite oder zumindest relevante Bereiche auf Englisch an. Haben Sie viele russisch- oder türkischsprechende Patienten, lassen Sie die Website-Inhalte in die entsprechende Sprache übersetzen.

Fazit

Ob eine Website benutzerfreundlich ist, hängt von vielen Faktoren ab. Mitarbeiter aus verschiedenen Bereichen sollten die Klinik-Webpräsenz selbst anschauen: Prüfen Sie, ob Sie sich in der Navigation der Website zurechtfinden und zu jedem Zeitpunkt wissen, auf welcher Unterseite Sie sich gerade befinden. Sind die Texte gut strukturiert? Funktionieren alle Links? Durch dieses kleine Testszenario können Sie sich so schon einen ersten Eindruck darüber verschaffen, ob Ihre Website den Usability-Anforderungen genügt.

Darüber hinaus sollte dieser Test auch von mindestens einer ganz unabhängigen Person durchgeführt werden, da Mitarbeiter des Unternehmens ja bereits die Inhalte kennen. Idealerweise, aber selten umsetzbar, können Sie die Testperson Ihrer Zielgruppe bei der Nutzung Ihrer Seite beobachten.

Die große Lösung ist: Beauftragen Sie eine spezialisierte Agentur mit Usability-Tests.

3.6   Praxisbeispiel Website

Axel Dittmar, Kliniksprecher/Leiter Unternehmenskommunikation des Klinikums Bielefeld

Seit dem Jahr 2000 hat das Klinikum Bielefeld eine Website im Internet. Knapp 50.000 Zugriffe von „echten" Nutzern kann www.klinikumbielefeld.de derzeit pro Monat verzeichnen. Diese für ein Krankenhaus durchaus stolze Zahl soll kontinuierlich weiter gesteigert werden. Sie zeigt, welche Möglichkeiten für das Klinikum in diesem Medium stecken.

Aus diesem Grund wurde der Internetauftritt in den vergangenen Jahren stetig weiter entwickelt und ausgebaut. Die aktuelle Seite ist die nunmehr vierte Version. Nachdem mit dem Klinikum Halle/Westfalen ein dritter Standort hinzugekommen ist, wurde die Website noch einmal komplett umstrukturiert.

Die Startseite wurde den neuen Gegebenheiten angepasst. User finden die medizinischen Angebote der drei Standorte Klinikum Bielefeld Mitte, Klinikum Rosenhöhe und Klinikum Halle/Westfalen direkt über den „Schnellkontakt". Ebenfalls auf der Startseite sind die Buttons, die auf die Social-Media-Aktivitäten des Klinikums hinweisen.

Wir arbeiten mit einem eingängigen Content Management System, das es den einzelnen Mitarbeitern der Unternehmenskommunikation erlaubt, bei Bedarf schnell Neuigkeiten und Bilder einzustellen. Dabei sind wir auch auf die Unterstützung der einzelnen Kliniken für neue spannende Themen angewiesen. Der Internet-Dienstleister hilft lediglich bei komplexen Programmierungen.

Der Ausbau der Internetseite ist ein kontinuierlicher Prozess. Zug um Zug werden die Internetpräsentationen der einzelnen Kliniken aktualisiert und erweitert. Die Klinik für Hals-Nasen-Ohrenheilkunde, Kopf- und Halschirurgie und die Klinik für Plastische, Wiederherstellungs- und Ästhetische Chirurgie/Handchirurgie sind die beiden Kliniken, die sich bereits nahezu komplett präsentieren. Jede Klinik kann innerhalb der Website nahezu einen eigenen Web-Auftritt bekommen. Zielsetzung des Auftrittes ist es, potentiellen Patienten eine umfassende Information über die jeweilige Klinik und deren Kompetenz zu liefern.

3.7 Vorschriften zur barrierefreien Website

Viele öffentliche Gebäude oder auch Verkehrsmittel sind bereits barrierefrei. Es gibt rollstuhlgerechte Rampen oder Fahrstühle an S-Bahnhöfen sowie zur Orientierung Textansagen für Sehbehinderte. Im Internet bleiben bislang viele Informationen körperlich eingeschränkten Personen verschlossen, weil die Internetseiten die Inhalte nicht barrierefrei darstellen. Viele Menschen mit Behinderungen nutzen dennoch begeistert das Internet, weil es ihnen neue Möglichkeiten bietet, aktiv und einfach am öffentlichen Leben teilzuhaben. Somit sollten auch Websites behindertengerecht aufbereitet sein. Barrierefreie Websites dienen Menschen mit Behinderungen, Menschen, die in ihrer Bewegungsfreiheit eingeschränkt sind und auch – tatsächlich! – Nutzern von Smartphones, da einige Kriterien der Web-Barrierefreiheit dafür sorgen, dass Websites auf Mobilgeräten besser dargestellt werden.

Am 1. Mai 2002 trat in Deutschland das Gesetz zur Gleichstellung behinderter Menschen (BGG) in Kraft. Nach § 4 BGG ist eine Website barrierefrei, wenn Menschen mit Behinderungen sie uneingeschränkt und ohne die Hilfe Dritter nutzen können. Die Inhalte barrierefreier Websites sollen also für jeden Nutzer uneingeschränkt abgerufen werden können: für ältere Menschen, Personen mit technisch veralteten Computern, Sehbehinderte, Gehörlose, Handy-Nutzer usw.

Das größte Problem dabei stellen Internet-Techniken dar, die es Menschen mit Behinderungen erschweren, bestimmte Website zu nutzen. Daher sind u.a. folgende Punkte zu beachten:

Die wichtigste Grundlage für eine barrierefreie Website ist, die HTML-Bausteine in einer logischen Reihenfolge und Codierung einzusetzen. Formatieren Sie z. B. in dem Seiten-Quelltext eine Überschrift einfach nur im Fettdruck, kann beispielsweise ein Screen-Reader dies nicht als Überschrift erkennen. Es kommt also nicht primär auf das tatsächliche Aussehen der Website als vielmehr darauf an, die HTML-Codes richtig einzusetzen. Ein weiterer positiver Nebeneffekt ist, dass auch Web-Spider, also Programme, mit deren Hilfe etwa Suchmaschinen Websites nach Inhalten durchsuchen, logisch aufgebaute Seiten-Quelltexte besser erfassen können und bevorzugen. Das hat zur Folge, dass Suchmaschinen barrierefreien Websites oft ein höheres Ranking zuweisen.

Bilder können leider nicht in gleicher Qualität für Sehbehinderte aufbereitet werden. Daher sollten ihnen immer beschreibende Texte im Seiten-Quelltext zugeordnet sein, die Bilder also mit alt- und title-Attributen versehen werden. Außerdem müssen Texte immer auszudrucken und auf jedem noch so alten Computer darzustellen sein.

Weiterhin müssen Sehbehinderte und Menschen mit beeinträchtigtem Sehvermögen die Schriftgröße und den Kontrast der Website im Browser skalieren können, um sie ihrer individuellen Sehleistung anzupassen.

Achten Sie darauf, dass Ihre Website klare Schriftarten und starke Kontraste enthält. Verwenden Sie Farben und Kontraste, die für das menschliche Auge angenehm zu lesen und auch von farbenblinden Besuchern leicht zu unterscheiden sind. Stellen Sie beispielsweise ein Balkendiagramm mit roten und grünen Balken dar, haben farbenblinde Nutzer Probleme mit der farblichen Unterscheidung.

Patienten, die an einer körperlichen Behinderung leiden und keine Computermaus bedienen können, sollten Ihre Website mühelos auch mit der Tastatur benutzen können. Dazu müssen die Besucher jederzeit erkennen, wo in der Navigation sie sich gerade befinden.

Falls Sie aufwändige Animationen oder Oberflächen verwenden, stellen Sie alternativ eine Low-Tech-Variante der Website zur Verfügung.

3.7.1 Barrierefreies PDF erstellen

Krankenhaus-Websites enthalten oftmals auch selbst erstellte PDFs, z. B. Feedbackbögen oder Wegbeschreibungen, die sich die Patienten ausdrucken können. Damit auch Menschen mit Sehbehinderungen diese PDFs lesen können, müssen sie speziell formatiert werden. Im Folgenden sind die Basisschritte für ein barrierefreies PDF-Dokument auf Grundlage eines Word-Dokuments erläutert:

Basisschritte für ein barrierefreies PDF-Dokument

1. Grundlegend ist eine eindeutige Struktur des Dokuments.
2. Strukturieren Sie Ihr Word-Dokument mit Hilfe der vorgegebenen Formatvorlagen (Überschriften, Standardtext etc.).
3. Nutzen Sie für Layouttechniken die vorgesehenen Hilfsmittel (z. B. „Seitenlayout" > „Spalten" statt Tabulator).
4. Versehen Sie Grafiken mit Alternativtexten („Grafik formatieren" > „Alternativtexte").
5. Um die Vorlesefunktion eines Screen-Readers zu unterstützen, muss die Sprache des Dokuments angegeben sein („Überprüfen" > „Dokumentenprüfung").
6. Beim Speichervorgang unter „Optionen" die Dokumentenstrukturtags aktivieren.

Vor allem bei komplexeren Dokumenten ist es notwendig, sich detailliert mit den Richtlinien für barrierefreie PDF-Dokumente zu beschäftigen und über die oben genannten Schritte hinaus weitere umzusetzen.

3.8   Zertifizierung von gesundheitsbezogenen Websites

Schaut man sich verschiedene Krankenhaus-Websites an, weisen diese qualitative Unterschiede auf. Einige sind inhaltlich gut gemacht oder optisch sehr ansprechend – manchmal sogar beides. Andere beinhalten Texte lauter Fachausdrücke, es ist kein roter Faden innerhalb der Website erkennbar und damit eine schlechte Usability gegeben oder Links zu anderen Seiten funktionieren nicht. Oftmals können sehbehinderte Patienten die Inhalte gar nicht erfassen, weil die Seite nicht barrierefrei gestaltet ist.

Wenn Sie sichergehen wollen, dass die Klinik-Website nicht nur ansehnlich, sondern auch für Patienten verständlich ist, die rechtlichen Vorschriften einhält und auch unter SEO-Gesichtspunkten optimal aufgebaut ist, lassen Sie Ihre Internetpräsenz prüfen und anschließend zertifizieren. Weiterhin

sind Gütesiegel für Patienten ein Anzeichen dafür, dass Ihre Seite vertrauenswürdig ist.

In Deutschland gibt es folgende große Gütesiegel:

3.8.1   Aktionsforum Gesundheitsinformationssystem (afgis) e.V.

Das Forum wurde 1999 vom Bundesministerium für Gesundheit initiiert und 2003 in einen Verein überführt. Die Qualitätsprüfung basiert auf Selbstauskunft. Das bedeutet, dass die Ärzte zu ihrer Website, deren Inhalte und Ziele befragt werden. Ob die Angaben der Inhalte richtig sind, wird von afgis nicht überprüft. Laut Forum wird vor allem das Ziel verfolgt, Transparenz über das Angebot und den Anbieter herzustellen. Das Gütesiegel weist auf die Transparenz folgender Punkte hin:

Kriterien für das Gütesiegel von afgis

- Der Anbieter der Website muss klar erkenntlich sein.
- Ziel, Zweck und Zielgruppe der Information wird abgefragt.
- Die dargestellten Daten sollten aktuell sein.
- Die Nutzer müssen die Möglichkeiten haben, sich rückzumelden.
- Werbung und redaktionelle Beiträge müssen kenntlich getrennt sein.
- Die Finanzierung muss belegt werden.
- Die Kooperationen und Vernetzungen sollten aufgezeigt werden.
- Datenschutz und Datenverwendung müssen gewährleistet sein.

3.8.2   Health on the Net Foundation (HON)

Die Foundation wurde 1995 als gemeinnützige Nichtregierungsorganisation (NGO) in der Schweiz gegründet und ist das älteste weltweit bekannte Qualitätslabel für Gesundheitsinformationen. Bis 2009 basierte die Erhebung auf Selbstauskunft. Seitdem wird zusätzlich zur Selbstauskunft ein System zur

Evaluation aufgebaut. Die Qualität von gesundheitlichen Websites wird mit Hilfe eines 8-Punkte-Katalogs geprüft. Der „HON code of conduct" (HONcode) prüft, ob Internetseiten zuverlässig und glaubwürdig sind und stellt zusätzlich eine Suchmaschine zur Verfügung, mit deren Hilfe Nutzer nach HON-zertifizierten Internet-Quellen suchen können. Die Foundation fragt nach den Informationsquellen, die benutzt wurden und ermittelt, ob die Daten zeitgemäß, unabhängig und angemessen sowie leicht zugänglich sind. Die Prinzipien der HON-Prüfung:

Der 8-Punkte-Katalog der HON
- Die Verfasser der Informationen sollten Sachverständige sein.
- Die Informationen und Hilfestellungen ergänzen und unterstützen medizinische Beratung, sie ersetzen diese nicht.
- Der Datenschutz der Besucher wird gewährleistet.
- Die Referenzen zu den Informationsquellen sowie ein Datum müssen klar zugeordnet werden können.
- Die Verfasser müssen beschriebene Behandlungsmethoden, Produkte und Dienstleistungen durch ausgewogene wissenschaftliche Quellen belegen.
- Die Website sollte transparent sein und Möglichkeiten zur Kontaktaufnahme bereitstellen.
- Die Betreiber sollten die Finanzierung offenlegen. Gibt es Sponsoren? Wer ist die Finanzquelle?
- Werbung und redaktionelle Inhalte müssen getrennt werden.

Sozialmedizin und Gesundheitssystemforschung der Medizinischen Hochschule Hannover zusammen mit dem „Ärztlichen Zentrum für Qualität in der Medizin" (ÄZQ) ins Deutsche übersetzt wurde. DISCERN ist ein Kriterien-Katalog, der 16 Fragen umfasst. Anhand dessen soll geprüft werden, ob eine Information zuverlässig ist und die Verfasser Behandlungsalternativen transparent darstellen:

Einige Inhalte des DISCERN-Kriterien-Katalogs
- Eine Publikation muss klare Ziele haben.
- Sie muss diese Ziele erreichen.
- Die Ziele müssen für die Nutzer bedeutsam sein.
- Die Publikation muss die Informationsquellen nennen.
- Es muss eine Angabe vorhanden sein, wann die Informationen erstellt wurden.
- Die Publikation soll ausgewogen und unbeeinflusst sein.
- Wenn zusätzliche Quellen genutzt wurden, müssen diese genannt werden.
- Sie beschreibt, wie Behandlungsmethoden wirken.
- Die Verfasser sollten den Nutzen und die Risiken der Verfahren sowie die Folgen einer Nicht-Behandlung beschreiben.
- Außerdem muss klar werden, wie sich die Behandlungsmethoden auf die Lebensqualität auswirken.
- Die Publikation muss verdeutlichen, dass mehr als nur ein Verfahren bestehen könnte.
- Zudem muss sie auf eine gemeinsame Entscheidungsfindung hinweisen.

3.8.3 DISCERN-Instrument

Mit Hilfe der DISCERN-Kriterien kann geprüft werden, ob eine Publikation zuverlässig als eine Informationsquelle zur Entscheidungsfindung genutzt werden kann. Eine Gruppe von Wissenschaftlern aus Oxford hat DISCERN entwickelt, das dann von der Abteilung Epidemiologie,

3.8.4 Das Gütesiegel der Stiftung Gesundheit

Bei der Stiftung Gesundheit prüfen externe Gutachter die Websites der Anbieter auf ihre publizistische und rechtliche Güte, auf die Usability sowie die Suchmaschinenfreundlichkeit. Die Prüfung erfolgt also nicht über eine Selbstauskunft. Am Ende erhalten die

■ **Abb. 3.3**   Gütesiegel „Geprüfte Homepage" der Stiftung Gesundheit

- Bietet die Website Unterstützung bei der inhaltlichen Orientierung?
- Sind Informationen angemessen und anschaulich präsentiert?
- Ist die Website barrierefrei?
- Ist die Website suchmaschinenoptimiert?

Betreiber ein umfangreiches Gutachten mit Empfehlungen. So können sie Fehler beheben und ihre Website verbessern. Und das verliehene Gütesiegel „Geprüfte Homepage" zeichnet die Website aus. (■ Abb. 3.3)

Grundlage des Verfahrens sind die anerkannten DISCERN-Kriterien der Oxford University zur Einschätzung der Qualität von Patienteninformationen. Die wesentlichen Informationen hat die Stiftung übernommen, sie aber im Laufe der Zeit auf Websites angepasst und auf über 100 Prüfpunkte ausgeweitet. Die Gutachter bewerten die einzelnen Kriterien von 0 (nicht erfüllt) bis 5 (Ziel erfüllt). Zudem sind die Prüfpunkte unterschiedlich gewichtet. Dadurch können bedeutsame Fragen stärker berücksichtigt werden. Die Gutachter prüfen u. a. in folgenden Kategorien:

Einige Prüfpunkte der Website-Zertifizierung der Stiftung Gesundheit
- Erfüllt die Website die geltenden rechtlichen Anforderungen?
- Wurden publizistische Sorgfaltsangaben eingehalten?
- Ist die Publikation zuverlässig?
- Wie gut ist die Qualität der Informationen über die Auswahl von Behandlungsoptionen?
- Wie gut ist die Qualität von Community-Eigenschaften und Foren?
- Bietet die Website Unterstützung bei der Navigation?

Experten-Interview mit Björn Kasper, Leitung Marketing und Kommunikation der Kliniken Essen-Mitte (KEM)

Welche Kriterien muss eine gute Klinik-Website erfüllen?
„Das Internet wird immer wichtiger im Kommunikationsmix eines Krankenhauses. Viele Kliniken stehen da noch am Anfang. Aktuelle Studien belegen, dass Patienten als erste Informationsquelle das Internet betrachten, um sich über medizinische Themen zu informieren. Viele Patienten sind bezüglich ihrer Krankheiten durch das Internet sehr gut aufgeklärt. Dies müssen Verantwortliche berücksichtigen und sich auf eine neue Kommunikation mit den Patienten einstellen. Das Web bildet dabei die erste Anlaufstelle. Ein wichtiges Kriterium ist es, sich bei der Erstellung nach den Bedürfnissen der Besucher der Website zu richten – nicht primär nach den Wünschen der Klinik."

Was ist das Besondere an Ihrer Klinik-Website?
„Unsere Seite präsentiert sich als Wissensportal mit zahlreichen interaktiven Elementen, die die Wissensaufnahme für Patienten und deren Angehörige, potentielle Patienten, aber auch Ärzte und neue Mitarbeiter so einfach wie möglich macht. Das Wichtigste ist, dass die gewünschten Informationen schnellstmöglich gefunden werden. Zudem sollten die medizinischen Informationen laienverständlich dargestellt und der Auftritt optisch an den Bedürfnissen der Besucher angepasst werden."

Bekommen Sie von Patienten und Zuweisern Feedback zu Ihrer Website?
„Durchweg positives Feedback haben wir bisher erhalten! Die Verweildauer auf der Seite und die Klickraten haben sich seit dem Relaunch vervierfacht. Viele Patienten und Einweiser loben die Seite wegen ihrer einfachen Navigation. Inhalte können schnell gefunden werden, und die Seite ist klar strukturiert. Viele andere Kliniken haben sich schon unsere Internetseite als Grundlage für ihre eigene Seite genommen."

Was raten Sie anderen Krankenhäusern, die ihre Website umbauen möchten?

„Wenn Kliniken sich jetzt mit dem Umbau der Website beschäftigen, ist Folgendes entscheidend: Sie sollten nicht nur das Heute, sondern auch das Morgen im Blickfeld haben. Denn unsere Jugend, die nun mit Social Media aufwächst, wird auch älter, und auf diese Zielgruppe muss sich ein Krankenhaus einstellen. Diese Generation ist eine Internet-Generation, und wer sie vernachlässigt, verliert potentielle Patienten. Diese werden sich nämlich in der Klinik behandeln lassen, die ihr Leistungsspektrum im World Wide Web besser positioniert. Die Ausrichtung der Klinikseiten muss sich an den Informationsbedürfnissen der Zielgruppen ausrichten. In den USA können Patienten alle Formalitäten einer Klinik schon zu Hause online erledigen, sich anmelden und Verträge ausfüllen. Sie müssen zum fixen OP-Termin nur noch auf der Station erscheinen. Dies bietet Service, verkürzt unnötige Wartezeiten und optimiert die Abläufe. Diese Punkte muss eine Klinik in ihrem Konzept zur Umsetzung einer Website zukünftig mit einbeziehen."

Pflegen Sie Ihre Website selbst oder übernimmt dies ein Webdesigner?

„So eine Internetseite mit über 1.700 Unterseiten ist eine Teamarbeit. Pro Abteilung und Klinik gibt es einen verantwortlichen Redakteur, der seinen Bereich in einem Redaktionssystem pflegt. Wenn Änderungen bestehen, bekommt das Team der Unternehmenskommunikation eine Mail und gibt die Änderungen frei.

Das Design und die Programmierung hat eine Agentur übernommen. Das sollte man den Profis überlassen. Das bezieht sich auch auf die sogenannte Suchmaschinenoptimierung. Viele Patienten suchen Informationen über Suchmaschinen. Keiner Klinik nutzt ein toller Internetauftritt, wenn sie bei der Suche erst auf Seite drei auftauchen. Studien zeigen, dass Internetuser mittlerweile nur noch auf Seite eins nach passenden Informationen suchen. Um dahin zu kommen, kann nur eine Agentur helfen."

Suchmaschinenoptimierung (SEO): Bei Google gefunden werden

© Springer-Verlag Berlin Heidelberg 2017
A. Köhler, M. Gründer, *Online-Marketing für das erfolgreiche Krankenhaus*,
Erfolgskonzepte Praxis- & Krankenhaus-Management,
DOI 10.1007/978-3-662-48583-5_4

Das Internet mag die revolutionärste Erfindung des späten 20. Jahrhunderts sein, aber ohne Suchmaschinen wäre es heute praktisch wertlos. Niemand könnte der Informationsflut Herr werden, wenn die Stichwortsuche von Google & Co. sie nicht zugänglich machen würde. Sie hilft uns tagtäglich, die Nadel im Heuhaufen zu finden. Über 90 % der Internetnutzer orientieren sich mit Hilfe von Suchmaschinen im Internet.

Wer mit seiner Klinik-Website Menschen im Internet erreichen will, muss dafür sorgen, dass man sie mit Suchmaschinen finden kann. Wenn die Website bei den wichtigen Suchbegriffen in den Trefferlisten der Suchmaschinen gar nicht auftaucht, aber auch schon, wenn sie erst auf der zweiten Ergebnisseite auftaucht, ist es Zeit zu handeln. Es gibt viele Strategien, die eigene Internetpräsenz für Suchmaschinen attraktiver zu gestalten. Mit eben diesem Ziel beschäftigt sich die Suchmaschinenoptimierung (abgekürzt SEO, nach dem englischen „Search Engine Optimization").

4.1 Grundlagen

Hinter der Suchmaschinenoptimierung steckt weder Hexerei noch Betrug, sondern viel analytisches Knowhow und harte Arbeit. Suchmaschinenoptimierer analysieren, wie Suchmaschinen funktionieren, und passen Internetseiten so gut wie möglich an diese Kriterien an: Sie optimieren sie für die Suchmaschinen.

4.1.1 Wie funktionieren Suchmaschinen?

Millionen von Menschen benutzen täglich viele Male eine Suchmaschine, ohne sich zu fragen, wie die Ergebnisse eigentlich zustande kommen. Suchmaschinen sind riesige Sammel- und Sortiermaschinen für Informationen aus dem Netz. Natürlich kann eine Suchmaschine nicht für jede einzelne Suchanfrage das gesamte Internet durchforsten – die Datenmasse wäre kaum zu bewältigen, und es würde sehr lange dauern. Deshalb betreibt jede Suchmaschine unzählige Datensammler: eigenständige Programme, Crawler oder Spider genannt, die ständig im Netz unterwegs sind, sich Websites anschauen und die wichtigsten Daten erfassen. Diese Informationen werden in einem riesigen Index archiviert. Dieser Index der Suchmaschine ist gut sortiert und kann blitzschnell abgefragt werden. Aus ihm holt sich die Suchmaschine ihre Ergebnisse.

Was sich mit Suchmaschinen finden lässt, ist also durch zwei Faktoren limitiert: die Wahrnehmungsfähigkeiten des Crawlers und den Zeitpunkt seines Besuchs einer Website. Denn die Informationen, die der Crawler von einer Website analysieren kann, sind begrenzt. Crawler verstehen grundsätzlich nur Texte. Für die Inhalte von Videos und Bildern sind sie im Wesentlichen blind, ebenso für das Design einer Seite. Von seinem Besuch nimmt der Crawler also nur Wörter mit, die sich in irgendeiner Form im Programmcode der Website befinden. Der zweite limitierende Faktor ist der Zeitpunkt des letzten Crawlerbesuchs auf einer Internetseite. Wurden Änderungen an der Seite vorgenommen, nachdem der Crawler seine Informationen gesammelt hat, kennt die Suchmaschine diese Änderungen nicht. Sie können erst in den Suchergebnissen auftauchen, wenn der Crawler die Seite erneut besucht hat. Das kann je nach Bedeutung der Seite einige Tage bis Wochen dauern.

Aber wie kommt die Sortierung der Ergebnisliste zustande? Warum steht ein Ergebnis auf Platz eins, ein anderes auf Platz 164, wenn doch beide Websites von der gleichen Sache sprechen? Die Relevanz von Treffern bestimmen die Suchmaschinen nach komplexen Algorithmen, in denen viele verschiedene Kriterien zusammenfließen. Welche Kriterien das im Einzelnen sind, ist Geschäftsgeheimnis der Suchmaschinenanbieter. Bei Google kommen aktuell mehr als 300 Parameter zum Einsatz, um die Rangfolge von Suchergebnissen zu errechnen.

Natürlich sind einige der Kriterien leicht zu erschließen, andere sind sogar offiziell bestätigt. Ein Beispiel: Fast ein Mythos unter den Besitzern von Internetseiten ist Googles PageRank. Diese Kennziffer ist nach Larry Page, einem der Erfinder der Suchmaschine, benannt und war einst der Grundstein für Googles phänomenalen Siegeszug. Sie beruht darauf, dass Googles Crawler registrieren, welche Links auf Internetseiten verweisen. Vereinfacht gesagt haben Seiten, die besonders oft von anderen Seiten verlinkt werden, einen hohen PageRank, Seiten mit wenig solcher „Backlinks" einen niedrigen. Google

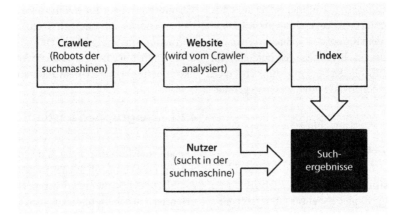

betrachtet Links als Empfehlungen für die verlinkte Seite. Und so ist der PageRank praktisch eine Skala für die Popularität einer Seite im Netz. Diese kann als ein Kriterium genutzt werden, um die Seiten in einer Suchmaschinen-Trefferliste zu hierarchisieren. Der PageRank selbst gilt heute eher als Relikt und hat nur noch geringen Einfluss auf die Sortierung der Suchergebnisse. Wie vieles anderes aus der Frühzeit der Suchmaschinen war er zu leicht zu manipulieren, seitdem kluge Webmaster Links tauschten, verkauften oder Kommentarfelder von Blogs mit Links vollstopften. Die modernen Mechanismen sind komplexer und schwerer zu manipulieren (◼ Abb. 4.1).

Die Vorherrschaft von Google

Für den weitaus größten Teil der Deutschen ist das Suchen im Internet gleichbedeutend mit „Googeln". Zwar gibt es Hunderte von Suchmaschinen, doch die Mehrzahl von ihnen fristet ein Nischendasein. Neun von zehn Internetsuchen in Deutschland werden mit Google durchgeführt. Selbst die Microsoft-Suchmaschine Bing ist mit einem Marktanteil von unter 4 % völlig abgehängt. Für die Suchmaschinenoptimierung im deutschen Sprachraum bedeutet dieses seit mehreren Jahren stabile Quasi-Monopol, dass man sich lediglich mit den Mechanismen von Google auseinandersetzen muss. Andere Suchmaschinen müssen nur in die Kalkulation einbezogen werden, wenn auch ausländische, insbesondere außereuropäische Zielgruppen erreicht werden

sollen. So kommt etwa in China die hierzulande fast unbekannte Suchmaschine Baidu auf einen Markanteil von zwei Dritteln, in Russland führt die Suchmaschine Yandex mit ca. 60 % Marktanteil die Liste an.

4.1.2 Nutzerangepasste Ergebnisse

Bei modernen Suchmaschinen sieht nicht mehr jeder Suchende dieselben Ergebnisse. Längst haben Suchmaschinenbetreiber damit begonnen, allerlei nutzerbezogene Kriterien in die Suche einzubeziehen. So erhält beispielsweise ein Nutzer in Mainz, der das Suchwort „Neurochirurgie" bei Google eingibt, andere Ergebnisse, als wenn jemand an einem Computer in Ingolstadt dasselbe sucht. Google registriert dabei über die Kennung des anfragenden Computers den Standort des Nutzers. Bei Suchanfragen, die üblicherweise lokal gemeint sein dürften, bietet die Suchmaschine dem Nutzer primär Ergebnisse in der Nähe seines Standortes an.

Aber auch über die Lokalisierung hinaus nimmt Google längst Anpassungen vor, die auf dem persönlichen Such- und Klickverhalten eines Nutzers basieren. Dafür werden praktisch alle Interaktionen eines Nutzers mit Google protokolliert und so eine Art Nutzerprofil erstellt. Die Daten dafür stammen vor allem von den vielen Millionen Android-Handys, auf denen Google praktisch jede Nutzerbewegung analysieren kann. Über das Klickverhalten, Lesezeichen und ähnliche Indizien will Google so jedem

Nutzer Ergebnisse liefern, die immer besser auf seine Interessen und Bedürfnisse zugeschnitten sind. Diese Entwicklung ist dem Kampf der Suchmaschinen um für die Nutzer relevante Ergebnisse geschuldet. Denn davon hängt der Erfolg der Suchmaschine ab – dass man mit ihr tatsächlich das findet, was man gebrauchen kann.

4.1.3 Nutzerverhalten

Nicht jede Position in den Suchergebnissen zu einer Suchanfrage ist gleich viel wert. Das liegt ganz wesentlich an der Art, wie Nutzer sich Informationen im Internet aneignen. Studien haben ergeben, dass die Wahrnehmung viel selektiver und ungeduldiger abläuft als beispielsweise beim Lesen eines Buchs oder einer Zeitung. Nutzer überfliegen schnell Texte, sie lesen nicht gründlich. Hängen bleiben sie nur, wenn etwas durch Platzierung, Hervorhebung oder sonstige, auch individuell verschiedene Kriterien die Aufmerksamkeit in besonderem Maße auf sich zieht.

Bei der Wahrnehmung von Suchergebnislisten wirkt sich diese Eigenheit umso stärker aus: Die weitaus größte Aufmerksamkeit widmen Nutzer den ganz oben stehenden Suchergebnissen, wie Studien belegen. Die Wahrscheinlichkeit, dass ein Ergebnis angeklickt wird, liegt für das topplatzierte Ergebnis bei über 50 %. Beim Zweitplatzierten sind es schon nur noch ca. 14 %, beim Dritten nicht einmal mehr 10. Die Ergebnisse der zweiten Seite schauen sich die meisten Suchmaschinennutzer überhaupt nicht mehr an. Wenn also eine Klinik-Website erst auf Seite zwei oder den nachfolgenden auftaucht, ist die Positionierung praktisch wertlos. Nur vordere Ergebnisse bringen tatsächlich Besucher.

4.2 Analyse

Kein Chirurg würde einen hinkenden Patienten am Knie operieren, ohne ihn zuvor zu untersuchen und herauszufinden, ob das Hinken tatsächlich seine Ursache im Knie hat. Wenn eine Website nicht so gut in den Suchergebnissen erscheint, wie es sich die Betreiber wünschen, wird jedoch oft aus dem Bauch heraus gehandelt und Maßnahmen mit vagen

Vermutungen begründet. Dies wird in den meisten Fällen jedoch wenig nützen. Denn echte Suchmaschinenoptimierung ist ein empirisches Geschäft und beginnt mit einer gründlichen Anamnese, wobei man einen Schritt nach dem anderen gehen muss.

4.2.1 Zielgruppen bestimmen

Die allermeisten Internetseiten schaffen es lediglich für eine Handvoll Suchanfragen auf die vorderen Plätze der Suchergebnislisten. Es gilt also, zielorientiert zu arbeiten, die begrenzten Ressourcen in die richtigen Maßnahmen zu investieren und auf das richtige Pferd zu setzen. Der erste Schritt ist die Frage: Wen soll die Seite überhaupt ansprechen? Wer soll über die Suchmaschinen zu der Seite finden? Eine Krankenhaus-Website ist natürlich für die Patienten, lautet die einfache Antwort. Aber wie so oft im Leben ist diese Antwort zu simpel. Zum einen kommen auch Zuweiser oder die eigenen (oder potenzielle) Mitarbeiter als weitere Zielgruppen in Frage. Zum anderen ist bereits die Zielgruppe „Patienten" extrem vielschichtig. Wie jede Art des Marketings arbeitet auch Suchmaschinenoptimierung dann am besten, wenn die Zielgruppen klar definiert werden. Um welche Patienten geht es also genau? Soll die Website neue Patienten auf die Klinik aufmerksam machen? Wenn ja, welche Art von neuen Patienten soll in die Klinik geführt werden? Geht es darum, Patienten über die Klinik auf dem Laufenden zu halten? Und was zeichnet diese Gruppen jeweils unter Berücksichtigung der Spezialisierungen der Klinik aus? Handelt es sich zum Beispiel größtenteils um alte bzw. junge Menschen, Frauen oder Männer, um Menschen mit einem bestimmten Lebensstil oder besonderen Gewohnheiten und Hobbys? Sollen Menschen nur im engen, regionalen Umfeld angesprochen werden oder überregional oder gar international?

> **Tipp**
>
> Versuchen Sie, die Zielgruppen aufzulisten und so präzise wie möglich zu charakterisieren. So schaffen Sie sich die optimale Arbeitsgrundlage für alle weiteren Schritte.

4.2.2 Wonach sucht die Zielgruppe?

Auf die Definition der Personengruppen, die mit einer Website angesprochen werden sollen, folgt die Keyword-Analyse. Als Keywords werden hierbei jene Suchworte und Wortkombinationen bezeichnet, die ein Internetnutzer in die Suchmaschinenmaske eingibt. Die Identifikation der Keywords, mit denen eine Zielgruppe nach den Angeboten der zu optimierenden Website sucht, ist der neuralgische Punkt der Suchmaschinenoptimierung. Doch wie findet man die richtigen Keywords? Der wichtigste Kniff ist, nicht von Angebots- bzw. Anbieterseite her zu denken. Es geht um das Problem, das die Menschen in das Krankenhaus führt.

Marketing-Verantwortliche in Kliniken sollten sich – für jede Zielgruppe einzeln – folgende Fragen stellen:

Suchverhalten der Zielgruppe ermitteln
- Mit welchen Worten beschreibt die Mehrheit der Zielgruppe die Spezialisierungen der Klinik? Für welche Probleme suchen sie Lösungen?
- Mit welchen Diagnosen kommen die meisten Menschen in unsere Klinik? Welche Symptome sind am häufigsten?
- Mit welchen Worten beschreiben die Patienten ihr Problem zu Beginn, bevor sie im Arztgespräch Fachbegriffe aufschnappen? Mit welchem Hintergrundwissen kommen sie in die Klinik?

Patienten kommen nicht wegen eines Meniskusrisses zum Arzt, auch nicht wegen einer Meniskusruptur. Sie kommen wegen Knieschmerzen. Und genau das würden sie auch googeln: „knieschmerzen" wird monatlich via Google 27.100-mal gesucht, „meniskusriss" nur 9900-mal.

Ähnliches gilt für medizinische Schwerpunkte: Laut Angaben von Google wird im monatlichen Durchschnitt „osteopathie" 110.000-mal gegoogelt, „osteopath" 9900-mal, „manualtherapie" 880-mal,

„chiropraktiker" 27.100-mal und „chirotherapie" 8100-mal. Aus diesem Block mehr oder minder synonym verwendeter Begriffe ist die Gebietsbezeichnung „Osteopathie" demnach der mit Abstand am weitesten verbreitete und damit als Haupt-Keyword am besten geeignet.

Zuweilen ist es schwer, sich vorzustellen, wie Außenstehende über etwas reden das man selbst jahrelang studiert hat und täglich tut. Gegenüber niedergelassenen Ärzten können es sich Krankenhäuser leichter machen, denn in der Regel haben Patienten bereits ihren Hausarzt oder einen Facharzt konsultiert, bevor sie die Klinik aufsuchen. Die korrekte Beschreibung der Diagnose und der gewünschten Behandlung ist ihnen daher bereits geläufig. Doch bei jenen Leistungen, die nicht durch Zuweiser kanalisiert oder wo Diagnosen erst nach Untersuchungen in der Klinik bestimmt werden, müssen auch Kliniken den Laien-Sprachgebrauch berücksichtigen. Hilfreich ist dabei zweierlei: Zum einen sollte das Klinikpersonal den Patienten, besonders beim ersten Gespräch, genau zuhören und dabei besonders auf deren Wortwahl achten. Zweitens ist es hilfreich, ein wenig Zeit mit Recherche in Gesundheitsforen oder Frage-Antwort-Internetseiten zu verbringen. Es muss darum gehen, empirische Grundlagen für die Keywordwahl zu schaffen und weniger aus dem Bauch heraus zu entscheiden oder schlichtweg zu raten.

Das beste Recherche-Werkzeug liefert Google höchstpersönlich mit seinem Keyword-Planer. Hier kann man auf Googles eigene Statistik-Daten zugreifen und herausfinden, wie oft bestimmte Begriffe und Wortkombinationen tatsächlich gegoogelt werden. Das Tool hilft übrigens auch beim Brainstorming: Es schlägt selbstständig andere Begriffe vor, die es für thematisch verwandt hält.

> **Tipp**
>
> Probieren Sie den Keyword-Planer aus und erfahren Sie so, welche Keywords tatsächlich auch der Allgemeinheit geläufig sind. Sie finden den Keyword-Planer im Tools-Bereich von Google AdWords. Um ihn zu nutzen, müssen Sie einmalig ein Konto bei Google AdWords anlegen.

Überwiegend wohnt der Patientenstamm eines Krankenhauses im regionalen Umfeld. Lediglich bei seltenen Spezialisierungen und besonderen Kompetenzen ist ein überregionales oder gar internationales Marketing sinnvoll. Man kann daher davon ausgehen, dass Patienten nach einer Klinik-Leistung am Wohnort oder in dessen Nähe suchen werden. Es ist also für Krankenhäuser sinnvoll, sich überwiegend auf Keywords zu konzentrieren, die einen Orts- oder Regionnamen enthalten. Dafür sprechen auch Ressourcenfragen: Es ist nicht nur sinnvoll, sondern auch durchaus möglich, mit einer optimierten Klinik-Website für ein Keyword wie „geburtshilfe hamburg" oder „onkologie uckermark" Platz 1 der Ergebnisliste zu erobern. Auf je mehr Keywords man sich konzentriert, desto aufwändiger ist die Optimierung und desto schwieriger wird es, mit diesen Keywords auch tatsächlich gute Ergebnisse zu erreichen.

4.2.3 Ziele definieren

Der dritte Schritt ist weniger eine Analyse-Aufgabe als vielmehr eine Entscheidung, die getroffen werden muss: Was genau soll mit der Optimierung erreicht werden? Eine Klinik-Website wird nie die Durchsetzungskraft von Wikipedia oder großen Nachrichtenportalen haben. Es gilt, die verfügbaren Ressourcen auf klar definierte Ziele zu fokussieren. Nicht alle Zielgruppen können gleich gut über das Internet erreicht werden, und die zu erwartenden Gewinne sind von Zielgruppe zu Zielgruppe und Schwerpunkt zu Schwerpunkt unterschiedlich.

> **Tipp**
>
> Wählen Sie Zielgruppen aus, die Sie sinnvoll und gewinnbringend im Netz ansprechen können. Und wählen Sie die Keywords aus, auf die sich die Optimierung konzentrieren soll. Bei harter Konkurrenz gilt: Manchmal ist der erste Platz für ein weniger häufig gegoogeltes Keyword mehr wert als der vierte Platz bei dem Top-Keyword.

4.2.4 Erfolgskontrolle und Weiterentwicklung

Die Ergebnisse, die in den beschriebenen drei Schritten gewonnen wurden, stellen die Grundlage für eine strategisch sinnvolle Suchmaschinenoptimierung dar. Sie haben aber keine Erfolgsgarantie und sind auch nicht ewig gültig. Das Internet verändert sich in atemberaubender Geschwindigkeit. Noch extremer ist es bei den Suchmaschinen: Fast monatlich werden kleine Stellschrauben von den Betreibern der Suchmaschinen verändert, die die Sortierung und Darstellung der Suchergebnisse beeinflussen. In regelmäßigen Prozessen muss kontrolliert werden, ob die ergriffenen Maßnahmen tatsächlich zielführend sind und ob bereits Erreichtes sicher ist. Diese Kontrollprozesse lassen sich automatisieren und mit wenig Aufwand durchführen, vorausgesetzt, man richtet sie einmal korrekt ein.

Werkzeuge für die Analyse

Es gibt zahlreiche Werkzeuge, mit denen sich valide Daten über die Besucherströme der Website und über ihre Performance in den Suchmaschinen gewinnen lassen. Im Folgenden sind einige der populärsten Möglichkeiten kurz vorgestellt.

Website-Analyse

Für die Erfassung der Besucherströme der eigenen Website gibt es mächtige Tools, die auch das letzte Quäntchen Information aus jedem Besucher herauspressen.

Google Analytics   Dies ist das am weitesten verbreitete Tool. Es ist kostenlos, einfach einzurichten und bietet eine unglaubliche Datenfülle, die kaum Wünsche offen lässt. Der Haken: Sein Datenhunger ist so enorm, dass es zu einem der Lieblingsfeinde der Datenschützer geworden ist. Zudem werden die Analysedaten auf den Google-Servern gespeichert und liegen damit potentiell in den Händen des U.S.-Konzerns und nicht des einzelnen Website-Betreibers. Informationen und Anleitungen findet man unter http://www.google.com/analytics

Piwik Dies ist eine gute, ebenfalls kostenlose Alternative für alle, die sich stärker dem Datenschutz verpflichtet fühlen und sich nicht von externen Anbietern abhängig machen wollen. Es wird als Software auf dem eigenen Server installiert und kann datenschutzkonform eingesetzt werden. Dies bedeutet jedoch kaum Einschränkungen in der Funktionalität: Piwik kann alles, was selbst Profis von solch einem Werkzeug erwarten. Es ist allerdings etwas anspruchsvoller in Installation und Bedienung als Google Analytics. Informationen und Anleitungen findet man unter http://piwik.org

Google Search Console Ob in Verbindung mit Google Analytics oder allein – die Google Search Console (früher: Webmaster Tools) sollte jeder Website-Inhaber nutzen. Sie erlaubt einerseits bis zu einem gewissen Grad Kontrolle darüber, wie die Website bei Google dargestellt wird. Andererseits liefert sie auch einige Statistiken darüber, wie sich die Website in der Google-Suche schlägt. Hierfür muss man die Website einmalig anmelden und verifizieren unter https://www.google.com/webmasters

SEO-Analyse

Webanalyse-Tools erfassen nur die Vorgänge auf der Website selbst. Sie bringen nicht in Erfahrung, wie sich eine Seite für bestimmte Keywords in den Suchmaschinen schlägt oder wie gut sie im Internet verlinkt ist. Für solche Aufgaben bedarf es völlig anderer Werkzeuge. SEO-Analysetools beobachten das gesamte Internet, um Vergleichsdaten für jeden Zweck bereitzustellen. Mit ihrer Hilfe lässt sich nicht nur in Erfahrung bringen, was real auf einer Website geschieht. Mit solchen Tools kann man Konkurrenten im Auge behalten, passendere Keywords finden, die Verlinkung analysieren und weitere Optimierungspotentiale identifizieren.

Hier einige für Deutschland relevante Anbieter:

Sistrix Toolbox Die Toolbox der Bonner Firma Sistrix baut auf einem riesigen Datenbestand auf, der von der Firma seit Jahren mit eigenen Crawlern im Internet gesammelt wird. Mit der Toolbox lassen sich SEO- und auch SEM-Kampagnen hervorragend kontrollieren und Daten für die weitere Optimierung gewinnen. Die Stärken liegen in der Verlinkungs-Analyse und in der Überwachung der Suchmaschinenperformance einer Website. Für Letzteres hat Sistrix eine eigene Skala entwickelt, den Sistrix-Sichtbarkeitsindex, der sich mittlerweile in Deutschland als gute Kennzahl für die Suchmaschinenpräsenz etabliert hat. Die Nutzung der Toolbox ist kostenpflichtig. Informationen findet man unter http://www.sistrix.de

SEOlytics Noch breitere Analyse-Möglichkeiten bietet die Hamburger Firma SEOlytics mit ihrer gleichnamigen Software. Besonders im Bereich der Verlinkungen hält SEOlytics hilfreiche Funktionen bereit, die aber vielfach nur noch für echte SEO-Profis interessant sind. Nützlich sind die tagesaktuelle Überwachung der Suchergebnis-Positionen und umfangreiche Funktionen zur Überwachung von Social-Media-Plattformen. Auch die Nutzung von SEOlytics ist kostenpflichtig. Informationen findet man unter http://www.seolytics.de

Searchmetrics Suite Searchmetrics ist eine Firma aus Berlin. Die Searchmetrics Suite ist der dritte Big Player unter den SEO-Analysetools. Auch sie steht den beiden zuvor erwähnten in nichts nach. Ihre besondere Stärke liegt in darin, dass sie nicht nur Analysedaten liefert, sondern auch Vorschläge zur Optimierung der eigenen Website macht. Auch hier muss man in die Nutzung Geld investieren. Informationen findet man unter http://www.searchmetrics.com/de

Kostenlose Tools Wenn sich die kostspieligen SEO-Toolboxen nicht rechnen: Im Internet gibt es natürlich auch eine Vielzahl mehr oder weniger guter kostenloser Tools, die einzelne Aufgaben der SEO-Analyse wie etwa eine Backlink-Analyse ebenfalls erledigen können. So kann man unter http://www.seitenreport.de die eigene Website automatisiert auf Schwachstellen abklopfen lassen. Aber Achtung: Diese kostenlosen Tools liefern selten belastbare Daten und sind darüber hinaus häufig schon nach wenigen Monaten wieder aus dem Netz verschwunden.

Die wichtigsten Kriterien der SEO-Analyse
- Monatliche Besucherzahlen und ihre Herkunft (die sogenannten Referrer zeigen, von welchen Suchmaschinen oder anderen Websites die Besucher kamen).
- Die Keywords, die Besucher von Suchmaschinen dort eingaben, um zu Ihnen zu gelangen.
- Die Position Ihrer Seiten in den Suchergebnissen für die von Ihnen festgelegten Keywords.
- Die Verlinkung Ihrer Website im Internet (Anzahl und Zusammensetzung der Backlinks).

Wichtig sind insbesondere die Entwicklung dieser Informationen über die Monate hinweg und die Tendenzen, die sich daraus abzeichnen. Auf der Basis dieser Daten können Sie auch überprüfen, ob Optimierungsmaßnahmen funktionieren oder nicht. Natürlich lassen sich zusätzlich Hunderte andere Daten erfassen und eventuell gewinnbringend analysieren. Aber Vorsicht: Schnell wird die Datenmenge unübersichtlich und die Auswertung sehr zeitaufwändig.

4.3   Die wichtigsten Maßnahmen

Durch die Analyse sind die wichtigsten Grundlagen gelegt, um eine Website für die Suchmaschinen zu optimieren. Doch worauf ist konkret zu achten? Im Folgenden werden die wichtigsten Optimierungsfelder dargestellt und einige elementare Maßnahmen erläutert.

4.3.1   Struktur der Website

Der strukturelle Aufbau einer Internetpräsenz ist für die Crawler der Suchmaschinen ebenso wichtig wie für normale Besucher. Crawler sind dafür gebaut, das Verhalten von wirklichen Surfern möglichst weit nachzuahmen. Wenn also ein Mensch eine Website leicht verständlich und gut bedienbar findet, wird sie normalerweise auch Suchmaschinen keine Hürden bieten.

Der hierarchische Aufbau

Der hierarchische Aufbau bestimmt wesentlich, welche Autorität die einzelnen Seiten innerhalb einer Website besitzen. Eine einfache Homepage ist – grob vereinfacht – wie ein Stammbaumdiagramm aufgebaut: mit der Startseite als Elternelement, von dem alle Kinder- und Enkelelemente abzweigen. Die wichtigste Seite ist in aller Regel die Startseite (▶ Abschn. 4.3.3). Das gilt nicht nur für menschliche Nutzer, die hier häufig schon entscheiden, ob eine Website für sie interessant ist. Auch Suchmaschinen widmen der Startseite besondere Aufmerksamkeit und schätzen ihre Inhalte als besonders wichtig ein.

Der Aufbau ist aber auch noch in anderer Hinsicht von Bedeutung. Eine Website sollte so strukturiert sein, dass die Crawler der Suchmaschinen sie leicht und schnell erfassen können. Crawler bewegen sich wie Menschen durch eine Internetpräsenz, indem sie in den Menüs Links anwählen und so von Unterseite zu Unterseite springen. Wie geduldig sie dies tun und ob sie dabei alles finden, was es zu sehen gibt, hängt ganz wesentlich von der internen Verlinkung der Website ab. Bei einer guten Verlinkung sollte es möglich sein, mit maximal drei Klicks von jeder Seite einer Webpräsenz zu einer beliebigen anderen Seite zu gelangen. Dies ist auch bei umfangreichen Websites in der Regel erreichbar und sollte angestrebt werden. Nicht nur die Crawler, sondern auch die menschlichen Besucher werden es zu schätzen wissen (▶ Kap. 3).

> **Tipp**
>
> Zumindest die Startseite sollte über einen Direktlink von jeder Einzelseite schnell erreichbar sein. Im Idealfall gilt dies auch für die wichtigsten Rubriken.

Die Domain

Eine gute Domain ist einer der wichtigsten Faktoren für Erfolg bei den Suchmaschinen. Im Idealfall kommen wichtige Keywords in der Domain vor. Eine solche Domain nennt man „Keyword-Domain".

Strebt man eine Topplatzierung zum Beispiel für das Keyword „rehaklinik chemnitz" an, ist eine Domain wie www.rehaklinik-chemnitz.de ein erheblicher Wettbewerbsvorteil. Es lohnt sich also, schon bei der Domainauswahl die SEO-Ziele im Auge zu haben. Über die Stränge schlagen sollte man aber auch hier nicht: Lange Domains mit vielen Keywords scheinen zwar auf den ersten Blick toll, sind aber sehr nutzerunfreundlich. Hier sollte man stets einen guten Kompromiss suchen.

Bei der Domainregistrierung ist es empfehlenswert, großzügig zu verfahren und zum Beispiel Variationen der Hauptdomain zu registrieren (mit und ohne Bindestrichen, mit und ohne Umlauten usw.). Auch die wichtigsten Top-Level-Domains gehören mit in das Domain-Portfolio, und zwar nicht nur, um internationale Wirkung zu erzielen. Zwar ist in Deutschland die Top-Level-Domain „de" Standard, doch sollten auch die Domains mit den Endungen „com", „net" und „org" gesichert werden. All dies dient vor allem der Absicherung gegen die Konkurrenz.

Auch wenn Sie mehrere für die Klinik nützliche Domains registriert haben, sollten Sie nur eine davon für Ihre Homepage nutzen. Alle anderen Domains dienen nur als Sekundärdomains und werden auf die Hauptdomain weitergeleitet.

❗ **Betreiben Sie auf gar keinen Fall dieselbe Seite unter mehreren verschiedenen Domains. Dies gilt als Duplicate Content und ist eine der Todsünden der Suchmaschinenoptimierung.**

Auch wenn diese Argumente dafür zu sprechen scheinen, sich nun schnell eine gute Keyword-Domain auszudenken und die gute alte Domain www. klinik-musterstadt.de aufzugeben, ist hier eine nüchterne Abwägung nötig. Eine neue Domain bedeutet für die Suchmaschinen in aller Regel, dass es sich um eine völlig neue Website handelt. Eine über viele Jahre erkämpfte Autorität ist unter Umständen verloren, wenn die Domain gewechselt wird. Die meisten Backlinks der alten Domain werden ebenfalls wertlos. Es gilt also, Gewinn und Verlust nüchtern gegeneinander abzuwägen. Im Zweifel kann hier ein SEO-Experte Rat geben und den Umbau so begleiten, dass Verluste minimiert werden.

Microsites für Spezialisierungen

Da der Vorteil von Keyword-Domains kaum zu überschätzen ist, kann man im Klinik-Marketing darüber nachdenken, einzelne Bereiche der Website in sogenannte Microsites auszulagern, die unter eigenen Keyword-Domains betrieben werden. Soll beispielsweise der Geburtshilfe-Bereich besonders gefördert werden, wäre eine Domain wie www.geburtshilfe-klinik-chemnitz.de oder vielleicht www.geburt-chemnitz.de von erheblichem Vorteil. Da diese Domain aber nicht für die gesamte Klinik geeignet ist, dient sie als Domain für eine eigene Website im Corporate Design des Krankenhauses, die durch Verlinkungen intensiv mit der Hauptseite verknüpft wird. Diese Microsite kann sehr gezielt für spezielle Ansprüche optimiert werden und so erfolgreicher sein als ein entsprechender untergeordneter Teilbereich, der auf der großen Klinik-Website eingerichtet würde.

Eine gute Strategie für die Arbeit mit Microsites ist aufwändig und erfordert viel Erfahrung. Ein SEO-Experte sollte schon in der Planung hinzugezogen werden.

URL-Design

Jede einzelne Seite einer Website verfügt über eine eigene eindeutige Adresse, die URL (Uniform Resource Location). Der vordere Teil der URL besteht – grob gesagt – aus dem Domainnamen, auf den der Dateiname der einzelnen Seite folgt. Zwischen beiden stehen unter Umständen noch die Namen von Ordnern, in die die einzelnen Seiten einsortiert sind. Die URL einer Seite zur Brustkrebsprävention in der Rubrik „Gynäkologie" könnte idealerweise so aussehen: http://www.klinik-chemnitz.de/gynaekologie/brustkrebs.html

Wie im Beispiel zu sehen, ist es möglich, allein durch die Benennung von Ordnern und Seiten weitere Keywords direkt in der URL unterzubringen. Diese sehr effektive Technik wird oft aus reiner Bequemlichkeit nicht genutzt. Das Web ist voll von URLs wie dieser: http://www.kreiskrankenhaus-merseburg.de/cat12/id546.html. Hier wurde viel wertvolles Potential verschenkt.

Sichten Sie Ihre Website, ob die URLs aussagekräftig und Keywords enthalten sind. Benennen Sie Dateien und Ordner um, die aussagefrei oder zu allgemein sind.

Tipp

Achten Sie bei Umformulierungen der URLs unbedingt auf die internen Links, etwa im Menü Ihrer Website, damit diese nicht weiterhin zu den alten URLs verweisen.

Content-Management-Systeme und Permalinks

Content-Management-Systeme (CMS) erzeugen die Dateinamen der Seiten meist automatisch, was in der Regel zu kryptischen Zahlenketten mit Parametern führt. Diese weder nutzer- noch suchmaschinenfreundlichen URLs lassen sich bei den meisten modernen CMS durch sogenannte „Permalinks" ersetzen, die keine dynamischen Parameter mehr enthalten und eher den oben beschriebenen festen HTML-Adressen entsprechen. Es muss also in jedem Fall ein CMS her, das solche Permalink-URLs ermöglicht und dann die optimale Gestaltung dieser URLs aufmerksam umgesetzt werden.

> **Tipp**
>
> Verwenden Sie in Dateinamen und Ordnern Bindestriche (-) zur Trennung von Wörtern, keine Unterstriche (_), wie sie Programmierer gern benutzen. Suchmaschinen kommen mit Bindestrichen besser zurecht.

Sitemap

Eine Sitemap listet alle Seiten einer Homepage auf. Auf vielen Internetseiten gibt es eine Sitemap, die Nutzern die Orientierung erleichtern soll. Diesen Service kann man auch den Suchmaschinen bieten. Für die Crawler der Suchmaschinen sind spezielle Sitemaps im XML-Dateiformat gute Orientierungen über den Umfang der Website. Sie erleichtern und beschleunigen deren Erfassung erheblich. XML-Sitemaps sind schnell und unkompliziert zu erstellen. Der zügigste Weg ist, einen Onlineservice wie den unter http://www.xml-sitemaps.com kostenlos bereitgestellten zu benutzen. Die erstellte und heruntergeladene XML-Datei wird dann unter dem Namen sitemap.xml in das Haupt-Verzeichnis der Website gelegt. Die Suchmaschinen-Crawler finden sie dort automatisch. Bei jeder Änderung an der Website, bei der Seiten hinzugefügt, entfernt oder umsortiert wurden, muss dieser Prozess wiederholt werden.

> **Tipp**
>
> Viele Content-Management-Systeme können XML-Sitemaps automatisch oder mittels entsprechender Plugins erstellen. Dies ist der bequemste Weg für Seitenbetreiber.

Duplicate Content

Suchmaschinen möchten Nutzern bei einer Suchanfrage möglichst viele unterschiedliche Treffer bieten. Oft kommt aber ein passender Text im Internet gleich mehrfach vor, zum Beispiel ein Artikel aus Wikipedia, den jeder Website-Besitzer ganz legal bei sich als Erklärungstext wiedergeben darf. Damit Suchende im Suchergebnis nicht mehrmals denselben Text auf unterschiedlichen Websites angeboten bekommen, entscheiden sich Suchmaschinen in solchen Fällen für eine Variante, die Priorität erhält, und blenden die anderen Versionen aus. Dieser Duplicate Content – mehrmals identisch im Netz vorkommender Inhalt – ist für Seitenbetreiber ein Problem. Die Suchmaschine entscheidet, welche Version sie als „Original" wertet und als einzige im Suchergebnis anzeigt. Hat man also Texte auf der Website, die woanders auch vorkommen, kann es passieren, dass die eigene Seite gar nicht im Suchergebnis auftaucht.

> **Tipp**
>
> Vermeiden Sie es, Texte von anderen Quellen zu übernehmen – auch wenn dies lizenzrechtlich möglich wäre. Die kopierten Texte bringen Ihnen kaum einen Vorteil, sondern können schlimmstenfalls sogar den Ruf Ihrer Website bei der Suchmaschine beschädigen.

Besonders negativ kann es sich auswirken, wenn die gesamte Internetpräsenz an mehreren Orten im Internet verfügbar ist – also vollständig gespiegelt ist. Gewöhnlich wertet die Suchmaschine nur eine davon als echt und gibt diese als Suchergebnis aus, der Rest fällt unter den Tisch. Auf den guten Ruf einer Website bei der Suchmaschine hat dieses Phänomen keinen guten Einfluss.

Ursache für eine so gespiegelte Domain kann zweierlei sein: Möglicherweise wird ein und dieselbe Seite auf mehreren Domains betrieben. Das ist zwar technisch und rechtlich kein Problem, wird aber von Suchmaschinen gar nicht geschätzt. Die zweite Variante: Jemand hat die gesamte Seite kopiert und woanders auf eigene Rechnung ins Netz gestellt. Auch dies ist technisch kein Problem, aber ein veritabler Verstoß gegen das Urheberrecht. In diesem Fall kann und sollte man rechtliche Schritte einleiten.

Der erste Fall kommt erfahrungsgemäß sehr häufig vor. Er entsteht, wenn ein Website-Besitzer mehrere Domains registriert und alle auf dieselbe Website schalten lässt. Das korrekte Verfahren wäre jedoch, nur eine Hauptdomain direkt für die Website zu nutzen und alle anderen sekundären Domains auf diese Hauptdomain umzuleiten. Dies können Betreiber in den Domaineinstellungen der meisten Webhoster relativ einfach regeln. Bei dieser Lösung gibt es keinerlei Probleme mit Duplicate Content.

Was Suchmaschinen nicht mögen

Neben Duplicate Content gibt es weitere Phänomene, die bei Suchmaschinen unbeliebt sind bzw. mit denen die Crawler technisch nicht umgehen können. Hier einige Dinge, die Sie bei Ihrer Website aus SEO-Sicht meiden sollten:

Frames Als Gestaltungselement gehören die Frames in die Urzeit des Internets und sind schon lange out. Trotzdem nutzen manche Webdesigner sie immer noch. Für die Crawler der Suchmaschinen ist es schwierig bis unmöglich, von einem Frame in den nächsten zu springen. Was effektiv bedeutet, dass sie in der Regel nur den äußersten Frame erfassen und nicht bis zu den eigentlichen Inhalten der Seite vordringen können. Unbedingt vermeiden!

Flash Mit Flash lassen sich hübsche Animationen erstellen und sogar komplette Internetseiten dynamisch und ästhetisch ansprechend gestalten. Aber Vorsicht: Die Crawler können die Inhalte der Flash-Animationen nur schlecht auslesen. Eine Flash-Website, die für den User einen schönen optischen Eindruck macht, ist für die Suchmaschinen oft nur Textchaos. Flash-Animationen sollten daher zur Sicherheit höchstens unterstützend eingesetzt werden.

Javascript Bei Javascript ist die Lage noch diffiziler. Diese Technik ermöglicht dynamische Elemente auf einer Website und wird von den Crawlern der Suchmaschinen grundsätzlich akzeptiert. Hier gilt es, stets im Einzelfall zu testen, was suchmaschinenkompatibel ist und was nicht.

Manipulationstaktiken In der Frühzeit der Suchmaschinen gab es viele Manipulationstaktiken, die heute nicht mehr funktionieren und sogar zu harten Abstrafungen führen können. Clevere Webmaster brachten etwa wichtige Keywords auf der Seite unter, indem sie sie mit weißer Schrift auf weißem Hintergrund darstellten. Für Besucher unsichtbar und daher nicht weiter störend, konnten die Crawler der Suchmaschinen dies anfangs nicht von normalem Text unterscheiden. Inzwischen reagieren die Suchmaschinen auf derartige Strategien jedoch negativ. Ähnliches gilt für künstlich mit Keywords überladene Texte („Keyword-Stuffing"). All dies sollte man natürlich auch heute noch tunlichst vermeiden.

4.3.2 Head der Website

Der Head einer HTML-Seite ist für den normalen Surfer unsichtbar. Die Informationen darin sind für Maschinen gedacht, zum Beispiel die Browser oder für die Crawler der Suchmaschinen. In ihnen sind beispielsweise Zeichencode, Herkunftsland und Sprache der Website genannt. Jede einzelne HTML-Seite hat einen eigenen Head. Um den Head betrachten zu können, muss man den Quelltext aufrufen (im Browser mit einem Rechtsklick in die Seite und dann im sich aufklappenden Kontextmenü die Option „Quelltext aufrufen" auswählen). Je nach Geschmack

◘ Abb. 4.2   Screenshot: Titel im Browser

und Gründlichkeit des Webdesigners kann der Head mehr oder weniger Angaben umfassen (◘ Abb. 4.2). Aus Suchmaschinensicht sind allerdings nicht alle von diesen „Meta-Tags" genannten Einträgen von Interesse. Die wirklich wichtigen sind im Folgenden erläutert.

Inhaltsbezogene Meta-Tags

Title

Der Title ist aus SEO-Sicht der wahrscheinlich wichtigste Eintrag im Head. Was hier steht, wird vom Browser als Seitentitel in der Titelleiste verwendet und von den Suchmaschinen als blau dargestellter Link in den Suchergebnissen benutzt. Schon dies ist Grund genug, auf die Title-Benennung Mühe zu verwenden. Denn ein guter Linktext in der Ergebnisliste hat neben der Platzierung den größten Einfluss darauf, ob das Ergebnis angeklickt wird oder nicht. Aber die Bedeutung des Titles erschöpft sich nicht darin. Die Suchmaschinen messen den Worten, die im Title vorkommen, große Bedeutung bei. Hier ist der rechte Ort für Keywords. Dabei zählt jedes Wort, aber auch ihre Reihenfolge: Das Wichtigste gehört an den Anfang. Man sollte also nicht das erste Wort an einen Artikel oder ein „Prof. Dr." verschwenden. Suchmaschinen stellen in den Ergebnisseiten höchstens 65 Zeichen

des Titles dar. Wenn man die Titles von vornherein auf diese Maximallänge beschränkt, hat man alles unter Kontrolle.

❶ Auch wenn es Arbeit macht: Der Title soll die Seite, die er betitelt, individuell beschreiben. Verwenden Sie also für jede Einzelseite einen eigenen Title, wiederholen Sie sie nicht. Kommt ein Title mehrfach vor, folgert die Suchmaschine, dass er keine Unterscheidungskraft besitzt, und ignoriert ihn!

Description

Nach dem Title besitzt die Description die größte Bedeutung für die Suchmaschinenoptimierung des Heads. Der hier eingegebene Text liefert die Beschreibung, die von Suchmaschinen als zweizeiliger schwarzer Text unter dem Link auf den Ergebnisseiten angezeigt wird. Gibt es keine Description im Head der Seite, sammelt die Suchmaschine willkürlich passend scheinende Textschnipsel von der Seite zusammen und stellt sie dort dar.

Auch hier sollte gründlich mit passenden Keywords gearbeitet werden, denn die Suchmaschinen nehmen diesen Text ernst. Es gilt im Grundsatz dasselbe wie beim Title: Die Description soll die Seite, die sie beschreibt, auch wirklich individuell beschreiben. Jede Seite verdient eine eigene Description. Wiederholungen schwächen den Effekt.

Google stellt nur maximal ca. 150 Zeichen der Description auf der Ergebnisseite dar. Wenn Sie also das Beste aus der Description herausholen wollen, beschränken Sie sie von vornherein auf diese Länge.

Keywords

Der Meta-Tag „Keywords" hat kaum noch nennenswerte Bedeutung für die Suchmaschinen. In der Frühzeit des Internets war er wichtig, doch schnell wurde klar, dass auf diesem Weg zu viel manipuliert wird. Seitdem ignorieren die Suchmaschinen ihn weitgehend, und es lohnt kaum, Mühe und Zeit hineinzustecken.

🛈 **Weil es immer wieder zu Verwirrung führt: Der Meta-Tag „Keywords" und sein Inhalt mag unwichtig sein. Die Keywords an sich sind es nicht. Sie sind die Grundlage der Suchmaschinenoptimierung und müssen an jedem wichtigen Ort prominent vorkommen.**

> **Tipp**
>
> Stellen Sie bis zu zehn der wichtigsten Keywords zusammen, die für die Internetpräsenz der Klinik insgesamt von Bedeutung sind, und lassen Sie sie identisch in den Head jeder Einzelseite einbauen. Mehr Aufwand lohnt nicht. Maximal könnten Sie für jede Rubrik der Seite ein individuelles Set zusammenstellen.

Ortsbezogene Meta-Tags: Die „Geo-Tags"

Die Geo-Tags sind ein ganzes Bündel von Meta-Informationen, die eine genauere Lokalisierung dessen, was auf der Website angeboten wird, ermöglichen sollen. Durch die starke Zunahme lokalisierter Suche gewinnt dieser Aspekt schnell an Bedeutung und ist für Klinik-Websites wegen der überwiegend regionalen Ausrichtung von besonderer Wichtigkeit.

Geo-Tags liefern genaue Angaben zu Land, Bundesland, Ort, Postleitzahl und den konkreten Koordinaten (geographische Länge und Breite), die von den Crawlern der Suchmaschinen verstanden und

archiviert werden. Neben dem Ort als Keyword in den Texten auf der Seite liefern die Geo-Tags also ein weiteres Indiz, das der Suchmaschine die lokale Zuordnung ermöglicht.

So könnte ein hypothetisches Krankenhaus, das am Hauptsitz des Bundesgesundheitsministeriums in Bonn stünde, folgende Geo-Tags im Head ihrer Seiten einbauen:

- ▬ `<meta name="zipcode" content="53123" />`
- ▬ `<meta name="city" content="bonn" />`
- ▬ `<meta name="country" content="germany" />`
- ▬ `<meta name="geo.region" content="de-nw" />`
- ▬ `<meta name="geo.placename" content="bonn" />`
- ▬ `<meta name="geo.position"` `content="50.720224;7.062138" />`
- ▬ `<meta name="icbm" content="50.720224,` `7.062138" />`

Nicht wundern: Die Angaben sind teilweise redundant. Es gibt verschiedene Geo-Tag-Systeme, die nebeneinander existieren. Daher zur Sicherheit beide einfügen.

> **Tipp**
>
> Im Internet gibt es Services, mittels derer Sie sich unter Angabe einer Adresse ein Set von Geo-Tags erzeugen lassen können, das Sie nur noch in den Head kopieren müssen, zum Beispiel http://www.geo-tag.de/generator/de.html.

Technikbezogene Meta-Tags

Robots

Dieser Meta-Tag enthält Anweisungen für die Crawler der Suchmaschinen, wie sie die Seite behandeln sollen. Folgende mögliche Einstellungen sind relevant:

Einstellungen in Robots
- ▬ index bzw. noindex: Hiermit erlaubt bzw. verbietet man dem Crawler, die Seite in den Index der Suchmaschine aufzunehmen. Seiten, die im Head auf „noindex" gestellt sind, werden nie in

irgendeiner Suchmaschine gefunden werden können. Diese Einstellung kann durchaus sinnvoll sein, wenn man zum Beispiel Duplicate-Content-Probleme vermeiden will oder bestimmte Inhalte vor dem Abspeichern im Suchmaschinenindex bewahren möchte.

- follow bzw. nofollow: Hiermit erlaubt bzw. verbietet man dem Crawler, den Links, die er auf der Seite findet, weiterzuverfolgen. Von hier abzweigende Unterseiten werden also vom Crawler nicht mehr angeschaut.

In der Regel sollte dieser Meta-Tag so aussehen: <meta name="robots" content="index, follow" />. Eine so markierte Seite ist vollständig für die Suchmaschine geöffnet.

Canonical

Der Canonical-Tag wurde 2009 von den Suchmaschinenbetreibern selbst eingeführt und sollte Website-Besitzern dazu dienen, die mit Duplicate Content verbundenen Probleme in den Griff zu bekommen. Sollte es aus irgendwelchen Gründen notwendig sein, mehrere identische Seiten unter verschiedenen Domains zu betreiben (wovon grundsätzlich abzuraten ist), kann der Canonical-Tag die Probleme abfangen, die eigentlich entstehen müssten. Grundsätzlich würden die Suchmaschinen die doppelten Contents abwerten und sich eine der Varianten aussuchen, die als einzige in den Suchmaschinen auftauchen würde. Durch den Canonical-Tag lässt sich dies nicht verhindern, man kann damit jedoch beeinflussen, welche der Varianten angezeigt wird.

Wenn also unter www.domain-a.de/seite1.html und unter www.domain-b.de/seite1.html identische Inhalte auftauchen, würden schlimmstenfalls beide Seiten darunter leiden müssen. Der Besitzer kann jedoch auf beiden Seiten den folgenden Tag in den Head einbauen: <link rel="canonical" href="http://www.domain-a.de/seite1.html" />. Daraus erfährt die Suchmaschine, dass die www.domain-a.de Priorität genießt, und behandelt die beiden Seiten entsprechend.

Für eine gut durchdachte Webpräsenz sollte es normalerweise keine Notwendigkeiten geben, die

gegen die weit sauberere Lösung der Domain-Weiterleitungen sprechen. Korrekte Canonical-Tags auf allen Seiten schaden jedoch nie.

Content-Type

Dieser Tag bezeichnet den auf der Website verwendeten Zeichencode. Er ist wichtig für die Crawler, um den Text, vor allem die Umlaute und Sonderzeichen, korrekt lesen und indexieren zu können. Wenn beispielsweise Umlaute in den Textausschnitten auf der Suchergebnisseite nicht korrekt dargestellt sind, liegt dies meist daran, dass die Crawler die Zeichen wegen eines falschen oder fehlenden Content-Type-Tags fehlerhaft interpretiert haben. Eine für deutsche Websites typische Variante ist <meta http-equiv="content-type" content="text/html; charset=utf-8" />.

Language

Dieser Meta-Tag benennt die Sprache, in der die Seite verfasst ist. Der Crawler der Suchmaschine sollte zwar auch von selbst darauf kommen – aber sicher ist sicher. Für eine deutschsprachige Seite sieht der korrekte Meta-Tag so aus: <meta name="language" content="de" />.

4.3.3 Inhalt optimieren

Nach dem unsichtbaren Head zum wirklich Wichtigen: den eigentlichen Inhalten, also jenen Texten und Bildern, die der menschliche Seitenbesucher lesen und ansehen kann. Sie sind auch für die Suchmaschinen der wichtigste Teil der Seite, und zwar aus dem einfachen Grund, dass Suchmaschinen ihren Nutzern gute, inhaltsstarke Ergebnisse ausliefern wollen.

Grundsätzlich ist es so, dass die Crawler der Suchmaschinen nur normalen Text lesen können. Daher stehen Keyword-optimierte Text-Inhalte an der Spitze der relevanten Inhalte. Doch auch die anderen möglichen Inhalte (Bilder, Dokumente, Tondateien und Videos) können suchmaschinenoptimiert werden.

Suchmaschinenadäquate Texte

Schauwert durch schicke Animationen und attraktive Grafiken nutzt bei Suchmaschinen nichts – die Crawler können nicht sehen, sondern nur lesen. Die

Suchmaschine benötigt Futter in Form von Texten, die mit den relevanten Inhalten angereichert sind. Es genügt allerdings nicht, wichtige Keywords so oft wie möglich überall auf der Website unterzubringen. Die Crawler sind intelligent genug, um künstlich mit Keywords vollgestopfte Texte als das zu erkennen, was sie sind: Kauderwelsch. Ganz abgesehen davon schrecken sie so die Besucher ab – und diese sind und bleiben ja das eigentliche Zielpublikum.

Zudem versuchen die Crawler das Leseverhalten von Menschen nachzuahmen und bewerten manche Textelemente höher als andere. Man kennt es aus der Medienforschung: Manche Textteile fallen mehr ins Auge. Diese Hingucker werden von den Suchmaschinen als besonders wichtig eingeschätzt:

- Überschriften und Zwischentitel,
- Hervorhebungen im Text (fett, kursiv),
- Textanfang und Textende,
- Aufzählungen mit Spiegelstrichen, Punkten oder anderen Elementen,
- Bildunterschriften.

Die größere Aufmerksamkeit der Suchmaschinen auf diese Textbausteine bedeutet: Hier ist der beste Platz für die Keywords.

Tipps für das suchmaschinengerechte Schreiben Lösen Sie sich davon, Wiederholung stets vermeiden zu wollen. Verwenden Sie aus SEO-Gründen sogar unbedingt denselben Begriff sowie damit verwandte Begriffe mehrmals im Text, damit man merkt, was wichtig ist. Die „Keyword-Dichte" und die semantischen Zusammenhänge des Textes, also die Häufigkeit des Vorkommens eines bestimmten Keywords und verwandter Begriffe, ist ein wichtiges Argument für Suchmaschinen.

Vorsicht mit Fachbegriffen. Schreiben Sie laienverständlich. Es sei denn, die Zielgruppe sind medizinische Fachleute, z. B. Zuweiser. Verwenden Sie nur Abkürzungen, wenn Sie sicher sind, dass sie allgemein bekannt sind. Dasselbe gilt umgekehrt: Beispielsweise bringt eine Seite, auf der mehrfach der Begriff „In-vitro-Fertilisation" vorkommt, wenig, wenn „ivf" der gängigere Ausdruck ist.

Schreiben Sie für jedes Keyword – also für jeden Sachzusammenhang – eine eigene Schwerpunktseite. Diese ist dann innerhalb der Klinik-Präsenz die „Landing Page" für das Keyword, also die Seite, die beim Googeln des Keywords in den Suchergebnissen erscheinen soll. Verwenden Sie nicht mehrere Keywords auf einer solchen Landing Page – Sie schwächen damit nur alle Keywords zugleich. Vergessen Sie dabei nicht, Inhalt und Meta-Tags aufeinander abzustimmen.

Das Aushängeschild: Die Startseite

Die Startseite ist die wichtigste einzelne Seite einer Internetpräsenz. Sie ist das Aushängeschild und erster Eindruck nicht nur für Besucher, sondern auch für die Suchmaschinen. Da in der Regel auch die meisten Links aus dem Netz auf sie verweisen, ist sie zudem die stärkste einzelne Seite. Diese Möglichkeiten gilt es optimal zu nutzen. Wichtigstes Kriterium für eine für Suchmaschinen attraktive Startseite ist: ausreichend verwertbarer Text.

Noch immer gibt es viele Websites, die ihre Startseite an eine sogenannte Intro-Page verschwenden. Intro-Pages bestehen meist aus einer großflächigen Grafik oder Animation, die Besucher willkommen heißt oder anderweitig auf die Seite einstimmen will, und aus sehr wenig Text. Sie sind Relikte aus den Tagen, als es noch kein Internet gab – reiner Zierrat ohne Funktion für die Seitenbesucher.

> **Tipp**
>
> Wenn Sie eine nützliche Website kreieren wollen, verzichten Sie auf den Schauwert des Intros und bieten Sie Besuchern gleich das, wofür sie gekommen sind: Informationen. Internetnutzer sind in hohem Grade ungeduldig. Strapazieren Sie das wenige an Geduld nicht mit nutzlosen Intro-Pages.

Aus SEO-Sicht ist es noch schlimmer: Da Intro-Pages meist sehr wenig Text enthalten, finden Suchmaschinen dort fast nichts Verwertbares. Aus ihrer Sicht ist die Startseite der Website also leer. Auf diese Weise geht kostbares SEO-Potential verloren.

Die Texte auf der Startseite sollten nicht zu umfangreich sein, aber dennoch die wichtigsten Keywords enthalten. Eine kurze Beschreibung der wichtigsten Spezialisierungen, Services und Abteilungen ist normalerweise die beste Strategie. Floskelhafte Philosophien wie „Ihre Gesundheit ist uns wichtig" sind wirklich überflüssig, denn sie haben praktisch keine Unterscheidungskraft, und ihr Informationswert für Patienten ist auch eher dürftig. Auch eine Überschrift wie „Willkommen in unserer Klinik" ist wertlos. Diese Floskel bietet dem Besucher keine Information, er fühlt sich auch nicht besser aufgehoben. Die Hauptüberschrift auf der Startseite ist einer der wichtigsten Orte auf der gesamten Website, also gehören Keywords hinein: „Kreiskrankenhaus Uckermark – Medizin, Vorsorge und Rehabilitation im Norden Brandenburgs" wäre zum Beispiel eine weit bessere Variante.

Bilder optimieren

Bilder sind als Blickfang und optisches Gestaltungselement wichtig. Auch aus Suchmaschinensicht können sie interessant sein, vor allem, seit die Suchmaschinen häufiger multimediale Ergebnisse in die Suchergebnislisten einblenden. Aber: Die Bilder selbst werden von den Suchmaschinen nicht analysiert. In einem Bild befindlicher Text kann nicht entziffert werden, Gesichter und Gegenstände werden bislang nicht zuverlässig identifiziert. Die Suchmaschine weiß also nicht, was oder wer auf dem Bild dargestellt ist. Daraus folgt: Die Suchmaschine braucht Hinweise, für welche Keywords das Bild relevant ist. Für diese Hinweise gibt es drei mögliche Quellen:

Der Dateiname   Wenn man SEO ernst nimmt, darf eine Bilddatei nicht als DSC009645.jpg oder bild02.jpg benannt werden. Stattdessen sollte es prof-mueller-neurochirurgie-mainz.jpg heißen, wenn auf dem Bild der leitende Neurochirurg zu sehen ist. Kurz: In den Dateinamen gehören Keywords.

Das alt-Attribut   Beim Einbinden eines Bildes in den HTML-Code besteht die Möglichkeit, dem Bild eine Beschreibung zuzuweisen, das sogenannte alt-Attribut. Es kann eine kurze Beschreibung des Bildes enthalten und wird von den Suchmaschinen als solche betrachtet. Übrigens wird es Blinden auch als Beschreibung des Bildes vorgelesen, verbessert also die Barrierefreiheit der Website (▶ Kap. 3).

Der Text   Textinhalte, die in direktem Umfeld des Bildes stehen, werden ebenfalls als relevant eingestuft. Besonders wichtig ist hier natürlich die Bildunterschrift.

> **Tipp**
>
> Verwenden Sie manche Bilder mehrfach auf verschiedenen Seiten der Website, lohnt es sich durchaus, Dateinamen und alt-Attribut jeweils für die individuelle Seite anzupassen.

Videos und Tondateien

Für multimediale Inhalte wie Videos und Tondateien gilt Ähnliches wie das eben für Bilder Erläuterte. Auch hier kann die Suchmaschine von sich aus praktisch keine Kenntnisse über den Inhalt der Medien gewinnen. Sie müssen durch Dateinamen und beschreibende Texte näher charakterisiert werden. Die Methoden sind die gleichen wie bei Bildern.

PDF-Dokumente

PDF-Dateien sind wunderbares Suchmaschinenfutter. Suchmaschinen lieben sie, weil sie sie gut lesen und archivieren können und überdies annehmen, dass in PDFs abgelegte Informationen dauerhafter sind als die flüchtigen Inhalte von Webseiten. Besonders für weiterführende Informationen – zum Beispiel zur diagnostischen Ausstattung einer Einrichtung – eignen sich PDF-Dokumente hervorragend. Auch das PDF-Dokument sollte keyword-optimiert geschrieben werden. PDFs werden so wie normale Webseiten von den Suchmaschinen analysiert und gefunden. Es sollten also grundsätzlich dieselben Schreibregeln angewandt werden wie bei Internettexten. Wie bei Bildern sollte der Dateiname so sprechend wie möglich sein und unter Benutzung von Keywords gewählt werden.

Auch PDF-Dokumente haben Meta-Tags. Jedem Dokument können Title, Description und Keywords zugeordnet werden. Versehen Sie unbedingt alle online gestellten PDFs mit diesen Tags – aus denselben Gründen, aus denen es sich für Webseiten lohnt. Mit dem Standardprogramm Acrobat Reader ist dies nicht möglich, es gibt jedoch spezielle Tools dafür. Eine kostenfreie Lösung ist zum Beispiel das kleine Programm „PDF Info" der Firma Bureausoft, das man unter www.bureausoft.com herunterladen kann. Mit ihm lassen sich schnell und einfach die wichtigsten Tags einer PDF-Datei erstellen bzw. ändern.

Damit Menschen mit Sehbehinderungen ihre selbst erstellten PDFs auf Word-Basis, beispielsweise Feedbackbögen, vorgelesen bekommen können, müssen diese nach bestimmten Regeln formatiert werden. (Wie das funktioniert, lesen Sie in ▶ Kap. 3.)

Landing Pages und Service-Seiten

Umfangreiche und informative Inhalte sind das, was eine Website auf der Suchmaschinenliste am schnellsten und nachhaltigsten nach oben bringt. Ein koordinierter Aufbau von Landing Pages – speziell für bestimmte Themen, also aus SEO-Sicht für spezielle Keywords – ist dabei die beste Strategie. Ein guter Ort für solche Seiten sind die auf Klinik-Websites vorhandenen Bereiche für einzelne Fachabteilungen und Spezialisierungen, wo Team, Diagnose- und Behandlungsangebote vorgestellt werden. Auch einzelne Seiten von jeweils zur Fachabteilung passenden Krankheiten oder Symptomen können als Landing Pages wichtige Keywords abdecken.

Ein schöner Weg, weitere Besucher auf die Website zu ziehen und zugleich bestimmte Keywords gezielt zu stärken, ist die Einbindung kleiner Service-Seiten. Hier ist vor allem Kreativität gefragt.

Beispiele für die Einbindung von Service-Seiten Um die Relevanz des Klinik-Standortes als Keyword zu steigern, könnten Sie eigene Info-Seiten dazu anlegen. Das ist ganz einfach: etwas Geschichte, wichtige Sehenswürdigkeiten und vielleicht etwas zum lokalen und regionalen Umfeld des Krankenhauses. Dazu ein paar gute Fotos und interessante Links. Mit einer solchen Seite wird der Suchmaschine deutlich signalisiert, dass die Website etwas mit dem Ort und der Region zu tun hat. In Großstädten ist es vielleicht sogar lohnenswert, sich je nach Einzugsgebiet auf einzelne Stadtteile zu konzentrieren.

Zudem bietet es sich als Patientenservice an, eine Seite mit Adressen von niedergelassenen Ärzten oder MVZ im regionalen Umfeld anzulegen, die auf die eine oder andere Art mit dem Krankenhaus zusammenarbeiten. Hier können Klinik-Betreiber auch deren Websites verlinken und im Gegenzug absprechen, von ihnen verlinkt zu werden. Solche Kooperationen tun beiden Seiten gut.

Ein schöner Service ist auch ein Bereich mit Neuigkeiten aus dem Fachgebiet oder Lokalnachrichten, die für die Zielgruppe interessant sein könnten.

Für derartige Ideen ist vor allem Kreativität gefragt. Lassen Sie sich durch erfolgreiche Beispiele inspirieren.

4.3.4 Backlink-Aufbau

In vielerlei Hinsicht ist die Optimierung der Website selbst, deren Grundlagen auf den vorangehenden Seiten beschrieben wurde, die Pflicht der Suchmaschinenoptimierung. Die Kür und damit das, was am Ende den Erfolg ausmacht, ist der Ausbau der Verlinkungen. Suchmaschinen betrachten jeden Link, der von irgendwo aus dem Internet auf eine Seite verweist, als Empfehlung für diese Seite. Diese Backlinks genannten Verlinkungen werden von den Crawlern registriert und gezählt. Je mehr Backlinks eine Site hat, desto beliebter ist sie im Internet. Und desto mehr Macht hat sie in den Suchmaschinen. Zwar wird dieser Faktor nicht mehr so stark wie noch vor einigen Jahren gewertet, ist aber noch immer sehr bedeutend.

Die Qualität von Backlinks

Natürlich ist nicht jeder Backlink gleich viel wert. Ein Backlink von einer Seite, die ihrerseits besonders viele Backlinks besitzt, ist unter Umständen wertvoller als ein Backlink von 1000 Seiten ohne nennenswerte Linkpower. Ein guter Indikator dafür, wie wertvoll ein Backlink ist, ist der Google PageRank der linkgebenden Seite. Aber es wird noch komplizierter: Website-Betreiber haben die Möglichkeit, einen Link durch das sogenannte NoFollow-Attribut für Suchmaschinen praktisch zu entwerten. Hierbei wird dem cinzelnen Link im Quelltext das Kommando „nofollow" zugeordnet, das die Suchmaschinen anweist, den Link nicht zu zählen. Abgesehen von wenigen Ausnahmen (z. B. Wikipedia) sind NoFollow-Links also praktisch wertlos und stärken die eigene Seite nicht.

Strategien zum Backlink-Aufbau

Um sich ein rentables Linknetzwerk aufzubauen, können Website-Betreiber gute Links mieten oder kaufen. Allerdings sind diese Strategien bei den Suchmaschinen sehr unbeliebt. Das heißt: Links müssen sich verdient werden, und zwar durch gute Inhalte, die von anderen Menschen freiwillig oder auf behutsame Anregung hin verlinkt werden. Oder durch das bewusste Streuen von Links an Orten, wo dies erlaubt ist: in Foren, Kommentarfeldern von Blogs oder auf Frage-Antwort-Seiten. Doch auch hier muss behutsam vorgegangen werden, denn die Betreiber sehen das „Link-Spammen" nicht gern. Zudem ist diese Variante sehr aufwändig und bringt meist nur minderwertige Links ein. Bei den folgenden Strategien ist das Aufwand-Nutzen-Verhältnis besser einzuschätzen:

Pressearbeit   Die effektivste und dauerhafteste Maßnahme für den Backlink-Aufbau ist die regelmäßige Pressearbeit (▸ Kap. 2). Wenn sie Backlinks einbringen soll, muss die Presseabteilung jedoch ein paar Zusatzregeln beachten. Sie sollte zum Beispiel dafür sorgen, dass der Haupttext der Pressemitteilung einen Link zur Webseite enthält – wenn möglich, zu einem Angebot mit weiterführenden Informationen. Einfache Links im Fuß der Pressemitteilungen werden von Website-Betreibern und Journalisten oft weggelassen, wenn sie den Text im Internet publizieren.

Profile im Internet   Dies betrifft hauptsächlich weniger die Klinik selbst als vielmehr die Reputation der dort angestellten Ärzte. Hier ist zuerst an die vielen Online-Suchverzeichnisse und Arztbewertungsportale zu denken, die praktisch alle Ärzte und Zahnärzte in Deutschland auflisten – und zwar in der Regel auch die leitenden Ärzte der stationären Einrichtungen sowie der Häuser selbst (▸ Kap. 2 und 5). Die meisten dieser Verzeichnisse bieten auch die Möglichkeit, im Profil zu einer Website zu verlinken – zur Klinik-Website.

Tipp

Prüfen Sie alle Arzt-Suchverzeichnisse daraufhin, ob Ihre leitenden Ärzte gelistet sind und ob Sie kostenlos einen Link zur Website platzieren können. Egal, wie die Ärzte persönlich zu diesen Angeboten stehen – die Möglichkeit der Verlinkung dort ist sehr wertvoll für die Suchmaschinenoptimierung. Zudem erhöhen Sie damit die Präsenz und Auffindbarkeit des Krankenhauses und seiner Leistungen.

Nebenbei können Sie gleich die Kontaktdaten aktualisieren, falls nötig. Bedenken Sie, dass auch in diesen Verzeichnissen Patienten nach Behandlern suchen – nicht nur bei Google.

Neben den gesundheitsspezifischen Verzeichnissen gibt es auch eine Vielzahl von Branchenverzeichnissen und allgemeinen Info- und Bewertungsseiten, wie beispielsweise www.yelp.de, www.meinestadt.de oder www.webadresse.de. Auch hier können bestehende Einträge ergänzt oder neue angelegt werden – für die Klinik insgesamt, und vielleicht auch für Fachabteilungen und leitende Ärzte. Stets lässt sich dabei ein Link platzieren. Ähnliches gilt für regionale oder städtische Portale.

Aber auch die meisten Seiten im Internet, bei deren Inhalten Nutzer direkt mitarbeiten, stellen ihren Nutzern sogenannte Profilseiten zur Verfügung. Das gilt für die sozialen Netzwerke ebenso wie für die Wikipedia oder Foren und Frage-Antwort-Seiten, etwa auf Gesundheitsportalen (▸ Kap. 5).

Linkpartner   Ein verbreiteter Weg zu Backlinks ist die Vereinbarung von Link-Partnerschaften. Diese beruhen gewöhnlich auf Gegenseitigkeit: Jede Seite gibt der anderen einen Link. Für Krankenhäuser bietet sich ein Partnersystem mit anderen medizinischen Dienstleistern in der Region an, zum Beispiel kommen Apotheken, Reha-Einrichtungen, Medizinische Versorgungszentren, Labore u. a. in Frage.

Webverzeichnisse   Die meisten der sogenannten Webverzeichnisse sind nicht zu empfehlen. Sie stammen noch aus den Anfangstagen des Internets, bevor es gute Suchmaschinen gab, und listen unzählige Websites in einem sortierten Katalog auf. Oft schaden Backlinks dort mehr als sie nutzen. Eine Ausnahme gibt es allerdings: das „Open Directory Project" bzw. DMOZ. Ein Eintrag in dieses Freiwilligenprojekt lohnt sich durchaus noch.

> **Tipp**
>
> Versuchen Sie, die Klinik-Website in das DMOZ aufnehmen zu lassen. Informationen über das Verfahren finden Sie unter http://www.dmoz.org/docs/de/add.html. Es kann erhebliche Zeit dauern, bis der Eintrag freigeschaltet wird. Üben Sie sich in Geduld, Nachfragen bringt hier nichts. Sie können auch weitere URLs dort anmelden, zum Beispiel Links zu den wichtigsten Fachabteilungen.

Social Signals

Die sozialen Netzwerke ermöglichen den Suchmaschinen einen noch direkteren Zugang zu dem, was Nutzer wirklich mögen, als es die Backlinks konnten. Deshalb wird die Bedeutung sogenannter Social Signals immer größer: Gute Inhalte werden heute geteilt, bewertet und kommentiert, sei es bei Facebook, Twitter, Pinterest oder ähnlichen Portalen. Diese Faktoren werden an Bedeutung zweifellos noch weiter zunehmen. Für Websiteinhaber bedeutet dies, dass sie die Wirkung ihrer Inhalte in den Networks im Auge haben und idealerweise auch anstoßen und aktiv befördern sollten.

4.3.5 Optimierung für Google Maps

Wegen der besonderen Bedeutung dieses Dienstes wird hier die Optimierung für Google Maps detaillierter beschrieben. Google Maps bezieht seine Informationen über Unternehmen aus dem Google-eigenen Branchenportal namens Google My Business. Ein Eintrag dort ist besonders wichtig, da Google die Branchenergebnisse oft mit einer kleinen Karte direkt in oder neben den Suchergebnissen darstellt. Damit ziehen diese Einträge viel Aufmerksamkeit auf

sich. User erkennen diese Ergebnisse an dem kleinen umgedrehten roten Tropfen. Auch die immer stärkere mobile Nutzung des Internets, bei der Google Maps oft als lokale Suche und Navigation benutzt wird, steigert die Bedeutung des My-Business-Eintrags.

Hier kann die Klinik selbst tätig werden, der Aufwand ist überschaubar. Erstellen Sie ein Profil unter https://www.google.de/intl/de/business und geben Sie alle relevanten Daten ein. Laden Sie auch gern ein paar Fotos hoch und nehmen Sie sich die Zeit, einen aussagekräftigen Beschreibungstext zu verfassen. Aus Sicherheitsgründen müssen Sie sich am Ende natürlich als tatsächlicher Inhaber verifizieren.

> **Tipp**
>
> Die Ergebnisse, die Google aus den My-Business-Profilen holt, sind sehr auffällig dargestellt und ziehen viel Aufmerksamkeit in den Suchergebnislisten auf sich. Nutzen Sie unbedingt die Möglichkeit, sich hier korrekt und so ausführlich wie möglich zu präsentieren.

Der Dienst Google Maps bietet Nutzern auch die Möglichkeit, Ihr Krankenhaus zu bewerten. Marketingverantwortliche sollten ein Auge darauf haben, wie ihr Haus und eventuell auch ihre leitenden Mediziner hier wirken.

4.3.6 Professionelle Beratung

Die wenigsten Webdesigner und Öffentlichkeitsarbeiter kennen sich bisher gut mit Suchmaschinenoptimierung aus. Und es ist sehr aufwändig, sich selbst in die inzwischen umfangreiche Literatur einzulesen. Für eine Beratung, wie die eigene Website suchmaschinentauglicher wird, können Kliniken Profis engagieren. Suchmaschinenoptimierung ist eine Boombranche, Anbieter schießen wie Pilze aus dem Boden. Alte Platzhirsche wie Abakus aus Hannover oder Sumo aus Köln sehen sich breiter Konkurrenz ausgesetzt. Der passende Dienstleister muss nicht immer ein Branchenprimus sein – unter

Umständen fühlen Sie sich bei einem kleineren Anbieter besser betreut.

> **Tipp**
>
> Wenn Sie einen Profi engagieren wollen, prüfen Sie, ob er etwas von dem Handwerk versteht: Wie lange ist er schon in der Branche tätig? Kann er Referenzen vorweisen? Auch ein spezielles Knowhow im Umgang mit dem Gesundheitsmarkt, der eigenen Regeln und Mechanismen unterliegt, ist von Vorteil.

4.4 SEM: Werben mit Suchmaschinen

Eine zusätzliche Möglichkeit, Aufmerksamkeit in den Suchmaschinen auf sich zu lenken, ist Suchmaschinenmarketing (englisch: Search Engine Marketing, daher die gebräuchliche Abkürzung SEM). Alle großen Suchmaschinen ermöglichen das Schalten von Anzeigen, die den Suchenden bei bestimmten Suchbegriffen über oder neben den Suchergebnissen eingeblendet werden. Wegen der Marktdominanz von Google konzentriert sich der nächste Abschnitt ausschließlich auf das Google-eigene Anzeigensystem: die Google AdWords.

4.4.1 Wie funktionieren AdWords-Anzeigen?

Google AdWords bietet dem Werbenden die Möglichkeit, eine selbst verfasste Anzeige, die auf seine Website verlinkt ist, sehr zielgenau zu platzieren. Während in der normalen Werbung die Streuverluste sehr hoch sind, weil nicht beeinflusst werden kann, in welcher Situation die Anzeige dem Kunden unter die Augen kommt, ist die Lage beim Suchmaschinenmarketing ideal. Eine Anzeige wird dem Kunden genau dann angezeigt, wenn er ohnehin gerade nach etwas in dieser Richtung sucht. Als Werbender kann man jeder Anzeige ein Set von Keywords zuordnen. Wenn dann jemand nach diesen Keywords sucht,

wird die Anzeige über oder neben den Suchergebnissen eingeblendet. Bezahlen muss man dafür nur, wenn die Anzeige auch angeklickt wird – die reine Einblendung ist gratis.

> **Tipp**
>
> Ein schöner Nebeneffekt: Da die reine Einblendung kostenlos ist, steigern Sie ihre Bekanntheit sogar dann, wenn niemand Ihre Anzeige anklickt. Denn unterschwellig wird die Präsenz der Anzeige trotzdem vom Nutzer wahrgenommen. Eine effektive kostenlose Variante des Brandings.

Natürlich ist es eher selten, dass sich ein Dienstleister als einziger Werbender für ein Keyword interessiert. Meist wollen Dutzende Konkurrenten ihre Anzeigen ebenfalls den Suchenden zeigen. Dieses Problem wird durch eine Art Versteigerungssystem gelöst. Der Werbende kann jeder Anzeige zuweisen, wie viel Geld er bereit wäre, für den Klick eines Kunden auf die Anzeige zu bezahlen. Dargestellt werden die Anzeigen, die das höchste Gebot abgegeben haben. Damit die Kosten nicht aus dem Ruder laufen, lässt sich ein Tagesbudget festlegen, das nicht überschritten werden darf.

4.4.2 Anzeigen einrichten

Zunächst müssen Sie unter www.google.de/adwords ein Konto einrichten. Danach kann es zügig losgehen. Im nächsten Schritt müssen Sie eine Kampagne mit einem zusammengehörigen Set von Anzeigen erstellen. In den Einstellungen für die Kampagne können Sie die wichtigsten finanziellen Einstellungen global festlegen: das Maximalgebot für einen Klick und das Tageslimit. Die Anzeigen selbst bestehen stets aus drei Elementen: der Überschrift, die zugleich der anklickbare Link ist, der Beschreibung und der grün dargestellten Webadresse. Alle drei Elemente lassen sich flexibel gestalten – nur die mögliche Zeichenanzahl ist begrenzt. Jeder Gruppe von Anzeigen können Sie nun eine beliebige Menge von Keywords zuweisen, bei denen die Werbung angezeigt werden soll.

Im Sommer 2011 hat der Bundesgerichtshof eine lange offene Streitfrage entschieden: Werbende dürfen bei AdWords auch Marken- oder Firmennamen von direkten Konkurrenten als Keywords nutzen, sodass ihre Anzeigen angezeigt werden, wenn Nutzer eigentlich nach dem Wettbewerber suchen. Im Anzeigentext darf jedoch nicht der täuschende Eindruck erzeugt werden, man wäre selbst der Konkurrent.

4.4.3 Erfolgskontrolle

Unter Gesichtspunkten der Budgetkontrolle empfiehlt sich ein vorsichtiges Vorgehen, da sich die eigentlichen geringen Klick-Kosten schnell zu erheblichen Summen addieren können. In der Kampagnenübersicht ist jederzeit ein hervorragender Überblick darüber möglich, wie häufig eine Anzeige angezeigt und geklickt wurde und wie viele Kosten sie verursacht. In den ersten Monaten einer AdWords-Kampagne sollte ein Mitarbeiter diese Werte regelmäßig überprüfen. Wenn notwendig, lassen sich jederzeit Nachjustierungen am Klick-Gebot, den Anzeigen und den Keywords machen. Auch die ganze Kampagne können Sie jederzeit einfrieren oder löschen.

4.4.4 SEO oder SEM?

Um es ganz deutlich zu sagen: Suchmaschinenmarketing ist vor allem als unterstützende Maßnahme sinnvoll. Denn echte Suchmaschinentreffer sind allemal besser. Nicht nur, weil bei ihnen die Klicks kostenlos sind, sondern auch, weil viele Internetnutzer werbeblind sind, also Werbung schlichtweg ignorieren. Zudem nimmt die Nutzung von sogenannten AdBlockern zu. Das sind kleine Programme, die im Browser die Werbung einfach wegschalten, sodass der Surfende die Anzeigen gar nicht mehr angezeigt bekommt. Sinnvoll ist SEM dort, wo eine gute Platzierung in den Suchergebnissen (noch) nicht möglich ist oder wo das Budget keine Rolle spielt. Dann sollten Sie ohnehin alle Register ziehen und die zusätzliche Präsenz durch Anzeigen nutzen.

Interview mit Jonas Weber, ehemaliger Mitarbeiter Search Quality Evaluator bei Google und heute selbstständiger SEO-Berater in München

Wie beurteilen Sie die Wichtigkeit von SEO speziell im Gesundheitsmarkt? Sollten Kliniken in SEO investieren, und wenn ja, warum?
„Lokale Unternehmen wurden bei den letzten Updates von Google ganz klar bevorzugt. Das macht es regional operierenden Kliniken mit weniger Aufwand und Kosten möglich, sich prominenter in Google zu platzieren. Das ist auch wichtig: Nur wenn die lokal und regional platzierten Krankenhäuser in Suchmaschinenoptimierung investieren, können die aggressiven überregionalen Ärzte-Verzeichnisse und Informationsportale für Suchen wie „Fachbereich+Stadt" oder „Behandlungsmethode+Stadt" auf die hinteren Seiten verdrängt werden."

Welche SEO-Maßnahmen sind für eine Klinik am wichtigsten?
„Zunächst braucht die Klinik eine Website mit vielen relevanten Textinformationen, die Google auslesen und bewerten kann. Dazu sollte ein Google-Plus-Profil angelegt werden, um in den lokalen Suchtreffern von Google besser gelistet zu werden. Ein ausführliches Profil mit Bildern ist ein Ranking-Vorteil, auf den überregionale Ärzte-Portale nicht zurückgreifen können. Zusätzlich sollte die Klinik versuchen, ihre Website von vielen relevanten Websites verlinken zu lassen. Dies steigert die Reputation bei Google."

Welche Fehler sollte das Krankenhaus unbedingt vermeiden?
„Auf keinen Fall sollte die Klinik gegen die Richtlinien von Google verstoßen, sonst kann es bis zu einem Ausschluss aus den Suchergebnissen kommen bzw. die Website wird für wichtige Suchbegriffe nicht mehr in Google angezeigt. Dazu gehören zum Beispiel nicht-richtlinienkonforme Maßnahmen wie künstliche Reputationslinks einkaufen, Texte verstecken, Google andere Inhalte anzeigen als dem Besucher etc."

Lohnt sich Suchmaschinenmarketing für Kliniken? Worauf sollten Marketingverantwortliche besonders achten, wenn die Klinik SEM betreiben will?
„Bei Suchmaschinenmarketing handelt es sich um eine Pull-Marketing-Disziplin, das heißt, niemand wird mit Werbung unerwünscht beriesel. Im Gegenteil, der Suchende fragt danach. Diese sehr relevanten Anzeigen werden somit in der Regel als nützlich betrachtet. Es ist darauf zu achten, die eigenen Leistungen nicht überregional zu bewerben – kaum ein Patient wird für eine Augenklinik von Berlin nach

München fahren. Zielführender ist es, auf wichtige lokale Suchanfragen wie „Fachbereich+Stadt(teil)" Werbung zu schalten."

Wenn ein Krankenhaus einen Dienstleister für SEO-/ SEM-Maßnahmen engagieren will, was muss beachtet werden?

„Wichtig ist eine sehr detaillierte Auflistung der Maßnahmen, die die Agentur unternehmen wird. Es gilt, von beiden Seiten klare Ziele zu definieren. Mit monatlichen Reports über Arbeitszeiten, Platzierungen und Besucherzahlen kann die Klinik die Arbeit kontrollieren. Verantwortlichen sollte aber bewusst sein, dass SEO-/SEM-Maßnahmen monatlich schon mindestens einen drei- bis vierstelligen Betrag kosten können, wenn man in einer größeren Stadt auf die vorderen Suchergebnisse kommen will. Je umkämpfter und lukrativer eine Stadt und der jeweilige Fachbereich, umso höher der Aufwand. Vergleichen wir dies mit den Kosten von Printanzeigen, ist SEO/SEM aber eine sehr kostengünstige Marketingdisziplin."

Social-Media-Marketing

© Springer-Verlag Berlin Heidelberg 2017
A. Köhler, M. Gründer, *Online-Marketing für das erfolgreiche Krankenhaus*,
Erfolgskonzepte Praxis- & Krankenhaus-Management,
DOI 10.1007/978-3-662-48583-5_5

Das Internet ist sozial – bei vielen Webangeboten können die Nutzer miteinander kommunizieren. Soziale Netzwerke (Social Networks), Foren und Blogs haben gemeinsam, dass sie die Menschen an den Computerbildschirmen zusammenbringen. Das Internet wird so zum Präsentations- und Kommunikationsraum.

Auch für Kliniken liegt darin eine Herausforderung, der sie sich in Anbetracht der beeindruckenden Nutzerzahlen und der damit verbundenen Bedeutung dieser modernen Medien stellen müssen. Denn hier entstehen neue Marketing- und Kommunikationsmöglichkeiten: Kliniken können direkt mit Patienten in Dialog treten – und umgekehrt. Jedoch müssen die Häuser bei ihren Aktivitäten auch stets das HWG im Hinterkopf haben, denn Äußerungen Dritter dürfen sie nicht zu Werbezwecken einsetzen. Das betrifft vor allem Dankesschreiben, Anerkennungs- und Empfehlungsschreiben. Auch die Hinweise auf solche sind untersagt. Insofern sind Gästebücher auf Websites und die Pinnwand bei einer eigenen Facebook-Präsenz stetig zu kontrollieren. Im ersten Teil dieses Kapitels lernen Sie die wichtigsten Social Media-Instrumente und Beispiele aus der Praxis kennen.

Jedoch bringt diese schnelllebige und vernetzte Welt auch einen Nachteil mit sich: Niemand ist mehr davor gefeit, dass jemand anderes im Netz über ihn spricht. Auch dann nicht, wenn man selbst gar nicht im Netz aktiv ist. Solange es sich um positive Äußerungen handelt, stellt das kein Problem dar. Ärgerlich und eventuell sogar berufsschädigend wird es, sobald Patienten ärztliche Leistungen oder den Service in Bewertungsportalen oder Foren negativ beurteilen. Leider gibt es in den Sozialen Netzwerken richtige „Hass-Gruppen", in denen Menschen, Unternehmen und Produkte kritisiert und schlechtgemacht werden. Nur wenn Sie davon erfahren, haben Sie eine Chance zu reagieren. Der letzte Teil des Social Media-Marketing-Kapitels zeigt Ihnen, wie Sie Ihren ärztlichen Ruf im Auge behalten und wie Sie ein erfolgreiches Reputationsmanagement aufbauen können.

5.1 Social Media Dienste im Überblick

Soziale Netzwerke gibt es bereits seit Mitte der 1990er Jahre. Allerdings blieben sie lange eine Randerscheinung, die überwiegend von kleineren Gruppen zur Pflege von Bekanntschaften genutzt wurde. So ließen sich etwa Schulfreundschaften auch über große Entfernungen fortführen. Mit dem Siegeszug des Internets auch im privaten Bereich begannen die Netzwerke ab 2003 zu boomen.

Die sozialen Netzwerke sind die großen Aufsteiger der vergangenen Jahre und längst kein Tummelplatz von Teenagern mehr: In der Altersgruppe ab 35 Jahre wachsen alle Internet-Communities seit Jahren besonders schnell. Daher sind die sozialen Netzwerke auch für die Patienten- und Mitarbeiterkommunikation von Arztpraxen interessant. Am bekanntesten und auch am bedeutsamsten ist der Branchenprimus Facebook. Marc Zuckerberg gründete Facebook im Frühjahr 2004 – knapp acht Jahre später wurde das Unternehmen börsennotiert. 2014 kaufte Facebook Inc. den Messenger-Dienst WhatsApp. Es folgen weitere beeindruckende Zahlen:

> **Offizielle Nutzer- und Umsatzahlen von Facebook aus dem Börsenbericht 1/2015**
> - 1,44 Mrd. aktive Nutzer hat Facebook im Monat weltweit
> - 307 Mio. Menschen in Europa nutzen Facebook
> - 936 Mio. Menschen nutzen Facebook jeden Tag
> - 800 Mio. Menschen nutzen WhatsApp
> - 700 Mio. Menschen nutzen Facebook Gruppen
> - 600 Mio. Menschen nutzen den Messenger
> - 300 Mio. Menschen nutzen Instagram
> - 45 Mrd. Nachrichten werden pro Tag verschickt
> - 4 Mrd. Videoaufrufe generiert Facebook pro Tag
> - 2 Mio. Werbeaccounts auf Facebook
> - 1,25 Mrd. Menschen nutzen Facebook mobil; 581 Mio. Menschen davon nutzen Facebook nur noch mobil

Facebook bleibt die unangefochtene Nummer 1 mit 1,44 Mrd. aktiven Nutzern weltweit; in Deutschland mit über 28 Mio. Nutzern. Die Reichweite und Stärke dieser Angebote nimmt weiter zu, doch es gibt auch immer wieder Verlierer und neue Aufsteiger in den Top 20 der sozialen Netzwerke: Auf Platz zwei folgt Google+. Dicht gefolgt von dem längst bekanntem Mikro-Blog-Dienst Twitter (mehr dazu unter ▶ Abschn. 5.1.5). Ebenfalls geläufig sind wohl schon die Plätze 6 und 8: Instagram und LinkedIn. Enorm ihren Traffic steigern konnten Pinterest und Reddit (Platz 9 und 10). Die großen Verlierer sind hingegen Jappy, Stayfriends und Spin. Zu Beginn der Social-Network-Welle waren hierzulande die VZ-Netzwerke (wegen Verzeichnisse „VZ") StudiVZ, SchülerVZ und MeinVZ sehr beliebt. Im April 2013 wurde SchülerVZ jedoch geschlossen und mittlerweile ist MeinVZ auch aus den Top 20 heraus geflogen. Instant Messanger Dienste und Chat Apps setzen ebenfalls ihr beeindruckendes Wachstum fort: WhatsApp, WeChat, Facebook Messenger und Viber berichten im Jahr 2015 jeweils von mehr als 100 Mio. neuen monatlich aktiven Nutzern in den vergangenen 12 Monaten.

5.1.1 Was ist ein soziales Netzwerk?

Bevor wir tiefer in die einzelnen Instrumente einsteigen, soll an dieser Stelle nochmal der Begriff und die Bedeutung von „Social Network" erklärt werden. Soziale Netzwerke sind Internetportale, auf denen sich Nutzer ein Profil anlegen und mit anderen Nutzern kommunizieren können. Das Profil ist sozusagen das eigene Zuhause im Netzwerk und zugleich eine Art Steckbrief, der Auskunft über seinen Besitzer gibt. Ein Porträtfoto, Name, Wohnort und Kontaktdaten, Beruf, oft auch Angaben zum Lebensweg und zu Vorlieben und Abneigungen sind typische Bestandteile eines solchen Profils. Jeder Nutzer kann durch eigene Sicherheitseinstellungen entscheiden, wie viel von diesen Angaben öffentlich sichtbar ist.

Nutzer mit Profilen können im Netzwerk nach anderen Nutzern suchen und sich mit ihnen vernetzen. Bei Facebook heißt das dann „Freunde", beim Business-Netzwerk Xing sind es „Kontakte". Es muss sich dabei nicht um bereits bekannte Personen handeln. Durch die Angaben von privaten Vorlieben, etwa der Begeisterung für eine Musikband oder einen Fußballverein, oder aber von geschäftlichen Interessen, etwa das Angebot bestimmter Dienstleistungen, finden sich hier schnell neue Kontakte. Für diese festen Partner sind in der Regel mehr Details vom Profil sichtbar, und mit ihnen kann man über das Netzwerk regelmäßigen Kontakt halten.

Der Mindestnutzen dieser Kontakte ist es, immer über die aktuellen Adressdaten der Netzwerkpartner zu verfügen – sofern diese ihr Profil aktuell halten. Der eigentliche Sinn der Plattformen ist jedoch die Kommunikation. Nutzer können all ihren Freunden mitteilen, woran sie gerade denken, mit ihnen über aktuelle Themen diskutieren, Termine absprechen, sich gegenseitig Artikel oder Filme empfehlen, Fotos zeigen und vieles mehr. Die Betreiber legen viel Wert darauf, die Bandbreite der Interaktionsmöglichkeiten ständig zu erweitern.

5.1.2 Facebook

Die vielen Millionen User machen das Portal www.facebook.de für Marketingzwecke sehr interessant. Um daraus Nutzen zu ziehen, muss man jedoch zunächst Teil des Netzwerks werden. Geeignet ist für Unternehmen und Arztpraxen dabei weniger die Einzel-Profilseite als Person, sondern die sogenannten Seiten, die Facebook Pages (ehemals Fanpage).

Als reines Netzwerk von Privatpersonen wäre Facebook rasch an seine Grenzen gestoßen. So wurde für Prominente, Unternehmen und Marken die Möglichkeit geschaffen, mit Seiten im Netzwerk präsent zu sein. Auf der Seite können sich Facebook-Nutzer als „Fans" registrieren, indem sie den „Gefällt-mir"-Button klicken. Diese Fans erhalten von nun an alle Informationen, die die Betreiber der Seite an der „Pinnwand" veröffentlichen, direkt in ihr Facebook-Profil.

Die Facebook Page hat sich schnell zu einem nützlichen Werkzeug für die Kundenkommunikation entwickelt. Der große Vorteil: Während bei klassischem Marketing viele Menschen angesprochen werden, die sich für die Markenbotschaft überhaupt nicht interessieren, kommuniziert die Seite nur mit echten Markenbotschaftern – mit Fans eben. Viele größere Firmen legen für sich oder ihre Produkte solche Seiten an. Die Seite von Nutella etwa zählt knapp 30 Mion. Fans aus aller Welt, die nicht nur die neuesten Nachrichten aus dem Brotaufstrich-Universum erfahren, sondern auf der Seite auch Schokocreme-Loblieder in den verschiedensten Sprachen hinterlassen.

Jeder Facebook-Nutzer kann Seiten anlegen. Es ist also keineswegs gesagt, dass beispielsweise eine Seite über Paul McCartney tatsächlich von dem Künstler (oder seiner Agentur) angelegt und betrieben wird. Sie kann auch schlicht „von Fans für Fans" angelegt worden sein.

Tipp

Schauen Sie am besten gleich nach, ob vielleicht einer Ihrer Patienten schon eine Facebook Pages Ihrer Praxis angelegt hat.

International bekannte Marken, wie Ikea, McDonalds und Adidas, haben es natürlich leicht, im Facebook-Universum Fans zu finden, die ihre Informationen gierig aufsaugen und in die Welt hinaustragen. Seiten von Arztpraxen stehen demgegenüber noch ganz am Anfang. Einzelne Arztpraxen haben in ihrem Corporate Design Profile von sich angelegt, präsentieren sich, ihre Leistungen und das Praxis-Team auf Unterseiten und posten regelmäßig Neuigkeiten und Tipps.

Man sollte sich nichts vormachen: Die Zielgruppe einer überwiegend mit kleinem Einzugsgebiet tätigen Arztpraxis ist überschaubar, und Fanzahlen im vierstelligen Bereich sind eher selten. Aktuelle Arztseiten schaffen es bislang von einer Handvoll Fans auf einige Hundert Personen. Eine Ausnahme ist beispielsweise eine Arztpraxis in Frankfurt am Main mit über 3300 „Gefällt-mir"-Klicks. Sofern es sich ansonsten bei den anderen Seiten mit etwa einigen Hunderten Likes um Patienten handelt, ist das ein durchaus akzeptables Ergebnis. So wird die Facebook-Seite zum direkten Draht zu den Stammpatienten. Mit etwas Ehrgeiz und Engagement ist das sogar noch ausbaufähig: Mit einem guten Angebot an allgemeinen Informationen kann ein Arzt für die Netzwerk-Community schnell zur Autorität werden und immer mehr Fans anziehen, die seine Praxis gar nicht kennen, aber seine Facebook-Präsenz interessant finden. So kann Facebook neben der Praxis-Website zu einer zweiten Internetpräsenz werden, auf der um Patienten geworben wird.

Eine eigene Facebook-Seite erstellen

„Facebook for business" erklärt Schritt-für-Schritt, wie Unternehmen eine eigene Facebook-Seite einrichten. Generell kann jeder Nutzer Seiten erstellen, der als Privatperson ein Profil bei Facebook besitzt. Im ersten Schritt fordern Sie bei Facebook eine Internetadresse wie „facebook.com/Arztpraxis-stuttgart" an, über die Ihre Praxis dann ganz einfach gefunden werden kann.

Tipp

Binden Sie diese Adresse künftig in all Ihre Druckunterlagen, wie Visitenkarten, Flyer, etc., sowie in Ihre Website und E-Mail-Signatur ein.

Standardmäßig bestehen Pages zunächst aus zwei Hauptseiten:

Die Info-Seite Hier sind die wichtigsten Rahmendaten der Praxis aufgeführt. Ärzte können dort die Adresse, Kontaktdaten, Sprechzeiten und Beschreibungstexte angeben. Das sollte ruhig ausführlich geschehen, denn auch mit dieser Seite kann man von Patienten bei Google gefunden werden.

Die Pinnwand Auf der Pinnwand können alle Arten von Nachrichten, Tipps, Termine, etwa Vorträge für Patienten, und Statements veröffentlicht werden. Diese „Posts" werden chronologisch sortiert und bleiben langfristig erhalten. Da das Ganze an das Grundprinzip der Blogs erinnert, ordnet man Facebook insofern auch in die „Mikroblogs" ein. Auch Bilder, Videos oder Linkempfehlungen können Sie auf die Pinnwand einfügen. Alle registrierten Fans erhalten die hier geposteten News automatisch. Und anders als bei Anzeigen in der Presse ist Ihnen die Aufmerksamkeit der Empfänger gewiss, denn diese haben ein nachgewiesenes Interesse.

Die Grundstruktur lässt sich beliebig ergänzen. Mit sogenannten Facebook-Anwendungen können sich Ärzte frei gestaltbare Unterseiten erstellen, auf denen sie zum Beispiel das Praxis-Team oder die wichtigsten Schwerpunkte und Services vorstellen können. Diskussionen, Umfragen oder Bildergalerien runden das Bild ab. Um Patienten auch optisch zu signalisieren, dass sie sich auf der offiziellen Facebook-Präsenz der Praxis befinden, sollte vor allem das Praxis-Logo als Profilbild in die Seite eingebunden werden. Weitere Möglichkeiten zur Einbettung des Corporate Designs (▶ Kap. 1) in das Facebook-Schema bieten spezielle Facebook-Anwendungen.

Inhalte: Gesundheitstipps und Persönliches

Ärzte, die ihre Facebook-Präsenz nur dafür nutzen, Werbung zu verbreiten, werden nicht viele Fans generieren. Wichtig ist es, eine spannende Abwechslung aus persönlichen Anekdoten und Vorlieben, hilfreichen Tipps, interessanten Kommentaren zu aktuellen Themen sowie Werbebotschaften der Praxis hinzubekommen. Natürlich können Ärzte beispielsweise auf einen Tag der offenen Tür, auf Aktionen zum Impfen oder auf die Bedeutung von Herz-Kreislauf-Erkran-kungen und mögliche Folgen hinweisen. Bewerten Sie darüber hinaus Gesetzesvorhaben der Regie-rung zu Gesundheitspolitik, etwa: Was ändert sich für Patienten durch das neue Patientenrechtegesetz? Aber streuen Sie auch Persönliches ein. Bei Facebook ist es durchaus angebracht, seine persönliche Seite zu zeigen. Berichten Sie Ihren Patienten von Ihren Hobbys, erzählen Sie Anekdoten aus dem Berufsall-tag oder bejubeln Sie die Nationalmannschaft beim nächsten Fußballturnier. Zwei bis drei Meldungen pro Woche sind das Minimum. Die sozialen Netz-werke sind schnelllebig, sie verändern sich stets, und Nachrichten von letzter Woche gelten fast schon als antik. Wenn Nutzer auf Ihre Seite kommen und nur ältere Einträge vorfinden, kommen sie nicht wieder.

> **Tipp**
>
> Mit der Seitenmanager-App von Facebook kann die eigene Seite auch von unterwegs verwaltet werden.

Falls es Ihnen an Ideen mangelt, welche Themen Sie bei Facebook posten können, vergleichen Sie ▶ Kap. 6 über die Themen-Findung beim Bloggen. Die dorti-gen Hinweise lassen sich hervorragend auf Facebook übertragen. Stöbern Sie zudem bei anderen Unter-nehmen. Facebook präsentiert auch verschiedene Erfolgsgeschichten. Die Ergebnisse können Sie sich beispielsweise nach Branche, Unternehmensgröße, Ziel und Produkt sortieren.

Kommunikation über Facebook

Soziale Netzwerke sind Kommunikationsräume. In Communities wird lebhaft diskutiert, Posts werden ständig kommentiert, weitergeschickt und mit einem „Gefällt mir" versehen. Und mehr noch: User stillen ihren Wissensdurst durch Nachrichten, die sie hier erfahren, und Menschen, denen man sonst kein Gehör schenkt, organisieren sich zu politischen Bewegungen. Dies ist der Kitt, der das Netzwerk zusammenhält. Ärzte, die diesen offenen Austausch scheuen, sollten von Facebook die Finger lassen.

Dass Ärzte bei der Kommunikation im sozia-len Netz aufgrund ihres Berufsrecht und des HWG

besondere Vorschriften beachten müssen, wurde bereits deutlich und können Sie auch noch einmal in ▶ Kap. 7 nachlesen. Lobende Kommentare über Ihre medizinischen Fähigkeiten mögen schmeichelhaft sein, sind jedoch rechtlich fragwürdig und sollten vorsichtshalber entfernt werden. Grundsätzlich sind alle Mitarbeiter, die an der Facebook-Präsenz betei-ligt sind, gründlich in die rechtlichen Beschränkun-gen einzuweisen.

Ärzte müssen beim Umgang mit Facebook besonders auf den Schutz von Patientendaten achten. Wenn ein neuer Account bei Facebook angelegt wird, fragt das soziale Netzwerk, ob das Adressbuch zum „Freunde-Finden" verwendet werden soll. Auf PC oder Smartphones von Ärzten befinden sich im Adressbuch häufig Patienten-Informationen, die dann von Facebook importiert werden. So können dann Patienten Einladungen zu Facebook erhalten, in denen ihnen andere Patienten mit Name und Bild als mögliche Bekannte, die schon auf Facebook sind, präsentiert werden. Das ist nicht mit dem geltenden Datenschutzrecht vereinbar und verstößt gegen die ärztliche Schweigepflicht. Danach darf ein Arzt nicht einmal Auskunft darüber geben, ob eine bestimmte Person bei ihm in Behandlung ist oder war. Dies kann, selbst wenn es unabsichtlich geschieht, als Ordnungswidrigkeit mit einem Bußgeld bis zu 150.000 Euro bestraft werden.

❯ **Facebook geht bei einer Neuanmeldung automatisch davon aus, dass Sie möglichst viel von sich preisgeben und gefunden werden wollen – das schließt etwa die Suche über Google ein. Für Ihre Praxis ist das das Ziel, als Privatperson möchten Sie vielleicht weniger Details zu Ihrem Leben, sprich Beziehungsstatus, private Fotos etc. preisgeben. Gehen Sie für beides ganz genau die Kontoeinstellungen durch und entscheiden Sie für Ihre Seiten, wer was sehen, erfahren und tun darf.**

Ohne Frage – ein Social Media-Profil richtig zu führen, benötigt Interesse am Geschehen, kostet Ideen, Zeit und Engagement. So sollten Sie oder eine MFA mehrmals täglich auf Ihre Seite schauen. Zum einen kann es vorkommen, dass User Fragen stellen. Dann ist es wichtig, zeitnah zu antworten. Zum anderen kann es passieren, dass sich ein unzufriedener Patient kritisch äußert. In solchen Fällen müssen Sie natürlich reagieren. Falls sich ein Patient beispielsweise beschwert, er sei unfreundlich behandelt worden, dann sollten Sie freundlich darauf reagieren und erklären, wie es dazu kam. Jeder hat mal einen schlechten Tag. Mit einer offenen, ehrlichen Erklärung und Entschuldigung lässt sich so etwas, wie im Alltag, in der Regel schnell aus der Welt schaffen. Für Beleidigungen sollten Sie Ihre Facebook-Präsenz jedoch nicht zur Verfügung stellen. Löschen Sie solche Beiträge.

Dienliche Statistiken

Überprüfen Sie in regelmäßigen Abständen, wie viel Traffic auf Ihren Seiten herrscht, wie viele Menschen Ihre Beiträge mit „Gefällt mir" markieren, kommentieren und teilen und was für Personen hinter den Klicks stecken. Dafür gibt es Statistiken direkt auf Ihrer Facebook-Seite. Ebenfalls wird hier dokumentiert, wie User Ihre Seite entdeckt haben, zu welcher Tageszeit sie diese besuchen, demografische Daten über die Besucher, wie Alter und Geschlecht und noch vieles mehr. Mit diesen Statistiken können Sie Ihre Zielgruppe besser verstehen und so die Seite noch ansprechender gestalten, um mit den Kunden in Verbindung zu bleiben.

Werbeanzeigen schalten

Natürlich gibt es auf Facebook auch die Möglichkeit, gegen Bezahlung Werbeanzeigen für verschiedene Marketing-Ziele, etwa mehr „Gefällt mir"-Anzeigen oder Klicks auf die eigene Website, zu veröffentlichen – nicht über klassische Banner (▶ Kap. 2 ▶ Abschn. 2.2.3), sondern integriert in die anderen Geschichten und Neuigkeiten, die für die User von Interesse sind. Dabei können Ärzte definieren, welche Personen Sie mit der Anzeige erreichen möchten, etwa anhand des Standorts – runtergebrochen bis auf die Umgebung der Praxis – oder nach demografischen Daten, wie Alter, Geschlecht und den Sprachen, die sie sprechen. Und natürlich zieht Facebook auch seinen Nutzen aus allen anderen Angaben der User für Werbezwecke: Welche Interessen haben die User, die zu meinen Werbezielen passen? Dazu kann man aus hunderten Kategorien,

wie Musik, Filme, Sport, Spiele, Einkaufen etc., auswählen. Welches Verhalten legen User an den Tag, beispielsweise Einkaufsverhalten. Und über welche Verbindungen verfügen die User, die Ihre Seite mit „Gefällt mir" geklickt haben?

In Facebooks Werberichtlinien wird definiert, was erlaubt ist und wie etwa Anzeigen auszusehen haben. Ob das Kosten/Nutzen-Verhältnis stimmt, müssen Ärzte je nach Marketingziel und Budget jeweils selbst abwägen.

Plattform-Entwicklungen im Blick behalten

Das Internet steht nicht still. Entsprechend entwickeln Anbieter, wie in diesem Fall Facebook, ihre Plattform beständig weiter. So gibt es beispielsweise seit Herbst 2011 die neue Profil-Funktion: Timeline – die Lebens-Chronik. Die Chronik archiviert hierbei automatisch alle Aktivitäten, wie gepostete Fotos, Videos und Statusmeldungen – selbst die Zeit vor Facebook können User jetzt umfangreich ergänzen, etwa mit Bildern von der Einschulung oder der eigenen Hochzeit. Ein interaktiver Lebenslauf bzw. ein multimediales Tagebuch entsteht. User können dabei bestimmen, welche wichtigen Ereignisse in Großansicht angezeigt werden. Wenn sie diese Funktion aktivieren, haben sie sieben Tage Zeit, das eigene Profil durchzusehen und zu bearbeiten, anschließend ist es auch für andere User sichtbar. Ebenfalls wird bei der Benutzung von bestimmten Social Apps das eigene Konsumverhalten in der Chronik dokumentiert, also jeder gelesene Artikel oder angeschaute Clip – dessen sollte sich jeder bewusst sein.

Passend zur Chronik zeigt ein Feature Nutzern, welche Posts ihre Freunde vor einem Jahr gemacht haben. Auf Deutsch heißt die Funktion „an diesem Tag". Dann hat Facebook beispielsweise noch „Sticker" eingeführt: große Emoticons, die süß, witzig und frech die Kommunikation unterhaltsamer machen sollen. Und User können seit Juni 2013 Bilder zusätzlich zu einem Kommentar einfügen. Ebenfalls können Post und Kommentare mit Hilfe des Stift-Symbols nun nachträglich editiert werden. Wie auch beim Kurznachrichtendienst Twitter können User jetzt auch bei Facebook Hashtags (#) zur Kennzeichnung von Begriffen, die sie als Schlagworte verwenden, nutzen. Und als letztes Beispiel, für eine Arztpraxis weniger von Nutzen, als wie für Teilnehmer von Gruppenreisen: Facebook ermöglicht es, dass mehrere Nutzer Schnappschüsse in ein gemeinsames Fotoalbum hochladen und bearbeiten. Bis zu 50 Personen erstellen so zusammen ein Album und fügen jeweils bis zu 200 Fotos hinzu.

Solche Entwicklungen haben nicht sofort und direkt Auswirkungen auf das Social Media-Marketing. Ärzte sollten jedoch stets über neue Funktionen im Bilde sein und schauen, ob sich auch für sie ein Nutzen ergibt.

5.1.3 Google+

Ende Juni 2011 hat der Internetgigant Google ein soziales Netzwerk gestartet: Google+ (oder „Google Plus"). Bereits in den ersten vier Wochen der Testphase konnte das Projekt über 20 Mio. Nutzer verzeichnen. Diese Social Media Plattform weist viele Ähnlichkeiten zu Facebook auf, aber auch einige wichtige Unterschiede. Hervorzuheben ist natürlich dabei die enge Integration mit weiteren Google-Diensten, wie der Suchmaschine, gMail, Google Maps, Google Drive, Google Chrome, Google Play, Google Earth, Picasa und YouTube. Dies sorgt natürlich für eine schnelle Verbreitung des Netzwerks und des eigenen Profils. Jedoch hat Google bereits die zwingende Voraussetzung eines G+-Profils als Identität, um sich bei YouTube anzumelden beendet und dies könnte auch bald bei anderen Google-Produkten gelten. Und wie sehen die Google+ Zahlen aus? Offiziell sind dieses nicht bekannt. WeAreSocial geht Anfang des Jahres 2015 von 15 Mio. registrierten, aber nur 3,1 Mio. aktiven Nutzern in Deutschland aus.

Um Teil von Google+ zu werden, ist ein Google-Account notwendig. Anschließend können sich User ihr Profil in Wort und Bild anlegen. Im „Stream" können User – analog zu Facebooks „Pinnwand" – Beiträge veröffentlichen, Fotos und Videos teilen. Mit dem +1-Knopf können Inhalte, wie beim „Gefällt-mir"-Button, im persönlichen Netzwerk oder in der Google-Suche bewertet und empfohlen werden.

In Circles (Kreisen) teilen Google+-User ihre Kontakte ein. Die Kontakte sind nicht notwendigerweise gegenseitig wie bei Facebook, wodurch Google+ weit mehr Abstufungen ermöglicht – was

der Wirklichkeit näher kommt als die pauschale Facebook-„Freundschaft". Eine beliebige Anzahl an Kreisen kann gezogen werden, um besser differenzieren zu können. Tippen Nutzer eine Statusmeldung ein oder laden sie ein Foto hoch, können sie entscheiden, welchen Kreisen sie diese Informationen preisgeben. Auch spielen die Kreise beim Filtern des Streams eine Rolle. So können User in den neuesten Nachrichten bestimmter Personengruppen stöbern.

Auch Produkte, Marken, Vereine, Organisationen, Unternehmen und damit ebenfalls Arztpraxen können, analog zu den Seiten von Facebook, eine Seite bei Google+ einrichten, die explizit für Unternehmen Goggle+-Pages genannt werden. Unternehmen können über die neuen Seiten eine Fanbasis aufbauen und Inhalte mit ihren Fans teilen. Aber sie können erst dann Verbindung zu den Mitgliedern des Netzwerks aufnehmen, wenn sie selbst von den Anwendern kontaktiert und in einen Kreis aufgenommen wurden. Ebenfalls können Unternehmen ihre Kontakte in verschiedene Kreise einteilen und bestimmte Mitteilungen gezielt an Kundengruppen richten. Seiten kennzeichnen sich durch ein kleines viereckiges Pages-Icon mittig oben. Links daneben zeigt ein Haken-Icon, ob sich der Betreiber der Seite hat identifizieren lassen, sprich, ob es sich um einen „bestätigten Namen" handelt. Mit der Videokonferenz-Funktion „Hangout" können Ärzte beispielsweise Gespräche mit Labors, Kollegen oder Patienten führen.

5.1.4 YouTube

YouTube ist eine der größten Social Media Erfolgsgeschichten. Hier folgen beeindruckende Zahlen vom Unternehmen selbst:

- YouTube hat mehr als eine Milliarde Nutzer. Laut Allensbach sollen es in Deutschland vier Millionen Nutzer sein, die YouTube häufig oder regelmäßig nutzen.
- YouTube gibt es in 75 Ländern und 61 Sprachen.
- Täglich werden hier Videos mit einer Gesamtdauer von mehreren hundert Millionen Stunden wiedergegeben und Milliarden Aufrufe generiert.

- Die Anzahl der Stunden, die Nutzer jeden Monat auf YouTube ansehen, steigt jährlich um 50 % im Vergleich zum Vorjahr.
- Pro Minute werden 300 Stunden Videomaterial auf YouTube hochgeladen.
- Die Hälfte der Aufrufe werden über Mobilgeräte generiert.
- Der über Mobilgeräte generierte Umsatz steigt pro Jahr um über 100 %.
- Über eine Million Werbetreibende nutzen die Google-Anzeigenplattformen; die meisten davon sind kleine Unternehmen.

Lesen Sie mehr für die Verwendung von YouTube in Ihrer Arztpraxis im ▶ Kap. 2 ▶ Abschn. 2.2.2 Praxis-Imagefilm sowie Aufklärungsvideos für Patienten.

5.1.5 Xing

Als digitales Adressbuch und Netzwerk für Geschäftskontakte nutzen viele das Business-Netzwerk www.xing.de. Im Jahr 2003 wurde das Unternehmen gegründet, seit 2006 ist es börsennotiert. Gegenwärtig beschäftigt die XING AG über 700 Angestellte. Insgesamt zählte Xing im Juni 2015 im Kernmarkt Deutschland, Österreich und der Schweiz knapp 9 Mio. Mitglieder. Hier vernetzen sich Berufstätige aller Branchen, sie suchen Jobs, Mitarbeiter, Aufträge, Kooperationspartner, fachlichen Rat oder Geschäftsideen. Aufgrund dieser thematischen Ausrichtung und Zielgruppe stellt es für Ärzte weniger einen Ort für Patienten-Kommunikation dar. Für den Aufbau und Unterhalt eines Netzwerks von Geschäftspartnern, Dienstleistern und Ratgebern ist es jedoch der richtige Ort. Zudem kann es der Imagepflege und dem Informationsaustausch in dieser Zielgruppe dienen.

Aufgrund seiner thematischen Ausrichtung und Zielgruppe stellt Xing für Kliniken weniger einen Ort für Patienten-Kommunikation dar. Für den Aufbau und Unterhalt eines Netzwerks von Geschäftspartnern, Dienstleistern und Medien – regional wie auch überregional – ist es für Klinikärzte, Marketing-Verantwortliche und Pressesprecher jedoch der richtige Ort. Es dient zudem der Imagepflege und dem Informationsaustausch in der gesamten Healthcare-Branche. Es ist eine geeignete Plattform für Klinikmitarbeiter, die sich auch als Geschäftsleute verstehen. Mit dem Suchwort „Kliniken" lassen sich etwa 1500 Kliniken als Unternehmen finden, mehr als 10.000 Mitglieder, 150 Events, über 100 Gruppen und hunderte Jobangebote.

Ein Profil aufbauen

Wie bei allen Netzwerken ist das Profil das eigene Zuhause bei Xing. Hier haben User die Chance, Gesicht zu zeigen, ihre Qualifikationen zu präsentieren und Referenzen anzugeben. Dabei gibt es das kostenlose Basisprofil sowie die kostenpflichtige Premium-Mitgliedschaft mit beispielsweise Profilbesucher-Statistiken und -analysen sowie mehr Suchfelder und -filter. Kosten: Das 3-Monats-Abo kostet in der ersten Laufzeit mit 20 % Nachlass 23,85 Euro, sonst 29,85 Euro. Ein 12-Monats-Abo kostet erstmals 76,20 Euro, danach 95,40 Euro (Stand Juli 2015).

Folgende Angaben gehören zu einem Profil.

Basisangaben   Hier geben Sie Ihren Namen, Unternehmen und Ihre Funktion an.

Foto   Anders als bei Facebook ist hier der professionelle Eindruck gefragt. Ein professionelles Porträtfoto in Anzug oder Hemd passt am besten. Schnappschüsse aus dem Urlaub o. Ä. sind ungeeignet.

Profilspruch   In einem kurzen Satz sollen Sie Profilbesuchern erzählen, wer Sie sind.

Ich biete/Ich suche   Diese Xing-spezifischen Felder sollen es Nutzern ermöglichen, bei Xing Menschen zu finden, die das suchen, was man selbst kann, oder anbieten, was man gerade braucht. Nutzer sollten dies ausführlich ausfüllen, denn die interne Suchfunktion basiert ganz wesentlich darauf. Viele geübte Netzwerker nutzen die in diesen Feldern hinterlegten Informationen, um Kontakt aufzunehmen und Geschäfte anzubahnen.

Berufserfahrung/Ausbildung/Sprachen/Qualifikationen   Hier genügen die wichtigsten und prestigeträchtigsten Stationen des Werdegangs. Mit einem aufgeblasenen Lebenslauf überlädt man sein Profil schnell.

Referenzen und Auszeichnungen   Referenzen sind perfekt, um die eigene Kompetenz und Zuverlässigkeit als Geschäftspartner zu demonstrieren. Für Ärzte gilt es hier, die Bestimmungen des Heilmittelwerbegesetzes im Auge zu behalten!

Organisationen   Hier tragen Sie ein, welchen Fachgesellschaften, Verbänden oder sonstigen Organisationen Sie angehören.

Interessen   Geben Sie hier Ihre Interessen an – manchmal lassen sich auch Geschäftspartner über gemeinsame Präferenzen finden, etwa Fan des gleichen Fußballvereins oder ein Hobby, das einen verbindet. Füllen Sie daher dieses Feld auch aus.

Gruppen   Hier zeigt Xing alle Gruppen, denen Sie in dem Netzwerk beigetreten sind.

Web   Die Adresse der Klinik-Website, des Blogs oder der Facebook-Präsenz gehört in dieses Feld, damit sich Interessenten weiter informieren können.

Kontaktdaten   Für viele Nutzer ist Xing vor allem ein Adressbuch ihrer Geschäftspartner. Daher müssen die geschäftlichen Kontaktdaten für alle Kontakte stets vollständig und aktuell verfügbar sein. Die privaten Kontaktdaten hingegen darf man getrost per Datenschutzeinstellungen verbergen.

Mit den Angaben, die Sie im Profil machen, können Sie von anderen gefunden werden – ob über die Xing-Suche oder über Google. Es lohnt sich also, auf die Formulierungen etwas Mühe zu verwenden, wenn Sie neue Kontakte finden wollen, die Sie geschäftlich voranbringen.

Tipp

Vergessen Sie nicht, Ihr Profil in den Datenschutzeinstellungen öffentlich einsehbar zu machen, damit es auch über Suchmaschinen auffindbar ist. Ebenso können Sie von der Klinik-Website auf Ihr Xing-Profil verlinken.

Das persönliche Profil lässt sich weiter vertiefen, indem man es mit einem Firmenprofil kombiniert.

Um eine Unternehmensseite für das Krankenhaus anzulegen, müssen jedoch mehrere Mitarbeiter bei Xing sein – was für Einrichtungen wie Kliniken kein Problem darstellen sollte. Die Basis-Variante ist kostenlos.

Eine koordinierte Klinik-Präsenz bei Xing kann wie folgt aussehen.

Eine koordinierte Klinik-Präsenz bei Xing
- Die Managementebene und ärztliche Fachabteilungsleiter sowie leitende Mitarbeiter aus Personal und Marketing sollten ein Xing-Profil anlegen. Obacht: Durch Angabe des Arbeitgebers wird jeder einzelne Mitarbeiter zum Repräsentanten der Klinik!
- Als derzeitigen Arbeitgeber müssen alle Mitarbeiter den gleichlautenden Klinik-Namen angeben.
- Zu diesem Klinik-Namen kann nun ein Administrator ein Unternehmensprofil einrichten. Es enthält in der kostenlosen Standard-Form ein Logo, Kontaktdaten und eine Freitext-Beschreibung sowie eine Auflistung aller bei Xing registrierten Mitarbeiter. Auf diese Weise entsteht auf Xing ein komplettes Praxis-Profil für die Geschäftskontakte.

Austausch in Fachgruppen

Neben Profil und Kontaktliste bietet Xing die Möglichkeit, unter einem beliebigen Thema eine Gruppe zu eröffnen oder dieser beizutreten und mit den darin sammelnden Mitgliedern über dieses Thema zu diskutieren. Ob es über aktuelle gesundheitspolitische Themen oder fachspezifische Innovationen geht – die Bandbreite ist groß. Das Business-Netzwerk zählt insgesamt 74.000 unterschiedliche Gruppen aller Branchen und kann auch mehrere Gruppen im Bereich „Klinik" vorweisen. Je nach Schwerpunkt der Gruppe geht es inhaltlich um Nachrichten aus der Gesundheitsbranche – von IT bis Medizintechnik, praxisrelevante Rechtsprechungen, Tipps zum Management und Personalführung, Buchtipps sowie Kollegen- und Expertenaustausch bei Fragen oder Problemen.

Beispiele von medizinischen Gruppen
- Offizielle Xing Xpert Ambassador Group: Health Care: Kliniken
- Krankenhaus
- Klinikbetreiber: Helios, Asklepios, Rhön, Sana & Co
- Krankenhaus-Einkauf
- Krankenhaus-Controlling
- Qualitäts- und Prozessmanagement für die Medizintechnik
- Fachspezifisches, wie Innere Medizin oder Kardiologie
- Medizinmarketing

Diese Gruppen sind ein geeigneter Ort, Xing-Mitglieder mit ähnlichen Interessen und Geschäftsfeldern kennenzulernen und Kontakte zu knüpfen. Es gibt offene Gruppen, in die man mit einem Mausklick eintreten kann, und andere Gruppen, wo Moderatoren prüfen, ob der User zur Gruppe passt. Für Letztere muss man gewöhnlich eine kurze Begründung schreiben, um Eintritt zu erhalten.

Jede Gruppe unterhält ein eigenes Forum, in dem jedes Mitglied kleine Beiträge veröffentlichen und Diskussionen anstoßen kann. Hier eröffnet sich die Möglichkeit, sich als Experte für bestimmte Themen zu präsentieren, als jemand, der Lösungen für die Probleme anderer Mitglieder anzubieten hat. Daneben erhalten Nutzer die Chance, mit eigenen Fragen an Fachleute heranzutreten, beispielsweise an Juristen, und so wichtige Denkanstöße zu erhalten.

Tipp

Xing ist der Marktführer bei den Business-Netzwerken im deutschsprachigen Bereich. Weltweit deutlich weiter verbreitet ist das amerikanische Netzwerk LinkedIn. Wenn Sie nach internationalen Geschäftskontakten suchen, ist LinkedIn die bessere Wahl.

5.1.6 LinkedIn

LinkedIn wurde 2002 gegründet und ging im Mai 2003 online. Bereits nach etwa einem Monat hatte das internationale Business-Netzwerk 4500 Mitglieder. Nun beschäftigt das Unternehmen 8700 Mitarbeiter. Aktuell ist es in 24 Sprachen verfügbar, in über 200 Ländern und hat 380 Mio. Mitglieder. In Deutschland liegt LinkedIn nach wie vor hinter XING: Anfang 2015 hat LinkedIn die sechs Millionen Marke im deutschsprachigen Raum geknackt, wobei die Schnittmenge derjenigen, die beide Plattformen nutzen, vermutlich recht groß ist. LinkedIn hat jüngst die Zielgruppe der Studenten im Fokus gehabt. Es bleibt also spannend, wer die Marktführerschaft übernehmen wird.

5.1.7 Twitter

Neben den sozialen Netzwerken im engeren Sinne existieren zahlreiche weitere Angebote im Social Web, die von den Interaktionen der User leben. Im März 2006 wurde Twitter Inc. als Mikroblogging-Dienstleister gegründet. 2015 soll es weltweit 304 Mio. monatlich aktive Nutzer gegeben haben, in Deutschland 3,83 Mio.

Twitters Prinzip ist einfach: Jeder registrierte Nutzer kann über die Plattform twitter.com Nachrichten verfassen, die maximal 140 Zeichen lang sein dürfen. Diese „Tweets" werden direkt von jedem empfangen, der sich beim Absender als „Follower" registriert hat. 2015 gab es täglich 500 Mio. Tweets. Die Kürze der Nachrichten macht es möglich, permanent kleine Newspartikel in die Follower-Welt zu schicken.

Generell bietet Twitter viel Potential für eine professionelle Nutzung. Überregional agierende Unternehmen können sich inzwischen kaum noch leisten, diesen Kommunikationskanal außer Acht zu lassen. Barack Obama hat übrigens 43,7 Mio. Follower; Popstar Katy Perry sogar 72,2 Mio. Auch Multiplikatoren aus dem Gesundheitsmarkt sind bei Twitter gut vertreten. Für den Einsatz von Twitter als Mittel des Praxis-Marketings gibt es bisher allerdings kaum Erfahrungen. Es spricht allerdings nichts dagegen, Twitter ähnlich zu nutzen wie die Facebook-Pinnwand und so knapp formulierte Tipps und News zu verbreiten. Auch Journalisten lassen sich damit gut erreichen (Lesen Sie mehr zum Umgang mit Journalisten im ▶ Kap. 2).

Die Twitter-News können Sie gut mit anderen Angeboten vernetzen: Sie können sie beispielsweise automatisiert bei Facebook als Statusmeldungen einlaufen lassen und schlagen so zwei Fliegen mit einer Klappe. Ebenfalls können Sie die klassische Presse-Arbeit mit diesen Instrumenten ergänzen. Dafür gibt es schon Tools, beispielsweise hootsuite.com, die die Arbeit gleich für mehrere Kanäle übernehmen (Mehr zur erfolgreichen Pressearbeit steht im ▶ Kap. 2).

5.1.8 Instagram

2014 sind laut Schätzung von Kleiner Perkins Caufield & Byers weltweit 1,8 Mar. Fotos pro Tag über Soziale Netzwerke und Apps hochgeladen und geteilt wurden. 2008 lag diese Zahl noch bei 19 Mio. Bildern pro Tag. Dieses extreme Wachstum ist eng mit dem Aufstieg des Smartphones verbunden, das zum dominierenden Fotoapparat im Alltag geworden ist. Gepostet wurden Fotos beispielsweise auch von dem im Oktober 2010 gegründeten Dienst Instagram – eine Mischung aus Microblog und audiovisueller Plattform. Im April 2012 erschien Instagram für Mobilgeräte mit dem Betriebssystem Android. Zur Nutzung steht eine App für Android, iOS und Windows Phone zur Verfügung. Nutzer können ihre Fotos und Videos mit Filtern versehen. Die Fotos und Videos haben eine quadratische Form. Die Foto-App wächst zügig: Rund 300 Mio. Nutzer gibt es inzwischen weltweit, in neun Monaten erfolgte ein Zuwachs von 100 Mio. Usern. Etwa 4,2 Mio. nutzen die App in Deutschland. Täglich werden nahezu 70 Mio. Beiträge gepostet. Mit diesen Zahlen hat Instagram Twitter bereits hinter sich gelassen.

Der Großteil der Instagram-Nutzer ist sehr jung und Frauen derzeit noch leicht in der Überzahl. Große Unternehmen, wie Starbucks und Nike – hier richten sich einzelne Kanäle exakt an Anhänger einzelner Sportarten – haben die Foto-Sharing-App schon in ihr Marketing-Konzept integriert. Humor und kreative Bildideen treffen direkt ins Schwarze. So agiert auch der Eishersteller Ben & Jerry's: Sie präsentieren hauptsächlich ihre eigenen Eis-Sorten amüsant und verkleiden sie. Das machen sie aber dermaßen geschickt, dass ihr Unternehmensprofil bereits 427.000 Follower hat. Solch populäre Marketing-Beispiele können Arztpraxen noch nicht aufweisen, doch mit Fotos arbeitet der Gesundheitsmarkt ebenfalls, wie das folgende Beispiel zeigt.

Um den Austausch zwischen Ärzten zu erleichtern, wurde das „Ärzte-Instagram" Abb. 1 gegründet. Ärzte nutzen diese Plattform, um Krankheits- und Unfallbilder hin- und herzuschicken und die Kollegen um Rat zu fragen. Der Schockeffekt dieser Fotos lässt die Beliebtheit der Seite auch außerhalb der Ärztekreise stetig ansteigen. Täglich werden mehr als zwei Millionen Bilder neu hochgeladen.

5.1.9 Pinterest

Pinterest ist ein soziales Netzwerk, in dem Nutzer Bilderkollektionen mit Beschreibungen an virtuelle Pinnwände heften können. User können Bilder teilen (repinnen), ihren Gefallen daran ausdrücken oder sie kommentieren. Die Plattform wurde 2010 von drei Internet-Unternehmern gegründet. Der Name Pinterest ist eine Mischung der englischen Wörter *pin* = anheften und *interest* = Interesse. Derzeit gibt es zehn lokale Webseiten in verschiedenen Ländern, schon bald sollen es dreißig sein. Geschätzt gibt es mittlerweile 57 Mio. Nutzer weltweit, die regelmäßig posten; in Deutschland etwa drei Millionen.

Ebenfalls können animierte GIFs oder Videos hochgeladen werden. Das Hauptaugenmerk liegt allerdings auf den Fotos. Auf der eigenen Pinnwand können User Boards anlegen, in die sie thematisch Bilder einsortieren. Beliebte Themengebiete sind Food, Bekleidung, Design, Inneneinrichtung und Reisen. Unternehmen, wie das amerikanische Modelabel GAP, haben Pinterest bereits erfolgreich in ihre Marketing-Kommunikations-Strategie eingebunden.

Tipp	

Pinterest bietet Unternehmen eine Schritt-für-Schritt-Anleitung zum Einrichten eines Business-Profils an. Hier werden auch der „Pin-it"-Button, Rich Pins und Analytics-Tools erklärt sowie Erfolgsmodelle vorgestellt, um Ideen für sein eigenes Marketing zu finden.

5.1.10 Praxisbeispiel zur Social-Media-Nutzung in einer Klinik

Axel Dittmar, Kliniksprecher/Leiter Unternehmenskommunikation des Klinikums Bielefeld

Seit März 2011 ist das Klinikum Bielefeld auch mit einer Facebook-Präsentation online und konnte bislang knapp 6420 „Gefällt-mir"-Klicks generieren. Der Auftritt orientiert sich am Internetauftritt des Klinikums, der auch alle Möglichkeiten der Social-Media-Welt bietet. Ebenfalls gibt es seit 2009 einen Twitter-Account mit 1260 Followern 1300 Tweets und knapp 50 Twitter-Seiten folgt das Krankenhaus.

Der größte Vorteil von Facebook, Twitter und Co. liegt in der schnellen Informationsverbreitung. Informationen aus dem eigenen Unternehmen können in Echtzeit kommuniziert werden. Das Internet ist längst ein Ort für die Markenbildung eines Unternehmens, auch eines Krankenhauses, geworden.

Welche Ziele verfolgt das Klinikum Bielefeld mit seinen Social-Media-Aktivitäten? Zum einen ist das Kennenlernen von neuen Zielgruppen ein wesentliches Ziel, zum anderen ist die Generierung von Traffic auf der klassischen Website ein weiteres Hauptziel des Auftritts. Die Profilierung des Klinikums Bielefeld als modernes Unternehmen im Gesundheitssektor ist ebenso ein Teil der Social-Media-Strategie wie auch das Wecken von Interesse potentieller neuer Mitarbeiter. Wesentlich ist jedoch die Platzierung von medizinischen Themen rund um das Klinikum Bielefeld, aber auch die Kommunikation für unsere zahlreichen Patientenveranstaltungen läuft über die Social-Media-Kanäle.

Social Media bietet die Möglichkeit, eine sinnvolle Kombination von einzelnen Werbeträgergattungen zu entwickeln. So können echte Synergieeffekte geschaffen werden: Presse-Arbeit, Imagefilme, Anzeigen, Broschüren, Flyer, Newsletter werden mit dem Internet kombiniert. Mitarbeiter der Unternehmenskommunikation übernehmen dabei die Pflege – meist mit kurzen Posts, die regelmäßig und ohne große Zeitlücken erfolgen.

Facebook-Seiten der Geburtshilfestation und des Brustzentrums   Mittlerweile wird der Auftritt von den Facebook-Seiten der Geburtshilfestation „Babytown" und des „Brustzentrums" flankiert. Die Geburtshilfestation Babytown nutzt ihren Facebook-Auftritt, um die Möglichkeiten der Station zu präsentieren. Hebammen und Ärzte posten aus dem Alltag der Station und stellen selbst geschossenen Fotos zur Veranschaulichung ins soziale Netzwerk. Dort

spielt die Interaktion mit den werdenden Müttern eine große Rolle, aber auch die mit Eltern, die dort schon ihr Kind bekommen haben.

Die Seite des Brustzentrums betreut überwiegend die leitende Oberärztin. Facebook-Nutzer und die Ärztin besprechen und diskutieren hier Inhalte rund um das Thema „Brustkrebs". Als Service postet die Abteilung informative und hilfreiche Links und verweist damit auf vertrauenswürdige Internetseiten.

Einwöchige Aktion für Medizinstudenten (mittels Social Media dokumentiert)   Das Klinikum Bielefeld bietet Medizinstudenten ab dem 2. klinischen Semester die sogenannte „Klinische Woche" an. Die Studierenden lernen dann eine Woche lang nach einem festen Stundenplan die unterschiedlichen Bereiche des Klinikums kennen, um sich ein Bild von der Praxis zu machen. Diese Veranstaltung wurde komplett von einem Mitarbeiter der Unternehmenskommunikation begleitet und in Facebook und Google+ mit Fotos und Text dokumentiert. Zielsetzung war es, Studierenden am Beispiel ihrer Kommilitonen zu zeigen, welch ein interessanter Ausbildungsort das Klinikum Bielefeld ist.

5.1.11 Wikipedia

Auch die bekannte Wikipedia ist als ein Community-Lexikon Teil des Social Web. Dort kann jedermann Artikel erstellen und bestehende Artikel ändern. Kein Gemeinschaftsprojekt im Internet ist erfolgreicher. Die Suchmaschinenpräsenz der Wikipedia ist überwältigend: Wenn zu einem Suchbegriff ein Artikel in dem Online-Lexikon existiert, taucht er in aller Regel unter den ersten Treffern in der Ergebnisliste auf.

Die Wächter der Wikipedia sind ehrenamtliche Internet-Idealisten, die das Lexikon in ihrer Freizeit als Editoren pflegen. Diese Editoren entscheiden auf Basis von über viele Jahre ausgefochtenen Kriterien darüber, ob ein Artikel oder eine Änderung Bestand hat oder gelöscht wird. Besonders hart gehen sie mit allem ins Gericht, das den Anschein von Werbung oder Öffentlichkeitsarbeit macht. Aus diesem Grund ist eine Nutzung der Wikipedia als Marketing-Instrument eine besondere Herausforderung. Nur wirklich lexikonrelevante Inhalte haben eine Chance.

Wikipedia-Eintrag: Möglichkeiten für Kliniken

- Klinikketten wie Sana, Asklepios und Helios haben es geschafft, einen ausführlichen Beitrag bei Wikipedia zu erlangen. Hierbei werden jeweils das Unternehmen, die Haupteigner, die Geschichte, Einrichtungen und Standorte aufgeführt. Auch die Klinik Bavaria, ein Rehabilitationszentrum für Intensivmedizin aus Sachsen, ist mit einem ausführlichen Artikel gelistet. Darüber hinaus finden sich kaum einzelne Krankenhäuser in der Wikipedia.
- Klinikärzte, die als Person hinreichend bedeutend sind, etwa als Wissenschaftler, Vorstand einer Fachgesellschaft oder Buch-Autor, sollten versuchen, mit einem Eintrag in der Wikipedia präsent zu sein. Aber Achtung: Der Artikel muss im Lexikonstil verfasst sein. Eigenwerbung wird schnell gelöscht. Weniger Schwierigkeiten haben da Ärzte oder Kliniken aus Fernsehserien wie „Dr. House", „Die Schwarzwaldklinik" oder „Klinik unter Palmen".
- Eine zweite Variante der Wikipedia-Nutzung ist, sich als Autor einzubringen. Längst wird das Lexikon nicht mehr überwiegend von Laien erstellt, viele Experten bringen ihr Fachwissen in die Artikel ein. Hier können Klinikärzte ihre fachliche Reputation durch die Mitarbeit an wichtigen Artikeln zu ihrem Fachgebiet pflegen, ähnlich wie bei Gesundheitsportalen oder Facebook-Communities. Ganz nebenbei gehört zu einem Benutzerkonto, das man sich als regelmäßiger Autor auf jeden Fall anlegen sollte, auch eine Profilseite, auf der man eine Selbstbeschreibung und Links zur Praxis veröffentlichen kann.

Fachspezifische Ableger von Wikipedia

Neben der weltbekannten Enzyklopädie haben sich kleinere Wikis zu unzähligen Spezialthemen entwickelt – auch für den Gesundheitssektor. So gibt es beispielsweise seit dem Jahr 2006 das ArztWiki, betreiben vom änd Ärztenachrichtendienst Verlags-AG das sich auf das deutsche Gesundheitswesen und Medizinthemen spezialisiert hat. Das PflegeWiki ist ein mehrsprachiges Projekt für den Gesundheitsbereich Pflege und wurde 2004 von Schülern aufgebaut. Jetzt wird es unterstützt von der DBfk Nordwest. Derzeit gibt es knapp 7000 Artikel zum Thema.

5.1.12 Fazit

Verwechseln Sie Kommunikationsmaßnahmen im sozialen Netz nicht mit Werbung. Pauschale Eigenwerbung interessiert die User nicht – sie kann sogar verärgern. Die Nutzer möchten ernst genommen werden und zeitnah konkrete Reaktionen auf ihre Fragen und Kritiken erhalten. Das Engagement im Netzwerk sollte für eine Klinik also mit einer klaren Entscheidung einhergehen: sich auf die direkte Kommunikation ernsthaft einzulassen. Dabei gibt es einen Nachteil: Social-Media-Strategien sind zwar unterschiedlich aufwändig, aber alle erfordern persönliches Engagement und Kontinuität. Und Kommunikation kostet Zeit. Überlegen Sie daher gut, ob sich diese Investition lohnt bzw. ob Sie es personell überhaupt leisten können. Haben Sie sich dafür entschieden, sollten Sie konsequent sein: Patientenkommunikation über diese Kanäle ist kein Gelegenheitsjob, sondern permanentes Engagement. Wenn es gelingt, können Sie sich an aktiven und treuen Patienten sowie Weiterempfehlungen erfreuen (▶ Abschn. 5.4).

5.2   Experte in Gesundheitsportalen

Diagnose Meniskusriss – der Orthopäde rät zu einem operativen Eingriff, obwohl angeblich auch eine konservative Behandlung ohne Operation möglich wäre. Zudem sprach der Herr Doktor über eine offene Methode und von minimal-invasiv. Viele Fragezeichen für den betroffenen Patienten. Im Anschluss an das Arztgespräch suchen Patienten häufig Rat, weil manchmal die Zeit für die Beantwortung aller Fragen fehlt. Und vor einem tatsächlichen Krankenhausbesuch haben sie unbedingt das Bedürfnis, sich ausgiebig zu informieren. Doch zu Hause bei den Patienten steht meist nur ein in die Jahre gekommenes

◘ Tab. 5.1 Gesundheitsportale im Überblick

Portal	Gründung	Betreiber
www.netdoktor.de	1999	NetDoktor.de GmbH, München, seit 2007 Tochter der Holzbrinck eLAB GmbH
www.onmeda.de	1997	goFeminin.de GmbH, Köln
www.paradisi.de	2003	OC Projects, Optendrenk & Calinski GmbH, Kaarst
www.apotheken-umschau.de	2001	Wort & Bild Verlag, Baierbrunn bei München
www.qualimedic.de	1999	Oualimedic.com AG, Köln
www.gesundheit.de	2001	Andrae-Noris Zahn AG, Frankfurt am Main
www.lifeline.de	1997	Springer Science & Business Media (BSMO GmbH), Berlin
www.meine-gesundheit.de	1998	Medizinische Medien Informations GmbH, Neu-Isenburg
www.vitanet.de	2003	Vitanet GmbH, Mannheim
www.gesundheit-aktuell.de	1997	Medoline Ltd., Großbritannien und Frankfurt
www.medical-tribune.de	1999	Medical Tribune Verlagsgesellschaft mbH, Wiesbaden
www.gesundheit-heute.de	2007	Wissenschaftliche Verlagsgesellschaft mbH, Stuttgart
www.dr-gumpert.de Medizin online	2002	Dr. Gumpert GmbH, Taunusstein

Medizinlexikon, das in aller Kürze Krankheitsbilder definiert. Gesammelte Antworten finden sie auf Gesundheitsportalen. Von Asthma bis zum Zwölffingerdarmgeschwür – schon ein einziges Portal listet über 700 Krankheiten auf. Bereits 2009 nutzten 79 % der Patienten das Internet als wichtigste Informationsquelle, ermittelte die Studie Healthcare Monitoring. Mittlerweile gibt es mehr als 50 solcher Portale. Diese bieten Krankheits-, Symptom- und Medikamentenfinder, Medizinlexika, Arzt- und Kliniksuche, teils mit Bewertungen, Selbsttest, Audio- und TV-Beiträge, aktuelle Gesundheitsnews und Foren, auf denen Patienten sich mit Gleichgesinnten austauschen können.

Auf vielen dieser Portale können User in Expertenforen zu den unterschiedlichsten Themen und Krankheiten Fragen stellen, zu denen die Mediziner unverbindlich Stellung nehmen. Es gilt dabei stets: Die Antworten können einen Besuch beim Arzt oder Apotheker keinesfalls ersetzen, und eine Fernbehandlung ist gesetzlich verboten. Dennoch haben diese ärztlichen Experten eine wichtige Position auf derartigen Portalen, tragen sie doch erheblich zur Verlässlichkeit der Informationen bei.

Auf dem Portal Lifeline.de beispielsweise werden die Experten mit Foto und Kurzprofil mit ihren Fachrichtungen vorgestellt. Darunter gelistet sind auch die zuletzt beantworteten Fragen. Knapp 100 Ärzte der verschiedensten Fachrichtungen sind dort aufgeführt. Auf diese Weise können Mediziner Gesundheitsportale als Marketing-Instrument nutzen, um sich als Experte zu positionieren und ihren eignen Bekanntheitsgrad sowie gleichzeitig den der Klinik fördern (◘ Tab. 5.1).

Neben bekannten Gesundheitsportalen haben auch kleinere themenbezogene Websites, Krankenkassen oder Verlage (▶„Medizinischer Experte für Journalisten" in Kap. 2) haben Bedarf an ärztlichen Experten, die einen fachlichen Kontrollblick auf die Texte werfen oder in Foren als Ansprechpartner zur Verfügung stehen. Solche zum Beispiel von Privatleuten oder Selbsthilfegruppen betriebenen Webangebote können auch ein guter Ort sein, Ihren Expertenstatus zu stärken.

5.2.1 Praxisbeispiel eines Experten-Gesundheitsportals

Auf dem seit Juli 2012 online geschalteten Gesundheitsportal „Frag-den-Professor.de" stehen insgesamt 25 Professoren bereit, um individuelle Gesundheitsfragen von Patienten zu verschiedenen Themen per Videobotschaft zu beantworten. Als Initiator und Herausgeber der Website zeichnet Professor Dr. med. W.A. Scherbaum, Direktor der Klinik für Endokrinologie, Diabetologie und Rheumatologie des Universitätsklinikums Düsseldorf. Alle beteiligten Professoren arbeiten ehrenamtlich an dem Projekt mit. Ziel ist es, einem großen Patientenkreis verlässliche Antworten auf medizinische Fragen zu geben. Zu 25 verschiedenen Themengebieten werden jeweils neun Fragen in je 1–2 min erläutert, darunter Indikationen wie Kopfschmerzen, Prostata-Erkrankungen, Brustkrebs und Bluthochdruck. Neben den inhaltlichen Informationen findet der User auch Informationen über die Professoren: Dort aufgeführt werden ihr Lebenslauf, ihre Publikationen sowie eine Liste der Fachgesellschaften, in denen die Professoren aktiv sind.

5.3 Fachportale für Kliniken

Marketing ergibt nicht nur bei Patienten Sinn, auch niedergelassene Ärzte sind eine wichtige Zielgruppe. Empfehlungen und Überweisungen von Kollegen sind besonders für spezialisierte Fachkliniken wichtig. (Mehr zum Thema Zuweiser-Marketing lesen Sie in ▶ Kap. 7.) Hier geht es jetzt um den Ausbau und die Pflege von Kontakten unter Kollegen über Fachportale im Internet. Sie funktionieren im Großen und Ganzen wie soziale Netzwerke – mit der Einschränkung, dass hier nur Ärzte als Mitglieder zugelassen sind und keine Laien. Marketing ist hier jedoch lediglich mittelbar möglich: zum einen durch den Aufbau eines guten Kollegennetzwerks, bei dem alle Beteiligten einander vertrauen und bei Bedarf mit Rat helfen – zum anderen durch den Aufbau eines Expertenstatus für eine bestimmte Spezialisierung.

Der eigentliche Sinn dieser Fachportale liegt woanders: Sie sollen allen Ärzten Möglichkeiten bieten, schnell und ökonomisch an Fachinformationen zu gelangen. Eine Umfrage des Fachportals Univadis hat ergeben, dass Ärzte im Internet am häufigsten Antworten zu fachlichen Fragen sowie den Online-Dialog mit Kollegen suchen. Konnte man sich früher meist nur bei Fortbildungen oder auf Kongressen mit Kollegen über spezielle Problemfälle und Erfahrungen austauschen, ist dies in den Fachportalen mit wenigen Klicks möglich. Je nach Themenschwerpunkt finden sie in den Portalen Informationen zu gesundheitspolitischen und medizinischen Themen sowie Diskussionsforen.

Um aktiv teilnehmen zu können, müssen sich Ärzte zunächst registrieren, wobei in der Regel ein Identitätsnachweis verlangt wird. Danach können sie in den Foren oder Experten-Communities selbst Beiträge verfassen, über Probleme diskutieren und sich mit Kollegen austauschen, um gemeinsam eine Lösung zu finden. Bei Fragen können sie auch Antworten in bereits bestehenden Einträgen suchen. Zudem können Mediziner hier an Online-Fortbildungen teilnehmen, die die Portal-Betreiber organisieren, und sich zu Themen wie Abrechnungen und EDV informieren.

Das Internet bietet eine Reihe von Portalen, die der Kommunikation zwischen ärztlichen Kollegen dienen. Welche Portale sind innerhalb der Ärzteschaft die bekanntesten, und welche werden am intensivsten genutzt? Dazu hat die GGMA (Gesellschaft für Gesundheitsmarktanalyse mbH) 2011 eine Studie veröffentlicht: „Fachkommunikation niedergelassener Ärzte – Medienrezeption, Fachkommunikation und Dialogoptionen bei den niedergelassenen Ärzten in Deutschland". An erster Stelle liegt nicht etwa ein direkt auf Ärzte zugeschnittenes Portal, sondern mit 57,9 % Facebook (▶ Abschn. 5.1). Dies liegt möglicherweise auch an dem hohen Bekanntheitsgrad und der allgegenwärtigen Präsenz dieses Portals. Immerhin knapp die Hälfte der Ärzte, Zahnärzte und Psychologischen Psychotherapeuten kennen führende Fachportale. An vierter Stelle im Bekanntheitsgrad findet sich erneut ein eher fachfremdes Portal, das Business-Portal Xing (34,4 %), allerdings tauschen sich Ärzte innerhalb dieses Business-Portals inzwischen auch untereinander in spezialisierten Gruppen aus (▶ Abschn. 5.1).

◘ Tab. 5.2 Fachportale für Klinik-Ärzte im Überblick

Portal	Gründung	Betreiber
www.coliquio.de	2007	Colicuio GmbH, Konstanz
www.doktorlar24.de (das deutsch-türkische Ärzte- und Gesundheitsportal)	2007	Think.different GmbH, Berlin
www.esanum.de		Esanum GmbH, Berlin
www.hippokranet.com (www.facharzt.de, www.hausarzt.de und zaend.de)	2001	Änd – Ärztenachrichtendienst Verlagsgesellschaft mbH, Hamburg
www.medical-tribune.de	1999	Medical Tribune Verlagsgesellschaft mbH, Wiesbaden
www.springer-medizin.de	2010	BSMO GmbH, ein Unternehmen der Springer Science & Business Media, Berlin
www.univadis.de	2004	MSD SHARP & DOHME GMBH, Haar

Grundsätzlich ist eine Tendenz absehbar, dass die bekanntesten Portale auch am häufigsten genutzt werden. Jedoch ist ersichtlich, dass die Ärzte diejenigen Portale am häufigsten nutzen, die primär mit ihrem Beruf im Zusammenhang stehen. Die beiden branchenunabhängigen Portale, Xing (26,3 %) und Facebook (23 %), werden zwar auch genutzt, hier lässt sich aber nicht endgültig klären, ob diese Portale möglicherweise nur zum privaten oder berufsunabhängigen Austausch der Ärzte dienen. Laut der Studie sind in den Augen der Responder die drei wichtigsten Anforderungen an ein deutschlandweites Kommunikationsportal für Ärzte, dass das Portal unabhängig (87,5 %), kostenfrei (46 %) und werbefrei (29 %) ist.

Das größte deutsche Fachportal ist mit 120.000 Mitgliedern Springer Medizin. Dort finden niedergelassene und Klinik-Ärzte Auskünfte zu ihren Fachgebieten, gesundheitspolitischen Themen, aber auch zu Abrechnungen, Praxis-Management und IT-Fragen. Für Kliniken gibt es eine Extra-Rubrik, wo es beispielsweise um KPC-Keime oder CIRS geht. Weiterhin bietet Springer Medizin neben Experten-Communities auch viele interaktive Elemente wie Videos, Bilderstrecken, Podcasts und für etwas Spaß bei der Arbeit Cartoons oder einen Ärztequiz – Doktorspiele mit Ranglisten von Teilnehmern und Fachgruppen. Ebenfalls gibt es einen Zugang zu Fachzeitschriften

und Fortbildungen in der e.Akademie – zum Beispiel zum Thema Infektionen – mit 5-CME-Punkten.

Das Portal Coliquio setzt hingegen vermehrt auf den Austausch von Wissen und Erfahrungen zwischen den Mitgliedern. Das Expertennetzwerk gliedert sich nach Fachgebieten und Themen, sodass man mit wenigen Klicks zu Foren oder Informationen eines Spezialgebiets gelangt (◘ Tab. 5.2).

5.4   Empfehlungsmarketing

Mundpropaganda ist das einfachste und zugleich wirksamste Mittel, um neue Patienten zu gewinnen. Wenn zufriedene Patienten Freunden und Bekannten, aber auch anonym anderen Patienten über Bewertungsportale (▶ Abschn. 5.5) eine Klinik weiterempfehlen, wirkt das viel stärker als jedes Werbebanner im Internet oder Zeitungsanzeigen. Eine Umfrage des Forschungsunternehmens Booz Allen Hamilton in Deutschland und der USA hat ergeben, dass 90 % der Verbraucher den Empfehlungen von Freunden und Bekannten vertrauen. Die klassische Werbung hingegen hat diese Wirkung auf weniger als 10 % der befragten Personen. (Mehr zum Thema Zuweiser-Marketing lesen Sie in ▶ Kap. 7.)

Zu einem Marketing-Instrument wird Mundpropaganda, wenn man sie aktiv fördert. Bislang geschieht dies eher verhalten im Gesundheitswesen: Das Empfehlungsportal „KennstDuEinen.de" und der eco Verband der deutschen Internetwirtschaft haben die Marketing-Aktivitäten verschiedener Branchen erfasst. Unter den 1500 befragten Dienstleistern befanden sich auch 650 Ärzte und Zahnärzte. Die Ergebnisse: 72,5 % der befragten Ärzte setzen auf klassische Werbung, zum Beispiel auf Einträge in Branchenbücher oder Anzeigen in Lokalzeitungen. 59 % werben für ihre Praxis über Online-Verzeichnisse im Internet (▶ Kap. 2). 55,5 % der teilnehmenden Ärzte betreiben eine eigene Website. Nur 12 % der Ärzte nutzen die E-Mail-Adresse der Patienten, etwa für Erinnerungen an Vorsorgeuntersuchungen. Über Werbung werden nur 9,5 % der neuen Patienten generiert. 5 % der Neuzugänge wurden als Laufkundschaft klassifiziert. Jedoch: 85,5 % der Ärzte gewinnen ihre neuen Patienten durch persönliche Empfehlungen ihrer Stammpatienten.

Diese Ergebnisse zeigen, wie wichtig Empfehlungsmarketing ist – auch für Kliniken. Das gesamte Klinikteam – vom Chefarzt über die Krankenschwester bis zum Reinigungspersonal – sollte daher, nachdem es Patienten von ihrer guten Leistung, dem tollen Service, der gut funktionierenden Organisation und der Freundlichkeit überzeugt hat, die Empfehlungen nicht dem Zufall überlassen.

5.4.1 Strategien für Empfehlungsmarketing

Empfehlungsmarketing lässt sich aktiv forcieren oder passiv gestalten. Natürlich dürfen Kliniken und ihre Mitarbeiter beim aktiven Empfehlungsmarketing nicht zu forsch vorgehen, sonst wird dies schnell als aufdringlich empfunden. Im persönlichen Gespräch mit der Schwester oder am Empfang zur Abmeldung haben Mitarbeiter die Möglichkeit, dezent entsprechende Hinweise einfließen zu lassen, beispielsweise wenn ein Patient einen langen Aufenthalt hatte und sich für die Fürsorge bedankt. An der Reaktion merken Sie schnell, ob der Patient generell bereit ist, Sie zu empfehlen, oder ob er eher verhalten oder gar skeptisch reagiert.

Wenn die Mitarbeiter die Patienten nicht direkt ansprechen möchten, lassen Sie ein Schild für sie

sprechen. Positionieren Sie am Empfang und auch in den Aufenthaltsräumen unaufdringliche Schilder, auf denen steht: „Wenn Sie zufrieden mit unseren Leistungen sind, empfehlen Sie uns gerne weiter!" Damit Sie jedoch nicht darauf hoffen und warten müssen, dass die Patienten Sie von zu Hause aus bewerten, geben Sie ihnen die Möglichkeit, dies direkt in der Klinik zu tun. Stellen Sie dafür in der Nähe des Empfangs oder im Aufenthaltsraum einen kleinen PC, einen Laptop oder ein iPad auf (▶ Kap. 2). Machen Sie es den Bewertungswilligen so einfach wie möglich: Suchen Sie sich Ihren Favoriten eines Bewertungsportals aus und richten Sie direkt die Seite mit Ihrem Profil und Bewertungsmöglichkeit ein, damit die Patienten nicht noch lange suchen und klicken müssen. Auf Ihre favorisierten Portale können Sie auch direkt von der eigenen Klinik-Website verlinken.

> **Tipp**
>
> Geben Sie auf Schildern oder Handzetteln Hinweise auf Online-Bewertungsportale, wo Patienten Kliniken beurteilen können. Je mehr positive Bewertungen Ihre Klinik in den Portalen aufweisen kann, desto besser.

Im Gegensatz zum aktiven Empfehlungsmarketing setzt das passive darauf, dass Patienten die Klinik aus Eigeninitiative heraus bewerben. Auch dafür kann die Klinik günstige Rahmenbedingungen schaffen, indem Folgendes beachtet wird:

Die Patienten müssen von Ihrer gesamten Leistung vollkommen überzeugt sein. Es reicht nicht aus, dass sie nichts zu beanstanden haben. Die Erwartungen sollten im Idealfall übertroffen werden. Machen Sie sich mit den Zuständigen Gedanken über Ihre Stärken und Schwächen Ihres Hauses aus Sicht der Patienten. Wenn Patienten von Ihrer Leistung überrascht und begeistert sind, werden sie Ihre Klinik von sich aus online und im Freundes- und Bekanntenkreis empfehlen.

Neben den Patienten sollte die Klinik auch weitere Empfehlungskreise berücksichtigen: das berufliche Umfeld, also alle Mitarbeiter, Zuweiser, Laboranten, Lieferanten und Mitglieder ärztlicher

Berufsverbände oder Fachgesellschaften sowie andere Player der Gesundheitsbranche, und auch das private Umfeld, wie Familie und Freunde der Mitarbeiter und auch die örtliche Umgebung, wie das Seniorenheim, Hotel oder Fitness-Studio. Sie alle gehören zu Ihrem Netzwerk. Das Ziel sollte sein, mit Ihrer Klinik bei all den Gruppen bekannt zu sein, ein hohes Ansehen zu genießen und weiterempfohlen zu werden.

Kennen Sie Meinungsführer oder Multiplikatoren? Ob Persönlichkeiten aus Politik, Medien oder Sport: Diese Kontakte sind als Empfehlende besonders wertvoll. Denn wenn der jeweilige Multiplikator ein hohes Ansehen bei der breiten Öffentlichkeit genießt, folgt sie seiner Meinung oftmals ohne zu zweifeln.

Gute Hinweise für das Empfehlungsmarketing liefert eine kleine Befragung neuer Patienten im Aufnahmebogen: Woher und warum kommen sie in die Praxis? So erfährt man schnell, welche Maßnahmen besonders gut funktionieren und welche weniger gut. Für neue Patienten ist es kein Aufwand, im Anmeldebogen neben Namen und Adresse in einem Zusatzfeld einzutragen, wie sie auf die Klinik aufmerksam geworden sind. Berücksichtigen Sie auch bei Patientenbefragungen (▶ Kap. 1, Abb. 1.2) diesen Aspekt. Um das Empfehlungsmarketing aktiv zu steuern, sollten Sie folgende Fragen beantworten können:

> **Fragen zur aktiven Steuerung des Empfehlungsmarketings**
> ▬ Wie sind die Patienten auf Ihre Klinik aufmerksam geworden? Zum Beispiel aufgrund von bestimmten Marketing-Aktionen, wie ein Tag der offenen Tür?
> ▬ Wie viele Patienten empfehlen uns weiter?
> ▬ Wer hat uns weiterempfohlen? Zum Beispiel eher Frauen oder Männer, welche Altersklasse?
> ▬ Warum und welche genaue Leistung wurde weiterempfohlen?
> ▬ Welche Patienten sind aufgrund einer Empfehlung hier?

Die Angaben sollten von der zuständigen Person in einer Excel-Tabelle vermerkt und regelmäßig

ausgewertet werden. Beziehen Sie auch Bewertungen aus den Online-Portalen mit ein. So können Sie feststellen, wie hoch der Anteil an Patienten ist, der durch Zuweiser in Ihre Klinik kommt, von selbst über Online-Suchverzeichnisse oder durch Mund-Propaganda von Bekannten empfohlen wurde. So erfahren Sie, wie viel Engagement Sie noch in das Thema Empfehlungsmarketing investieren sollten.

5.5   Online-Bewertungsportale

Nach einer Diagnose mit Therapieempfehlung sind Patienten auf der Suche nach dem – in ihren Augen – besten Krankenhaus für ihre Bedürfnisse. Dabei spielen verschiedene Faktoren eine Rolle, oftmals auch ganz praktische, wie die Entfernung zum eigenen Zuhause. Neben Empfehlungen von ihrem Arzt, Freunden oder Verwandten setzen immer mehr Patienten dabei auf das Internet. Das private Schwätzchen am Gartenzaun hat sich in die Öffentlichkeit verlagert: in soziale Netzwerke oder Online-Bewertungsportale, wo jeder hört, was andere zu sagen haben – gutes wie schlechtes.

Mehr als ein Dutzend Anbieter sind online zu finden (◘ Tab. 5.3). Die Basis dieser Portale ist meist eine Datenbank mit Adressen von niedergelassenen Ärzten, Zahnärzten, Kliniken samt Chefärzten, wobei online auch nur spezielle Klinikbewertungsportale zu finden sind, etwa medmonitor.de. Je nach Leistungen, die verzeichnet werden sollen, muss dafür bei einigen Anbietern monatlich oder jährlich eine Gebühr bezahlt werden. Damit sollen die Kliniken noch besser von Patienten gefunden werden. Oftmals werden die Zahler auch optisch betont, beispielsweise durch Hervorhebung der Schrift.

In der Regel anonym können Nutzer durch Eingabe ihrer Postleitzahl oder ihres Ortes und des Behandlungswunsches eine Klinik suchen, die vorhandenen Bewertungen lesen oder selbst ihre Klinik nach der Therapie beurteilen. Je nach Portalbetreiber geschieht dies über die Vergabe von Punkten, über das Schulnotenprinzip oder mit Sternen. Nach Auswahl der Klinik, der entsprechenden Fachabteilung und der Behandlung machen User Angaben zum Aufenthalt, wie gut sie mit Informationen versorgt waren, zum Beispiel bei Medikamentengabe, wie der Kontakt zum Arzt- und Pflegepersonal war,

● Tab. 5.3 Bewertungsportale im Überblick

Portal	Gründung	Betreiber	Benotungssystem	Freitextkommentare möglich?	Redaktionelle Prüfung vor Freischaltung?
medmonitor.de	2009	Medmonitor GmbH & Co. KG, Hamburg	5 Sterne	Ja, Pflichtfeld Zur Begründung der Bewertung	Keine Angabe
klinikbewertungen.de	2006	Ein Service des Portals MedizInfo, Flensburg	6 Sterne	Ja	Keine Angabe
topmedic.de (Empfehlungspool-Teilnehmer)	2007	Ein Service der ArztData GmbH, Hamburg	Notensystem: 1 (sehr gut) bis 6 (ungenügend)	Ja	Ja
arzt-auskunft.de (Arztprofil und Empfehlungspool der Stiftung Gesundheit)	1997	Stiftung Gesundheit, Hamburg	Notensystem: 1 (sehr gut) bis 6 (ungenügend)	Ja, Kommentarfunktion	Ja
docinsider.de	2007	DocInsider GmbH, Hamburg	Punktesystem: 0 (schlecht) bis 5 (sehr gut)	Ja, Erfahrungsbericht	Nein
esando.de	2008	esando.de ist ein Projekt der Comventure GmbH, Ludwigshafen	Notensystem: sehr gut bis mangelhaft; sowie Sterne bei den Freitextbewertungen	Ja, zu Praxis-Organisation, Ausstattung und Behandlungsverlauf	Keine Angabe
imedo.de	2007	imedo Gmbh, Berlin	Sternesystem: 1 (nicht ganz so gut) bis 5 (hervorragend)	Ja, Empfehlungsschreiben – E-Mail-Adresse muss angegeben werden	Freitexte werden nach der Veröffentlichung geprüft
jameda.de	2007	jameda GmbH, Tochter der TOMORROW FOCUS AG, München	Notensystem: 1 (sehr gut) bis 6 (ungenügend)	Ja	Stichprobenartige Prüfung durch die Redaktion
vdek-arztlotse.de (Empfehlungspool-Teilnehmer)	2011	Verband der Ersatzkassen, integriert bei der DAK, HEK, HKK und KKH-Allianz	Notensystem: 1 (sehr gut) bis 6 (ungenügend)	Ja	Ja
medfuehrer.de	2006	Medführer GmbH, Heidelberg	Sterne mit Prozentangabe von 100	Keine Angabe	Keine Angabe
onmeda.de (Empfehlungspool-Teilnehmer)	1997	goFeminin.de GmbH, Köln	Notensystem: 1 (sehr gut) bis 6 (ungenügend)	Ja, Kommentarfunktion	Ja
sanego.de	2009	continuo invest UG, Dreieich	Punktesystem: 1 (schlecht) bis 10 (sehr gut) – je nach Kategorie	Ja, Kommentarfunktion	Der Anbieter behält sich vor, die Einträge zu prüfen und gegebenenfalls ganz oder teilweise zu entfernen, zu ändern oder zu ergänzen.

wie die Rahmenbedingungen, etwa das Essen, Verwaltung und Abläufe waren. Abschließend sollen Patienten die Beurteilung mittels Freitext begründen. Die Beantwortung der Fragen dauert je nach Umfang des Fragebogens und Eingabe des Freitextes ein paar Minuten.

> **Beispiel von medmonitor.de: Begründung für Ihre Bewertung (Pflichtfeld)**
> Bitte fassen Sie sich kurz und bleiben Sie sachlich. Jegliche Beleidigungen, Drohungen und Verletzungen der Persönlichkeitsrechte Dritter sind auf Medmonitor verboten. Nennung von Namen, Adressen etc., also persönlichen Daten Dritter, sind ebenfalls nicht erlaubt. Ihr Kommentar kann maximal 800 Zeichen haben.

Einige Betreiber kontrollieren jede Bewertung vor dem Freischalten, um Schmähungen oder auch Eigenlob zu vermeiden. Kliniken sollten in der Regel von den Bewertungen erfahren, weil die Betreiber grundsätzlich verpflichtet sind, bewertete Mediziner zu informieren. Das hat die Aufsichtsbehörde für Datenschutz und Wirtschaft festgelegt. Jedoch reagieren einige Bewertungsportale nicht auf diese bindende Vorgabe.

Eine Befragung des Instituts für betriebswirtschaftliche Analysen, Beratung und Strategie-Entwicklung (IFABS) kommt zu dem Ergebnis, dass nur 5 % der Ärzte schon einmal Arztbewertungsportale nach der eigenen Praxis durchsucht haben. Bei den MFA hatten das dagegen schon 63 % getan. Das Institut hat je 200 Allgemeinmediziner, MFA und Patienten telefonisch zum Thema Internetportale mit Bewertungen zu Arztpraxen befragt. Von den Patienten haben 87 % schon mindestens einmal ein Bewertungsportal genutzt. Laut Studienautor zeigt diese Diskrepanz, dass den meisten Ärzten die Bedeutung und auch die daraus resultierenden Chancen dieser Portale noch gar nicht bewusst sind. Die Portale kooperieren – zum Beispiel gibt es den Empfehlungspool der Stiftung Gesundheit mit mehreren Teilnehmern –, andere haben starke Medienpartner zur Seite, etwa Jameda mit Focus online. Darüber hinaus nutzen auch Krankenkassen bereits Empfehlungssysteme von Portalen oder betreiben ein eigenes.

Für Kliniken ist es grundsätzlich gut, mit Bewertungsportalen offensiv umzugehen. Die Tatsache, dass Kliniken online anonym bewertet werden, ist nicht mehr aus der Welt zu schaffen – nun heißt es, produktiv damit umzugehen. Wie im vorhergehenden Abschnitt beschrieben, kann man zufriedene Patienten motivieren, die Klinik zu empfehlen und so implizit für gute Bewertungen sorgen. In einer hohen Anzahl guter Empfehlungen gehen auch die wenigen schlechten Beurteilungen schnell unter.

Neben den hier aufgelisteten Bewertungsportalen, deren Funktion zum Teil auch in Gesundheits- und Krankenkassenportale integriert ist, gibt es auch allgemeine Anbieter, zum Beispiel Qype oder Google Places, bei denen User schlicht alles bewerten können – vom Restaurant über die Stadtbibliothek bis hin zur Klinik. Durch ihre große Themenbreite und gute Integration in die Suchmaschinen werden diese Portale sehr stark wahrgenommen. Seit Ende 2010 zeigt auch Google direkt in der Suchergebnis-Liste einen mit Sternchen illustrierten Link zu Bewertungen an, die sich die Suchmaschine von vielen verschiedenen Anbietern zusammensammelt. Seitdem ist es für Kliniken kaum möglich, die Bewertungen völlig zu ignorieren.

Weitere Möglichkeiten für Kliniken, ihren Ruf im Auge zu behalten, sind in ▶ Abschn. 5.6 aufgeführt.

5.6   Online-Reputation: Der Ruf von Ärzten und Kliniken

Reputation basiert auf den Erfahrungen und Erwartungen der Menschen. Jede Person, die in der Öffentlichkeit steht, wie Politiker, Mediziner oder Unternehmen, und auch Kliniken haben eine Reputation: einen guten oder schlechten Ruf. Eine positive Reputation steht auf vier Säulen: Glaubwürdigkeit, Zuverlässigkeit, Vertrauenswürdigkeit und Verantwortung.

Das soziale Internet hat die klassischen Mechanismen der Reputation völlig verändert. Nie zuvor konnte die Reputation von Unternehmen und Menschen so einfach, schnell und nachhaltig beeinflusst werden wie heute. Das liegt daran, dass die Möglichkeiten und Realitäten der Mediennutzung und -produktion grundlegend verändert wurden.

Drei Faktoren bestimmen die neuen Rahmenbedingungen, in denen Reputation entsteht:

Jeder kann heute publizieren Innerhalb weniger Minuten und ohne nennenswerte Kosten kann heute jeder Nachrichten über Blogs, Foren, Wikis und soziale Netzwerke veröffentlichen – und die Verbreitung läuft ganz von allein. Die klassischen Gatekeeper des Publizierens – Journalisten und Verleger – sind im Internet bedeutungslos.

Die Anzahl der Kommunikationskanäle steigt exponentiell Eigene Websites lassen sich heute mühelos und praktisch ohne technische Vorkenntnisse aufsetzen – möglich wird dies durch Content-Management-Systeme (CMS) (▶ Kap. 3) und kostenlose Bloghoster (▶ Kap. 6). Wo früher wenige Hundert Printmedien existierten, sind heute Millionen von Internetseiten aktiv.

Publizierte Texte sind mühelos und dauerhaft auffindbar Früher war es mit erheblichem Aufwand verbunden, den Überblick über die Inhalte aller Medien zu behalten. Nachrichten erreichten selten ein breites Publikum und wurden schnell wieder vergessen. Heute sind publizierte Nachrichten mühelos per Stichwortabfragen über die Suchmaschinen auffindbar und werden vom Internet dauerhaft gespeichert.

Diese neuen Rahmenbedingungen machen die Reputation zu einem fragilen Konstrukt in einer schnelllebigen und komplexen Umwelt. Niemand ist heute mehr vor Kritik im Internet gefeit, nur weil er oder sie von sich aus nicht im Netz präsent ist. Die Augen zu verschließen schützt nicht vor Schaden. Nur wer selbst aktiv die Kontrolle übernimmt, kann sich den neuen Rahmenbedingungen gewachsen zeigen.

5.6.1 Reputationsmonitoring: Überblick verschaffen und behalten

Zum ersten Schritt eines erfolgreichen Online-Reputationsmanagements gehört, sich einen Überblick darüber zu verschaffen, was im Internet geschieht, konkret: was über einen selbst bzw. über die Klinik geschrieben wird. Nur wer überhaupt weiß, was vor

sich geht, kann zielgerichtet vorgehen und entsprechend reagieren. Das verbreitete Ego-Googeln, das Suchen nach dem eigenen Namen des Chef- oder Oberarztes oder eben der Klinik, beispielsweise durch die Marketing oder ÖPR- und Öffentlichkeitsabteilung, ist dabei nur die einfachste Maßnahme und auf Dauer zu aufwändig.

> **Die drei Phasen beim professionellen Reputationsmonitoring**
> 1. **Die Keyword- und Medien-Recherche**
>   Dabei finden Sie heraus, welche Termini und Internetseiten Sie überwachen müssen, um einen effektiven Überblick über Ihre Online-Reputation zu erhalten.
> 2. **Eine Ersterfassung**
>   Verschaffen Sie sich einen Überblick über den Ist-Zustand: Was findet man über Sie im Netz? Wie stehen Sie bei den wichtigen Arzt-Suchverzeichnissen und Bewertungsportalen da?
> 3. **Die konkrete Überwachung**
>   Richten Sie dafür ein automatisiertes Monitoring ein, das Sie über Veränderungen auf dem Laufenden hält.

Im Folgenden werden diese drei Schritte praxistauglich erläutert und ausgewählte Tools vorgestellt, um die Umsetzung zu erleichtern.

Keyword- und Medien-Recherche

Mit Keywords sind hier jene Wörter gemeint, die ein Suchender in eine Suchmaschine eingibt (▶ Kap. 4). Suchmaschinen sind das erste Orientierungsinstrument im Internet – ohne sie könnte man die unendlichen Weiten des Netzes niemals sinnvoll nutzen. Konkret ist Google das Eingangstor zum Internet. Dort wird über den guten Ruf eines Arztes oder einer Klinik entschieden. Denn wer etwas über Sie oder die Klinik erfahren will, wird in aller Regel zuerst nach den Namen googeln.

Die Treffer, die Nutzer auf den Suchergebnisseiten finden, stellen oftmals den ersten Eindruck dar. Besonders wichtig sind die obersten Treffer auf der ersten Ergebnisseite. Sie werden am häufigsten angeklickt. Je weiter hinten ein Suchergebnis auftaucht, desto unwahrscheinlicher ist es, dass es sich jemand genauer anschaut. Wegen der Gatekeeper-Funktion der Suchmaschinen ist die Überwachung passender Keywords die effektivste Form des Reputationsmonitoring. Erste Aufgabe des Reputationsmanagements ist also, ein durchdachtes Set von Keywords festzulegen, die dem jeweiligen Arzt oder der Klinik einen ausreichenden Einblick in die Online-Reputation gibt.

Keywords für Personen   Für die Erfassung der persönlichen Reputation via Suchmaschine ist der eigene Name das wichtigste Keyword. Einige Besonderheiten sind allerdings zu beachten, um die Anzahl der irrelevanten Treffer zu minimieren: Viele Nachnamen sind zugleich alltagssprachliche Begriffe (z. B. Richter, Förster) oder finden auch als Vornamen Verwendung (z. B. Steffen). Um allzu viele irrelevante Suchergebnisse zu vermeiden, setzen Sie beim Suchen Ihren Namen in Anführungszeichen. Dann wird nur die konkrete Wortkombination („Vorname Nachname") von Google berücksichtigt. Bedenken Sie, dass Ihr Name falsch geschrieben sein könnte, weil es verschiedene Schreibweisen gibt, wie etwa „Stefan" statt „Stephan". Verfügen Sie über einen zweiten Vornamen, den Sie zuweilen nutzen, sollten Sie nach beiden Kombinationen googeln (also „Vorname Nachname" sowie „Vorname Vorname Nachname"). Bedenken Sie, dass der Name gelegentlich umgekehrt geschrieben wird (also „Hinrich, Axel" statt „Axel Hinrich"). Wenn Sie über besonders viele Namensvetter verfügen (z. B. Peter Müller, Hans Meier), werden Sie beim Ego-Googeln sehr viele irrelevante Treffer erhalten. In diesem Fall sollten Sie Ihren Namen mit Zusätzen versehen, die die Zuordnung erleichtern (z. B. Titel, Firma, Stadt). In Extremfällen – mit vielen Namensvettern – kann die Online-Reputation von Personen via Google gar nicht sinnvoll erfasst werden, etwa wenn Ihr Namensvetter eine bekannte Persönlichkeit aus der Politik ist. Dies hat natürlich auch den Vorteil, dass man weniger angreifbar ist.

Keywords für Unternehmen   Die Reputation von größeren Gemeinschaftspraxen, MVZ oder Kliniken via Google-Suche zu erfassen ist selbstverständlich komplexer. Nicht nur der Name des

Unternehmens muss erfasst werden, sondern auch die der wichtigsten Repräsentanten (z. B. Vorstand, Geschäftsführer, Ärztlicher Direktor, alle Chefärzte). Auch hier sollten die Streuverluste minimiert werden. Die Keywords müssen durch zusätzliche Begriffe so präzisiert werden, dass sie alles Wichtige erfassen, aber so wenig wie möglich Irrelevantes einschließen (z. B. durch Hinzufügen des Namens der Region/Stadt, in der die Klinik hauptsächlich aktiv ist).

Medien unter Beobachtung   Mit der Festlegung der richtigen Keywords ist die Basisarbeit noch nicht getan. Google erfasst zwar einen großen Teil des Internets, aber bei weitem nicht alles. Besonders die Kommunikation in den Social Networks läuft häufig an den Suchmaschinen vorbei, da sie oftmals durch Datenschutzmaßnahmen ausgesperrt sind. Das gilt vor allem für Social Networks und für viele Foren. Auch Beurteilungen in Bewertungsportalen werden nicht zuverlässig von den Suchmaschinen erfasst und in den Suchergebnissen ausgeworfen. Daher ist es empfehlenswert, die relevanten Social-Media-Angebote zu identifizieren und in das Monitoring einzubeziehen.

Nutzen Sie als ersten Anhaltspunkt die folgenden Dienste als Recherchetools:

Recherchetools
- www.yasni.de
  Personenbasierter Monitoring-Dienst, der Ihnen neben Suchtools und einer hilfreichen Übersicht auch die Möglichkeit bietet, ein Profil anzulegen und die Treffer zu Ihrer Person zu ordnen und zu hierarchisieren.
- www.howsociable.com
  Eine Suchmaschine, die schnellen Überblick über die Erwähnung eines Keywords in Social Media-Portalen, Twitter usw. gibt.
- www.technorati.com
  Technorati ist die führende Suchmaschine für Blogs; hier behalten Sie den Überblick über die große weite Welt der Webpublikationen.

Ersterfassung der Reputation

Nach der Festlegung eines Sets von Keywords und relevanter Webdienste ist es nötig, den Ist-Zustand zu erfassen. Das dient vor allem dem Überblick. Googeln Sie die festgelegten Keywords und gehen Sie mindestens die ersten 100 Suchergebnisse systematisch durch. Identifizieren Sie die für Ihre Reputation bzw. der der Klinik förderlichen und kritischen Ergebnisse. Gibt es unter den kritischen Resultaten welche, die ernsthaft schädlich sind? Stellen Sie fest, welche der Ergebnisse Sie selbst unter Kontrolle haben (z. B. eigene Website, Profile in Netzwerken, online veröffentlichte Presse-Meldungen). Legen Sie bei all dem besonderes Augenmerk auf die ersten zehn Suchergebnisse.

Verschaffen Sie sich einen Überblick über Ihr Standing und das Ihres Krankenhauses in den wichtigsten Web-2.0-Angeboten: Wikipedia, die sozialen Netzwerke und die relevanten Bewertungsportale. Wird dort über Sie geschrieben? Gibt es Profile von Ihnen, die die Dienste automatisch angelegt haben? Aus den Daten der Ersterfassung können Sie im Weiteren den konkreten Handlungsbedarf ableiten. Zunächst gilt es jedoch, diese Informationsbasis nicht veralten zu lassen.

Überwachung der Reputation

Um nicht jedes Mal wieder die Schritte der Ersterfassung wiederholen zu müssen und dabei Neuigkeiten zwischen dem vielen schon Bekannten zu übersehen, sollten Sie im dritten Schritt automatisierte Monitoring-Systeme schaffen, die Sie über jede Veränderung in Kenntnis setzen.

Google überwachen Ein einfaches, effektives – und überdies kostenloses – Mittel, die Google-Suchergebnisse zu bestimmten Keywords im Blick zu behalten, ist Googles eigener Benachrichtigungsdienst „Google Alerts". Einen Alert für ein Keyword können Sie unter www.google.com/alerts anlegen. Geben Sie einfach den gewünschten Suchbegriff ein, legen Sie fest, wie häufig Sie eine E-Mail mit den Ergebnissen erhalten wollen, geben Sie Ihre E-Mail-Adresse ein und fertig. Google wird Sie nun im gewünschten Intervall davon unterrichten, welche neuen Ergebnisse zum gewünschten Suchterm gefunden wurden. Diese Einstellungen wiederholen Sie für alle festgelegten Keywords, und schon haben Sie ein einfaches Monitoring-System geschaffen, mit dem Sie immer auf dem Laufenden bleiben. Noch bequemer können Sie mit Google Alerts arbeiten, wenn Sie über einen Google-Account verfügen. Dann werden die Alerts automatisch Ihrem Konto zugeordnet und Sie können sie nach Wunsch bearbeiten, erweitern oder löschen. Zudem können Sie anstatt der regelmäßigen E-Mail-Benachrichtigungen auf das bequemere Abonnement eines RSS-Feeds (▶ Kap. 3) im Google Reader zurückgreifen. Auch die oben bereits erwähnten Recherchetools für die sozialen Medien wie Yasni und MyOnID bieten zum Teil Benachrichtigungsdienste an, die Sie über Veränderungen im Netz informieren. Und wenn es Wikipedia-Artikel gibt, die Sie im Auge behalten wollen, können Sie auch dort einen Benachrichtigungs-Feed zu beobachteten Artikeln anlegen.

Dienstleister für das Reputationsmonitoring Über die Google Alerts hinaus gibt es eine Reihe von Dienstleistern, die mehr oder weniger professionell anbieten, Ihr Reputationsmonitoring für Sie oder die Klinik zu betreiben. Der Vorteil: Sie oder die Presseabteilung müssen sich nicht selbst um die Einrichtung eines sinnvollen Monitorings kümmern, und auch ein Großteil der Ergebnisselektion und der Analyse wird Ihnen von den Diensten abgenommen. In der Regel bieten derartige Dienste überdies Services zur Verbesserung der Online-Reputation an. Die Services sind jedoch mit Kosten verbunden – wägen Sie das Angebot mit Ihrem Aufwand, den Sie einsetzen müssten, gegeneinander ab.

5.6.2 Prävention: Digitalen Schutzschild aufbauen

Die Kontrolle über die eigene Reputation zu übernehmen heißt vor allem, mit eigenen Informationsangeboten die vorderen Suchergebnisse bei Google zu belegen. Es bedeutet aber auch, auf den wichtigsten Social-Media-Portalen Präsenz zu zeigen, damit man dort nicht von der Dynamik der Kommunikationsprozesse überrollt werden kann. Bauen Sie einen starken digitalen Schutzschild, der es missgünstigen Zeitgenossen schwer macht, Ihre Online-Reputation anzugreifen, und Ihnen selbst machtvolle Instrumente an die Hand gibt, mit denen Sie auftretende Krisen schnell und effektiv in den Griff bekommen.

Im Folgenden werden eine Reihe von Maßnahmen vorgestellt, die effektive Elemente in Ihrem digitalen Schutzschild darstellen können. Die einzelnen Maßnahmen sind unterschiedlich aufwändig. Sie müssen in jedem Fall genau abwägen, was zu Ihrem Image und den verfügbaren Ressourcen am besten passt.

Die eigene Website   Ihre eigene Website oder die der Klinik ist Ihre Zentrale im Internet. Hier haben Sie alles selbst in der Hand, niemand kann Ihnen die Kommunikationshoheit nehmen. Sprechen Sie alle Themen an, die für Sie und Ihre Reputation wichtig sind. Das wird besonders wichtig, wenn tatsächlich eine Krise auftritt, mit ungünstigen Berichten in der Lokal- oder gar überregionalen Presse. Nehmen Sie Ihren Gegnern die Deutungshoheit, indem Sie eventuelle Kritik explizit aufgreifen und dazu Stellung nehmen. Mit etwas Glück lesen genügend Menschen Ihre Stellungnahme zur Kritik, um den Angriffen selbst die Schärfe zu nehmen.

Wenn die eigene Website suchmaschinenoptimiert ist, sollte sie bei Eingabe Ihres Namens bei Google sehr weit vorn gelistet werden. Optimieren Sie einzelne Seiten der Website auf unterschiedliche, für Ihre Reputation entscheidende Keywords, um so mit Ihrer eigenen Netzpräsenz ein breites Spektrum abzudecken. Geben Sie Besuchern die Möglichkeit, auf Ihrer Website mit Ihnen zu kommunizieren, zum Beispiel über Kommentare oder ein Gästebuch (▶ Kap. 3). Machen Sie sich so ansprechbar und gewinnen Sie dadurch die Möglichkeit, auf Kritik direkt einzugehen und ihr so die Schärfe zu nehmen. Seien Sie offen und diskussionsfreudig. Das Einzige, was Sie erreichen, wenn Sie sich gegenüber der Kommunikation sperren, ist Folgendes: Die Diskussion wird ohne Sie stattfinden, auf Plattformen, die Sie nicht kennen und nicht beeinflussen können, und ohne eine Stimme, die in Ihrem Sinne spricht. (Krisen-PR spielt in Kliniken eine bedeutende Rolle – ob Behandlungsfehler, Hygienemängel oder verunreinigte Infusionen mit tödlichen Folgen. Für Verfahrensanweisungen und Tipps zum erfolgreichen Krisenmanagement möchten wir auf gesonderte Literatur verweisen, da dies hier den Rahmen sprengen würde. Jedoch sei gesagt, dass die vorgestellten Online-Instrumente ebenfalls in der Krisen-PR zum Einsatz kommen sollten.)

Social Media   Zur Nutzung der sozialen Medien, wie Netzwerke, Blogs, Wikipedia, wurde bereits in den jeweiligen Abschnitten dieses Kapitels viel gesagt. Für die Reputation ist entscheidend, dass es auf all diesen Plattformen um Kommunikation geht. Wer hier offen auf Kritik reagiert, hat das Schlimmste meist schnell überstanden. Bedenken Sie: Auf Plattformen kann auch in Ihrer Abwesenheit über Sie gesprochen werden. Für den digitalen Schutzschild ist es wichtig, dass Sie in den Plattformen präsent sind, um gegebenenfalls zügig auf Krisen reagieren zu können.

Multimediale Inhalte: Bilder und Videos   Praktisch jeder kann heute jederzeit ein Foto mit der Handykamera machen und es ins Netz laden – binnen Sekunden, und ohne Sie gefragt zu haben. Das ist zwar rechtswidrig, aber es geschieht dennoch. Peinliche Szenen werden inzwischen täglich zuhauf fotografiert: als Schnappschüsse beim Essen oder auf Firmenfeiern. Vieles davon landet inzwischen im Netz, bei Facebook oder einem der großen Bilderhoster wie Flickr oder Picasa. Bei diesen Diensten können auch auf Gruppenfotos einzelne Personen markiert und mit Namen identifiziert werden und sind dann mit der Suchmaschine hervorragend auffindbar. Zudem ist die technische Entwicklung inzwischen so weit, Gesichter auch ohne diese Identifizierungsleistung einzelnen Personen zuordnen zu können. Selbst wenn Sie keine Bilder von sich ins Netz stellen, können es andere jederzeit tun. Bauen Sie daher einen Schutzschild auf und schaffen Sie Bilderwelten, über die Sie selbst entscheiden. So übernehmen Sie die Kontrolle über die Bilder, die von Ihnen im Netz verfügbar sind. Und andere, Ihrer Reputation weniger schmeichelhafte, gehen in der Masse unter. (Weitere Informationen zum Thema Praxis-Bilder finden Sie in ▶ Kap. 2.)

Tipp

Stellen Sie Fotos zu Ihren Profilen in die Netzwerke. Bieten Sie eine Bildergalerie von Ihrer Klinik und Fachabteilung an. Sind Sie vielleicht als Referent auf Kongressen tätig? Lassen Sie von sich Bilder machen und richten Sie dafür Galerien bei den Bilderhostern Flickr und Picasa ein.

Auch bewegte Bilder erfreuen sich einer immer größeren Beliebtheit im Netz. Ebenso wie Bilder können mit Handykameras Videos aufgenommen und ins Netz gestellt werden. Auch hier sollten Sie mit selbst geschaffenen Bildwelten die Kontrolle übernehmen. Die Plattform mit der stärksten Reichweite für Videos ist YouTube. Versuchen Sie, hier mit eigenem Material präsent zu sein. (Weitere Informationen zum Thema Praxis-Imagefilm und Aufklärungsvideos finden Sie in ▶ Kap. 2.)

Internettipps für Foto- und Video-Seiten

Foto-Seiten
- Flickr.com
- Fotolia.de
- Fotolog.com
- Imageshack.us
- Photobucket.com
- Picasa.google.com
- Webshots.com

Video-Seiten
- Bing.com/videos
- Clipfish.de
- Dailymotion.com
- Myvideo.de
- Vimeo.com
- Video.yahoo.com
- Youtube.com

5.6.3 Krisenbewältigung: Die Reputation retten

Damit kein Missverständnis aufkommt: Ein Reputationsdesaster zu reparieren, etwa Presse-Meldungen über einen vermuteten Behandlungsfehler eines Arztes oder Hygienemängel in einem Krankenhaus, ist sehr schwierig und in der Regel eine sehr langwierige und harte Arbeit. Je schwächer der digitale Schutzschild vor dem Desaster ausgeprägt ist, desto aufwändiger und mühsamer werden sich die Gegenmaßnahmen gestalten. Erfolgreiches Reputationsmanagement findet nicht in der Krise statt, sondern vorher.

Juristische Maßnahmen – selten zu empfehlen

Grundsätzlich ist bezüglich juristischen Vorgehens im Internet Vorsicht geboten. Ein großer Teil des Internets ist vom Presserecht nicht zuverlässig abgedeckt. Blogger sehen sich gern als unabhängige Kräfte. Gegendarstellungen auf Blogs sind unüblich, juristisches Vorgehen führt meist zu gereizten Gegenreaktionen. Selbst wenn Sie im Recht sind, und das ein Gericht sogar irgendwann bestätigt, könnten Sie den Schaden in der Zwischenzeit vergrößert haben – durch weitere Berichte und einen Sturm der Empörung. Das haben einige Markenunternehmen in der Blogosphäre schon erlebt.

Grundsätzlich haben Sie einen Richtigstellungs- bzw. Unterlassungsanspruch bei faktisch unrichtigen oder verleumderischen Berichten. Diesen Anspruch durchzusetzen ist jedoch oft schwierig. Hinzu kommt, dass auch eine Löschung des Beitrags oft nichts bringt. Das Internet verfügt über ein Elefantengedächtnis: Artikel sind längst in die Indizes der Suchmaschinen und in Blogverzeichnissen gelandet, wurden via Facebook und Twitter kopiert und verbreitet und sind in aller Regel schon nach einigen Stunden nicht mehr effektiv aus dem Internet entfernbar.

Die Alternative: Diskussion selbst bestimmen

Statt sich also mit ohnehin unwirksamen juristischen Maßnahmen unbeliebt zu machen, sollten Sie versuchen, die Diskussion zu entern und die Deutungshoheit zu gewinnen. Leider werden Krisen selbst bei großen Unternehmen oft eher ausgesessen und totgeschwiegen als wirksam bekämpft. Der Effekt: Eine negative Debatte kann sich ungehindert ausbreiten und dem Unternehmen einen erheblichen Reputationsschaden zufügen, den man jederzeit und dauerhaft wieder in den Suchmaschinen recherchieren kann.

Denken Sie nicht, als eher kleines städtisches Krankenhaus kann Ihnen keine Reputationskatastrophe im Internet passieren. Zwar müssen Sie wohl nicht damit rechnen, dass sich eine Krise in allen großen sozialen Netzwerken und Blogs ausbreitet, doch in einem eng vernetzten lokalen Umfeld genügen sehr kleine einzelne Anstöße, um Ihre Reputation zu erschüttern. Schnell kennt fast jeder Patient und ortsansässiger den fraglichen Bericht. Ob global oder lokal: Die Mechanismen sind dieselben und erfordern konzentrierte Gegenmaßnahmen.

Machen Sie im Krisenfall die Quelle des Problems ausfindig und identifizieren Sie die Kanäle, in denen die kritischen Diskussionen laufen. Schalten Sie sich in die Debatte ein, indem Sie Stellung zu den Vorwürfen nehmen – nüchtern und professionell – und, wenn nötig, mit einer ordentlichen Portion Selbstkritik. Versuchen Sie zu erreichen, dass nirgendwo die Kritik stattfindet, ohne dass Ihre eigene Sichtweise gleichzeitig präsent ist. Stiften Sie auch Ihre Kontakte in sozialen Netzwerken und sonstige Stakeholder an, in Ihrem Sinne zu intervenieren – genau dazu haben Sie ja den digitalen Schutzschild. Und bieten Sie Informationen zum kritischen Thema in Ihren eigenen Kanälen an: auf der Website, Ihrer Facebook-Präsenz usw. Lassen Sie nicht zu, dass der Eindruck entsteht, Sie würden etwas totschweigen und wollten keinesfalls etwas verbessern. Schweigen ist der beste Nährboden für diesen Eindruck. Setzen Sie stattdessen auf Transparenz.

Interview mit Axel Dittmar, Kliniksprecher/Leiter Unternehmenskommunikation des Klinikums Bielefeld

Für welche Krankenhäuser und Patientengruppen eignen sich die neuen Medien in der Kommunikationsstrategie?

„Ich bin der festen Überzeugung, dass sich Social-Media-Maßnahmen für Krankenhäuser sämtlicher Größenklassen eignen. Die Frage ist nur, welchen Aufwand die Häuser betreiben möchten und können. Die neuen Medien bieten Krankenhäusern die Möglichkeit, das klassische Marketing zu ergänzen, aber auch die Patientenkommunikation weiter auszubauen. Social Media ist für ganz verschiedene Patientengruppen geeignet: für junge und auch für ältere Leute. Gerade bei der älteren Generation gibt es erstaunliche Zuwachsraten. Ein weiterer Aspekt: Krankenhaus ist gelegentlich ein stark angstbesetztes Thema. Social Media kann das aufbrechen und gegensteuern."

Was sollten Kliniken bei der Planung und Umsetzung beim Einsatz von Social Media beachten?

„Kliniken sollten sich genau überlegen, ob sie wirklich einen Social-Media-Auftritt brauchen.

Und wofür konkret sie diesen brauchen. Nur weil Facebook gerade angesagt ist, müssen Kliniken nicht unbedingt auf den Zug aufspringen. Das wäre der falsche Ansatz. Kliniken benötigen zudem stets Themen, die Social-Media-tauglich sind, wie etwa Patientenveranstaltungen. Immer nur die eigenen Presse-Mitteilungen zweitzuverwerten ist nicht empfehlenswert – das ist nicht die Idee des Web 2.0. Im Team muss es also jemanden geben, der sich um Themenentwicklung und kontinuierliche Pflege des Facebook-Auftritts kümmert. Der Aufwand für die Posts – gerne mit Bildern – und Kontrolle der Kommentare beträgt etwa zwei Stunden pro Woche."

Vielen Klinikchefs ist das Web 2.0 nicht geheuer – wie ist Ihre Meinung dazu?

„Natürlich birgt die Nutzung von Social-Media-Elementen Risiken – es kann mal eine negative Äußerung über das Haus im Facebook-Account stehen. Aber schließlich haben Kliniken direkt die Chance, darauf zu antworten. Auf unserer Facebook-Präsenz gab es bisher etwa fünf Kommentare von derzeit insgesamt über 1.000, die inhaltlich kritisch waren, sodass ich diese gelöscht habe. Ich bin der festen Überzeugung, dass die Chancen die Risiken bei weitem übersteigen! Ich glaube nicht, dass Krankenhäuser so leicht Opfer eines ‚Shitstorms' werden können."

Was halten Sie von Guidelines für Angestellte im Umgang mit Social Media?

„Spielregeln gehören zum Arbeitsleben. Es versteht sich von selbst, dass man eventuelle Probleme mit dem Arbeitgeber nicht öffentlich austrägt, aber das wird ohnehin eine Ausnahme sein. Wenn jedoch Guidelines alles und jedes vorschreiben, dann verschreckt man die besten Botschafter eines Unternehmens: die eigenen Mitarbeiter!"

Zu Social Media gehört mehr als Facebook – welche Maßnahme können Sie noch empfehlen?

„Unser Haus nutzt neben Facebook noch den Mikroblog Twitter – dort sind überdurchschnittlich viele Journalisten unterwegs. Wir arbeiten zudem mit QR-Codes auf unseren Stellenanzeigen, um Print und unseren YouTube-Kanal miteinander zu verbinden. Gerade YouTube bietet Jobinteressenten die Möglichkeit, sich im Wortsinne ein Bild vom neuen Arbeitsplatz zu machen."

Ein Blog für die Klinik

© Springer-Verlag Berlin Heidelberg 2017
A. Köhler, M. Gründer, *Online-Marketing für das erfolgreiche Krankenhaus*,
Erfolgskonzepte Praxis- & Krankenhaus-Management,
DOI 10.1007/978-3-662-48583-5_6

Während in anderen Branchen auch von kleinen Unternehmen Blogs längst als erfolgreiches Marketing-Tool genutzt werden, gibt es nur sehr wenige Kliniken, die Blogs betreiben. Dabei hat der Einsatz von Blogs zur Imagepflege und Kundenbindung in vielen Branchen inzwischen gute Tradition. Ungezählte Firmen betreiben Blogs, in denen Chefs oder Mitarbeiter im Plauderton aus dem Arbeitsalltag erzählen, Aktionen ankündigen oder Branchen-News kommentieren. Der Vorteil von Blogs gegenüber einer normalen Firmen-Website ist: Das Medium wirkt ungezwungen und authentisch. Hier bekommt ein Unternehmen Gesicht und Charakter. Was vielfach schon verloren schien, wird hier wieder erlebbar: der persönliche Kontakt zu einer Organisation oder Marke.

Auch für Krankenhäuser bietet das Bloggen als Kommunikationsform vielfältige Chancen. Sind die Hürden – gesetzliche Einschränkungen und verfügbare Ressourcen – erst einmal überwunden, kann das Bloggen völlig neue Wege eröffnen, um mit Patienten und Kollegen ins Gespräch zu kommen, neue Patienten zu gewinnen und seinen guten Ruf als Klinik bzw. – bei Chef- und Oberärzten – als Fachmann auszubauen.

6.1   Was ist eigentlich ein Blog?

Der Begriff „Blog" ist eine Abkürzung für das englische Wort „Weblog". Also ein öffentliches Internet-Tagebuch oder – bei mehreren Autoren – eine Art Zeitung im Internet. Artikel werden von ihren Autoren dort veröffentlicht und erscheinen gewöhnlich chronologisch sortiert, mit dem neuesten ganz oben. Die Einsatzmöglichkeiten dieses Grundprinzips sind vielfältig: vom einfachen Webtagebuch, in dem jemand Interessantes aus seinem Alltag publiziert, bis zum professionellen Serviceblog eines Weltkonzerns. Manche Blogs sind im Laufe der Jahre zu sehr erfolgreichen Nachrichten- oder Themenmagazinen avanciert.

Die Welt der Blogs, deren Anzahl auf weltweit fast 150 Mio. geschätzt wird, heißt Blogosphäre. In ihr kommunizieren die Blogger – die Autoren der Blogs – miteinander und mit ihren Lesern. Die Blogosphäre ist eng vernetzt. Kommunikativität ist ein wichtiges Grundelement des Bloggens und unterscheidet das Bloggen deutlich vom Publizieren traditioneller Magazinartikel. Blogartikel sind dazu da, diskutiert zu werden, und nicht selten misst man den Erfolg eines Artikels daran, wie leidenschaftlich die Diskussion in der darunter stehenden Kommentarspalte abläuft. Wegen dieser Charakteristika zählen Blogs auch zu Social Media.

Die Anzahl der Blogs zeigt deutlich, dass es sich dabei längst nicht mehr um ein Nischenphänomen handelt, das von einigen Internet-Freaks als Privatvergnügen betrieben wird. Bei fast beliebigen Recherchen in Suchmaschinen werden Blogartikel oft sehr prominent angezeigt. Die enorme Popularität und Breitenwirkung von Blogs beruht auf vier Säulen:

> **Die vier Säulen der Blog-Popularität**
> — Unabhängigkeit: Hier publizieren scheinbar Menschen „wie du und ich", also keine von etablierten Verlagen angestellten Journalisten. Das hat den Reiz unverfälschter Information.
> — Persönlichkeit: Blogger schreiben selten in objektivierendem Stil, sondern meist explizit aus ihrer Sicht. Sie bringen ihre Person und Meinung offen ein.
> — Originalität: Oft schreiben Blogger über Themen, die in den großen Medien kaum behandelt werden.
> — Kommunikation: Durch die Möglichkeit, über Artikel zu diskutieren, entsteht eine enge Leserbindung.

Auf diese vier Säulen kann geschicktes Marketing aufbauen und die Kommunikationsform des Bloggens für sich nutzbar machen. Solche geschäftlichen Blogs, die von Firmen betrieben werden, heißen auch „Corporate Blogs".

6.2   Einsatzmöglichkeiten in der Klinik-PR

Kliniken können einen Blog vor allem einsetzen, um ihre Patienten besser zu erreichen und zu informieren und um neue Patienten auf sich und vor allem auf besondere Leistungen und Spezialisierungen – wie zum Beispiel eine erfolgreiche Geburtshilfe – aufmerksam zu machen. Dabei lassen sich die eigentlichen Stärken großer medizinischer Einrichtungen gut ausspielen: Vertrauen und fachliche Kompetenz werden in einem Blog besonders gut kommuniziert.

Dafür müssen Kliniken allerdings drei Grundprinzipien beachten:

Keine Werbefloskeln Der Blog ist nicht dazu da, Pressemitteilungen zu veröffentlichen. Blogleser wollen brauchbare Informationen von echten Menschen. Niemand möchte hier die klassische Öffentlichkeitsarbeit sehen.

Regelmäßigkeit Um einen Blog zum Erfolg zu machen, muss er regelmäßig aktualisiert werden. Ein Artikel pro Woche ist Pflicht, um Leser zu binden.

Persönlichkeit Bloggen können nur Personen, nicht Institutionen. Ärzte, Pflegepersonal und Vertreter des Managements sind die Repräsentanten des Krankenhauses. Im Blog müssen sie zu Wort kommen und in Dialog mit den Lesern treten. Die PR-Abteilung kann koordinieren und auch als Ghostwriter agieren. Nach außen aber müssen dann sie Persönlichkeit zeigen.

6.2.1   Ziele festlegen

Wozu genau soll der Blog da sein? Wie bei allen Marketing-Instrumenten müssen Sie die Ziele vorher definieren. Verschiedene Zielstellungen lassen sich mit einem Blog erreichen – nicht alle davon sind miteinander kompatibel:

Neue Patienten gewinnen Um neue Patienten über einen Blog anzusprechen, muss dieser vor allem sachbezogene Informationen anbieten, die über Suchmaschinen auffindbar sind. Denn Neupatienten werden überwiegend über die Suchmaschinen auf den Blog stoßen. Die Informationen im Blog müssen laienverständlich sein und sollen vor allem Vertrauen in die Kompetenz der Klinik und ihrer Ärzte schaffen, ein bestimmtes Problem lösen zu können. So können gezielt bestimmte Leistungen beworben werden, die z. B. wirtschaftlich besonders profitabel sind.

Information der Öffentlichkeit Ein Krankenhaus ist ein wichtiger Teil der Infrastruktur und ein potenter Wirtschaftsfaktor für eine Region. Ein Blog gibt dem Haus die Möglichkeit, die interessierte Öffentlichkeit stets über aktuelle Entwicklungen zu informieren. Das betrifft sowohl die Klinik selbst als auch etwaige medizinische oder gesundheitspolitische Neuigkeiten, von denen Patienten betroffen sind.

Die Klinik und der Chefarzt als Marke Durch Themenspektrum und Stil des Blogs lässt sich die Klinik wesentlich besser als Marke etablieren, als dies durch eine klassische Website möglich ist. Ärzte und Pflegepersonal treten durch selbst verfasste Artikel als Persönlichkeiten auf und zeigen ihre Kompetenzen fern vom üblichen Marketing-Duktus, gegenüber dem viele Menschen bereits recht abgestumpft sind. So kann sich ein Krankenhaus jenseits des technokratischen Alltags sympathisch und menschlich präsentieren.

Information und Bindung der Mitarbeiter Selbst kleine Krankenhäuser beschäftigen Hunderte von Mitarbeitern. Ein Blog kann die kostspielige klassische Mitarbeiterzeitschrift ersetzen und überdies einen echten Kommunikationskanal zum Personal herstellen. Transparenz und Kommunikationsbereitschaft sind wichtige Elemente zur Bindung von qualifizierten Mitarbeitern.

Fachliche Reputation und Zuweiserbindung Auch der Aufbau eines fachlichen Rufs unter Medizinern ist ein Ziel, das sich mit einem Blog gut erreichen lässt. Hierfür muss sich der Blog primär an Ärzte in Praxis und Forschung richten und mit fachlich soliden Beiträgen punkten. Diese Strategie ist insbesondere für hochspezialisierte Fachabteilungen zur Pflege und zum Ausbau der Zuweiser-Netzwerke von Vorteil. (Mehr zum Reputationsmanagement und Empfehlungsmarketing lesen Sie in ▶ Kap. 5, Zuweiser-Marketing in ▶ Kap. 7.)

Während sich das erste und das zweite Ziel noch gut mischen lassen und beide mit dem dritten Ziel kombinierbar sind, ist es kaum möglich, das vierte und fünfte Ziel – Mitarbeiterbindung und fachliche Reputation – in einem Blog mit den anderen Ebenen zu verbinden. Die Kommunikation mit Kollegen und die Ansprache von Patienten können in der Regel nicht sinnvoll auf derselben Plattform geführt werden.

6.2.2 Themen finden

In Klinikvorständen stellt sich, wenn über einen Blog diskutiert wird, meist schnell die Frage: Was ist angemessenes Material für ein bis zwei Artikel pro Woche? Worüber sollen wir eigentlich schreiben? Blogartikel sind keine offiziellen Verlautbarungen, wie etwa Pressemitteilungen oder Werbeanzeigen. Blogs erzählen Geschichten aus dem Klinik-Alltag und liefern ansonsten schwer zugängliche Hintergrundinformationen. Der Alltag ist voll von Begebenheiten ist, die es sich zu erzählen lohnt, und von Fragen, die einer Antwort bedürfen.

Einige Anhaltspunkte für die Themensuche sind:

Neues aus dem Haus   Sie können von allen Veränderungen in der Klinik im Blog berichten: ob es sich um Personalwechsel, Renovierungs- oder Umbauarbeiten, neue Behandlungsmöglichkeiten oder die Anschaffung neuer Geräte handelt. Nebenbei ergibt sich hier die Gelegenheit, die News zu kommentieren und zu erklären.

> **Tipp**
>
> Die Öffentlichkeit interessiert zum Beispiel durchaus, wer die neue Stationsärztin in der Orthopädie ist. Eine Vorstellung neuen Personals schafft eine persönliche Ebene im Kontakt mit Patienten, Öffentlichkeit und Belegschaft. Dafür benötigen Sie natürlich das Einverständnis der jeweiligen Person. Oder noch besser: Lassen Sie das neue Team-Mitglied selbst etwas schreiben.

Erlebter Klinik-Alltag   Skurrile oder anrührende Geschichten aus dem Alltag des Krankenhauses werden viele Leser interessieren. Aus demselben Grund sind Arzt- und Krankenhausserien im Fernsehen Quotenhits: Die menschlichen Dimensionen des scheinbar klinisch reinen Arzt-Patienten-Verhältnisses und des komplexen Molochs Krankenhaus

faszinieren viele. Dabei muss es nicht zwangsläufig um Behandlungssituationen gehen. Auch eine Besprechung, die Inventur oder ein Gespräch im Stationsflur kann beispielsweise Anlass des Artikels sein.

> ❗ **Bei Episoden aus dem Klinik-Alltag müssen Sie natürlich besondere Vorsicht walten lassen. Sowohl die Prinzipien der ärztlichen Schweigepflicht als auch allgemeine Datenschutzbestimmungen müssen gewahrt bleiben. Vermeiden Sie auf jeden Fall, dass man Beteiligte wiedererkennen kann.**

Aktuelle Gesundheitsthemen   Fast immer gibt es aktuelle Gesundheitsgefährdungen, die von den Medien aufgegriffen werden. 2005/2006 war es die Vogelgrippe, 2010 die Schweinegrippe, 2011 die EHEC-Infektion. Solche, aber auch andere wiederkehrende saisonale Themen wie Impfungen und Verhaltensregeln zur Reise- oder Grippezeit können Kliniken in Blogs aufgreifen. Und wie steht es mit Empfehlungen, die durch die Werbeindustrie verbreitet werden, oder alternativmedizinischen Behandlungen, die gerade populär sind? Welche Innovationen sind tatsächlich medizinisch sinnvoll, welche nicht? Von den medizinischen Experten erwartet die Bevölkerung Informationen über die tatsächliche Lage und Hinweise, was zu tun ist. Ein Blog ist ein geeigneter Ort für solche Informationen. Diese müssen nicht unbedingt originell sein – oft genügt es, offizielle Informationen von Forschungsinstituten oder Fachgesellschaften für die eigenen Bedürfnisse aufzubereiten.

Neuigkeiten aus der Medizin   Die Wissenschaft steht nicht still. Meldungen über neue Forschungsergebnisse, Behandlungsoptionen und Geräte gelangen regelmäßig an die Öffentlichkeit. Auch Patienten interessieren sich für diese Fortschritte. Natürlich müssen sie laiengerecht aufgearbeitet werden. Krankenhäuser vermitteln so den Patienten das Gefühl, dass sie sich am Puls der Zeit befinden. Für hochspezialisierte Fachabteilungen ist dieses Themenfeld von besonderem Interesse – sowohl für die Patienten-Kommunikation als auch für jene unter Fachkollegen.

Auseinandersetzungen Viele Patienten beschäftigen sich ernsthaft mit ihrem Gesundheitszustand, möglichen Vorsorgemaßnahmen und Behandlungsformen. Sie finden Auskünfte online und in Zeitschriften. Oftmals ärgern sich Mediziner über die Qualität der Informationen, die ihre Patienten dort finden. Im klinikeigenen Blog können sie den Kampf gegen Fehlinformationen aufnehmen und die Auseinandersetzung mit fadenscheinigen Behandlungstechniken und Heilungsversprechen führen.

Gesundheitstipps Ob saison- oder situationsbedingt oder ganz allgemein – Gesundheitstipps kann jeder Arzt zuhauf bieten: Von Allergietipps im Frühjahr über Impfhinweise und Sonnenschutz zum Urlaub bis hin zu Tipps für erste Hilfe, gesunde Ernährung oder passenden Sport gibt es ein nahezu unerschöpfliches Reservoir an Themen, mit denen sich ein Blog füllen lässt.

Gesundheitspolitik Natürlich sollten Ärzte und Klinikmanager nicht unbedingt all ihren Frust über die Gesundheitspolitik über die Patienten ausschütten. Doch manchmal ist es gut, die Patienten und die Öffentlichkeit wissen zu lassen, dass man auf derselben Seite wie sie steht – und ihnen zu erklären, was es mit Zuzahlungen und anderen Segnungen auf sich hat und wie sie die Versorgung beeinflussen. Besonders wichtig sind praxisrelevante Informationen für Patienten, wenn sich wieder einmal Vorschriften geändert haben, zum Beispiel bei Kostenübernahmen durch die Kassen.

Persönliches Auch persönliche Informationen von leitenden Ärzten und der Führungsebene werden viele Patienten sehr interessieren. Wie mitteilungsfreudig man dabei ist, muss jeder selbst entscheiden. Zu privat sollte man keinesfalls werden, aber ab und zu ein paar nette Artikel über Urlaubsziele, Hobbys u. Ä. machen die Ärzte menschlicher, sympathischer und ansprechbar. Aber Achtung: Je nach Ausrichtung des gesamten Krankenhauses, der Fachabteilung und der entsprechenden Zielgruppe muss entschieden werden, ob beispielsweise Golf oder teurer Rotwein passende Themen für die Artikel sind. Es ist eben ein Unterschied, ob man Regelversorgung in der Uckermark gewährleistet oder Millionäre operiert.

Meinungsumfragen Um eine Beteiligung in Ihrem Blog anzuregen können Sie hin- und wieder Fragen in den Raum werfen. Durch die Antworten erfahren Sie mehr über Wünsche und Ansichten Ihrer Patienten oder Mitarbeiter und können selbst einen Nutzen daraus ziehen. Hier müssen Sie sich auf einige Kommentare einstellen, aber schließlich ist der Blog für Kommunikation und Austausch gedacht.

Spannen Sie als PR-Verantwortliche Ärzte und Pflegepersonal ein! Sie sollen auf Fragen der Patienten oder kontroverse Themen am Empfang oder im Behandlungszimmer. Dies sind oft gute Ansätze für einen Blogbeitrag. Auch können Sie auf Ihrer Website, auf Flyern oder Patientenfragebögen für den Blog werben und ein Feedback-Feld für Themenvorschläge einrichten.

6.2.3 Dialog mit den Lesern

Zu einem echten Blog gehört die Kommentarfunktion. Auf gar keinen Fall sollte sie aus Angst vor Kritik oder Spam total deaktiviert werden. Wer sich der offenen Kommunikation verweigert, macht sich in der Blogosphäre unmöglich – und beraubt sich selbst einer interessanten Feedback-Quelle.

Kommentare managen

Krankenhäuser müssen besondere Sorgfalt im Umgang mit Blogkommentaren an den Tag legen. Sowohl die Schweigepflicht als auch andere rechtliche Anforderungen – insbesondere die des Heilmittelwerbegesetzes – machen dies erforderlich. Die Klinik ist als Betreiber eines Blogs im Zweifelsfall für alles verantwortlich, was dort veröffentlicht wird. Das gilt in gewissem Umfang auch für Kommentare. Insbesondere wenn Patienten Ihre Behandlungsleistung in einem Kommentar loben, muss dieser Kommentar genau geprüft werden, da Dankesschreiben von Patienten rechtlich problematisch sind.

In der Regel erlaubt es die Blog-Software, Kommentare erst nach einer Prüfung durch eine befugte Person online zu veröffentlichen. So kann vermieden werden, dass schädliche oder gar rechtswidrige Kommentare für eine gewisse Zeitspanne unbemerkt im Blog stehen – diese können nicht nur von Patienten kommen, sondern auch von Seiten der Industrie oder Konkurrenten. Eine E-Mail-Benachrichtigung, sobald ein Kommentar auf Freischaltung wartet, hilft zusätzlich. Denn Sie sollten zeitnah reagieren – sonst ist der Blog nicht das richtige Instrument. In der Regel sollte der Autor des Blogartikels oder ein Vertreter noch am selben Tag auf den Kommentar reagieren.

Oft stellen Patienten in den Kommentaren direkte Fragen und erwarten ärztlichen Rat. Hierbei ist insbesondere das Fernbehandlungsverbot zu beachten. Nur allgemeine Ausführungen sind zulässig, für alles andere bitten Sie die Patienten zur Untersuchung oder verweisen sie an ihren Hausarzt. Achten Sie auch besonders auf das Verbot von Heilsversprechen, wenn es in einer Diskussion um bestimmte Behandlungsformen geht, sowie auf die ärztliche Schweigepflicht. Denn alle Kommentare erscheinen nach der Freischaltung für jeden sichtbar online. Es sollte Ihren Bloglesern in jedem Fall möglich sein, anonym zu kommentieren.

Umgang mit Kritik

Kritiker gibt es immer. Nicht selten ist ihre Kritik aus einer gewissen Perspektive sogar berechtigt. Auf keinen Fall sollte man kritische Kommentare einfach löschen. Kritik, die im eigenen Blog diskutiert wird, hat man wenigstens unter Kontrolle und kann angemessen reagieren. Eine seriöse und offene Antwort nimmt dem Kritiker oft den Wind aus den Segeln. Sie bietet die Chance, zu erklären, wie es zu einem Missstand kam und was man dagegen unternimmt.

Beschimpfungen oder Beleidigungen müssen Sie natürlich nicht dulden. Löschen Sie solche Kommentare einfach.

> **Tipp**
>
> Seien Sie ansprechbar und kommunikationsfreudig. Begreifen Sie Kritik als wertvolle Rückmeldung, die vielleicht Veränderungen anstoßen kann, und als Chance, den Lesern Ihre eigene Sicht der Dinge darzulegen.

6.2.4 Praxisbeispiel eines Blogbeitrags der Klinikgruppe Heiligenfeld Kliniken – Interview mit einem Chefarzt

- **Diagnose im Netz – Wenn das Internet zum Arztersatz werden soll (publiziert am 13. Oktober 2014 von Kathrin Schmitt)**

Auch in der Medizin führen die Entwicklungen des Internets zu bedeutsamen Veränderungen. Insbesondere der Trend der Selbstdiagnose von Patienten über Google, Wikipedia und Co ist auf dem Vormarsch. Die eigene Diagnose zu erstellen läuft unkompliziert ab: Symptome oder Krankheitsbilder im Internet zu recherchieren und außergewöhnlich schnell an Erkenntnisse zu dem eigenen Gesundheitszustand zu kommen, verleiten viele Menschen dazu, erst einmal Dr. Google zu befragen. Doch ist dies auch sinnvoll?

Ich habe Dr. Rüdiger Höll, Chefarzt der Parkklinik Heiligenfeld und Facharzt für Neurologie und Psychiatrie sowie Psychosomatik und Psychotherapie, zu diesem Thema befragt.

Was bedeutet der Trend der Selbstdiagnose für die Arzt-Patienten-Beziehung?

Zunächst könnte diese Entwicklung durchaus als positiv betrachtet werden. Durch die besseren Informationsmöglichkeiten für Patienten können viele Vorteile für die medizinische Behandlung entstehen. Auf der anderen Seite wird diese Beziehung belastet, wenn Patienten annehmen, dass eine Internetrecherche ein Medizinstudium ersetze und richtige nicht von falschen Informationen unterscheiden können.

Warum sind Diagnose-Websites oder Apps so beliebt?

Der Mensch hat die Diagnose selbst in der Hand und kann über sein weiteres Vorgehen selbst bestimmen ohne sich über mögliche Konsequenzen Gedanken machen zu müssen. Man fühlt sich wie ein Experte und kann nach eigenem Ermessen und Belieben handeln.

Welche möglichen Gefahren verbergen sich hinter einer Diagnose aus dem World Wide Web?

„Fehldiagnosen" oder Fehleinschätzungen sind häufig. Beispielsweise können körperliche Beschwerden eine seelische Ursache überdecken. Und um zu beweisen, dass keine psychische Problematik vorliegt, wird vom Patienten unaufhörlich im Internet nach ausgefallenen Krankheitsbildern gesucht. So wird eine Auseinandersetzung mit dem eigentlichen Problem vermieden. Ärzte können mit ihrem Fachwissen abwägen, ob nicht bei einer vorscheinlichen Depression zum Beispiel eine Angststörung dahinter steckt. Das Risiko, dass Patienten ohne medizinische Fachkompetenz nicht adäquat handeln ist hoch. Das Internet kann den persönlichen Kontakt nicht ersetzen. Basics wie Messung des Blutdrucks oder Blutabnahme werden bei einer Internetdiagnose völlig übergangen.

Informationen aus dem Internet fachgerecht zu bewerten, gestaltet sich als Laie schwierig. Generell ist die Frage, was man mit den gewonnen Informationen aus dem Netz macht. Wenn z. B. Symptome wie Müdigkeit, Abgeschlagenheit, Kopfschmerzen in die Suchmaschine eingegeben werden, werdengegebenenfalls Krankheiten wie Leukämie von Dr. Google diagnostiziert. Der normale Weg wäre bei diesen Symptomen einen Arzt zu konsultieren. Durch die Kompetenz des Arztes bekäme der Patient schnell die richtige Diagnose und Abhilfe. Mit reinem Verlass auf die Internetdiagnose kann schnell massive Angst und Panik entstehen. Bei persönlichem Kontakt zu einem Experten wird die Panikmache einfach unnötig.

Zusätzlich ist auch die Anonymität im Netz als problematisch anzusehen. Denn wer steht hinter den Informationen aus dem Internet? Die Qualität der Beiträge ist schwer beurteilbar. Es gibt schließlich keine filternden Sicherheitsmaßnahmen im Internet. Man vertraut auf eine „Ethik im Netz", die wahrscheinlich nicht vorhanden ist.

Ist die „Diagnose im Netz" auch hilfreich?

Es gibt bei diesem Trend Licht- und Schattenseiten. Auf Apothekenwebsites oder rechtsicheren Seiten könnte man sich gute, allgemeingültige Ratschläge einholen oder das eigene Wissen zu einem bestimmten Thema vervollständigen. Das Internet dient gut zum Nachlesen oder um Verknüpfungen herzustellen. Beispielsweise können Kontakte zu Selbsthilfegruppen so entstehen. Ein Pilotprojekt, bei dem Kliniken in strukturschwachen, ländlichen Gebieten Chatrooms anbieten, kann für eine Therapie förderlich sein. Auf dieser Plattform können sich ehemalige Patienten mit Therapeuten über ihr Befinden austauschen. Auch der Erfahrungstausch der ehemaligen Patienten untereinander wird dort ermöglicht. Ein weiteres Beispiel: Bei Rückenschmerzen könnte eine seelische Verkrampfung als ärztliche Diagnose ermittelt werden. Der Patient recherchiert auf eigene Faust und erfährt, dass seine Symptome auch ein Bandscheibenvorfall sein könnten und lässt dies zusätzlich abklären. Die Diagnosen aus dem Netz können somit eine Unterstützung und Hilfe für die ärztliche Behandlung sein. Vorausgesetzt sie liefern korrekte Informationen und diesen wird anschließend nachgegangen. Die Entwicklungen durch das Internet sind demnach auch nützlich und spannend zu beobachten.

Gibt es noch weitere Auswirkungen die Internetdiagnosen verursachen?

Es entsteht eine regelrechte Informationsüberschwemmung. Der Umgang mit der Informationsfülle des Internets ist sehr verwirrend und unüberschaubar. Zusätzlich kommt eine Vielfalt von Meinungen hinzu, die zu dem persönlichen Gesundheitszustand Ratschläge erteilen. Am Ende bleibt nur Verwirrung und oftmals keine zufriedenstellende Antwort.

Worauf sollte man im Umgang mit Dr. Google und Co achten?

Es ist schwierig hier zu pauschalisieren. Es gibt durchaus Fachleute, Ärzteportale, Fachverbände oder Vereine, die gewissenhafte Informationen im Internet über Krankheiten liefern. Der Austausch mit Betroffenen kann auch durch Internetvernetzung erleichtert werden. Hier sollte man darauf achten, dass jemand Verantwortung für das Veröffentlichte übernimmt. Bei Wikipedia-Einträgen sollte man auf den Ersteller des Artikels achten, damit eine Sinnhaftigkeit gewährleistet ist. Auf Wikipedia kann theoretisch jeder etwas zu einem Thema veröffentlichen, auch wenn dieser kein Experte ist. Keiner überprüft diesen Artikel vor der Veröffentlichung. Bei einer Recherche über Google sollte man möglichst viele und detaillierte Parameter eingeben. Trotzdem ist es immer noch am besten, sich die Mühe zu machen und einfach zum Arzt zu gehen, um sich dort über Diagnose oder Therapie beraten zu lassen.

Wie beurteilen Sie abschließend diesen Trend?

Diese Entwicklung bietet Schönes und Schattenseiten. Es ist eine Bereicherung und kann auch Schaden anrichten. Das Potential befindet sich erst am Anfang. Jeder sollte sich bei der Recherche auf eigene Faust bewusst sein, dass es keine Regeln im Internet gibt und keiner die Verantwortung für Konsequenzen übernimmt. Das Internet sollte als Ergänzung und nicht als Ersatz betrachtet werden.

Vielen Dank für das Gespräch!

6.3   Aufwand versus Nutzen

Unumstritten: Das Bloggen macht Arbeit. Ein oder mehrere Artikel pro Woche plus Kommentarmanagement – da kommen schnell einige Wochenstunden zusammen, was die ohnehin meist dünne Personaldecke zusätzlich strapaziert. PR-Abteilung und Management müssen also genau abzuwägen, ob sich der Aufwand für das Krankenhaus lohnt.

6.3.1   Was bringt ein Blog?

Die möglichen Vorteile eines Blogs sind sehr von den konkreten Zielstellungen und dem Grad des Engagements abhängig, mit denen der Blog betrieben wird. In jedem Fall gibt ein Blog der Klinik die Möglichkeit, Patienten und andere Zielgruppen anzusprechen, ohne dabei auf Journalisten als Mittler angewiesen zu sein.

Neben der eigentlichen Klinik-Website ist der Blog eine weitere Website, mit der neue Patienten via Suchmaschinen auf das Krankenhaus aufmerksam werden können. Durch Themenschwerpunkte lässt sich sogar besonders gut steuern, welche Art von Patienten dies ist. Wenn etwa eine Klinik zahlungskräftige Privatpatienten für Leistungen in plastischer Chirurgie gewinnen möchte, könnte sie sogar einen Spezialblog nur zu diesem Thema aufsetzen. Über diesen Weg wird der Blog und damit die Klinik Patienten ansprechen, die speziell an dieser Leistung interessiert sind.

Die Markenbildung von Klinik und Chefarzt lässt sich am besten durch spezifische Themenkonzentrationen unterstützen. Dies stärkt besonders die Öffentlichkeitsarbeit von hochspezialisierten Fachabteilungen.

In einer Zeit, in der immer weniger Gelegenheit für längere Patientengespräche ist, dient der Blog

zudem als wertvoller Feedback-Kanal. Hier können Kliniken Diskussionen anstoßen, die ihnen helfen, ihre Patienten und deren Wünsche und Probleme besser zu verstehen. Es ist auch möglich, die Leser über Umfragen direkt in manche Entscheidungen einzubinden. So lässt sich eine kleine kostengünstige Marktforschung entwickeln.

Der Blog dient dazu, Leser aus der Zielgruppe zu binden und neue hinzuzugewinnen. Ein gut gemachter Blog lässt die Ärzte und das sonstige Klinikpersonal sympathisch, offen und kompetent wirken – wie Menschen, denen man sich gern anvertraut. Sehr wenige medizinische Einrichtungen und niedergelassene Ärzte bloggen bislang – wer es doch tut, ist etwas Besonderes und hebt sich aus der Masse ab. So lässt sich für das Krankenhaus zusätzliche Aufmerksamkeit erzeugen. Nicht zuletzt kann Bloggen auch allen Beteiligten Spaß machen und zum regelrechten Hobby werden – und so auch indirekt das Betriebsklima verbessern. Auch der Effekt, der einsetzt, wenn man sich etwas von der Seele geschrieben hat, ist nicht zu unterschätzen.

Es ist nicht einfach, den Erfolg langfristiger Marketing-Maßnahmen wie einen Blog einzuschätzen. Er dient mehr der Imagebildung und benötigt einen langen Atem, um volle Wirkung zu entfalten. Indizien sind die Zugriffszahlen und die Anzahl der Kommentatoren.

> **Tipp**
>
> Beobachten Sie, ob es Ihnen gelingt, mit Ihren Informationen zur Zielgruppe durchzudringen und Impulse zu setzen. Den Blog können Ärzte und Pflegepersonal auch im Patientengespräch kurz erwähnen, wenn es thematisch passt.

6.3.2   Wer soll bloggen?

Im Blog einer Klinik sollten regelmäßig Beiträge der leitenden ärztlichen Mitarbeiter erscheinen. Die Ärzte sind die wichtigsten Gesichter des Hauses und zugleich die entscheidenden Kompetenzträger. Dennoch ist es auch sinnvoll, den Blog von Anfang an auf eine breite Grundlage zu stellen. Je nach Interesse und Talent sollten weitere Mitarbeiter schreiben: Krankenschwestern und Pflegekräfte, die Managementebene, technische Mitarbeiter und Kollegen aus dem Labor. Auch Auszubildende und Assistenzärzte – bei Unikliniken auch Studierende – sollten ihren Teil dazu beitragen. Das hat nicht nur den Vorteil, dass die Arbeitslast auf mehrere Schultern verteilt wird, sondern auch den, dass viele verschiedene Perspektiven aus unterschiedlichen Bereichen und Hierarchien an den Tag kommen. Jeder bloggende Mitarbeiter wird zum Markenbotschafter der Klinik. Implizit zeigt dies auch, dass ein offenes und kollegiales Klima im Haus herrscht.

Weiteres Potenzial lässt sich durch Gastautoren gewinnen: Apotheken- und Laborpartner, Haus- und Fachärzte, Lokalpolitiker, prominente Patienten und andere Partner haben Ihrer Zielgruppe ebenfalls Interessantes mitzuteilen. Das lockert den Blog weiter auf und zeigt, dass die Klinik in der Region verankert ist.

Die Schlüsselrolle bei all dem hat die PR-Abteilung inne: Hier laufen die Fäden zusammen, werden die Beiträge geplant, redigiert und online gestellt. Oftmals springen die Öffentlichkeitsarbeiter auch als Ghostwriter für das vielbeschäftigte Personal ein – dennoch sollte ein gewisser Input oder zumindest Stichwörter von den jeweils betroffenen Abteilungen kommen. Natürlich ist bei einer Autorenschaft von mehreren Personen ein gewisses Maß an Planung notwendig. Eine monatliche „Redaktionssitzung", bei der Themen aufgelistet werden und ein Zeitplan erstellt wird, genügt aber in der Regel als Abstimmung.

Auch das Management der Kommentare erfolgt hier. Die PR-Abteilung sollte die Freiheit haben, eigenständig Kommentare freizuschalten, zu moderieren und zu beantworten – bei Bedarf und entsprechendem Vertrauen auch im Namen eines Arztes oder anderen Autors.

Tipp

Wenn vielbeschäftigte Ärzte als Autoren auftreten sollen, ist es oft sinnvoll, den Beitrag in der PR-Abteilung vorzuschreiben – für mehr Authentizität auf der Basis gelieferter Stichwörter – und dem eigentlich vorgesehenen Autor zum gegenlesen und zur Überarbeitung zu geben. Ohne ein solches Ghostwriter-Verfahren wird ein Klinik-Blog in der Regel schwer zu betreiben sein.

6.3.3 Redaktionellen Aufwand kontrollieren

Damit der Zeitaufwand nicht aus dem Ruder läuft, sollte jedem bloggenden Mitarbeiter ein festes Kontingent an Arbeitszeit zum Bloggen zugeordnet werden. Für einen Blogbeitrag von normaler Länge braucht ein Autor mit einiger Übung 30–60 min. Wenn zuvor noch Fakten recherchiert oder bestätigt werden müssen, kann es deutlich länger dauern. Hinzu kommt der Aufwand für das Kommentar-Management, der bei einem gut besuchten Blog ein beachtliches Ausmaß erreichen kann. Auf gar keinen Fall sollte der Zeitaufwand unbeaufsichtigt wachsen. Die tatsächlich benötigte Zeit sollten die Mitarbeiter erfassen und monatlich auswerten. Das hilft, den Aufwand im Blick zu behalten und gegebenenfalls regulierend einzugreifen.

6.3.4 Unterstützung durch externe Dienstleister

Eine Möglichkeit, die interne Arbeitslast zu reduzieren, besteht darin, eine Agentur, ein Redaktionsbüro oder Freie Blogger, etwa selbstständige spezialisierte Journalisten, zu beauftragen, die Blogbeiträge zu liefern. Dagegen sprechen die nicht unerheblichen Kosten für eine solche Dienstleistung und noch etwas anderes: Es ist kompliziert, eine auswärtige Agentur einzuweisen und sich permanent mit dieser abzustimmen. Kaum eine Agentur hat echten Einblick in den Alltag eines Krankenhauses. So wird es schwerfallen, authentische Beiträge zu verfassen. Artikel, die von außerhalb der Klinik kommen, wirken in der Regel genau so: unbeteiligt und unpersönlich.

Das schließt jedoch nicht aus, dass ein Redaktionsbüro oder eine Agentur Beiträge vorrecherchiert oder Rohtexte liefert. Besonders im Themensegment Gesundheitsinformationen, -politik und -tipps können solche Zuarbeiten viel Arbeit ersparen, denn meistens sind auch die PR-Abteilungen bereits mit ihren ureigenen Tätigkeiten voll ausgelastet.

6.4 Die technische Basis

In aller Regel werden Blogs mit einem einfachen Content-Management-System (CMS) erstellt. Über eine benutzerfreundliche Bedienoberfläche werden die Artikel erstellt und veröffentlicht, Schlagwörter und Kategorien zugewiesen und verwaltet. Es gibt im Wesentlichen zwei Wege, einen Blog einzurichten: bei einem kostenlosen Bloghoster oder auf einem eigenen Webserver.

Sie verschaffen sich einen wesentlichen Vorteil, wenn Sie den Blog nicht als Untereinheit auf Ihrer Klinik-Website anlegen, sondern eigenständig unter eigener Domain betreiben. Suchmaschinen nehmen beide Seiten dann als unabhängige Auftritte wahr. Im Idealfall schaffen Sie es so, mehrere gute Treffer in den Suchergebnissen zu landen.

> **Tipp**
>
> Eine nutzerfreundliche Domain für den Praxis-Blog kreieren Sie, indem Sie an die Webadresse der Klinik-Website ein „-blog" anhängen, zum Beispiel www.kreiskrankenhaus-uckermark-blog.de.

6.4.1 Bloghoster

Mit nur wenig technischen Voraussetzungen und ohne nennenswerte Zusatzkosten lässt sich ein Blog in kurzer Zeit selbst einrichten – vorausgesetzt, man möchte auf einen der kostenlosen Bloghoster im Internet zurückgreifen. Für Kliniken ist diese Low-Budget-Lösung eher nicht empfehlenswert.

Die beiden bedeutendsten sind WordPress.com und Blogger.com, ein Service von Google. Die Einrichtung ist spielend einfach: Man legt einen Benutzernamen an, der zugleich als Blogadresse dient. Schon ist ein rudimentärer Blog funktionsbereit. Mit einer Reihe vorgefertigter Designs lässt sich der Blog individuell gestalten – auch das Klinik-Logo ist schnell eingebaut. Und dem Bloggen steht nichts mehr im Wege.

So einfach die Einrichtung ist, die Nutzung der kostenlosen Bloghoster hat auch ihre Nachteile. Der größte davon: Die Daten – Blogartikel, Bilder und Kommentare – liegen auf dem Server des Bloghosters. Der damit einhergehende Kontrollverlust ist beträchtlich. Es ist nicht so einfach, die Daten zu

sichern und zu übertragen, wenn man zum Beispiel irgendwann auf ein anderes System umsteigen will. Die meisten Bloghoster blenden außerdem vollautomatisch Werbung ein, über deren Inhalt und Platzierung der Blogger selbst praktisch keinen Einfluss hat – für Kliniken könnte dies unter Umständen sogar rechtlich problematisch sein. Nicht zuletzt sind Speicherplatz und Funktionalitäten begrenzt.

6.4.2 Den Blog selbst hosten

All diese Einschränkungen entfallen, wenn Krankenhäuser ihren Blog selbst hosten, also auf einem eigenen oder gemieteten Webserver installieren. Dies ist mittlerweile mit etwas Einarbeitung auch für Nicht-Profis zu bewerkstelligen. Blogger benötigen dazu zunächst Speicherplatz auf einem geeigneten Webserver, den man beispielsweise bei einem Webhoster für eine überschaubare Monatsmiete (üblicherweise 4–10 Euro) buchen kann. Kliniken werden in der Regel bereits über einen eigenen Webserver verfügen, auf den der Blog platziert werden kann.

Dann muss eine Blogsoftware ausgewählt und installiert werden. Bekannte Systeme sind beispielsweise Serendipity, Nucleus und das besonders weit verbreitete Wordpress. All diese Systeme können kostenlos aus dem Internet heruntergeladen werden und verursachen neben dem Pflegeaufwand keine weiteren laufenden Kosten.

Der Vorteil dieser aufwändigeren Variante ist vor allem, dass man selbst die Hoheit über alle Daten behält und nicht von den Schicksalen eines Webdienstes wie Blogger.com abhängig ist. Zudem gibt es keine Beschränkungen, was das Design und die Funktionsbreite des Blogs anbelangt. Achten Sie aber darauf, dass eine gängige und verbreitete Blogsoftware benutzt wird, damit Sie sich nicht zu sehr von einem einzigen Programmierer oder Webdesigner abhängig machen.

Die laufende Pflege des Blogsystems ist technisch nicht sehr anspruchsvoll und kann in der hauseigenen PR-Abteilung durch einen speziell eingewiesenen Mitarbeiter erfolgen. Sie muss also nicht unbedingt an externe Dienstleister ausgelagert werden.

6.5   Den Klinik-Blog bekannt machen

Ein Blog ist gestaltet, und die ersten Artikel sind ver-öffentlicht – aber niemand weiß davon, niemand liest sie? Obwohl der Blog Werbung sein soll, muss auch er selbst zunächst beworben werden. Um einen neuen Blog im Internet bekannt zu machen, ist es sinnvoll, sich die Strukturen der Blogosphäre zunutze machen. Gerade bei einem neu einzuführenden Blog sollte die PR-Abteilung hier etwas Zeit investieren. Es gibt viele Blogverzeichnisse im Netz, die Unmengen von Blogs nach Themen geordnet auflisten. Bei vielen davon können sich Blogger ohne Gegenleistung anmelden, andere Verzeichnisse wollen einen Link im Blog als Gegenleistung für die Auflistung – was aus SEO-Gründen eher nicht zu empfehlen ist.

Ein weiterer wichtiger Weg zur Verbreitung des Blogs sind Empfehlungen einzelner Artikel in Social Networks wie Facebook und Xing. Dort lässt sich der Schneeballeffekt nutzen: Gute Inhalte werden weiter geteilt und erlangen so schnell eine beachtliche Verbreitung.

> **Tipp**
>
> Weisen Sie für eine optimale Vernetzung auf Ihrer offiziellen Klinik-Website sowie Ihrer Facebook-Präsenz auf Ihren Blog hin. Dort können Sie auch die Überschriften der jeweils aktuellsten Blogartikel einbinden.

Neben den Maßnahmen, die für eine solide Vernetzung im Internet sorgen, muss der Blog vor allem bei den eigentlichen Zielgruppen bekannt gemacht werden. Dazu sollte die Webadresse des Blogs neben den Online-Präsenzen auf allen relevanten Informationsmaterialien der Klinik auftauchen – vom Info-Flyer über Terminkärtchen bis zu Visitenkarten und der E-Mail-Signaturen. Es bietet sich ebenfalls an, mit Presseinformationen (▶ Kap. 2) die Presse über das neue Angebot zu informieren und mit spannenden Meldungen auf dem Laufenden zu halten.

Interview mit Kathrin Schmitt, Referentin für Presse- und Öffentlichkeitsarbeit der Klinikgruppe Heiligenfeld Kliniken

Warum sollte ein Krankenhaus bloggen wollen? Was hat Sie dazu motiviert?

„Ein Blog ist für ein Krankenhaus ein weiteres Kommunikationsmittel, das sehr wertvoll sein kann und sich in seiner Art von den sonst klassischen Kommunikationsmitteln unterscheidet. Er bietet den Nutzern über die normale Unternehmenskommunikation, wie Pressemitteilungen, offizielle Veranstaltungen etc., hinaus einen Einblick in das Unternehmen und einen Blick hinter die Kulissen. Ein Blog ist von der Tonalität wesentlich persönlicher und nahbarer als offizielle Statements der Klinikleitung oder Pressemitteilungen. Wir sehen unseren HeiligenfeldBLOG als notwendige Ergänzung im Internet zu den verschiedenen Social-Media-Kanälen. Er ist die Grundlage unserer Online-Kommunikation, da er allen Menschen im Internet plattformunabhängig die Möglichkeit bietet, mit uns in Kontakt zu treten. Niemand muss sich bei Facebook und Co. anmelden, um mit uns zu kommunizieren. Die sozialen Medien nutzen wir mehr und mehr dafür, die Inhalte unseres Blogs zu verbreiten. Wir haben den Blog gestartet, um auch im Internet menschlicher zu erscheinen. Ein Unternehmen besteht aus seinen Mitarbeitern. Deshalb schreiben diese auch im Blog über Themen, die ihrem Bereich zugeordnet sind. Außerdem möchten wir mit unserem Blog die Berührungsängste mit dem Thema Psyche abbauen und die Menschen über Krankheiten aufklären. Wir wollen einfach authentisch mit unserem Blog zeigen, wer wir sind, was wir tun und was uns bewegt."

Welche Themen sind für einen Klinik-Blog geeignet, und welche eher nicht?

„Im Grunde ist jedes Thema für einen Klinik-Blog geeignet, das mehr oder weniger mit der Klinik zu tun hat. Wir befragen zum Beispiel regelmäßig unsere Nutzer, welche Themen sie sich wünschen. Dabei stehen die Erklärung von Krankheiten und Therapiemethoden, die Information über Veranstaltungen, Allgemeines aus den Kliniken sowie die Vorstellung von Mitarbeitern und Erfahrungsberichte von Patienten ganz oben auf der Wunschliste. Daran halten wir uns. Der Blog dient schließlich für uns nicht zur reinen Selbstdarstellung, sondern soll einen Mehrwert für den Leser haben. Sonst werden die Beiträge weder gelesen noch kommentiert oder weiterempfohlen. Ob ein Thema geeignet ist, hängt auch von der Aufbereitung ab. Der Schreibstil in einem Blog ist einfach anders als bei Pressemitteilungen oder journalistischen Texten. Wenn ein Thema ‚Blog-gerecht' geschrieben ist, dann kann es immer interessant sein. Das ist dabei

die größte Herausforderung, verschiedene Themen
für die unterschiedlichsten Kommunikationsmittel
aufzubereiten."

**Wie wird ihr Blog von Ärzten und Patienten wahr-
genommen?**

„Unser Blog wird sehr gut von Ärzten und Patienten
wahrgenommen. Wir erhalten immer wieder
Rückmeldungen, dass es unsere Nutzer toll finden,
dass wir so etwas auf unserer eigenen Website
anbieten und die Menschen nicht gezwungen sind,
Facebook und Co. zu nutzen, um mit uns in Kontakt zu
bleiben. Unsere Mitarbeiter sind auch ganz begeistert.
Ständig kommen neue Autoren hinzu, was mich
persönlich sehr freut."

**Sehen Sie Ihren Blog auch als Marketing-Instrument
für Ihre Klinik?**

„Als Marketing-Instrument sehe ich unseren Blog
nicht. Eher als Instrument der Öffentlichkeitsarbeit.
Wir haben nicht die Illusion, dass uns der Blog oder
unsere Facebook- und Twitter-Seiten sofort einen
neuen Patienten bringen. Wir nutzen diese Online-
Medien zur reinen Kommunikation mit unseren
Bezugsgruppen. Sie sind für uns eine Möglichkeit,
nah an den Menschen dran zu sein, ihre Wünsche zu
erfahren und auch transparent und offen mit ihnen
zu kommunizieren sowie eine Bindung aufzubauen.
Wir klären auf, treten in den Dialog und machen uns
außerhalb unserer offiziellen Unternehmensseite
sichtbar und auch angreifbar. Das macht uns
menschlich, was sehr gut bei den Nutzern ankommt.
Der werbliche Aspekt steht ganz klar im Hintergrund.
Ich glaube nicht daran, dass die sozialen Medien für
Marketingzwecke gut nutzbar sind. Es geht, wie der
Name schon sagt, um ein soziales Netzwerk, das heißt
um Emotionen. Wenn die Nutzer merken, dass man
nur verkaufen will, werden sie den Kontakt gar nicht
suchen und halten."

**Was würden Sie anderen Krankenhäusern, die mit
dem Bloggen beginnen wollen, raten?**

„Raten kann man immer viel, aber im Endeffekt
muss jedes Krankenhaus für sich entscheiden, wie es
auftreten will und ob ein Blog zur Unternehmenskultur
passt. Dann sollte man sich darüber Gedanken
machen, wer den Blog pflegt und was Inhalte sein
sollen. Ein Blog muss regelmäßig befüllt werden.
Sonst bringt er gar nichts. Oft scheitert die Einführung
bestimmter Kommunikationsmaßnahmen ja an
den notwendigen personellen Ressourcen. Man
muss sich bewusst sein, dass eine Sekretärin des
Krankenhausdirektors das nicht neben ihrer normalen
Arbeit leisten kann. Damit steht und fällt jede
Aktivität. Sind diese Dinge geklärt, dann geht es an
die technische Umsetzung und schließlich an die
Verbreitung des Blogs. Der beste Blog bringt nichts,
wenn niemand davon weiß."

Zuweiser-Marketing

© Springer-Verlag Berlin Heidelberg 2017
A. Köhler, M. Gründer, *Online-Marketing für das erfolgreiche Krankenhaus*,
Erfolgskonzepte Praxis- & Krankenhaus-Management,
DOI 10.1007/978-3-662-48583-5_7

Durch die Veränderungen im Gesundheitswesen herrscht für Krankenhäuser ein zunehmender Wettbewerb. Wer in diesem Umfeld bestehen will, muss Zielgruppen-Strategien entwickeln und Marketing betreiben. Neben Patienten gehören auch Ärzte zur entscheidenden Zielgruppe. Denn sie weisen Patienten, die stationäre Diagnostik oder Behandlung benötigen, erstmalig, erneut oder weiterhin entsprechenden Krankenhäusern zu.

Studien zeigen, dass sich zwischen 70 und 80 % aller Patienten aufgrund der eindeutigen Empfehlung des Haus- oder Facharztes für ein bestimmtes Krankenhaus entscheiden. In den meisten Fällen überwiegt die Empfehlung des behandelnden Arztes sogar die persönliche Präferenz des Patienten. Mehr als 50 % aller stationären Aufnahmen erfolgen über Einweisungen der niedergelassenen Ärzte. Zuweisungen durch diese Ärzte sichern den Krankenhäusern also den weit überwiegenden Teil ihrer Patienten und damit ihrer Auslastung. Deshalb können diese Ärzte als Schlüsselkunden der Krankenhäuser bezeichnet werden.

Daher widmen wir uns auch einem ganzen Kapitel dem Thema Zuweiser-Marketing. Mehrere Praxisbeispiele von unterschiedlich ausgerichteten Häusern – in Größe und ihren Schwerpunkten – zeigen, wie sie mit dem Thema umgehen.

7.1 Status Quo des Einweisermanagements

Beim Zuweiser-Marketing werden die potentiellen und vorhandenen Zuweiser (auch Einweiser genannt) gezielt mit speziell zugeschnittenen Marketing-Instrumenten angesprochen, um die Bindung an das Krankenhaus zu festigen bzw. eine Bindung aufzubauen. Allerdings soll bisweilen gezieltes Zuweiser-Marketing – obwohl es so bedeutsam ist – in Deutschland noch nicht die Regel sein: Nur rund 30 % der deutschen Krankenhäuser betreiben ein intensives oder sehr intensives Einweisermanagement, so eine Studie der Roland Berger Strategy Consultants und des Forschungszentrums für Management im Gesundheitswesen der Universität München. Am häufigsten wird ein eher durchschnittlich intensives Einweisermanagement verfolgt. Laut Berichten aus der Praxis wird diese Aufgabe bislang überwiegend den leitenden Ärzten

bzw. Oberärzten der entsprechenden Fachabteilungen überlassen, die einen kollegialen Kontakt zu den Einweisern pflegen. Die Krankenhäuser, die nur ein geringes oder gar kein Einweisermanagement betreiben, geben zu 90 % an, dieses künftig einführen oder ausbauen zu wollen.

Die meisten Krankenhäuser ermitteln über Zufriedenheitsbefragungen und Imageanalysen bereits die Wünsche und Einstellungen der niedergelassenen Ärzte. Nur knapp ein Viertel arbeitet mit einem für alle Abteilungen einheitlichen Einweisermanagement. Fast 70 % wünschen sich jedoch künftig ein solches Konzept. Marketing-Instrumente, wie Klinikzeitschrift, Newsletter, Tag der offenen Tür und Qualitätsberichte, sollen zunehmen. Social-Media-Angebote werden bisher kaum genutzt, aber auch deren Relevanz soll steigen. Ein typisches Instrument ist das Angebot von Fort- und Weiterbildungs- sowie Informationsveranstaltungen für niedergelassene Ärzte, zu denen Kliniken vorzugsweise die Zuweiser einladen. Ein IT-gestütztes Einweiserportal oder Buchungssystem, womit Ärzte direkt ein Bett für Patienten in der entsprechenden Abteilung des Krankenhauses buchen können (▶ „Praxisbericht zum Thema Zuweiserportale"), nutzen nur zehn Prozent der Krankenhäuser. Knapp 30 % planen jedoch den Einsatz solcher Software. Welche Möglichkeiten Kliniken noch für ihr Zuweiser-Marketing nutzen, zeigen wir anhand mehrerer Praxisbeispiele in diesem Kapitel – teilweise binden sie auch die Online-Marketing-Instrumente für eine weite Verbreitung und noch mehr Erfolg ein.

7.2 Studie über Fangprämien

Nicht zulässig sind dagegen Prämien, die das Krankenhaus dem einweisenden Arzt für eine Patienten-Zuweisung bezahlt. Wobei die Realität offenbar anders aussieht. Ärzte haben kaum noch Unrechtsbewusstsein bei der Annahme von Provisionen und anderen Vorteilen, wenn es um das Überweisen eines Patienten an einen Arzt, eine Klinik oder einen anderen ärztlichen Leistungserbringer geht. So lautete im Mai 2012 das Ergebnis einer Meinungsumfrage des Economy & Crime Research Center der Universität Halle-Wittenberg, im Auftrag des Spitzenverbandes der Gesetzlichen Krankenkassen. Dazu wurden bundesweit 600 niedergelassene

Fachärzte, 180 leitende Angestellte von stationären Einrichtungen (Krankenhäuser, Rehaeinrichtungen und Pflegeheimen) sowie 361 nicht-ärztliche Leistungserbringer (Apotheken, Sanitätshäuser) telefonisch interviewt. Zuweisungen von Patienten gegen wirtschaftliche Vorteile sind üblich, meinten 14 % der befragten Ärzte, und 35 % stimmten dem zumindest teilweise zu. Auch etwa ein Viertel der stationären Einrichtungen und fast jeder zweite (46 %) nicht-ärztliche Leistungserbringer bestätigte diese Praxis als üblich. Oftmals würden für Zuweisungen wirtschaftliche Vorteile gewährt bzw. angenommen, meinten 40 % der Einrichtungen. Bei den nicht-ärztlichen Leistungserbringern waren es sogar 65 %.

Diejenigen niedergelassenen Ärzte, die von einem konkreten Angebot berichteten, suchten mehrheitlich keine Hilfe bei der Ärztekammer (nur elf Prozent) oder bei den von Ärzteschaft und Krankenhausvertretern bei den Landesärztekammern eingerichteten sogenannten Clearingstellen (3 %). Hinzu kommt, dass laut Befragung jeder zehnte Niedergelassene, jeder fünfte verantwortliche Arzt in Kliniken, Pflege-, Reha- und Kurheimen sowie jeder sechste der nicht-ärztlichen Leistungserbringer die gesetzlichen Regeln nicht kennen oder nicht an ihnen interessiert sind (§ 31 der Musterberufsordnung für Ärzte und § 128 II SGB V).

> **Tipp**
>
> Um nicht sittenwidrig zu handeln, sollten die Zuständigen sich mit den gesetzlichen Rahmenbedingungen vertraut machen.

7.3 Beweggründe der Patienten und Zuweiser

Wie beim klassischen Marketing müssen Sie, bevor Sie eine Strategie für Ihr Zuweiser-Marketing entwickeln, Ziele festlegen, den Ist-Zustand betrachten und sich über die Beweggründe sowohl von Patienten als auch von Zuweisern bewusst werden, warum diese Ihr Krankenhaus auswählen bzw. empfehlen.

Warum kommen Patienten in Ihre Klinik?
- 90 % Rückmeldung der Patienten, wie privates Umfeld, Klinik, Zuweiser
- 65 % Gespräche mit Klinikärzten/Beschäftigten
- 50 % Informationsmaterial, Vorträge, andere Zuweiser
- 20 % Presse, Qualitätsbericht, Internetauftritt

Was sind die Beweggründe für Patienten, in Ihre Klinik zu kommen?
- Empfehlung durch zuweisende Ärzte
- Persönliche Empfehlung
- Räumliche Nähe
- Medizinisches Leistungsangebot
- Guter Ruf der Ärzte
- Guter Ruf der Pflege
- Internetrecherche (Klinik-Suchverzeichnisse, Website der Klinik)
- Klinikvergleiche
- Gesetzlicher Qualitätsbericht
- Regionale Presse
- etc.

Wie sehen die Beweggründe für Ihre Zuweiser aus?
- Leistungsspektrum der Klinik
- Ärztliche Kompetenz
- Pflegerische Versorgung
- Organisation der Klinik (einfaches Gesamtprocedere von der Einweisung bis zur Entlassung, inklusive Übernahme von ambulanten Unterlagen zur Vermeidung von Doppeluntersuchungen)
- Keine Probleme mit der Entlassungsmedikation/Generika
- Bindung des Patienten an den Niedergelassenen
- Zusammenarbeit mit einzelnen Abteilungen
- Berichtswesen, keine „No-Gos" auf der Klinikwebsite, etwa Garantieversprechen
- Patientenzufriedenheit/Positives Image
- Persönliche Kontakte
- Finanzielle Aspekte, Möglichkeiten der Kooperation
- etc.

7.4 Analyse des Potentials, der Mitbewerber und der Zuweiser

Die Analyse des eigenen Versorgungsmarktes ist die Grundlage für die strategische Positionierung eines Krankenhauses und für ein erfolgreiches Zuweiser-Management. Um aus der Fülle des vorhandenen

Datenmaterials konkrete Handlungen ableiten zu können, müssen die Auswertungen einer klaren Struktur folgen.

7.4.1 Praxisbeispiel zum Thema Zuweiser-Analyse

Dirk Elmhorst, Mitglied der Geschäftsführung der trinovis GmbH, Hannover

Das Unternehmen trinovis hat über 300 Krankenhausstandortanalysen begleitet und dabei in Zusammenarbeit mit Controllern, Marketing-Experten und Führungskräften der Krankenhäuser eine Best-Practice erarbeitet, die sich zum Standard in Krankenhäusern etabliert hat. Das Vorgehen besteht aus vier aufeinander aufbauenden Schritten:

- Zielmarktabgrenzung,
- Potentialanalyse,
- Mitbewerberanalyse,
- Zuweiseranalyse.

Zielmarktabgrenzung   Mit der Marktabgrenzung werden die regionalen Gebiete festgelegt, die untersucht werden sollen. Dieser Schritt ist notwendig, da sich alle Kalkulationen von Kennzahlen, mit denen der Markt bewertet wird, die Mitbewerber, die betrachtet werden müssen, und die relevanten Zuweiser auf diese abgegrenzten Regionen beziehen.

Zielmärkte sollten folgenden Kriterien entsprechen:

- vom Selbstverständnis der Bevölkerung strukturell zusammenhängende Region,
- regionale Einheit, auf die die Maßnahmen der Marktbearbeitung zielen.

In der Regel hat jedes Akutkrankenhaus einen Kernmarkt. Der Kernmarkt ist dadurch gekennzeichnet, dass das Krankenhaus für die Versorgung der akut erkrankten Patienten in dieser Region relevant ist. Ein Patient mit einem akuten Herzinfarkt oder einem gebrochenen Oberschenkelknochen wird das nächstgelegene Krankenhaus aufsuchen. Außerhalb des Kernmarktgebietes können weitere Regionen als erweiterter Kernmarkt definiert werden. Der erweiterte Kernmarkt ist dadurch gekennzeichnet, dass erheblich weniger akut erkrankte Patienten aus

diesem Markt behandelt werden und das Krankenhaus in diesem Markt generell in deutlicher Konkurrenz zu Mitbewerbern steht. Es wird zwar noch ein signifikanter Anteil an der Versorgung erreicht, viele Patienten gehen aber auch in andere Krankenhäuser. Der erweiterte Kernmarkt ist häufig der Markt, auf den sich viele Aktivitäten zur Steigerung der Fallzahlen konzentrieren. Es ist häufig der „umkämpfte" Markt. Für viele Krankenhäuser gibt es darüber hinaus einen überregionalen Markt, in dem sie mit einzelnen herausragenden Kernkompetenzen vertreten sind.

Kernmarkt, erweiterter Kernmarkt und überregionaler Markt können nach den oben benannten Kriterien weiter unterteilt werden.

Potentialanalyse   Nach der Marktabgrenzung werden für jeden Leistungsbereich und jeden Zielmarkt die Marktstellung des Krankenhauses und die Fallzahlen, die von Mitbewerbern behandelt werden, ermittelt. Zusätzlich wird anhand der regionalen Bevölkerungsprognosen kalkuliert, wie sich das Fallaufkommen in den Zielmärkten voraussichtlich entwickeln wird. Darüber hinaus wird überprüft, wie sich das Krankenhaus, nach Regionen und Leistungen, in den letzten Jahren entwickelt hat. Eine ökonomische Bewertung der angebotenen Leistungen gehört ebenfalls dazu. Auf diese Weise werden Leistungsbereiche und geographische Regionen herausgearbeitet, in denen sich noch Entwicklungspotentiale finden oder die vorhandene Marktposition gefährdet ist.

Eine besondere Herausforderung stellt die Beschreibung der Leistungen des Krankenhauses dar. Es ist ein weit verbreiteter Irrglaube, dass DRG-Codes Gruppierungen darstellen, mit denen sich Markt- und Zuweiserpotentiale beschreiben lassen. DRG-Gruppierungen werden auf Grundlage medizinischer und ökonomischer Sachverhalte gebildet. In einem Versorgungsmarkt finden sich aber nur Menschen, die bestimmte Erkrankungen haben und im Rahmen dieser Erkrankungen bestimmten Behandlungen zugeführt werden, und nur dies lässt sich sinnvoll beschreiben. Die ökonomische Bewertung folgt erst im zweiten Schritt.

Für die Beschreibung von Erkrankungen stehen 15.000 ICD-Codes zur Verfügung, für die Beschreibung von Behandlungen 31.000 OPS-Codes. Um in diesem Datenmeer nicht unterzugehen, hat trinovis

Behandlungsgruppe	Anzahl Eingriffe							Marktanteil Eingriffe						Potenzial Eingriffe					
	Kernmarkt	Erweiterter Kernmarkt	Zielmarkt Nienburg	Zielmarkt Schaumburg	Zielmarkt Soltau-Fallingbostel	Zielmarkt Hannover	Rest	Kernmarkt	Erweiterter Kernmarkt	Zielmarkt Nienburg	Zielmarkt Schaumburg	Zielmarkt Soltau-Fallingbostel	Zielmarkt Hannover	Kernmarkt	Erweiterter Kernmarkt	Zielmarkt Nienburg	Zielmarkt Schaumburg	Zielmarkt Soltau-Fallingbostel	Zielmarkt
Atmungsorgane	29	17	5	2	0	3	23	17,5%	9,2%	4,0%	1,2%	0,0%	0,6%	138	171	130	158	155	533
Auge	231	224	54	41	103	79	25	25,5%	22,1%	7,4%	4,7%	12,4%	2,7%	675	787	681	837	733	2.903
Blut, Immunsystem	105	84	22	8	54	28	14	64,4%	45,5%	17,3%	5,2%	36,2%	5,3%	58	100	107	148	95	504
Endokrines System, Stoffwechsel	11	8	4	1	5	0	2	5,3%	3,3%	2,3%	0,6%	2,6%	0,0%	192	222	159	192	182	676
Hals, Nase, Ohren	1.063	857	165	118	293	291	6	59,0%	42,6%	11,0%	6,9%	17,1%	4,8%	740	1.155	1.332	1.580	1.424	5.828
Harnorgane	353	415	63	17	146	113	156	25,3%	26,5%	5,5%	1,3%	11,3%	2,5%	1.042	1.149	1.070	1.324	1.145	4.447
Haut, Unterhaut	1.164	834	202	121	200	428	14	57,4%	36,8%	12,2%	6,2%	10,6%	6,3%	864	1.430	1.458	1.834	1.691	6.349
Kreislaufsystem	1.927	1.360	289	141	265	230	1	39,8%	25,0%	7,4%	3,0%	5,9%	1,5%	2.913	4.081	3.638	4.539	4.208	15.350
Männliche Geschlechtsorgane	64	89	14	6	17	22	98	17,0%	21,1%	4,6%	1,5%	4,8%	1,8%	312	334	295	356	340	1.170
Muskel-Skelett-System	1.568	540	133	155	194	213	26	28,5%	8,7%	3,0%	2,9%	3,8%	1,2%	3.931	5.631	4.341	5.119	4.907	17.963
Nervensystem	429	266	124	191	116	127	2	37,4%	20,7%	13,4%	17,4%	11,0%	3,4%	717	1.021	806	904	946	3.655
Neugeborene	511	148	83	23	30	58	2	40,9%	11,1%	8,0%	2,0%	2,4%	1,2%	739	1.178	954	1.129	1.220	4.726
Schwangerschaft, Geburt	892	284	133	39	43	100	5	44,3%	14,2%	9,2%	2,4%	2,6%	1,2%	1.121	1.707	1.311	1.561	1.641	7.967
Verdauungsorgane	953	367	101	49	89	72		29,1%	10,0%	3,8%	1,5%	2,9%	0,7%	2.317	3.295	2.566	3.102	2.948	10.754
Weibliche Geschlechtsorgane, Brustdrüse	664	369	132	37	157	65	47	43,8%	21,9%	11,1%	2,6%	11,4%	1,3%	850	1.316	1.063	1.380	1.213	5.113
Gesamtergebnis	9.963	5.860	1.524	947	1.712	1.830	421	37,5%	19,9%	7,1%	3,8%	7,0%	2,0%	16.608	23.577	19.911	24.163	22.846	87.938

◻ **Abb. 7.1**   Aufteilung der Zuweiser in unterschiedliche Gruppen (Bildrechte: trinovis Gmbh)

in enger Zusammenarbeit mit Kunden spezielle Gruppierungen erarbeitet. Hierbei wurden Codes aus Sicht des Marktes zu medizinisch sinnvollen Behandlungs- und Erkrankungsgruppen zusammengefasst. Es sind im übertragenen Sinne die Produktgruppen, die im stationären Versorgungsmarkt angeboten werden.

◻ Abbildung 7.1 zeigt eine beispielhafte Auswertung im Rahmen der Potentialanalyse auf der obersten Aggregationsebene der Trinovis-Behandlungsgruppen.

Mitbewerberanalyse   Die Mitbewerberanalyse folgt im dritten Schritt innerhalb der Trinovis-Best-Practice und baut auf der Potentialanalyse auf. Sie soll zu zwei Fragekomplexen Antworten geben: Es wurden Zielmärkte und Leistungsbereiche herausgearbeitet, in denen das Krankenhaus noch Entwicklungspotentiale hat. Ob diese Potentiale erschlossen werden können, hängt auch von der Positionierung der Mitbewerber ab. Daneben stellt sich häufig grundsätzlich die Frage, in welchen Bereichen die Krankenhäuser einer Region noch keine Leistungsschwerpunkte ausgebildet haben.

In Bezug auf das Wissen über die Mitbewerber ist die Datenlage für den stationären Versorgungsbereich sehr gut. Die veröffentlichten Qualitätsberichte der Krankenhäuser stellen dazu umfangreiche Informationen zur Verfügung. Durch Verlaufsvergleiche der Veröffentlichungsjahre 2006 zu 2008 zu

2010 lässt sich sogar die langfristige Entwicklung des Wettbewerbs abschätzen.

Zuweiseranalyse   Zuweiser sind die eigentlichen Kunden der Krankenhäuser. Es ist daher erstaunlich, wie wenig viele Krankenhäuser über ihre Zuweiser wissen.

Zuweiseranalysen verfolgen drei Ziele:
1. Die Zuweisersegmentierung dient dazu, Zuweiser in Gruppen einzuteilen, denen sich Marketing-Aktivitäten im Rahmen des Zuweiser-Beziehungsmanagements zuordnen lassen, unabhängig von den speziellen strategischen Zielen.
2. Um spezielle strategische Ziele zu erreichen, werden im Rahmen der Trinovis-Best-Practice, aufbauend auf den Ergebnissen der Potential- und Mitbewerberanalyse, Zielzuweiser ermittelt, auf sich die Aktivitäten besonders konzentrieren sollten.
3. Das Zuweiser-Controlling ist eine kontinuierliche Aufgabe und dient dazu, frühzeitig Veränderungen im Zuweisungsverhalten zu erkennen und die Ergebnisse von Aktivitäten im Rahmen des Zuweiser-Managements zu kontrollieren.

Für das Zuweiser-Beziehungsmanagement gilt: Nicht jeder Ihrer Zuweiser kann aus Effizienzgründen

◘ **Tab. 7.1** Zuweisersegmente

Zuweisersegment	Beschreibung
Schlüsselzuweiser	Hoher Erlösbeitrag mit in der Regel keinem oder wenig weiterem Zuweisungspotential
Potentialzuweiser	Noch vorhandenes Zuweisungspotential bei geringem oder mittlerem Akquiseaufwand
Nicht-Zuweiser	Hat bisher keine Fälle eingewiesen
Problemzuweiser Fallzahlen	Zuweiser mit rückläufigen Fallzahlen
Problemzuweiser Verweildauer	Zuweiser, deren eingewiesene Fälle in der Summe deutlich positiv von der mittleren Verweildauer abweichen, sofern die Ursache dafür beim Einweiser liegt

auf die gleiche Weise angesprochen, aktiviert oder gepflegt werden. Deswegen empfiehlt es sich, Zuweiser zu segmentieren, also in Gruppen mit gleichen Merkmalen einzuteilen. Im Gegensatz zu der gängigen Einteilung in ABC-Einweiser werden innerhalb der Trinovis-Best-Practice die Zuweisersegmente nicht nach ihrer Zuweisungsintensität, sondern nach ihrem Zuweisungspotential aufgeteilt. Diesen Gruppen wiederum können dann geeignete Aktivitäten zugeordnet werden. Zuweiser lassen sich zum Beispiel in jene Gruppen aufteilen, die in ◘ Tab. 7.1 zu sehen sind.

Grundlage für die Einteilung sind kennzahlenbezogene Zuweiseranalysen nach Regionen und Fachgebieten der Zuweiser sowie inhaltliche Analysen der Verteilung der zugewiesenen Patienten auf Erkrankungsgruppen.

Eine besondere Herausforderung im Rahmen der Zuweiseranalysen stellt die Datenqualität dar, denn im Alltagsgeschäft der meisten Krankenhäuser werden Informationen zu zuweisenden Ärzten in der Patientenaufnahme häufig lückenhaft, falsch, mehrfach und mit abweichenden Angaben oder sogar überhaupt nicht erfasst. Zuweiseranalysen und die Kommunikation mit zuweisenden Ärzten werden dadurch erschwert, ein erfolgreiches Zuweiser-Management unmöglich.

Wie lässt sich die Datenqualität verbessern? Im Patientenverwaltungssystem müssen saubere Stammdaten zu den niedergelassenen Ärzten aus dem Versorgungsgebiet Ihres Krankenhauses hinterlegt sein. Das ermöglicht den Mitarbeitern bei der Aufnahme eines Patienten, die entsprechenden Daten zum zuweisenden Arzt aufzurufen, ohne diese in das System eingeben zu müssen. Fehleingaben werden dadurch reduziert. Die Prozesse in der Patientenaufnahme sollten Sie so festlegen, dass die korrekte Zuordnung des einweisenden Arztes die Regel ist.

Von der Theorie nun zur Praxis: Nachstehend haben wir exemplarisch Beispiele aufgeführt, wie lokal, regional und international in kleineren und größeren Häusern mit unterschiedlichen fachlichen Ausrichtung beim Zuweiser-Marketing vorgegangen wird.

7.5   Praxisbeispiel Zuweiser-Management für eine kardiologische Abteilung

Sigrid Miksch, MSc, Servicebereich PR & Marketing des Krankenhauses der Barmherzigen Schwestern Linz Betriebsgesellschaft m.b.H.

In unserer kardiologischen Abteilung im Krankenhaus der Barmherzigen Schwestern Linz wurde zur Professionalisierung des Zuweiser-Managements die „Initiative für partnerschaftliches Patientenmanagement" ins Leben gerufen. Ziel dieses Pilotprojekts aus den Jahren 2011 bis 2013 war die Erarbeitung von Maßnahmen zur effizienteren Zusammenarbeit zwischen unserer kardiologischen Abteilung sowie den einweisenden Allgemeinmedizinern und Fachärzten für Innere Medizin.

Wie der Begriff „Partnerschaftliches Patientenmanagement" schon erahnen lässt, ging es uns als Krankenhaus darum, unseren Kollegen aus den Ordinationen auf Augenhöhe zu begegnen, ihnen zu vermitteln, dass wir sie als gleichwertige Partner sehen, mit denen wir eine durchgängige, fachlich kompetente und abgestimmte Behandlung für unsere gemeinsamen Patienten sicherstellen möchten.

Um bei den einweisenden Kollegen mehr Aufmerksamkeit für unsere Initiative zu erzeugen, wurde das Projekt von einer Kommunikationskampagne begleitet, die – passend zur kardiologischen Abteilung – das Motto „Hand auf's Herz. Wer ist schon perfekt? Wir sind auch nicht perfekt. Aber wir arbeiten hart daran, ständig besser zu werden!" hatte. Dieser Slogan sollte das Interesse unserer Kardiologen an einer Optimierung der Zusammenarbeit zwischen dem intra- und extramuralen Bereich im Sinne der gemeinsamen Patienten bekunden.

Gestartet wurde mit einer postalischen Mailing-Aktion und einer darauffolgenden Fragebogenaktion, die sich an ca. 700 niedergelassene Ärzte in unserem Einzugsgebiet richtete. Die Befragungsergebnisse dienten als Basis für die Erarbeitung nachhaltiger Maßnahmen im Projektteam, dem auch drei einweisende Ärzte angehörten. Die niedergelassenen Kollegen brachten ihre persönliche Sicht der Dinge ein und waren der Garant dafür, dass die von unserem Krankenhaus umgesetzten Maßnahmen für den praktischen Alltag auch tatsächlich relevant waren.

Unsere Initiative setzte sowohl bei der Information und Kommunikation als auch auf der Prozessebene an. Auf der Prozessebene wurde die schnellere Verfügbarkeit der Arztbriefe (AB) mittels elektronischen Versands eines vorläufigen Arztbriefes am Tag der stationären Entlassung des Patienten realisiert. Den vollständigen AB mit allen Befunden erhält der Einweiser 10–14 Tage später. Verstirbt ein Patient, versendet unsere kardiologische Abteilung eine Kurzinformation an den niedergelassenen Kollegen. Eine Telefon-Hotline für akute medizinische Fragestellungen garantiert den Einweisern die 24-Stunden-Erreichbarkeit eines Internisten bzw. Kardiologen, der im Bedarfsfall rasch weiterhilft. Fragen, die einer ausführlicheren Beantwortung bedürfen, aber nicht dringend sind, können niedergelassene Ärzte an eine eigens eingerichtete Mail-Adresse senden. Innerhalb von 2–3 Tagen erhalten sie eine Antwort von unseren Experten.

Im Bereich der Information und Kommunikation hat das Projektteam folgende Maßnahmen

realisiert: Jeder neue Kollege, der eine Ordination eröffnet, bekommt von unserer kardiologischen Abteilung ein kleines Willkommenspaket mit persönlichen Grüßen und Broschüren über unsere Abteilung. Dreimal jährlich versenden wir einen Newsletter an die niedergelassenen Kollegen. Dieses Produkt erscheint in einer sechsseitigen Print- sowie einer ausführlicheren Online-Version mit Videos, Podcasts, Direktverlinkungen zu Abstracts etc. Damit wollte die kardiologische Abteilung dem unterschiedlichen Kommunikationsverhalten unserer altersmäßig stark divergierenden Einweiser Rechnung tragen. Auf unserer „Zuweiser-Website" können sämtliche Vortragsunterlagen von Fortbildungen und Kongressen eingesehen werden, es stehen Patienteninformationen über unterschiedliche Behandlungsabläufe zur Verfügung, die der niedergelassene Arzt seinen Patienten als Erstinformation ausdrucken und mitgeben oder per E-Mail versenden kann. Zudem hat jeder Arzt die Möglichkeit, ein Profil seiner Ordination anzulegen, die Adresse mit Google Maps zu verknüpfen und dadurch auch mit anderen niedergelassenen Kollegen in Verbindung zu treten.

Der gute persönliche Kontakt ist eine wichtige Voraussetzung für eine auf Vertrauen und Wertschätzung basierende Zusammenarbeit. Daher fördert unsere kardiologische Abteilung den fachlichen wie auch persönlichen kollegialen Austausch in Form von Einzel- und Gruppenhospitationen sowie Workshops bei uns im Krankenhaus oder durch „Stammtische" in den Heimatregionen der niedergelassenen Ärzte.

Unsere Kardiologen durften sich über viel positives Feedback freuen, da die Initiative für partnerschaftliches Patientenmanagement großen Anklang bei den niedergelassenen Ärzten gefunden hat. Lob gab es nicht zuletzt auch für die transparente Vorgehensweise, da unsere Kollegen aus den Ordinationen regelmäßig über den Verlauf des Projekts informiert und die erarbeiteten Maßnahmen schließlich im Zuge eines sehr exklusiven Abendevents persönlich vorgestellt wurden. Steigende Patientenzahlen, gut besuchte Fortbildungsveranstaltungen, laufende Neuregistrationen und steigende Zugriffe auf unserer Zuweiser-Website sowie regelmäßige Anfragen für Referententätigkeiten sprechen für den Erfolg der Kampagne (◻ Abb. 7.2).

◼ **Abb. 7.2**   Informationsmaterial „Hand auf's Herz" (Bildrechte: Krankenhaus Barmherzige Schwestern Linz)

7.6   Praxisbeispiel zu Analyse und Maßnahmen für Zuweiser-Marketing eines Klinikverbunds

Dr. Ariane Peine, Leiterin Marketing und Kommunikation, Bezirkskliniken Mittelfranken

Die Bezirkskliniken Mittelfranken – ein Klinikverbund in Nordbayern mit acht Kliniken, davon sechs mit dem Schwerpunkt Psychiatrie, und 3000 Mitarbeitern – waren nach einer kurzen Phase der schwarzen Zahlen 2011 erneut in die roten Zahlen gerutscht. Nun ging es darum mit einer nachhaltigen Strategie die Kliniken wirtschaftlich und zukunftsfähig zu machen. Eines war schon auf den ersten Blick klar: Die abrechnungsfähigen Leistungen stagnierten seit Jahren. Eine umfangreiche Markt- und Potentialanalyse, die innerhalb weniger Monaten durchgeführt wurde, zeigte weitere Handlungsfelder auf. Hierzu gehörte auch die Zusammenarbeit mit den zuweisenden Ärzten und Kliniken. Eine Zuweiserbefragung im Oktober 2012 zeigte, dass von Seiten der Zuweiser insbesondere in Bezug auf Kommunikation und Ablauforganisation Verbesserungen gewünscht wurden.

In der Folge wurde 2013 der Marketingbereich um das Key Account Management erweitert. Nach der Einstellung von zwei Vollzeitmitarbeitern für diese Aufgabe sowie vorbereitenden Arbeiten ging das Key Account Management im Januar 2014 an den Start. Auf der Grundlage von vertieften Marktanalysen wurde begonnen, niedergelassene Ärzte sowie weitere Interessenspartner im Gesundheitswesen zu besuchen und Kontakte zu pflegen.

▪ **Maßnahmenkatalog: von Telefonlisten bis Informationsmaterialien**

Das Interesse der Gesprächspartner an einem Austausch war von Anfang an hoch. Heute können wir sagen: Das Gesprächsangebot wird in den allermeisten Fällen gerne angenommen. Die Erkenntnisse über die Bedürfnisse der Zuweiser und das Optimierungspotential der eigenen Organisation sind weiterhin sehr hoch. Hinzu kommen vertiefte Markterkenntnisse. Erste Maßnahmen waren die Erstellung einer Telefonliste für den schnellen Zugriff auf Ansprechpartner innerhalb der Kliniken sowie die Entwicklung zuweiserspezifischer Informationsmaterialien. Zusätzlich zu den persönlichen Besuchen ergänzen Newsletter den Informationsfluss. Je nach Standort wurden Patientenaufnahmezentren eingerichtet bzw. optimiert. Insgesamt fanden 2014 rund 700 Key Account Termine statt. Der Erfolg des Key Account Managements wurde bereits bei der zweiten Zuweiserbefragung im Oktober 2014 sichtbar. Sowohl mit der Organisation als auch mit der Leistung zeigten sich die Zuweiser um neun Prozent

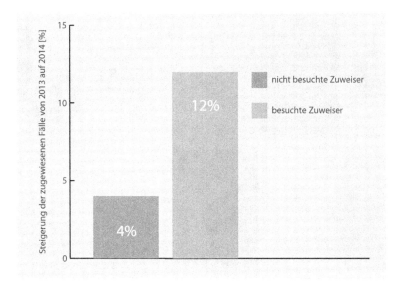

◘ Abb. 7.3   Die Anzahl der zugewiesenen Fälle durch persönliche betreute Zuweiser stieg in 2014 um zwölf Prozent. Die Fälle in der Vergleichsgruppe stiegen dagegen nur um vier Prozent

zufriedener als zwei Jahr zuvor, und das bei einer Teilnahmequote, die von 42 % auf 91 % angestiegen war. Aber auch im Hinblick auf die Wirtschaftlichkeit zahlte sich das Key Account Management in 2014 aus. Bei den persönlich betreuten Zuweisern stiegen die Fallzahlen um 12 %.

▪ **Besonderheit psychiatrischer Klinikverbund**

Ist das Key Account Management bei somatischen Kliniken bisher wenig verbreitet, so ist es in der Psychiatrie aufgrund der dortigen Fallzahlentwicklung und des bisherigen Finanzierungssystems fast gänzlich unbekannt. Struktur und Vorgehensweise des Key Account Managements sind aber bei Psychiatrien und bei somatischen Häusern gleich. Besondere Herausforderungen ergeben sich eher durch den Klinikverbund aufgrund der überlappenden Einzugsgebiete bei gleichen Indikationsbereichen. Grundsätzlich ist aber auch hier nicht anderes vorzugehen als beim Key Account Management für eine einzelne Klinik. Ziel ist allerdings eine Zuweiserbindung an das Gesamtunternehmen, nicht an ein einzelnes Haus. Konsequenzen aus der Betreuung von Zuweisern innerhalb eines Verbundes sind somit ein übergreifendes Belegungsmanagement und die Förderung der Standardisierung bei den Kliniken des Verbundes (◘ Abb. 7.3).

7.7 Praxisbeispiel Zuweiser-Marketing für eine Krebsakademie

Sigrid Miksch, MSc, Servicebereich PR & Marketing des Krankenhauses der Barmherzigen Schwestern Linz Betriebsgesellschaft m.b.H.

Um den Ansprüchen einer modernen onkologischen Versorgung gerecht zu werden und das neu gegründete Zentrum für Tumorerkrankungen in der Fachwelt sowie bei den Patienten entsprechend zu positionieren, hat das Krankenhaus der Barmherzigen Schwestern Linz die Krebsakademie ins Leben gerufen. Als onkologisches Leitspital für das Bundesland Oberösterreich wollen wir damit Entwicklungen vorantreiben, aufklären und weiterbilden.

In der Krebsakademie sprechen wir eine gemeinsame Sprache und vernetzen Fachärzte, Hausärzte, Arztassistentinnen, Physiotherapeuten, Betroffene und deren Angehörige. In der Krebsakademie lehren und lernen somit erstmals verschiedene Berufsgruppen und Betroffene mit- und voneinander. Offizielle Berufsverbände wie die OÖ Gesellschaft für Allgemein- und Familienmedizin (OBGAM) sowie der Berufsverband der ArztassistentInnen Österreich (BdA) sind dabei enge Partner und glaubwürdige Meinungsbildner.

⬡ Abb. 7.4   Bunter Marketingmix zur Bewerbung der Krebsakademie: Printprodukte, Pressearbeit, Einsatz von online Medien, Promotionvideos sowie Mitarbeiter als Botschafter auf Plakaten. Eine Imagebroschüre der Krebsakademie sowie zielgruppenspezifische Programmhefte wurden an hunderte Ordinationen im gesamten Bundesland versendet (Bildrechte: Krankenhaus Barmherzige Schwestern Linz)

▪ **Ziele der Krebsakademie**

Mit Teamwork begegnen wir dem Krebs. Das war auch unsere Intention bei der Gründung des Alumniclubs, der die Vernetzung der Absolventen, Referenten und Betroffenen fördern sowie die Bindung an unser Krankenhaus stärken soll. Damit erweitern wir das bestehende Empfehlungs- und Zuweiser-Marketing und sichern somit nachhaltig onkologische Zuweisungen. Mit der Krebsakademie festigen wir langfristig unsere Positionierung als onkologisches Leitspital, wir optimieren die Schnittstellen in der Versorgung von Krebspatienten und wir stärken den persönlichen Kontakt zum niedergelassenen Bereich.

Die Krebsakademie bietet Lehrgänge für alle Berufsgruppen und Betroffene mit interprofessionellen Referenten. Arztassistentinnen, Fach- und Hausärzte sowie Physiotherapeuten durchlaufen eine mehrmonatige Weiterbildung auf dem Gebiet der Onkologie. Sie erhalten einen umfassenden Einblick in präventive und therapeutische Inhalte, bekommen aber auch Informationen über die sozialen und (arbeits-)rechtlichen Dimensionen von Krebserkrankungen. Zudem lernen sie erweiterte Versorgungsstrukturen außerhalb des Krankenhauses kennen. In offenen Diskussionsrunden bringen alle ihre Sichtweisen und Erfahrungen hinsichtlich der Behandlung von Krebspatienten ein, was zu einem besseren Verständnis für die Arbeit des jeweils anderen beiträgt. Außerdem können dadurch Prozesse – vor allem im Schnittstellenbereich – angepasst und verbessert werden. Mit initiiert von den Absolventen veranstalten wir zusätzlich zu den modulartigen Lehrgängen einmal jährlich einen interprofessionellen Kongress mit über 200 Teilnehmern.

Das Interesse an den Lehrgängen, am Kongress sowie am Alumniclub übertrifft seit Beginn unsere Erwartungen. Exzellente Evaluationsergebnisse bestätigen die Qualität unserer Leistungen. Seit der Gründung des Zentrums für Tumorerkrankungen und der Krebsakademie nehmen die Zuweisungen onkologischer Patienten stetig zu. Durch die Steigerung von Image- und Bekanntheitswerten konnten wir die Marke „Krankenhaus Barmherzige Schwestern Linz" spürbar stärken. Das Medienecho in Fach- und Publikumsmedien war und ist enorm. Wir sind daher überzeugt: Wissen ist der beste Wirkstoff. Und mit diesem Credo gilt all unsere Aufmerksamkeit jenen, die sie am meisten benötigen: unseren Patienten (⬡ Abb. 7.4).

Nachdem Sie nun eine lokale deutsche und eine regionale Kampagne aus Österreich kennengelernt haben, wird Ihnen das dritte Beispiel einen Einblick geben, wie länderübergreifendes Marketing zum Erfolg werden kann.

7.8 Praxisbeispiel zum Thema Patientenakquise mittels In-house-Marketing

Ansgar Höing, Leiter Öffentlichkeitsarbeit und Marketing St. Antonius-Hospital Gronau GmbH, Esther Grävemäter Marketing- und Businessmanagerin Prostatazentrum Nordwest

Die Klinik für Urologie, Kinderurologie und Urologische Onkologie am St. Antonius-Hospital im westfälischen Gronau setzt bereits seit 2006 die Da Vinci®-Operationstechnik ein. Chefarzt Dr. Jörn H. Witt etablierte die innovative Technologie als einer der ersten Mediziner in Europa und ist als Pionier auf diesem Gebiet ein international anerkannter Spezialist.

Unter seiner Leitung werden im Prostatazentrum NordWest jährlich über 1200 Radikale Prostatektomien (RARP) ausschließlich roboterassistiert durchgeführt. Drei Da Vinci®-Roboter (zwei XI und ein SI-System) sind im St. Antonius-Hospital im klinischen Einsatz. Ein weiteres S-System wird für Trainings- und Ausbildungsmaßnahmen im European Robotic Institute (ERI), dem klinikeigenen Schulungs- und Ausbildungszentrum eingesetzt.

Mit mehr als 7500 RARP (Stand 31.12.2015) verfügt das PZNW über einen einzigartigen Erfahrungspool. Im angeschlossenen Studienzentrum wird jeder Eingriff detailliert dokumentiert, ausgewertet und u. a. zur Forschung und Prozessoptimierung genutzt.

Unter dem Dach des Center for Robotic Medicine CRM werden neben den urologischen Eingriffen (vorwiegend radikale Prostatektomien, Zystektomien und organerhaltende Nieren-OPs) auch gynäkologische und allgemeinchirurgische Da Vinci®-Operationen durchgeführt. Im Schnitt erfolgen jährlich ca. 1600 roboterassistierte Eingriffe im CRM.

Die Expertise von Dr. Witt und seinem Experten-Team ist – neben den sehr hohen da Vinci®-OP-Kapazitäten – die Grundlage für ein breit angelegtes regionales, nationales und international ausgerichtetes Marketing-Konzept. Dazu ist am PZNW eine eigene Business- und Marketing-Managerin beschäftigt, die eigenständig Strategien entwickelt oder in kooperativer Zusammenarbeit mit der PR- und Marketing-Leitung der Gronauer Klinik zusammenarbeitet. Durch diese interne Struktur kann bei der Planung, Umsetzung und Evaluation sämtlicher Kommunikations- und Marketing-Aktivitäten auf externe Beratung bzw. Unterstützung verzichtet werden. Auch das gesamte Media- und Event-Management wird intern in regelmäßiger und strukturierter Abstimmung aller Beteiligten geplant, organisiert, durchgeführt und realisiert.

Eine weitsichtige Media- und Marketing-Planung ermöglicht eine zeitsparende und budgetschonende Nutzung der zur Verfügung stehenden Ressourcen und ermöglicht somit eine höhere Ausschöpfung. Anders als bei der weit verbreiteten Arbeitsweise externer Agenturen, können sich die Marketing-Verantwortlichen im Haus ausschließlich auf die eigenen Inhalte konzentrieren. Durch interdisziplinäre und bereichsübergreifende Kommunikation, intern wie extern, entstehen aktive Informationsnetzwerke mit entsprechenden Synergien. Sämtliche PR- und Marketing-Maßnahmen, online und offline, sind strategisch geplant und organisiert, wenn sie In-house umgesetzt werden oder externe Dienstleister konsultiert werden müssen (◘ Abb. 7.5).

Besondere Bedeutung hat die crossmediale Zielgruppen-Kommunikation der höchst unterschiedlichen Adressaten, wie Patienten (regional, national, international), Einweiser und weitere Stakeholder. Dabei haben die Online-Medien mittlerweile die weitaus größte Bedeutung in der Kommunikation und Information. Zentrales Kommunikationselement – vorwiegend für Patienten und Angehörige, aber auch für Einweiser – ist das mehrsprachige Online-Portal des PZNW (www.pznw.de). Das Center for Robotic Medicine richtet sich ebenfalls an Patienten und Einweiser, ist aber auf die interdisziplinären Einsatzbereiche des Da Vinci®-Systems am St. Antonius-Hospital Gronau ausgerichtet. Mediziner und Fachbesucher nutzen das Webportal (www.europeanroboticinstitute.org) des European Robotic Institute ERI vorwiegend zur Information.

Opas Arzt hat einen echten Roboter...

Anderswo noch Zukunftsmusik:

In Gronau haben wir bereits über 7.500 roboterassistierte Operationen durchgeführt.

PZ·NW ProstataZentrum NordWest

St. Antonius-Hospital Gronau GmbH
Akademisches Lehrkrankenhaus der Westfälischen Wilhelms-Universität

NÄHE. KOMPETENZ. SICHERHEIT   www.st-antonius-hospital.com

☑ **Abb. 7.5** PR-Kampagne – PZNW – St. Antonius Hospital Gronau GmbH

Die Vielzahl von eigenen Veranstaltungen, Vorträgen, Besuchen, Trainings, Kongressen, etc. werden durchgängig über die elektronischen Medien veröffentlicht – teilweise zusätzlich über Print-Produkte, wie Flyer, Plakate, Anzeigen, PR, etc. Die ☑ Tab. 7.2 zeigt die PR-Aktivitäten im Zeitverlauf.

Die Social-Media-Aktivitäten sind auf Facebook beschränkt, werden gut gepflegt und sind stark frequentiert. So erreicht man über die Netzwerke bis zu 35.000 Klicks auf einzelne Beiträge, z. B. auf Videos und Bilderstrecken von Veranstaltungen. Viele der zahlreichen Patienten und Experten-Veranstaltungen werden durch Fotos und/oder Videos dokumentiert und an Teilnehmer verschickt oder zum Teil veröffentlicht. Einige hochwertig produzierte Videos und Fotostrecken sind in der Online-Kommunikation der Klinik sehr populär und werden aktiv kommentiert. Zum Teil sehr unkonventionelle Videos, wie die jährlichen Beiträge des Teams „Bärte ohne Grenzen" zur internationalen Movember-Kampagne (www.movember.com) finden größten Zuspruch.

2014 wurde das Kampagnen-Video „Mission Robocut" für den Deutschen Online-Kommunikationspreis nominiert.

Die inhaltliche Unterscheidung zwischen fachlich/sachlicher Kommunikation auf den klassischen Online-Portalen und Veröffentlichung temporär relevanter Inhalte mittels Facebook, bildet eine optimale Basis für eine dynamische und zielgruppengerechte Kommunikation. Die von Patienten und Interessierten häufig genutzte Möglichkeit der Interaktion mittels Facebook erlaubt eine unmittelbare Kommunikation bei allgemeinen oder speziellen Anfragen, sowie Bewertungen/Meinungen nach dem Klinikaufenthalt. Die über Facebook eingehenden Anfragen, Kommentare und Bewertungen werden von den Marketingmitarbeitern empfangen, bearbeitet, bei Bedarf an Mediziner weitergeleitet und, je nach Gewichtung, beantwortet.

Die Ansprache und Betreuung ausländischer Patienten erfolgt u. a. durch Kooperationspartner, zum Teil mit Dauerpräsenz zur Übersetzung in der Klinik.

7.9   Praxisbericht zum Thema Zuweiserportale

Michael Franz, Vice President Sales Intersectoral Solutions der CompuGroup Medical Deutschland AG

Viele Arztpraxen bemängeln heute die zur Weiterbehandlung notwendige Informationslage während und nach einem Krankenhausaufenthalt des gemeinsamen Patienten. Krankenhäuser benötigen zunehmend mehr Vorabinformationen von den niedergelassenen Ärzten. Als Werkzeug zur Erfüllung dieser korrespondierenden Wünsche stehen Zuweiserportale zur Verfügung. Unter Zuweiserportalen versteht man landläufig webbasierte Zugriffsmöglichkeiten für Zuweiser auf ausgewählte Falldaten des jeweiligen Krankenhauses.

Standardfunktionen von Zuweiserportalen sind normalerweise:

- Übernahme von Vorabinformationen aus der Arztpraxis an das Krankenhaus,
- Vereinbarung von Terminen,
- Einsichtnahme in die Fallakte des Krankenhauses durch die Arztpraxis,
- Übermittlung von Entlassungsinformationen im Anschluss an den Krankenhausaufenthalt.

◘ Tab. 7.2 PR-Aktivitäten im Zeitverlauf

	Medium	Aussage
2006	Broschüren Website	Wir operieren mit Da Vinci
2009	Website	Behandlungserfahrung (vom Innovator zum
	YouTube	Qualitätsanbieter)
	Twitter	
2011	Broschüren im Wartebereich,	Qualitätsanbieter
	Website,	Maßgeschneiderte Therapie für alle
	SlideShare,	
	Twitter,	
	YouTube,	
	Facebook	
2014	Ausbau der Marketing- und PR-Aktivitäten. Einstellung einer Business- und Marketing-Managerin und eines Leiters Öffentlichkeitsarbeit/Marketing. Langfristige strategische Zielplanung. Aufbau neuer und Ausbau vorhandener Kooperationen.	
2015	Strategische Weiterentwicklung der Marketing- und Kommuniaktions-Aktivitäten. Weitestgehender Verzicht auf Print-Medien. Gezieltere Crossmedia-Synchronisation. Zahlreiche Events, Präsentationen, Vorträge etc. Ausbau der Ausbildungsangebote (Testlauf E-Learning). Produktion diverser Videos.	

Zu den möglichen Informationen, die kommuniziert werden, gehören

- administrative Daten des Patienten, Status im Krankenhausaufenthalt wie zum Beispiel Verlegungen,
- Befunde wie Laborbefunde, Radiologiebefunde, OP-Berichte etc.,
- Bilddaten,
- Kurzentlassbriefe mit Nachbehandlungshinweisen.

Mit Hilfe dieser Services können drei wesentliche strategische Ziele erreicht werden:
1. Loyalisierung von Bestandseinweisern,
2. Akquise von Potentialzuweisern,
3. Optimierung des Überleitungsmanagement.

Die Punkte 1. und 2. unterstützen das Zuweiser-Marketing bzw. den Vertrieb. Punkt 3. erzeugt Prozesseffizienz und wirkt somit sowohl kostensenkend als auch qualitätssteigernd.

Die ersten Zuweiserportale kamen ca. 2004 auf den deutschen Krankenhausmarkt. Seither setzen über 400 Krankenhäuser das Werkzeug in unterschiedlicher Ausprägung und verschiedenen strategischen Zielen ein. Seit 2011 finden die Zuweiserportale der zweiten Generation Verbreitung.

Die erste Generation erforderte den Aufruf eines Webbrowsers in der Arztpraxis – teilweise auf dedizierten PCs. Dies ermöglichte zwar die Erfüllung der Serviceanforderungen in den Praxen, war aber mit Akzeptanzhürden verbunden. Mit dem Ergebnis, dass häufig nur die Top-Zuweiser den Nutzen vollständig erkannten und eine hohe Verbreitung nicht immer gelang.

Die zweite Generation der Zuweiserportale bietet in vielen Praxen eine sehr hohe Integration in die „Arztinformationssysteme" (AIS). Diese unterstützen die Praxis bei allen Aufgaben in der Praxislogistik und medizinischen Dokumentation. Die Integration der Zuweiserportale in diese Systeme bedeutet die direkte Kommunikation mit dem Krankenhaus im täglichen Workflow. Ein Systemwechsel ist für die Praxisteams nicht mehr notwendig.

◘ Abbildung 7.6 zeigt die wesentlichen Phasen der Behandlung im intersektoralen Zusammenspiel zwischen Arztpraxen und Krankenhaus sowie die nun in Arztinformationssystemen hinterlegten Funktionen zur Unterstützung der jeweiligen Phase.

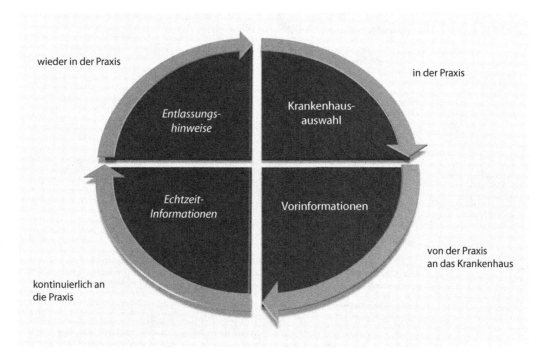

Abb. 7.6   Phasen der Behandlung im intersektoralen Zusammenspiel (Bildrechte: CompuGroup Medical AG)

Für die nahe Zukunft ist absehbar, dass der Wunsch nach optimaler Überleitung zur weiteren Verbreitung hochintegrierter Lösungen führt. Zudem wird eine Kopplung mit Customer-Relationship-Management-Systemen zur Untermalung der Vertriebsstrategien zu erwarten sein.

Auch sind erste Projekte bekannt, die über die reine Krankenhaus-Arztpraxis-Beziehung hinausgehen. So kommuniziert beispielsweise die Charité mit ihren internationalen Partnerkliniken unter anderem in Russland über das Zuweiserportal der Charité. Auf diese Weise verwandeln sich Zuweiserportale in umfassende Telematikplattformen.

> **Jesaja.net**
> Für das CGM Jesaja.net haben sich bis heute über 300 Krankenhäuser in Deutschland entschieden. Seit 2004 auf dem Markt, setzen heute Einrichtungen aller Versorgungsstufen, zum Beispiel die Helios Kliniken, die Charité, Asklepios und Vivantes, auf diese Lösung

für ihre Zuweiserkommunikation und das Überleitungsmanagement. Das entscheidende Merkmal der Plattform der CGM Deutschland AG ist die tiefe Integration in einen großen Teil der Informationssysteme in den Arztpraxen. Auf diese Weise entsteht für die Praxisteams besonderer Komfort. Die Kommunikation mit dem Krankenhaus wird so als echter Service verstanden, und es entsteht große Akzeptanz in der Zusammenarbeit.

7.9.1 Webbasierte eHealth-Lösung von Siemens

Auch Siemens Healthcare hat eine Einweiserportal-Software, Soarian IC, auf dem deutschen Markt, die als Kommunikationsplattform zur Unterstützung eines institutionsübergreifenden Datenaustausches zwischen medizinischen Leistungserbringern dienen kann. Krankenhäuser, Arztpraxen und andere Einrichtungen der Gesundheitsversorgung können ohne Medienbrüche auf eine gemeinsame elektronische Patientenakte zugreifen, Daten in gerichteten Nachrichten, zum Beispiel Einweisungen, Überweisungen oder Konsilen, untereinander austauschen und gemeinsame Terminkalender führen. Ärzte können auch eine Zweitmeinung einholen. Je nach Wünschen der Kliniken können die Funktionen erweitert und angepasst werden.

7.10 Möglichkeiten zur Online-Terminvereinbarung

Online-Terminvereinbarung (OTV) ist auf dem Vormarsch – sowohl im niedergelassenen wie auch im Klinik-Sektor. Die Möglichkeit, unabhängig von Sprechzeiten und Erreichbarkeiten, Termine zu vereinbaren, wird immer weiter ausgebaut. Auch Zuweiserportale bieten diese Möglichkeit. Niedergelassene können dann ihre Patienten nicht nur an das Krankenhaus überweisen, sondern ihnen noch in der Praxis einen Termin in der betreffenden Klinik buchen. Automatische Erinnerungen an die Patienten per SMS, die diese ebenfalls per SMS bestätigen müssen, sollen für Termintreue und geringe Ausfallquoten sorgen. Dabei hat sich im Ausland gezeigt, dass gerade die Terminvereinbarung eine Triebfeder für die Portalnutzung ist. In den Niederlanden etwa werden die Portale nicht nur zur Kommunikation von Ärzten und Kliniken untereinander eingesetzt, sondern auch zur Patientenkommunikation. Die können ihre Termine über das Portal selbst buchen und noch mehr: Chronisch Kranke können beispielsweise ihre Laborberichte einsehen oder ihren Blutdruck und die Blutzuckerwerte übermitteln. Das Krankenhaus und die behandelnden Ärzte greifen auf die Daten zu, die Software analysiert die Laborwerte und weist die Behandler auf Auffälligkeiten hin, sofern eine Software mit Medical Decision Support integriert ist.

Achtung: Datenschutz einhalten Patienten haben die freie Arztwahl und das Recht, dass ihre Daten vertraulich behandelt werden. Die Einweiserportale müssen dies entsprechend berücksichtigen. Meist wird für die Patienten eine Fallakte erstellt. Das heißt, dass die behandelnden Ärzte nur die Informationen einsehen können, die für den aktuellen Fall relevant sind. Außerdem können nicht alle Klinikärzte auf die Daten zugreifen, sondern nur diejenigen, denen die Patienten das Recht ausdrücklich eingeräumt haben.

Bei der Soarian IC-Software von Siemens beispielsweise erhalten Patienten in der Arztpraxis ein Ticket mit einem Strichcode darauf ausgedruckt. Das Ticket wird in der Klinik eingescannt, und dann ist der Zugang zu den Daten frei. Auf dem Ticket selbst befindet sich nur der Zugangscode. Patientendaten sind darauf nicht gespeichert.

7.11 Fazit

Der Gesundheitsmarkt befindet sich mehr denn je in einem Veränderungsprozess, in dem nur der bestehen kann, der den Markt und somit seine Patienten und Zuweiser genau kennt und konkret auf ihre Bedürfnisse eingeht. Rechtliche Aspekte, wie unter anderem die Schweigepflicht, der Datenschutz und eine freie Arztwahl, geben „nur" den Rahmen vor, in dem sich die Einrichtungen bewegen. Die klare Positionierung auf dem Markt und die Abgrenzung gegenüber Wettbewerbern entscheiden über Erfolg oder Misserfolg. Der Schlüssel für den Erfolg liegt vor allem in der Kommunikation. Herrscht unter den Beteiligten Klarheit über die Situation und das Ziel, ist die Umsetzung kaum mehr ein Problem. Das angebotene Leistungsspektrum, die erforderliche Werbung und der Vertriebsweg spielen im Kontext mit dem dafür im engeren Sinne vorgegebenen Preisgefüge nur eine untergeordnete Rolle. Anfängliche Investitionen für eine genaue Analyse – und später für das Controlling – sowie die Optimierung von Prozessen sind also im Vergleich zu dem mittel- und langfristigen finanziellen Schaden, der Krankenhäusern durch den Verlust von Patienten an Wettbewerber entsteht, nur gering und überschaubar. Daher sollte in der heutigen Zeit die Frage nicht mehr lauten: Warum brauchen Kliniken Zuweiser-Marketing? Sondern: Wann beginnen Sie endlich? Wie die Umsetzung aussehen kann, haben Ihnen die verschiedenen Praxisbeispiele in diesem Kapitel gezeigt. Nun heißt es: Ran ans Werk!

Interview mit Helmut Nawratil, Vorstand der Bezirkskliniken Mittelfranken

Wie bauen Kliniken eine effiziente Zuweiser-Strategie auf?

„Die Zuweiser-Strategie muss Teil der Unternehmensstrategie sein. Voraussetzung für die strategische Herangehensweise ist eine gründliche Kenntnis des Marktes. Somit geht der Erstellung der Strategie eine Marktanalyse voraus. Diese muss sowohl Kenntnis über die Patientenströme, über die Zuweisungsdaten sowie eine Mitbewerberanalyse enthalten. Dabei muss in manchen Fällen die hierzu benötigte unternehmensinterne Datenqualität erst geschaffen werden. Vor der Einführung eines Zuweisermanagements ist auch eine Befragung der Zuweiser hilfreich. Dabei ist zu beachten, dass nicht nur niedergelassene Ärzte wichtige Partner sind, sondern auch Kliniken, Krankenkassen, Beratungsstellen und weitere Ansprechpartner im Gesundheitswesen. Regelmäßige Gespräche mit und Besuche bei diesen Partnern sind von entscheidender Bedeutung, um Bedürfnisse abzuklären und Informationen auszutauschen. Die genannten Anregungen, Beschwerden und Vorschläge müssen dabei konsequent innerhalb der eigenen Organisation bearbeitet werden, um die Bedeutung der Zusammenarbeit durch Verbesserungsmaßnahmen zu untermauern.

Für ein strukturiertes Zuweisermanagement müssen zudem personelle Ressourcen zur Verfügung gestellt und Verantwortlichkeiten in den Kliniken geklärt werden. Dabei ist es wichtig, dass die Personen, die Zuweiser und weitere Interessenspartner besuchen, die Klinik sehr gut kennen und authentisch darüber informieren. Hierzu kann bereits vorhandenes Personal mit den notwendigen kommunikativen Fähigkeiten eingesetzt werden oder neu eingestelltes Personal durch intensive Hospitation die Klinik kennen lernen."

Was sind realistische Ziele?

„Realistische Ziele sind die Vertiefung der Marktkenntnis, die Verbesserung der Zusammenarbeit mit den Interessenspartnern, die Steigerung der Zuweiserzufriedenheit, die Verbesserung des Bekanntheitsgrades sowie Erkenntnisse über das Optimierungspotential in Bezug auf Organisation und Leistungsangebot."

Wie hoch sind die zu erwartenden Kosten und wie viel Zeit müssen Häuser in die Umsetzung investieren?

„Die Kosten sind abhängig von den Zielen. Neben den Stellen für Mitarbeiter des Zuweisermarketings müssen auch die notwendigen Tools zur Verfügung gestellt werden. Hierzu gehören technische Lösungen für die regelmäßige Analyse von Zuweiser- und Marktdaten sowie ein Customer Relationsship Management-Programm zur Pflege und Dokumentation von sämtlichen kontaktspezifischen Vorgängen und relevanten Informationen. In der Vorbereitungsphase sind noch Kosten für die Markt- und Potentialanalyse zu berücksichtigen, sofern die entsprechenden Erkenntnisse noch nicht im Unternehmen vorhanden sind."

Was ist das Wichtigste beim Zuweiser-Marketing?

„Das Zuweiser-Marketing ist eine strategisch ausgerichtete Arbeit, die nahe an der Geschäftsleitung angesiedelt sein muss. Die Geschäftsleitung muss den Rückhalt für notwendige Optimierungsmaßnamen innerhalb der Organisation geben. Zudem ist eine enge Zusammenarbeit mit Chefärzten und Kaufmännischen Leitungen von Bedeutung, um zum einen die externen Partner gut informieren zu können, zum anderen aber auch externe Hinweise schnell und effizient bearbeiten zu können."

Passen Social-Media-Tools, wie Facebook und Twitter, ebenfalls zum Zuweiser-Marketing?

„Zuweiser-Management lebt von der persönlichen Kontaktpflege zu den externen Interessenspartnern. Insofern können persönliche Kontakte der intern und extern Beteiligten hierbei unterstützen. Unternehmensinformationen, die allgemein über Social Media Kanäle bekannt gemacht werden, dienen dem Unternehmensimage im Allgemeinen. Dies kann auch bei Zuweisern und weiteren Partnern im Gesundheitswesen die Bindung an das Unternehmen erhöhen."

Rechtsvorschriften für das Klinik-Marketing

© Springer-Verlag Berlin Heidelberg 2017
A. Köhler, M. Gründer, *Online-Marketing für das erfolgreiche Krankenhaus*,
Erfolgskonzepte Praxis- & Krankenhaus-Management,
DOI 10.1007/978-3-662-48583-5_8

Medizinische Einrichtungen unterliegen Einschränkungen bei der Werbung – ein generelles Werbeverbot für Krankenhäuser besteht jedoch nicht mehr. Das lange Zeit gültige Werbeverbot hatte seinen Grund darin, dass sich die ärztliche Tätigkeit an medizinischen – und nicht an wirtschaftlichen – Notwendigkeiten orientieren sollte. Zudem herrschte die Meinung vor, dass Ärzte aufgrund ihres Berufs eine solche Autorität besitzen, dass Patienten ihrem Urteil uneingeschränkt vertrauen und unkritisch folgen.

Seit Ende der 90er Jahre hat sich die Perspektive hin zu mehr Wettbewerb und Betonung der Berufsfreiheit verschoben. Die Gerichte, allen voran das Bundesverfassungsgericht und der Bundesgerichtshof, haben die Rechtsprechung liberalisiert und dafür gesorgt, dass Leistungserbringer mehr Freiheit in Bezug auf die eigene Werbung haben, um an dem geforderten Wettbewerb teilnehmen zu können.

Urteile zur Werbung von medizinischen Einrichtungen

- Eine Klinik unterliegt als juristische Person nicht den berufsrechtlichen Werbebeschränkungen. Sie darf aber mit ihrer Werbung nicht dazu beitragen, dass ein angestellter Arzt gegen die für ihn geltenden Einschränkungen verstößt. (OLG Hamburg, Urteil v. 10.11.1994, Az. 3 U 266/93)
- Für Kliniken gelten nicht dieselben Werbebeschränkungen wie für selbstständige Ärzte. Es ist grundsätzlich nicht zu beanstanden, dass eine Klinik bei der Internetwerbung auch Aussagen über Klinikführung, -ausstattung und -atmosphäre trifft. (BVerfG, Beschluss vom 17.07.2003 zur Internetwerbung einer Klinik, Az. 1 BvR 2115/02)
- Ärzte dürfen ihre Tätigkeitsschwerpunkte angeben. (Beschluss von 2001 in Bezug auf den zahnärztlichen Schwerpunkt „Implantologie", Az. 1 BvR 872/00)
- Ärzte dürfen sich unter besonderen Umständen als Spezialisten bezeichnen.

(Beschluss von 2002 in Bezug auf einen Orthopäden, Az. 1 BvR 1147/01)
- Die Angabe von Spezialisierungen darf nicht irreführend sein (Beschluss von 2013 in Bezug auf einen Zahnarzt, der sich „Kinderzahnarzt" nannte, ohne über den Tätigkeitsschwerpunkt „Kinderzahnheilkunde" zu verfügen; Az. 3 B 62/12)
- Wer mit der gesundheitsfördernden Wirkung von Produkten wirbt, muss diese wissenschaftlich beweisen können (Beschluss von 2013, Az. 9 U 922/12)
- Konkrete ärztliche Empfehlungen bei Patientenfragen in einer Online-Kommunikation sind ein Verstoß gegen das Fernbehandlungsverbot (Beschluss von 2012 in Bezug auf eine Online-Patientenfrage zur Verträglichkeit einer Medikation; Az. 6 U 235/11)
- Die Werbung mit Vorher-Nachher-Abbildungen ist grundsätzlich erlaubt, sofern sie nicht irreführend, abstoßend oder missbräuchlich sind (Beschluss von 2013 in Bezug auf Fotos einer Gebisssanierung; Az. 13 U 160/12)
- Wenn der Gesamtauftritt der Werbung einen grundsätzlich informativen Charakter hat, sind Aussagen erlaubt, die auf einen Sympathieeffekt abzielen. (Beschluss von 2005 in Bezug auf die Formulierung, frisch Operierte könnten mit Klinikmitarbeitern „ein Tänzchen wagen", Az. 1 BvR 191/05)
- Eine geschäftliche Internetpräsenz oder Social-Media-Präsenz ohne korrektes Impressum kann ein Ordnungsgeld von bis zu 250.000 Euro nach sich ziehen (Beschluss von 2013; Az. 16 O 154/13)

Das im Jahr 2012 aktualisierte Heilmittelwerbegesetz trug der liberaleren Rechtsprechung Rechnung und lässt nun vieles zu, was zuvor undenkbar war. Leider bleibt die Rechtslage für werbende Mediziner dennoch schwer überschaubar. Die Regelungen ergeben sich aus dem Berufsrecht, aus dem Heilmittelwerbegesetz, dem Wettbewerbsrecht, dem Telemediengesetz sowie dem Urheberrecht und Regelungen zum Datenschutz. Viele dieser Rechtsquellen überschneiden sich und widersprechen sich zum Teil sogar, sodass immer wieder die Gerichte zu klären haben, welche Regelung Vorrang hat.

Bei Krankenhäusern ist die Lage oft sogar noch komplizierter als bei niedergelassenen Ärzten: Generell ist es Krankenhäusern erlaubt, Ärzte und Patienten sachlich und wahrheitsgemäß zu informieren. Das Bundesverfassungsgericht hat in seiner Rechtsprechung ausdrücklich anerkannt, dass Kliniken Gewerbebetriebe sind, niedergelassene Ärzte jedoch nicht. Kliniken sind auf Grund des höheren personellen und sachlichen Aufwands und der laufenden Betriebskosten durch Werbebeschränkungen typischerweise stärker belastet und unterliegen daher nicht denselben umfangreichen Einschränkungen. Sie dürfen aber mit ihrer Werbung nicht dazu beitragen, dass ein angestellter Arzt gegen die für ihn geltenden berufsrechtlichen Beschränkungen verstößt. Dies ist in der Praxis oft ein schmaler Grat.

Kliniken können sich bei ihrer Werbung sowohl auf Artikel 5, Satz 1 des Grundgesetzes berufen – das Recht auf freie Meinungsäußerung – als auch auf das Grundrecht der Berufsfreiheit (Artikel 12, Satz 1 des Grundgesetzes). Diese Grundrechte dürfen nur eingeschränkt werden, wenn das Gemeinwohl gefährdet ist, etwa wenn Ärzte ihre berufliche Autorität missbrauchen, um für Produkte oder Verfahren zu werben, die nicht notwendig bzw. gefährlich sind, oder wenn sie für Produkte auf unzulässige Weise werben (Ries et al. 2007).

8.1 Berufsordnung

Im Marketing von Krankenhäusern ist das ärztliche Berufsrecht nur indirekt von Bedeutung. Als juristische Person unterliegt ein Krankenhaus nicht den berufsrechtlichen Beschränkungen, die den Arzt als Person betreffen. Mittelbar ist es jedoch im Rahmen einer Fürsorgepflicht dafür verantwortlich, dass die angestellten Ärzte, für die die Beschränkungen ja gelten, keinen Nachteil durch die Werbemaßnahmen

ihres Arbeitgebers erleiden. Enthält also die Werbung einen Bezug auf die Person eines Arztes, so sind die Beschränkungen des Berufsrechtes für diese Einzelmaßnahme einzuhalten. Im Folgenden geht es um die Beschränkungen, die in einem solchen Fall zu beachten sind.

Jede Landesärztekammer erlässt eine eigene Berufsordnung für diejenigen Ärzte, für die sie zuständig ist. Es gibt keine einheitliche Berufsordnung, die für alle Ärzte in Deutschland gilt. Zwar gibt es eine Musterberufsordnung der Bundesärztekammer. Die Bundesärztekammer ist jedoch keine Kammer oder Körperschaft des öffentlichen Rechts, sondern nur eine Arbeitsgemeinschaft der Länderärztekammern. Ihre Beschlüsse sind nicht bindend. Änderungen an der Musterberufsordnung können auf dem Deutschen Ärztetag beschlossen werden. Es liegt dann aber an den Landesärztekammern, diese für ihren Wirkungsbereich umzusetzen.

Wichtig ist, sich zu verdeutlichen, dass die Berufsordnungen von Ärztevertretern beschlossen werden, wohingegen die gesetzlichen Regelungen von der Legislative, also dem Bundestag und dem Bundesrat, festgelegt werden. Diese müssen also nicht übereinstimmen. Sie können sich sogar widersprechen. In der Regel vertreten die Kammern eher restriktive Auslegungen des Werberechts und sind in den vergangenen Jahren vielfach von Gerichten und Gesetzgeber korrigiert worden.

8.1.1 Vorschriften

Nach der Musterberufsordnung § 27 (Stand 2015) sind dem Arzt „sachliche berufsbezogene Informationen" gestattet. Berufswidrige Werbung ist Ärzten hingegen verboten. Berufswidrig ist Werbung, wenn sie anpreisend, irreführend oder vergleichend ist. Eine solche Werbung dürfen Ärzte weder veranlassen noch dulden.

Erlaubt ist es hingegen explizit, ihre Qualifikationen sowie die Schwerpunkte der eigenen Tätigkeiten zu nennen. Das können Bezeichnungen sein, die Ärzte nach der Weiterbildungsordnung erworben haben, oder einfache Tätigkeitsschwerpunkte, sofern sie nicht mit ersteren verwechselt werden können.

Ein Chirurg darf angeben, dass er Chirurg ist. Er kann auch angeben, dass er Endoprothetik betreibt, wenn dies der Wahrheit entspricht. Er darf sich allerdings nicht als Chirurg und Herz-Spezialist bezeichnen, da dies mit der Facharzt-Bezeichnung „Herzchirurg" verwechselt werden könnte.

Diese Tätigkeiten dürfen Ärzte allerdings „nicht nur gelegentlich" ausüben. Führen Ärzte beispielsweise nur gelegentlich plastische Gesichtsoperationen durch, darf diese Tätigkeit entsprechend der Berufsordnung zu Werbezwecken nicht nach außen kommuniziert werden. In der Berufsordnung fehlt allerdings eine genaue Angabe, wann eine Tätigkeit als gelegentlich gilt.

Irreführend ist beispielsweise, wenn Ärzte mit Leistungen werben, die zur beruflichen Normalität gehören. Das hat das Verwaltungsgericht Münster 2009 entschieden (Az. 5 K777/08). Die Entscheidung richtete sich gegen einen Zahnarzt, der in Anzeigen zahnärztliche Regelleistungen als Besonderheit angepriesen hatte. Er erwecke damit den Eindruck, dass sein Angebot besonders vorteilhaft wäre, so die Richter. Die Werbung sei irreführend und verstoße gegen die Berufsordnung.

Organisatorische Hinweise, beispielsweise auf Sprechzeiten, Anfahrtswege, Hinweise zur Barrierefreiheit der Klinik oder zu den Parkmöglichkeiten sind zulässig.

8.2   Heilmittelwerbegesetz

Das Heilmittelwerbegesetz (HWG) heißt ausführlich „Gesetz über die Werbung auf dem Gebiete des Heilwesens". Es gilt für die Werbung für Arzneimittel, Medizinprodukte sowie „andere Mittel, Verfahren, Behandlungen und Gegenstände", die sich auf die „Erkennung, Beseitigung oder Linderung von Krankheiten, Leiden, Körperschäden oder krankhaften Beschwerden bei Mensch oder Tier" beziehen. Ebenfalls einbezogen sind kosmetische Eingriffe, bei denen keine medizinische Notwendigkeit besteht. Online-Marketing-Maßnahmen, in denen Kliniken Behandlungen und Verfahren bewerben, sind also eingeschlossen – anders als das Berufsrecht

der Ärzte gilt das HWG also vollumfänglich auch für Krankenhäuser. Nicht erfasst ist hingegen die sogenannte Imagewerbung der Kliniken.

Die Grenzen zwischen Imagewerbung und Produktwerbung (Werbung für Therapieverfahren) sind fließend. Eine Klinik-Website ist zwar insgesamt eher Imagewerbung, dennoch wird sie in der Regel auch Behandlungsverfahren vorstellen. In einem solchen Fall wird ein Gericht meist den ganzen Internetauftritt als Werbung für Therapieverfahren einstufen. Daher sollten sich Krankenhäuser im Zweifelsfall stets an die Vorgaben aus dem Heilmittelwerbegesetz halten, um rechtlich auf der sicheren Seite zu sein.

Das HWG wurde im Jahr 2012 einer größeren Revision unterzogen, wobei eine Reihe überkommener Verbote ganz gefallen oder deutlich eingeschränkt worden sind.

8.2.1   Werbung innerhalb der Fachkreise

Für die Werbung medizinischer Einrichtungen gelten unterschiedliche Maßstäbe, je nachdem, an welche Zielgruppe sie gerichtet ist. Werbung innerhalb der Fachkreise hat weniger strenge Richtlinien als Werbung, die sich an Patienten richtet. Für Kliniken, die Online-Marketing betreiben, bedeutet dies: Für die Website gelten die strengen Vorschriften, da diese öffentlich zugänglich ist. Lediglich wenn ein geschlossener Bereich für Mediziner (z. B. Zuweiser) vorgehalten oder ein Newsletter an Fachkreise verschickt wird, gelten darin nur die spezielleren Vorschriften innerhalb der Fachkreise.

Irreführende Werbung   Werbung ist nach dem Heilmittelwerbegesetz dann irreführend (§ 3 HWG), wenn den beworbenen Mitteln oder Verfahren Wirkungen beigelegt werden, die sie nicht haben, wenn fälschlicherweise der Eindruck erweckt wird, dass sich mit Sicherheit ein Erfolg erwarten lässt (Heilversprechen) oder dass sie keine schädlichen Nebenwirkungen haben. Zudem muss deutlich sein, dass die Werbung zum Zweck des Wettbewerbs veranstaltet wird. Außerdem dürfen die Zusammensetzung und Beschaffenheit der Produkte sowie die Art und Weise der Verfahren nicht fälschlich oder täuschend angegeben werden. Das gilt auch für alle Aussagen über den Hersteller oder Erfinder sowie andere beteiligte Personen.

Geschenke Wenn Krankenhäuser mit Geschenken werben, dürfen diese nur geringen Wert haben (§ 7 HWG). Ein bestimmter Geldwert ist dabei nicht festgelegt. Typische Give-aways, wie Kugelschreiber oder Aufkleber sind definitiv erlaubt. Für das Online-Marketing kommen solche Sachgeschenke ohnehin in der Regel nicht in Betracht, doch gilt dies auch für Gutscheine. Technisch ist es möglich, mit Gutscheinen für bestimmte Behandlungen oder für den Einkauf bei Versandapotheken über die Klinik-Website oder einen Newsletter zu werben. Dies ist juristisch aber unzulässig.

Das Landgericht Frankfurt hat die Werbung mit Rabatten auf Schönheitsoperationen verboten (Urteil von 2003, Az. 32 O 43/03). Die Rabatte gelten als Geschenke von mehr als geringem Wert und sind damit unzulässig.

Fernbehandlung Krankenhäusern ist es verboten, für eine Behandlung zu werben, „die nicht auf eigener Wahrnehmung beruht" (§ 9 HWG). Das bedeutet, dass sich Arzt und Patienten zumindest eingangs gegenübersitzen müssen. Kliniken dürfen also nicht damit werben, dass sie Patienten per E-Mail diagnostizieren oder beraten – ein Service, der ohnehin durch das andernorts geregelte Fernbehandlungsverbot untersagt ist.

8.2.2 Werbung außerhalb der Fachkreise

Für die Werbung gegenüber Patienten gelten zusätzlich zu den bisher genannten Vorschriften innerhalb der Fachkreise weitere. 2012 wurden durch die Novellierung des HWG vor allem zahlreiche alte Verbote aufgehoben oder entschärft, die die Werbung außerhalb der Fachkreise betreffen.

Gutachten Kliniken dürfen seit der HWG-Novelle 2012 mit Gutachten, wissenschaftlichen Tätigkeiten oder Zeugnissen für sich und ihre Ärzte werben.

Fotos in Berufskleidung Lange Zeit war Werbung mit Fotos von Ärzten in Berufskleidung grundsätzlich verboten. Dieses Verbot wurde in der HWG-Novelle 2012 vollständig gestrichen.

Das Kittelurteil des Bundesgerichtshofs

Das so genannte „Kittelurteil" des BGH vom 01.03.2007 ist ein hervorragendes Beispiel für die lange Zeit völlig verworrene Rechtslage: Zwar verbot das Heilmittelwerbegesetz in der damals gültigen Fassung Ärzten die Werbung für Behandlungen und Verfahren in Berufskleidung, etwa im weißen Kittel. Dennoch entschied der Bundesgerichtshof damals gegen den ausdrücklichen Wortlaut des Gesetzes geurteilt. Das Verbot sei ein so großer Eingriff in die Berufsfreiheit der Ärzte, dass es nur dann gerechtfertigt sei, wenn die Werbung geeignet ist, „das Laienpublikum unsachgemäß zu beeinflussen und dadurch zumindest eine mittelbare Gesundheitsgefährdung zu bewirken" (Az. I ZR 51/04). Seit der HWG-Novelle von 2012 gibt es das Verbot auch im Gesetz nicht mehr.

Vorher-Nachher-Bilder Fotos von Veränderungen des menschlichen Körpers, beispielsweise bei Geschwüren, dürfen seit 2012 zu Werbezwecken eingesetzt werden. Das gilt auch für die Gegenüberstellung solcher Fotos mit normalen Bildern, also etwa ein Bild vom menschlichen Körper vor und nach der Anwendung eines Medikaments oder Verfahrens. Ausnahmen sind selbstverständlich Darstellungen in missbräuchlicher, abstoßender oder irreführender Weise – sowie der gesamte Bereich der Schönheitsoperationen.

Ärzte-Latein Fach- und Fremdsprachen galten für medizinische Werbung ebenfalls lange als tabu, soweit sie nicht in den deutschen Sprachgebrauch eingegangen sind. Nunmehr ist die Verwendung von Fachbegriffen ausdrücklich erlaubt, sofern damit keine Irreführung verbunden ist.

Angst Werbung für Heilmittel, die Angst hervorrufen kann oder diese ausnutzt, ist nicht erlaubt. Eine abschreckende (Anti-)Werbung, wie sie auf Zigaretten-Packungen in Deutschland betrieben wird („Rauchen kann tödlich sein"), wäre als Werbung für Heilmittel undenkbar.

Dankesschreiben Kliniken dürfen nun Äußerungen Dritter zu Werbezwecken einsetzen. Das betrifft vor allem Dankesschreiben, Anerkennungs- und Empfehlungsschreiben. Sie dürfen ebenso positive Krankheitsverläufe zu Werbezwecken einsetzen wie auch Patientengeschichten, die negativ verlaufen sind, weil eine Behandlung ausgeblieben ist. Allerdings darf diese Werbung mit Krankengeschichten und Dankesschreiben weder in missbräuchlicher, abstoßender oder irreführender Weise erfolgen noch zu einer falschen Selbstdiagnose verleiten. Zudem gilt es hier natürlich in jedem Fall die ärztliche Schweigepflicht zu beachten.

Minderjährige Werbung, die sich ausschließlich oder überwiegend an Kinder unter 14 Jahren richtet, ist verboten.

Preisausschreiben Verfahren, deren Ausgang vom Zufall abhängig ist, wie Preisausschreiben und Verlosungen, sind für Werbezwecke grundsätzlich erlaubt, sofern sie nicht einer unzweckmäßigen oder übermäßigen Verwendung von Arzneimitteln Vorschub leisten.

Muster und Proben Werbung zu betreiben, indem Kliniken Muster und Proben von Arzneimitteln oder Gutscheine dafür verteilen, ist untersagt.

Spezielle Krankheiten Neben den genannten Einschränkungen der Werbemethoden gibt es auch einige Krankheitsbilder, auf die sich Werbung generell nicht beziehen darf. Es geht dabei um Suchtkrankheiten (mit Ausnahme der Nikotinsucht), alle Arten von Krebs, Komplikationen im Zusammenhang mit der Schwangerschaft und Geburt sowie alle meldepflichtigen Krankheiten. Das heißt, auch wenn sich Werbung für eine bestimmte Chemotherapie gegen Krebs an alle zuvor genannten Kriterien halten würde, wäre sie immer noch verboten.

8.3   Wettbewerbsrecht

Das Gesetz gegen den unlauteren Wettbewerb (UWG) regelt den fairen gewerblichen Wettbewerb. Es soll Verbraucher, Mitbewerber und sonstige Marktteilnehmer vor unlauteren geschäftlichen Handlungen schützen. Das Gesetz wurde im Jahr 2008 letztmalig umfassend novelliert. Dabei wurden überwiegend EU-Vorgaben umgesetzt. Für Krankenhäuser findet es dort Anwendung, wo sich einzelne Häuser gegenüber der Konkurrenz oder auch niedergelassenen Ärzten beispielsweise durch unlautere Werbung einen Vorteil verschaffen. Viele Vorschriften aus dem UWG zur Werbung sind ebenfalls durch das HWG verboten, oft sind sie dort sogar viel detaillierter geregelt. Das UWG umfasst aber nicht nur Werbung, sondern alle Arten geschäftlicher Handlungen.

Unlauter sind diese, wenn sie die Interessen der Patienten, Kollegen oder sonstigen Marktteilnehmer spürbar beeinträchtigen. Zu den sonstigen Marktteilnehmern gehören nicht nur andere Gesundheitsdienstleister wie niedergelassene Ärzte, Apotheker, Physiotherapeuten und Pharmaunternehmen. Auch Webdesigner und Fotografen können sich unlauter behandelt fühlen, etwa wenn die Klinik beim Bau ihrer Website deren Rechte missachtet.

8.3.1 Verbot unlauterer geschäftlicher Handlungen (§ 3)

Unlautere geschäftliche Handlungen sind unzulässig, wenn sie geeignet sind, die Interessen von Mitbewerbern, Verbrauchern oder sonstigen Marktteilnehmern spürbar zu beeinträchtigen.

Ein medizinischer Leistungserbringer darf keine Reklame mit einer Pauschale machen. Im vorliegenden Fall warb der Betreiber einer oral-chirurgischen Facharztpraxis für den Einsatz von Zahnimplantaten mit einer Pauschale in Höhe von 888 Euro. Die Zahnärztekammer verklagte ihn auf Unterlassung dieser Werbung. Das Landgericht Bonn gab der Klage mit Urteil vom 21.04.2011 (Az. 14 O 184/10) statt. Ein Anspruch auf Unterlassung ergibt sich daraus, dass diese Werbung gegen das Wettbewerbsrecht verstößt, insbesondere als unlautere Werbung im Sinne des § 3 UWG. Durch die Angabe einer Pauschale wird gegen die Gebührenordnung für Zahnärzte verstoßen. Von den darin festgesetzten Gebühren dürfe nicht einfach abgewichen werden.

8.3.2 Beispiele für unlautere geschäftliche Handlungen (§ 4)

Ein Marktteilnehmer darf keinen Druck ausüben oder auf menschenverachtende Weise handeln. Ebenfalls dürfen keine Zwangslage oder die Leichtgläubigkeit, das Alter oder körperliche Gebrechen ausgenutzt werden. Natürlich verdienen Krankenhäuser daran, dass ihre Patienten „körperliche Gebrechen" haben, etwa altersbedingte Schäden am Bewegungsapparat. Sie behandeln diese aber und nutzen sie nicht aus. Insofern liegt hier selbstverständlich keine unlautere Handlung vor.

Verboten ist weiterhin, den Werbecharakter zu verschleiern, wenn es sich um Werbung handelt. Auch negative Äußerungen über Mitbewerber sind untersagt. Kliniken dürfen ihre Konkurrenz nicht verunglimpfen oder herabsetzen.

Darüber hinaus gibt es im Wettbewerbsrecht Vorschriften, die für Krankenhäuser in der Praxis irrelevant sind, etwa die Vorschrift, dass Unternehmer mit ihren Dienstleistungen nicht ihre Mitbewerber nachahmen dürfen. Krankenhäuser hingegen sind verpflichtet, Patienten nach dem aktuellen Stand der medizinischen Forschung zu behandeln, handeln also in der Regel nach denselben Maßstäben wie die Konkurrenz.

8.3.3 Irreführende geschäftliche Handlungen (§ 5)

Geschäftliche Handlungen dürfen nicht irreführen, das heißt, sie müssen stets der Wahrheit entsprechen. Das betrifft zum Beispiel die Merkmale der Dienstleistungen und der Waren, also bei Krankenhäusern: Informationen über die Untersuchung und Behandlung. Diese müssen immer wahr sein und dem Stand des medizinischen Wissens entsprechen.

Auch Angaben zum Preis müssen wahr sein. Im allgemeinen Geschäftsbereich betrifft diese Vorschrift zum Beispiel Sonderangebote. Manche Unternehmen weisen auf angeblich kurzfristige Sonderangebote hin, die aber in Wirklichkeit der Dauerpreis sind. Das ist unzulässig.

Auch zur Täuschung geeignete Anlehnungen an andere Unternehmen sind unlauter. Ein Krankenhaus darf beispielsweise nicht das Logo oder Corporate Design eines Konkurrenzunternehmens übernehmen und nur die Namen austauschen. Dabei sind natürlich neben dem UWG auch Marken-, Urheber- und Geschmacksmusterrechte an Logos und Designs Dritter zu beachten (▶ Abschn. 7.6).

8.3.4 Irreführung durch Unterlassen (§ 5a)

Irreführend und damit unlauter kann eine Handlung auch sein, wenn bestimmte Tatsachen verschwiegen werden. Das Verschweigen muss sich eignen, die Entscheidung eines Patienten oder Unternehmens zu beeinflussen. Falls Unternehmer eine Leistung über ein Kommunikationsmittel anbieten, mittels dem ein Geschäft abgeschlossen werden kann, müssen diverse Pflichtangaben gleich ersichtlich sein. Diese Regelung bezieht sich beispielsweise auf einen Online-Shop von Apotheken. Dort müssen der Preis, das Produkt, das Unternehmen, der tatsächliche Endpreis inklusive möglicher Versandkosten, Zahlungs- und Lieferbedingungen und das Widerrufsrecht genannt sein.

Auch wenn Kliniken in der Regel keinen Online-Shop betreiben werden, finden diese Regelungen unter Umständen auch auf sie Anwendung. Bieten sie beispielsweise für eine Fachabteilung eine Terminvereinbarung über die Website an, sollten sie auf mögliche Kosten, wie etwa ein Ausfallhonorar bei selbst verschuldetem Nichterscheinen, hinweisen.

8.3.5 Vergleichende Werbung (§ 6)

Um vergleichende Werbung handelt es sich, wenn Krankenhäuser andere medizinische Einrichtungen vergleichend erwähnen. Stellt ein Haus auf seiner Website dar, dass es eng mit einem nahe gelegenen MVZ zusammenarbeitet, ist zwar eine andere Einrichtung genannt, jedoch nicht vergleichend. Behauptet eine Klinik hingegen, dass ihr Chefchirurg Knieoperationen deutlich besser als der im benachbarten Kreiskrankenhaus durchführt, ist dies vergleichende Werbung und damit unlauter. Nach dem UWG ist vergleichende Werbung zwar nicht grundsätzlich verboten – nach der Berufsordnung für Ärzte jedoch schon, und Krankenhäuser haben hier eine Fürsorgepflicht gegenüber ihren angestellten Ärzten. Insofern erübrigen sich die genauen Vorschriften des UWG zu vergleichender Werbung für Ärzte.

8.3.6 Unzumutbare Belästigungen (§ 7)

Geschäftliche Handlungen dürfen keine anderen Marktteilnehmer unzumutbar belästigen. Das gilt sowohl für Privatpersonen als auch für juristische Personen, also Unternehmen. Die Belästigung bezieht sich vor allem auf Werbung. Wenn ein Marktteilnehmer keine Werbung geschickt bekommen möchte, darf er auch keine mehr erhalten.

Das Gesetz macht einen Unterschied zwischen Verbrauchern und anderen Marktteilnehmern. Bei der Kommunikation zwischen zwei Unternehmen (business-to-business = B2B) gelten andere Grundsätze als bei der Werbung an Verbraucher (business-to-consumer = B2C). Die Werbung gegenüber Verbrauchern unterliegt viel strengeren Regeln.

Für Krankenhäuser hat dies Auswirkungen auf zwei Ebenen: Zum einen müssen sie sich in der Kommunikation mit Patienten an die Werbevorgaben gegenüber Verbrauchern halten, weil Patienten als Verbraucher gelten. Zum anderen dürfen sie anderen Unternehmen gegenüber, z. B. Pharma- und Medizintechnikfirmen, Werbung nach B2B-Kriterien betreiben.

Generell darf keine Ansprache per E-Mail, Fax, Telefon oder Brief erfolgen, wenn die angeschriebene Person dies explizit nicht wünscht. Für Telefonkontakt müssen Verbraucher sogar ausdrücklich zustimmen, bei Geschäftskunden reicht die mutmaßliche Einwilligung. Für Werbung per E-Mail, Fax oder mit einer automatischen Anrufmaschine muss sowohl bei Verbrauchern als auch bei Geschäftskontakten stets die ausdrückliche Einwilligung vorliegen. Außerdem muss bei jeder Ansprache deutlich sein, wer der Absender ist. Die Angesprochenen müssen darüber hinaus stets die Möglichkeit haben, weitere Werbung durch eine einfache Standardantwort unterbinden zu können. Diese Vorschriften sind beispielsweise besonders beim Direktmarketing zu beachten.

Ausnahmen

Per E-Mail dürfen Unternehmer werben, wenn sie von Kunden die E-Mail-Adresse beim Kauf einer Ware erhalten haben. Sie müssen aber darauf hinweisen, dass die Kunden dem jederzeit widersprechen können. Für Krankenhäuser heißt dies, dass sie ihre Patienten anschreiben dürfen. Der sicherere Weg ist jedoch allemal, sich bei Gelegenheit die schriftliche Einwilligung der Patienten für die Werbeansprache per E-Mail einzuholen und darauf hinzuweisen, dass sie dem jederzeit widersprechen können.

> **Tipp**
>
> Nehmen Sie die Vorgaben gleich in Ihr Anmelde-Formular auf. Fragen Sie schriftlich nach der E-Mail-Adresse. Weisen Sie darauf hin, dass Sie Informationen zusenden möchten, und geben Sie an, dass Ihre Patienten dies jederzeit per E-Mail widerrufen können.

Geschichte der Rechtsvorschriften des Direktmarketings

Der Passus zu „unzumutbaren Belästigungen" wurde bei der letzten Gesetzesreform von 2008 deutlich verschärft. Unzumutbare Belästigungen kommen vor allem bei Direktmarketing vor. Bis zum Jahr 2008 war es Unternehmen erlaubt, Verbrauchern Werbung zu schicken, wenn eine mutmaßliche Einwilligung vorliegt. Eine mutmaßliche Einwilligung ist es dann, wenn eine Person beispielsweise ein ähnliches Produkt gekauft hat wie das, auf das er nun hingewiesen wird. Diese Regelung hatte dazu geführt, dass Adress-Broker beispielsweise die Kundendaten von Versandhäusern gekauft und an andere Versandhäuser weiterverkauft haben. Wer bereits bei Versandhaus A gekauft hat, so die Rechtsprechung der Gerichte, hat mutmaßlich Interesse am Angebot von Versandhaus B. Durch die Technisierung innerhalb der vergangenen Jahre kam es allerdings dazu, dass Verbraucher per E-Mail oder Anruf-Maschinen mit Werbung überhäuft wurden, die sie zunehmend als Belästigung empfunden haben. Deshalb ist Werbung gegenüber Verbrauchern nur erlaubt, wenn diese ausdrücklich zugestimmt haben. Ausnahme: Werbung per Brief. Diese ist vergleichsweise kostenintensiv, sodass es sich kein Unternehmen dauerhaft leisten kann, Verbraucher damit übermäßig zu belästigen.

8.3.7 Blacklist (Anhang)

Im Anhang an das Gesetz gegen den unlauteren Wettbewerb gibt es eine sogenannte Blacklist – eine Liste mit unzulässigen geschäftlichen Handlungen. Dazu gehören u.a.:

- fälschlicherweise zu behaupten, man habe einen Verhaltenskodex unterschrieben,
- sich mit Gütesiegeln ohne Genehmigung auszuzeichnen,
- die unwahre Behauptung, gesetzlich bestehende Rechte stellten eine Besonderheit des Angebots dar,
- redaktionelle Inhalte in Medien zu kaufen, um so die Werbung zu verschleiern,
- darzustellen, eine Person hätte bereits einen Preis gewonnen, wenn es den Preis nicht gibt oder der Preis daran gekoppelt ist, dass die Person weitere Kosten übernimmt,
- die Werbung so zu verschleiern, als wäre der Absender nicht das Krankenhaus, sondern eine Privatperson,
- die Werbung gemeinsam mit einer Rechnung zu verschicken und damit den Eindruck zu vermitteln, die Dienstleistung oder Ware sei bereits bestellt,
- zu schreiben, dass der Arbeitsplatz eines Arztes bzw. die Klinik gefährdet wäre, wenn der Patient bestimmte Leistungen in Anspruch nimmt.

8.4 Das Telemediengesetz

Das Telemediengesetz (TMG) wird umgangssprachlich auch Internetgesetz genannt. Es fasste drei alte Gesetze zusammen, die mit seiner Einführung 2007 außer Kraft getreten sind: das Teledienstegesetz, das Teledienstedatenschutzgesetz und weitestgehend auch den Mediendienste-Staatsvertrag. Das TMG gilt für alle elektronischen Informations- und Kommunikationsdienste, wenn sie nicht durch Teile des Telekommunikationsgesetzes abgedeckt sind. Das Telekommunikationsgesetz bezieht sich vor allem auf Access-Provider, also das Aussenden, Übermitteln und Empfangen von Daten.

Für Kliniken, die einen eigenen Internetauftritt betreiben und die Werbung per E-Mail versenden wollen, gelten dafür die Vorschriften des Telemediengesetzes. Diese Vorschriften bestehen gleichermaßen für Aktivitäten in Arzt-Suchmaschinen und Bewertungsportalen sowie für Social-Media-Profile.

Das TMG hat eine Unterscheidung in Teledienste und Mediendienste hinfällig gemacht. Jetzt gelten für alle Dienste dieselben Vorschriften. Unterschieden wird hingegen in wirtschaftsbezogene und in inhaltsbezogene Anforderungen. Die wirtschaftsbezogenen betreffen vor allem Regelungen, wer verantwortlich ist. Bei den inhaltsbezogenen geht es um journalistische Sorgfaltspflichten und die Impressumspflicht.

8.4.1 Allgemeine Informationspflichten (§ 5)

Für Internetseiten gilt Impressumspflicht. Das bedeutet, dass spätestens innerhalb von zwei Klicks ein Internetbenutzer zu einem Impressum gelangen kann, das folgende Pflichtangaben enthält:

- den Namen des Betreibers, bei juristischen Personen zusätzlich die Rechtsform und den Vertretungsberechtigten,
- die Anschrift (ein Postfach reicht nicht aus),
- eine Kontaktmöglichkeit, die die schnelle elektronische Kontaktaufnahme ermöglicht, also eine E-Mail-Adresse oder ein Kontaktformular,
- Angaben zur zuständigen Aufsichtsbehörde,
- gegebenenfalls Angaben zum Handelsregister/Vereinsregister/Partnerschafts- oder Genossenschaftsregister sowie die entsprechende Registernummer,
- die Umsatzsteueridentifikationsnummer oder die Wirtschafts-Identifikationsnummer.

In Bezug auf das Xing-Profil eines Rechtsanwalts entschied das Landgericht München I am 03.06.2014, das auch ein beruflich genutztes Profil in einem sozialen Netzwerk ein ordnungsgemäßes Impressum benötigt. (Az. 33 O 4149/14)

8.4.2 Besondere Informationspflichten (§ 6)

Bei der kommerziellen Kommunikation gelten besondere Informationspflichten. Diese treffen

Kliniken nicht, jedoch für angestellte Ärzte, wenn diese zum Beispiel im Rahmen der Klinik-Website selbstverantwortlich eigene Bereiche betreuen. In diesem Fall sollte für diese Bereiche ein eigenes Impressum vorgehalten werden, in dem die für den Arzt relevanten besonderen Informationen aufgeführt sind. Dies betrifft vor allem Angaben zur gesetzlichen Berufsbezeichnung, zur zuständigen Ärztekammer und Kassenärztlichen Vereinigung sowie zu den berufsrechtlichen Regelungen.

Die Vorschriften

Es ist vielleicht selbstverständlich, muss aber dennoch deutlich gesagt werden: Wenn Krankenhäuser elektronische Medien zur Kommunikation nutzen, muss der kommerzielle Hintergrund klar als solcher erkennbar sein. Das Haus, in dessen Auftrag die Kommunikation stattfindet, muss ebenfalls deutlich zu identifizieren sein. Bei E-Mails darf die Kopf- und die Betreffzeile nicht den Absender oder den kommerziellen Charakter verschleiern. Das bedeutet: Sie müssen bei E-Mails Ihre Klinik als Absender angeben. Und die Betreffzeile muss deutlich den Inhalt der E-Mail wiedergeben. Außerdem sollten die E-Mails eine Signatur enthalten, in welcher der Absender mit Kontaktdaten aufgeführt ist. (Mehr zum Thema E-Mail erfahren Sie in ▶ Kap. 2.)

8.4.3   Datenschutz im TMG (▶ Abschn. 8.4)

Generell dürfen Kliniken bei ihren Internetauftritten Daten erheben und verwenden. Dazu müssen die Nutzer aber ihre Einwilligung geben. Damit die Nutzer wissen, in was sie einwilligen, muss die Seite eine Datenschutzerklärung enthalten. (Ein Muster dazu finden Sie in ▶ Kap. 3.)

Wenn Nutzer einer Internetseite Kontaktformulare ausfüllen, senden sie Daten von sich: im Allgemeinen den Namen und die E-Mail-Adresse. Falls eine E-Mail-Adresse verlinkt (anklickbar) auf der Internetseite eingebunden ist und Nutzer an diese E-Mail-Adresse schreiben, wird ebenfalls mindestens die E-Mail-Adresse gesendet. Damit die Nutzer wissen, was mit ihren Daten geschieht, können sie die Datenschutzerklärung lesen und der Speicherung ihrer Daten zustimmen. In der

Datenschutzerklärung muss deutlich aufgeführt sein, welche Daten zu welchen Zwecken und über welche Dauer gespeichert werden. Die Einwilligung der Nutzer kann elektronisch erfolgen. Die Anbieter, also die Website-Betreiber, müssen sicherstellen, dass die Nutzer ihre Einwilligung bewusst und eindeutig erteilt haben, dass diese Einwilligung protokolliert wird, dass die Nutzer den Inhalt der Einwilligung jederzeit abrufen können – daher die Datenschutzerklärung – und dass sie die Einwilligung widerrufen können.

Achtung: Auch wenn eine Website kein Kontaktformular und keine verlinkte E-Mail-Adresse hat, werden Daten erhoben. Denn die IP-Adressen, also die Adressen der Computer, mit denen die Nutzer im Internet surfen, werden gespeichert. Kommt beispielsweise ein User über eine Suchmaschine zur Klinik-Website, wird sowohl die IP-Adresse als auch der Suchbegriff gespeichert – dabei ist es egal, ob die Klinik selbst diese Daten tatsächlich nutzt. Die Anbieter der Seite, also das Krankenhaus, müssen „zu Beginn des Nutzungsvorgangs" darüber informieren, was mit den Daten geschieht.

Da nicht nur die Startseite der Internetpräsenz, sondern auch Unterseiten als Erstes aufgerufen werden können, beispielsweise, wenn ein Treffer in einer Suchmaschine auf eine Unterseite verweist, ist es sinnvoll, auf allen Seiten auf die Datenschutzerklärung zu verlinken.

> **Tipp**
>
> Stellen Sie die Datenschutzerklärung am besten gemeinsam mit dem Impressum in die Fußzeile jeder Seite. Dort suchen Internetnutzer meistens zuerst danach, und beide sind jederzeit verfügbar. Außerdem ist der Verweis in der Fußzeile so unauffällig, dass er das Gesamtbild Ihres Internetauftritts nicht beeinflusst.

Haftung

Website-Betreiber haften für die Informationen, die sie auf ihren Seiten darbieten. Wenn Krankenhäuser also Untersuchungsmethoden und

Therapieverfahren vorstellen, müssen sie sichergehen, dass die Angaben auch der Wahrheit entsprechen.

Binden sie zudem Informationen Dritter ein, muss dies als solches kenntlich gemacht werden. Dann entsteht auch keine Haftung. Informationen Dritter können beispielsweise vorliegen, wenn die Klinik in ihrem Internetauftritt ein Medienecho anbietet, wo sie Zeitungsartikel darstellt, in denen das Haus oder ein Mitarbeiter erwähnt wird. Diese Zeitungsartikel sind in der Regel deutlich als Informationen Dritter zu erkennen. Das gilt auch für Links zu anderen Internetauftritten, beispielsweise, wenn eine Klinik zu niedergelassenen Ärzten oder MVZs verlinkt, mit denen sie kooperiert.

Website-Betreiber sind nicht in der Verantwortung, die verlinkten Seiten regelmäßig zu überwachen. Erhalten sie jedoch Kenntnis davon, dass sie zu rechtswidrigen Seiten verlinken, sind sie in der Verantwortung zu handeln, etwa, indem sie die Links löschen.

Falls Website-Betreiber Informationen Dritter einbinden und diese modifizieren, ändert sich jedoch die Rechtslage. Stellt ein Krankenhaus beispielsweise Studien auf seinen Seiten dar und verändert diese im Wortlaut, macht es sich die Äußerungen zu Eigen. Damit wird es verantwortlich für den Inhalt.

> ▶ Ein Disclaimer, also die Erklärung, nicht für die Inhalte Dritter zu haften, ist per se kein Freifahrtschein. Entscheidend ist, ob der Disclaimer im Kontext der Seite ernst gemeint scheint und ob er gut sichtbar ist. Eine solche Erklärung erhöht die Chance, in einem möglichen Rechtsstreit erfolgreich zu sein.

8.5   Das Bundesdatenschutzgesetz

Das Bundesdatenschutzgesetz (BDSG) soll verhindern, dass Personen durch den Umgang Dritter mit ihren Daten in ihren Persönlichkeitsrechten eingeschränkt werden. Das Gesetz gilt für die Erhebung, Verarbeitung und Nutzung von personenbezogenen Daten. Verarbeiten bedeutet, Daten zu speichern, zu verändern, zu übermitteln, zu sperren und zu löschen. Personenbezogene Daten sind beispielsweise der Name, die Adresse, das Geburtsjahr und die Telefonnummer, aber auch Informationen zu Einkommensverhältnissen.

Neben den personenbezogenen Daten gibt es im Gesetz auch „besondere Arten personenbezogener Daten". Darunter fallen Angaben zur „rassischen und ethnischen Herkunft, politischen Meinungen, religiösen oder philosophischen Überzeugungen, Gewerkschaftszugehörigkeit, Gesundheit oder Sexualleben". Für diese gelten im Allgemeinen strengere Regeln. Krankenhäuser sind durch ihre Dokumentationspflicht dazu angehalten, Gesundheitsinformationen von Patienten zu speichern. Insofern ist ihnen dieses grundsätzlich für die Ausübung ihrer Tätigkeit gestattet.

8.5.1   Datenvermeidung und Datensparsamkeit (§ 3a)

In Deutschland gilt das Prinzip der Datenvermeidung. Das heißt, es sollen nur solche Daten erhoben und gespeichert werden, die absolut notwendig sind. Es ist nicht gestattet, Daten zu speichern, die nicht an einen bestimmten Zweck gebunden sind. Für medizinische Einrichtungen wird diese Vorschrift großzügig ausgelegt, da viele Faktoren Einfluss auf die Gesundheit haben. Insofern können verschiedenste Informationen wichtig sein, die auf den ersten Blick nicht zweckgebunden erscheinen.

Im Hinblick auf Online-Marketing gilt diese Vorschrift vor allem bei der Analyse der Website-Besucher. Wenn Kliniken etwa durch eine Software wie Google Analytics erfahren möchten, durch welche Suchbegriffe Internetnutzer auf ihre Seite kommen (▶ Kap. 4), wie lange sie dort verweilen, welches die häufigsten Ein- und Ausgangsseiten sind, so müssen diese Informationen ohne Verlust des Aussagegehalts anonymisiert erhoben werden. Es ist nicht gestattet, eine IP-Adresse über Jahre zu speichern, um gegebenenfalls feststellen zu können, welcher Nutzer wie lange auf welcher Seite war.

8.5.2   Datenschutzbeauftragter (§ 4f)

Institutionen wie Krankenhäuser, die Daten automatisiert verarbeiten, müssen einen Datenschutzbeauftragten schriftlich benennen, falls mindestens zehn Personen regelmäßig die Daten verarbeiten – so sieht es das BDSG vor. Dabei muss es sich um Personen handeln, die fachkundig und zuverlässig sind. Datenschutzbeauftragte sind bei der Ausübung ihrer Tätigkeit weisungsfrei. Ihre Aufgabe ist es, die Daten bestmöglich zu schützen. Dabei dürfen Datenschutzbeauftragte am Arbeitsplatz nicht benachteiligt werden. Sie stehen unter Kündigungsschutz – es sei denn, es kommt zu einer fristlosen Kündigung wegen schweren Fehlverhaltens. Das Krankenhaus muss ihnen notwendige externe Fort- und Weiterbildungsmaßnahmen ermöglichen und die Kosten dafür übernehmen. Die Datenschutzbeauftragten sind zur absoluten Verschwiegenheit verpflichtet.

Aufgaben von Datenschutzbeauftragten

Datenschutzbeauftragte sind dafür zuständig, dass das jeweilige Unternehmen die Vorschriften des BDSG und gegebenenfalls weitere geltende Vorschriften einhält. In Klinken sind dies auch Vorgaben aus dem ärztlichen Berufsrecht, etwa zur Schweigepflicht. Dabei haben Datenschutzbeauftragte die Software-Programme zu überwachen, die die Daten verarbeiten. Technisches Verständnis ist für diese Aufgabe also zwingend erforderlich. Will ein Haus beispielsweise eine neue Verwaltungssoftware installieren, ist es die Aufgabe des Datenschutzbeauftragten, diese auf die Datensicherheit hin zu überprüfen.

Außerdem ist es die Aufgabe von Datenschutzbeauftragten, die Mitarbeiter, die die Daten verarbeiten, über die Vorschriften und ihre Pflichten aufzuklären. Die Durchführung der Aufklärung, etwa durch Handzettel, Checklisten, Inhouse-Schulungen oder externe Fortbildungen, ist Aufgabe der Datenschutzbeauftragten. Sofern dabei Kosten entstehen, ist dies mit dem Arbeitgeber abzustimmen. Es gibt kein vorgeschriebenes Budget, das Unternehmen dafür bereitstellen müssen.

8.6   Das Urheberrecht

Das Urheberrecht schützt immaterielles, geistiges Eigentum. Es umfasst Literatur, Kunst und Wissenschaft, insbesondere:
- Schriften und Texte,
- Computerprogramme,
- Musik,
- Fotos und Bilder,
- Filme,
- Zeichnungen, Pläne, Karten, Skizzen, Tabellen und plastische Darstellungen,
- bildende Künste, einschließlich Werke der Baukunst und der angewandten Kunst und Entwürfe solcher,
- pantomimische Werke und Tanzkunst.

Die Rechte an den jeweiligen Werken besitzen die Urheber – es sei denn, sie haben diese veräußert. Nur die Urheber dürfen entscheiden, ob, wann und wie ihre Werke veröffentlicht werden. Auch das Vervielfältigungsrecht und das Recht zur „öffentlichen Zugänglichmachung" liegen bei den Urhebern.

8.6.1   Fotos auf der Krankenhaus-Website

Für Kliniken hat das Urheberrecht folgende Auswirkungen beim Onlinemarketing: Sie dürfen auf ihrer Website und in den sozialen Medien nur solche Werke „öffentlich zugänglich machen", an denen sie die Urheberrechte (übertragen bekommen) haben, sowie solche Werke, an denen keine Urheberrechte (mehr) bestehen, oder deren Nutzung vom Urheber freigegeben sind („Public Domain"). Auch wenn etwa die Bildersuche von Google viele interessante Ergebnisse für die Suche zu einem bestimmten Stichwort anzeigt, ist es nicht erlaubt, die Bilder einfach abzuspeichern und im eigenen Internetauftritt zu verwenden.

Die Rechte an Fotos haben die Fotografen. Das gilt auch für Porträtfotos, etwa von Mitarbeitern. Zwar haben die abgebildeten Personen das Recht am eigenen Bild. Das bedeutet aber nur, dass diese Bilder nicht ohne ihre Einwilligung veröffentlicht oder öffentlich zugänglich gemacht werden dürfen. Sie haben sozusagen ein Vetorecht bei der Veröffentlichung. Das Urheberrecht liegt jedoch beim Fotografen. Wenn eine Klinik ihre Mitarbeiter bittet, Fotos von sich für den neuen Internetauftritt der Abteilung mitzubringen und diese ungeprüft einbindet, läuft sie Gefahr, Urheberrechte zu verletzen. Es kann sein, dass sich die Fotografen der Bilder melden und Ansprüche erheben.

❯ Daher ist es ratsam, sich von den Mitarbeitern in einer schriftlichen Erklärung die Verwendung der Bilder genehmigen und ferner versichern zu lassen, dass sie die erforderlichen Nutzungsrechte an den Bildern besitzen. So sichern Sie sich gegen spätere Forderungen ab.

Auf der sicheren Seite sind Krankenhäuser, wenn sie professionelle Fotografen beauftragen, die die Mitarbeiter am Arbeitsplatz fotografieren und dem Haus die Rechte dafür abtreten. Zugleich sollten auch von den abgebildeten Mitarbeitern schriftliche Genehmigungen zur Verwendung im Internetauftritt (und für eine etwaige weitere spätere Nutzung, z. B. in Image-Broschüren) eingeholt werden ("Modell-Release").

Wenn Kliniken Fotografen beauftragen, sollten sie bereits im Vorfeld sicherstellen, dass sie alle Rechte an den Bildern erwerben. Druckrechte für Print-Veröffentlichungen, beispielsweise für eine Informationsbroschüre, umfassen nicht zwangsläufig auch die Online-Nutzungsrechte. Es ist daher ratsam, sich gleich alle Rechte an den Bildern zu sichern – auch wenn weitergehende Projekte noch nicht geplant sind.

Fremde Texte verwenden

Nicht nur Fotos, auch Texte sind urheberrechtlich geschützt. Das heißt, dass PR-Mitarbeiter nicht ohne Weiteres Texte von anderen Internetseiten kopieren oder aus Büchern abschreiben dürfen, um sie für den Internetauftritt der Klinik zu verwenden. Dasselbe gilt für Newsletter. Es ist nicht gestattet, die Nachrichten aus anderen Newslettern ohne die explizite Erlaubnis des Urhebers zu kopieren und als eigenen Newsletter zu versenden.

Es ist hingegen erlaubt, unter Angabe der Quelle aus anderen Texten zu zitieren. Dabei muss jedoch ein eigenes Werk entstehen. Einen fremden Text auf der eigenen Website darzubieten und diesen zu kommentieren ist kein Zitat. Um sicherzugehen, können Sie auf Texte Dritter aus dem Internet verlinken, und diese dann kommentieren. Jeder interessierte User kann dann den Link anklicken und sich den Originaltext durchlesen. Oder Sie fragen die Urheber, ob Sie die Texte verwenden dürfen. Hierbei ist es ratsam, sich die Erlaubnis auch in schriftlicher Form geben zu lassen.

Das Landgericht Köln hat mit Beschluss vom Mai 2011 entschieden, dass sogar suchmaschinenoptimierte Online-Produktbeschreibungen urheberrechtlich geschützt sind. Der Text war elf Zeilen lang und hatte ein Produkt vorgestellt. (Az. 33 O 267/11)

Karten und Logos

Auch Karten unterliegen dem Urheberrecht. In den frühen Jahren des Internets kam es häufig zu Abmahnungen, weil Website-Betreiber einfach Stadtpläne eingescannt hatten, um daraus Anfahrtsskizzen zu erstellen. Diese hatten sie online gestellt, ohne dazu berechtigt zu sein.

Mittlerweile hat der Dienst Google Maps eine so weite Verbreitung im Internet, dass die meisten User darauf zurückgreifen. Google Maps lässt sich relativ einfach in die eigene Website einbauen, und die Benutzung ist vielen Usern bereits vertraut. Dennoch müssen Nutzer hierbei das Urheberrecht berücksichtigen und die Quelle angeben (▶ Kap. 3).

Auch Logos sind künstlerische Erzeugnisse. Wenn Kliniken ein Logo bei einem Grafiker in Auftrag geben, sollten sie – wie beim Umgang mit Fotografen – darauf achten, dass ihnen alle Rechte übertragen werden, also auch das Recht, das Logo abzuändern. Wenn beispielsweise ein Krankenhaus – aus welchem Grund auch immer – den Namen ändert, muss möglicherweise das Logo angepasst werden. Dazu benötigt das Haus die entsprechenden Nutzungs- und Veränderungsrechte – eine Änderung ohne Einwilligung kann teuer werden.

Beachten Sie bei der Zusammenarbeit mit Künstlern auch die Abgabepflicht an die Künstlersozialkasse (Kasten in ▶ Kap. 2).

8.7   Fazit

Das Werbeverbot ist zwar aufgehoben und viele Details sind liberalisiert, einfacher wird die Rechtslage für medizinische Einrichtungen dadurch aber nicht. Unübersichtlich ist sie vor allem, weil es kein einheitliches Gesetz zur ärztlichen Werbung gibt, sondern diverse Gesetze und Vorschriften beachtet werden müssen. Zudem bleiben viele Details auslegungsbedürftig, und erst nach und nach werden durch die Rechtsprechung konkretere Maßstäbe entwickelt.

Für die Gerichte ist entscheidend, ob eine Werbemaßnahme unmittelbar oder zumindest mittelbar die Patienten gefährden kann. Denn nur dann ist es gerechtfertigt, die ärztliche Berufsausübungsfreiheit einzuschränken. Diese Sicht hat sich noch nicht bei allen Standesvertretern durchgesetzt. Deshalb kommt es derzeit immer noch zu Situationen, in denen sich Ärzte und Einrichtungen der Kammer oder mit ihren Konkurrenten auseinandersetzen müssen, obwohl sie eigentlich im Recht sind.

Für Krankenhäuser, die neue Wege beim Marketing beschreiten wollen, ist dies ärgerlich. Auch wenn sie vor Gericht Recht zugesprochen bekommen: Ein Gerichtsverfahren kostet Zeit, Kraft und Nerven und stellt eine hohe Belastung für alle Beteiligten dar. Dennoch müssen Kliniken nicht vor Online-Marketing zurückschrecken. Wer sich an die genannten Vorschriften hält, beschreitet den sicheren Weg. In Zweifelsfällen empfiehlt es sich für die Verantwortlichen, im Vorfeld den Rat eines Medizinrechtsanwalts oder der zuständigen Ärztekammer einzuholen.

Tipp

Wenn Klinikärzte Fragen zum Medizin- oder Berufsrecht haben, können sie beim Medizinrechts-Beratungsnetz ein kostenloses juristisches Orientierungsgespräch durch ausgewählte Vertrauensanwälte in Anspruch nehmen. Beratungsscheine gibt es online oder unter der gebührenfreien Rufnummer 0800 0732483 (Montag bis Freitag von 9 bis 17 Uhr). Träger dieses Services ist der Medizinrechtsanwälte e.V., Lübeck. Weitere Informationen sowie das Verzeichnis der Vertrauensanwälte finden Ärzte unter www.medizinrechts-beratungsnetz.de.

Interview mit Rechtsanwalt Tobias Spahn, BBS Rechtsanwälte, Hamburg

Warum müssen sich Krankenhäuser an die ärztliche Berufsordnung halten?

„Überall, wo Ärzte als Ärzte handeln, müssen die Vorgaben der ärztlichen Berufsordnungen eingehalten werden. Dies gilt auch für die Träger von Unternehmen, in denen approbierte Ärzte angestellt

sind und die ärztliche Leistungen anbieten. Bloß, weil man beispielsweise eine GmbH gründet, die juristisch als Vertragspartner der Patienten auftritt, kann man die berufsrechtlichen Vorschriften für ärztliches Handeln nicht umgehen. Ein Krankenhaus ist über die ihm obliegende Fürsorgepflicht gegenüber angestellten Ärzten jedenfalls mittelbar an das Standesrecht gebunden. Auch angestellte Ärzte können für Verstöße des Krankenhauses haftbar gemacht werden, etwa wenn sie in leitender Funktion verantwortlich für berufswidrige Werbung sind."

Ist das Internet ein rechtsfreier Raum oder mittlerweile überreguliert?

„Nach unserer Erfahrung reichen die bestehenden Gesetze weitestgehend aus, um den Umgang im Internet zu bewerten: etwa das Presserecht, das Urheberrecht und das Gesetz gegen den unlauteren Wettbewerb. Alle diese Vorschriften gelten selbstverständlich auch online. Das Internet ist ja keine eigene Welt, sondern ein Kommunikationsmittel. Die große Problematik ist, tatsächlich festzustellen, wer kommuniziert, um Verstöße überhaupt ahnden zu können.

Aber das Urheberrecht beispielsweise gilt auch im digitalen Zeitalter. So ist es ist blauäugig, wenn User annehmen, sie könnten alles, was ihnen gefällt, einfach bei Facebook posten. Das Problem ist: Es ist heute sehr einfach möglich, Dinge zu veröffentlichen. Die technischen Möglichkeiten haben sich viel schneller entwickelt als das Rechtsbewusstsein. Aber es steht nicht in Frage, dass die Rechte – etwa an Bildern – auch im Internet weiterhin gelten. Das betrifft ja nicht nur das Urheberrecht, sondern beispielsweise auch das Recht am eigenen Bild."

Welches sind die typischen Rechtsfallen im Internet, die Krankenhäuser betreffen?

„Wir haben die höchstrichterliche Rechtsprechung dazu einmal analysiert. Es sind überwiegend die ‚Klassiker' aus dem Heilmittelwerbegesetz und dem Gesetz gegen den unlauteren Wettbewerb. Zum einen betrifft es zum Beispiel die Werbung von Personen in Berufskleidung, zum anderen oftmals die wettbewerbswidrige Irreführung. Manchmal wird auf den Internetseiten der Kliniken zum Beispiel nicht deutlich, welche Kosten die Kassen übernehmen und wo Patienten selbst zuzahlen müssen. Oder ein Krankenhaus bezeichnet sich als ‚Fachklinik' für einen bestimmten Bereich, es arbeiten aber gar keine Ärzte dort, die tatsächlich Spezialisten auf diesem Fachgebiet sind."

Wie können sich Krankenhäuser davor schützen?

„Um sich davor zu schützen, sollten Krankenhäuser im Grunde nur zwei Punkte beachten: Wahrheit und Klarheit. Man sollte sich nicht größer und besser darstellen, als man ist. Und die Kosten sind deutlich zu kennzeichnen. Das gilt immer, im Internet aber ganz besonders. Früher ist ein rechtlich fragwürdiger Flyer der Konkurrenzklinik oft gar nicht aufgefallen. Heute steht er online, und die Konkurrenz kann es sofort und jederzeit sehen."

Was erwarten Sie, wie sich die Rechtslage im Krankenhaus-Marketing weiter entwickeln wird?
„Der Gesundheitsbereich ist im Fokus der EU. Privatärztliche Dienstleistungen nehmen zu und damit auch der Wettbewerb. Dies gilt auch für den überörtlichen Wettbewerb, wenn man sich zum Beispiel die Bewerbung zahnärztlicher Leistungen in Budapest in deutschen Videotextangeboten vor Augen hält. Ich rechne damit, dass die Vorschriften eher strenger werden, aber solche Vorhersagen sind immer schwierig zu treffen. Was auf jeden Fall passieren wird: Es wird mehr Streitigkeiten geben. Die Fallzahlen werden zunehmen. Die Werbung wird kreativer, das heißt, es wird mehr Grenzfälle geben. Und über die müssen dann die Richter entscheiden. Aber das ist bei sich entwickelnden und sich öffnenden Märkten eher normal."

Serviceteil

© Springer-Verlag Berlin Heidelberg 2017
A. Köhler, M. Gründer, *Online-Marketing für das erfolgreiche Krankenhaus*,
Erfolgskonzepte Praxis- & Krankenhaus-Management
DOI 10.1007/978-3-662-48583-5

Glossar

Apps Programme für Smartphones und Tablet-PCs, die meist praktischen Zweck oder Unterhaltungswert haben.

Blog Die Abkürzung für das englische Wort „Weblog". Ein öffentliches Internettagebuch oder bei mehreren Autoren eine Art Zeitung im Internet.

Browser Das Programm zum Surfen im Internet, etwa der Internet Explorer, Google Chrome oder Mozilla Firefox.

Captcha Eine Sicherheitsabfrage, bei der die Besucher einen Zahlen- oder Buchstabencode in ein Feld eingeben müssen, um sich als echte Personen zu authentifizieren. So wird maschineller Spam verhindert.

CMS Bei Content-Management-Systemen (CMS) sind die Inhalte und das Layout von Internetseiten getrennt. Damit lassen sich Texte auch von Laien einfach ändern, meist über eine eigene Benutzeroberfläche.

DENIC Die Registrierungsbehörde für alle deutschen Domains, also die mit der Endung „de".

Domain Der Teil der Internetadresse einer Website, der zwischen www. und der Länder-Endung steht. Bei www. praxis-mustermann.de ist dies beispielsweise praxis-mustermann.

dpi dots per inch, die Anzahl von Bildpunkten pro 2,54 cm. Eine Einheit für die Qualität digitaler Bilder.

Homepage Die Startseite eines Internetauftritts.

HTML Hypertext Markup Language. Programmiersprache, in der die meisten Websites programmiert sind.

IP-Adresse IP steht für Internetprotokoll. Anhand dieser IP-Adresse wird der Computer von anderen Computern identifiziert, und so können Daten ausgetauscht werden, etwa die Inhalte von Websites.

Keywords Englisch für Schlüsselbegriffe. Keywords sind Begriffe, auf die Inhalte einer Website im Zuge der Suchmaschinenoptimierung ausgerichtet werden. Dadurch wird es möglich, dass Besucher die Website über bestimmte Suchbegriffe besser finden.

Metatags Metatags sind Hintergrundinformationen im Head der Website, wie zum Beispiel Keywords, Description und Title, die den Inhalt der Website repräsentieren. Diese Kurzbeschreibungen werden in den Suchmaschinen-Ergebnislisten häufig angezeigt.

PageRank Der PageRank-Algorithmus ist ein Verfahren, das Websites anhand ihrer Popularität gewichtet. Die Popularität wird aus der Anzahl und Qualität der Links ermittelt, die aus dem Internet auf eine Website verweisen. Der PageRank-Algorithmus wurde von Larry Page und Sergey Brin, den Google-Gründern, entwickelt. Je höher der PageRank einer Seite, desto mehr Autorität besitzt sie bei Google.

Pixel Ein Bildpunkt mit bestimmten Farbwerten. Aus vielen Pixeln setzen sich digitale Bilder zusammen.

Quellcode Der in Programmiersprache geschriebene Text eines Computerprogramms, bei Websites sowohl die Inhalte als auch alle Befehle zum Aufbau und Layout der Seite.

RSS-Feed Really Simple Syndication (frei übersetzt: wirklich einfache Verbreitung). Eine Technik, mit der Nutzer über Neuerungen auf einer Website informiert werden, ohne selbst die Seite besuchen zu müssen, um nachzuschauen, ob sich etwas verändert hat.

Screenshot Bildschirmkopie oder -foto, die/das direkt über den PC erstellt wird und dann ausgedruckt oder abgespeichert werden kann. In diesem Buch zur Demonstration von Website-Beispielen verwendet.

SEM Search Engine Marketing, englisch für Suchmaschinenmarketing. Anzeigenschaltung bei Suchmaschinen. Die Anzeige wird angezeigt, wenn ein User nach vorher definierten Begriffen sucht.

SEO Search Engine Optimization, englisch für Suchmaschinenoptimierung. Websites werden so gestaltet, dass sie bei Suchmaschinen wie Google für festgelegte Suchbegriffe einen hohen Stellenwert einnehmen.

Sitemap Die Übersichtsseite einer Website, in der meist alle Unterseiten hierarchisch strukturiert auftauchen.

Smartphone Mobiltelefon mit fortgeschrittener Computertechnik. Das bekannteste Gerät ist derzeit wohl das iPhone.

Spam Unverlangt zugeschickte E-Mail-Nachrichten, meist mit werbendem Inhalt, häufig auch mit betrügerischer Absicht. Der Begriff wird auch für massiert auftretende werbende Einträge in Foren, Kommentaren usw. verwendet.

Tablet-PC Tragbarer Computer mit Touchscreen-Bedienung.

Tool Englisch für Werkzeug. In Verbindung mit Computern ein kleines Computerprogramm, das eine einfache Aufgabe übernimmt.

URL Uniform Ressource Locator. Die vollständige Adresse
eines Internetdokuments.

Webhoster Anbieter von Webspace bzw. ganzen
Webservern.

Webserver Ein Computer, auf dem Websites für den Zugriff
aus dem Internet gespeichert werden.

Website Gesamter Internetauftritt, bestehend aus einer
Startseite und diversen Unterseiten.

Webspace Der Speicherplatz auf einem Webserver, auf dem
eine Website abgelegt ist.

Literatur

Bücher und Artikel

Bahner B (2004) Das neue Werberecht für Ärzte – Auch Ärzte dürfen werben. Springer

Bruhn M (2001) Marketing – Grundlagen für Studium und Praxis, 5., überarb. Aufl. Gabler, Wiesbaden

Dettmeyer R (2006) Medizin & Recht – Rechtliche Sicherheit für den Arzt. Springer, Berlin

Deutsche Krankenhaus Gesellschaft e.V. (2009) Werbung durch das Krankenhaus – Gesetzliche Grundlagen, Rechtsprechung und Hinweise zur Durchführung. Deutsche Krankenhaus Verlagsgesellschaft mbH, Berlin

Eck K (2008) Karrierefalle Internet. Hanser, München

Eck K (2010) Transparent und glaubwürdig – Das optimale Online Reputation Management für Unternehmen. Redline Verlag, München

Fischer M (2009) Website Boosting 2.0 – Suchmaschinenoptimierung, Usability, Online-Marketing, 2., aktual. u. überarb. Aufl. mitp, Heidelberg

Grabs A, Bannour K-P (2011) Follow Me! Erfolgreiches Social Media Marketing mit Facebook, Twitter und Co. Galileo Press, Bonn

Hoeren T (2007) Das Telemediengesetz. Neue Juristische Wochenschrift 12:801–864

Kielholz A (2008) Online-Kommunikation – Die Psychologie der neuen Medien für die Berufspraxis. Springer, Berlin

Kotler P, Bliemel F (2001) Marketing-Management – Analyse, Planung und Verwirklichung, 10., überarb. Aufl. Schaeffer-Poeschel Verlag, Stuttgart

Medienbüro Medizin (MbMed) (2010) Ratgeber für Ärzte: Marketing in der Praxis. Ratgeberverlag, Hamburg

Medienbüro Medizin (MbMed) (2010) Ratgeber für Ärzte: Recht in der Praxis. Ratgeberverlag, Hamburg

Ries HP, Schnieder K-H, Althaus J, Großbölting R, Voß M (2007) Arztrecht – Praxishandbuch für Mediziner. Springer

Schmidt I (2005) Corporate Identity in der Unternehmensführung. GRIN Verlag, Norderstedt

Schwarz T (2007) Leitfaden Online Marketing – Das kompakte Wissen der Branche. Marketing Börse, Waghäusel

Weinberg A (2001) Corporate Identity – Großer Auftritt für kleine Unternehmen. Stiebner Verlag GmbH, München

Wöhe G (2000) Einführung in die allgemeine Betriebswirtschaftslehre, 20., neu bearb. Aufl. Vahlen, München

Internetadressen

BDSG: Bundesdatenschutzgesetz. http://www.gesetze-im-internet.de/bdsg_1990/BJNR029550990.html

Bundesärztekammer, Kassenärztliche Bundesvereinigung 2008: Empfehlungen zur ärztlichen Schweigepflicht, Datenschutz und Datenverarbeitung in der Arztpraxis. http://www.bundesaerztekammer.de/page.asp?his=0.7.47.6188

Bundesverfassungsgericht: Aktenzeichen „1 BvR 233/10" und „1 BvR 235/10"

Bundeszahnärztekammer: Musterberufsordnung der Bundeszahnärztekammer. http://www.bzaek.de/fileadmin/PDFs/recht/mbo050216.pdf

Gabler Wirtschaftslexikon. http://wirtschaftslexikon.gabler.de/Definition/marketing.html

http://www.bundesverfassungsgericht.de/entscheidungen/rk20110601_1bvr023310.html

http://www.ggma.de/studien/

http://www.seo-united.de/sitemap.html

http://www.stiftung-gesundheit-blog.de/

http://www.stiftung-gesundheit.de/forschung/studien.htm

http://www.stiftung-gesundheit.de/zertifizierte-websites/zertifizierte-websites.htm

Institut für Existenzgründungen und Unternehmensführung Wilfried Tönnis. http://www.ieu-online.de/Handbuch-marketing.pdf

SGB V: Sozialgesetzbuch (SGB) Fünftes Buch (V). http://www.gesetze-im-internet.de/sgb_5/

Studie „Internisten im Netz": www.internisten-im-netz.de/de_news_6_0_278_arztsuche-im-internet.html

TMG: Telemediengesetz. http://www.gesetze-im-internet.de/tmg/BJNR017910007.html

UrhG: Gesetz über Urheberrecht und verwandte Schutzrechte. http://www.gesetze-im-internet.de/urhg/BJNR012730965.html

UWG: Gesetz gegen den unlauteren Wettbewerb. http://www.gesetze-im-internet.de/uwg_2004/BJNR141400004.html

www.akademie.de

www.laekb.de/10arzt/60Arztrecht/10Online_Recht/05Homepage.html, aufgerufen am 25. Mai 2011.

www.medizin-seo.de

www.openstreetmap.info

Stichwortverzeichnis